明清史论集

张 健◎著

安徽师范大学出版社
·芜湖·

图书在版编目(CIP)数据

明清史论集 / 张健著. —芜湖 : 安徽师范大学出版社, 2020.3
ISBN 978-7-5676-4546-2

Ⅰ. ①明… Ⅱ. ①张… Ⅲ. ①中国历史—明清时代—文集 Ⅳ. ①K248.07-53

中国版本图书馆CIP数据核字(2020)第045526号

明清史论集

张　健◎著

责任编辑:胡志恒
责任校对:李克非
装帧设计:张　玲
责任印制:桑国磊
出版发行:安徽师范大学出版社
芜湖市九华南路189号安徽师范大学花津校区
网　　址:http://www.ahnupress.com/
发 行 部:0553-3883578　5910327　5910310(传真)
印　　刷:江苏凤凰数码印务有限公司
版　　次:2020年3月第1版
印　　次:2020年3月第1次印刷
规　　格:700 mm × 1000 mm　1/16
印　　张:20.25
字　　数:342千字
书　　号:ISBN 978-7-5676-4546-2
定　　价:48.00元

自 序

鲁迅先生说："哪里有天才，我是把别人喝咖啡的工夫都用在学习上的。"确实，读书学习的人，只是将别人休闲的时间用来读书，寻找知识的海洋，遨游其间，尽情享受人生的乐趣，同时也是不断为自己充实、提高，获得知识渠道。书本中的知识可谓是包罗万象，让人丰富知识，拓宽视野。读的书多了，自然就懂的多了，所谓"博学广识"也就是这个道理。唐朝大书法家颜真卿在《劝学》诗中云："三更灯火五更鸡，正是男儿读书时。黑发不知勤学早，白首方悔读书迟。"这首诗太直白了，一读就懂。读书太苦，但苦中有乐，因为它让你了解到人间冷暖，用知识去看清这个社会，从而树立好正确的人生观。

我很喜爱明清史，这可能与所处的环境非常有关，父亲（张海鹏，明清史专家，曾任安徽师范大学校长，2000年去世）就是一个研究明清史学者，他用毕生精力投入到明清史研究，其书房至今保存完好，最引我关注的是二十四史，每当我休闲时或无事的时候，总是在书架上拿下几本书来阅读。而书房的书籍主要是明清史最多，这些书籍对我影响非常之大，它吸引着和感染着我，一步一步将我带入史学领域。在二十四史中，特别爱读《明史》，不仅细读而且还精读，其中的食货、职官、选举、刑法、河渠、礼志等诸志，是掌握明代经济史、政治史、文化史的重要内容。《明史》是二十四史中最后一部史书，它同以往的《宋史》《元史》不一样，《宋史》是脱脱等修的，他不懂史法，《元史》是宋濂等修的，仓促草成。《明史》正式开馆是康熙十八年（1679）到雍正十三年（1735）前后五十余年，经万斯同、王鸿绪等一批"博学鸿儒"之手，无论史料之翔实，文字之洗练，都大大超过以前诸史。清代以来，学者对它的评价是比较好的。赵翼在《廿二史札记》中，把它同《辽史》《宋史》《元史》《金史》都作了比较，其结论是："未有如《明史》之完善者。"另外，钱大昕《十驾斋养新录》、包世臣《艺舟双楫》、李慈铭《越缦堂日记》对《明史》都有较好的评价。

再加上我在安徽师大图书馆古籍部工作十年之久，因此，接触大量第一手史料，几百万册的史料在我的脑海里几乎不用目录，都能记在心上，这是一个历史研究者的巨大财富。父亲在世时对我学历史也没有过多的关照，他也确实太忙，既给本科生和研究生上课，同时还兼任学校行政职务，哪有时间和我谈学习和研究历史，从来也没有给我单独开一次“小灶”，我爱上历史，一是家庭的熏陶，二是工作环境的影响，三是主要靠自学为主。记得我第一篇史学论文《李善长籍贯歙县说》，还是王世华老师帮助我修改完成的，发表在《安徽史学》杂志上。从此，学习历史的劲头十足，白天上班，只要有空闲时间，都花在读书上，并且大量阅读一些历史学大家的优秀论文，以提高自己的写作水平。就这样一步一步走来，当然，我深深知道自己的各方面的水平还很浅薄，功底不深，但我仍然像老牛一样，默默地在明清史学园地耕耘，乐在其中。

《明清史论集》的出版，目的是让更多人关注明清史研究，传承历史学，同时也是抛砖引玉，期待更多专家学者重视并推进明清史研究，倘若能如此，则笔者幸甚。

张　健

二〇一九年四月于图书馆

目　录

从历史文献看明代丞相李善长的几个问题

李善长字百室,史称“少有志计,读书粗持文墨而以策事称,里中推为祭酒”,[①]是明初显赫人物之一。《明史》说他“以布衣徒步,能择主于草昧之初,委身戮力,赞成鸿业,遂得剖符开国,列爵上公”[②]。他是明朝开国元勋,官至左丞相,封韩国公,在功臣中列为第一。后因受“胡惟庸案”牵连,举族被诛。然而,对于这样一个重要人物,从历史文献中,就有关李善长的几个问题进行考辨。

一、关于李善长的籍贯问题

关于李善长的籍贯,文献上有两种不同的记载:

一是认为定远人。《明太祖实录》载:“道遇定远人李善长来谒,上(朱元璋)与语,悦之留置幕下,俾掌书记。”[③]《明史·李善长传》也谓:“李善长,字百室,定远人。”光绪《凤阳县志》和《定远县志》也是同样的记载。由于《明实录》和《明史》的权威地位,此种观点影响较大,以至商务印书馆出版的《中国人名大辞典》以及《辞源》《辞海》的“李善长”条都采用这一说法。

二是认为歙县人。清宣统《歙县志》载:“李善长,东乡人,传云本姓胡名以进,尝读书灵金山,后为昱岭吏。”[④]作者许承尧认为明嘉靖《徽州府志·拾遗》所载:“有前明兵部车驾司员外郎黄华云:国初丞相李善长乃歙人,祖墓在一都四图狮塘,产税汪宗远户后。”

一般认为,方志记载本地人和本地事,比较真实可靠。但就李善长的籍贯,《定远县志》认为是定远人,《歙县志》认为是歙县人,两者孰是孰非?

笔者认为李善长的籍贯应该是歙县。只要稍加细察便可发现,《定远县

① 焦竑:《国朝献征录》卷11,上海书店1986年影印本。

② 张廷玉等撰:《明史·李善长传》卷127,中华书局1974年版。

③《明太祖实录》卷1,(台北)“中央研究院”历史语言研究所影印本1966年版。

④ 民国《歙县志》卷6,民国铅印本。

志》所记李善长的情况十分简略，关于其年轻时的经历及其先祖情况付诸阙如。而《歙县志》却不同，不仅记载了他年轻时的读书之处，为“吏”情况，甚至连祖墓葬在何处，产税的具体方位都记载得清清楚楚。

那么，“定远”籍从何而来？《歙县志》载：“（李善长）因乱世挈子往来池凤间，遂籍定远。明太祖略滁阳，善长谒道旁，留幕下。”而《明通鉴》则说：“太祖将自定远谋取滁州，道遇定远人李善长，与语，悦之。”[①]对此，作者夏燮还进行一番考证和推测：则“道中”者，即定远至滁阳之路。从下滁阳，则迎谒在略定远之后，取滁州之前。因此，夏燮不但不认为李善长是定远人，而且只认为明太祖在谋取滁州的道路上，在定远县内遇上李善长。原来，由于元末动乱，李善长为避乱世携子往来池凤间，后来遂定居定远。如果说证据不足，笔者又查阅了一些新的佐证材料。清谈迁的《枣林杂俎·智集》中有《李韩公灯榜藏敕》一文，其中云：“李丞相善长，史谓定远人，实世居徽郡，祖墓葬郡城东十里，丞相少读书灵金山。”此外，清朝新安学者许鄂写道：“李善长家于歙之狮塘，本姓胡名以进。先是，公落拓时曾为郡昱岭关吏，值蕲黄兵乱携幼子避地池阳，会高祖徇池阳，公伏谒道旁抵掌数语，大见赏纳。”[②]而清乾隆《旌阳李氏宗谱》卷12《贤斋公传》说得更具体：“公讳善长，字元甫，父讳唐应，迁歙县，公由歙县迁定远。”家谱材料一般比较真实可靠，故此记载为“歙县”人提供了最有说服的证明。

综合上述各种记述，我们可以得到如下认识：李善长的先祖居住在旌德县的旌阳之地，至其李唐应时方由旌阳迁至歙县。元朝末年，由于社会动乱，李善长为避乱又携子迁往定远，如以其父居住地或其本人出生地作为籍贯，李善长的籍贯应是歙县，而不是定远。

二、关于李善长的从政问题

李善长从政的原因，与其从小受到的教育和当时社会环境是分不开的。徽州地区古称新安，这里，曾孕育了颇具特色的新安文明。从宋代以后特别是到明清时期，达官显贵，名贤硕儒，迭相出现。在这“名臣辈出”的程朱理学的故乡，以朱熹为开山鼻祖的新安学派，大多具有封建时代的爱国主义思想，到元朝末年，这种思想尤为突出。他们不满女真、蒙古贵族“扰我华夏”，

① 夏燮：《明通鉴》前编卷1，中华书局1980年版。

② 许鄂：《青岩诗文集》卷1，清刊本。

不满蒙古贵族的统治，实际上表达了新安士人的政治态度。

新安士人既不满“夷狄”之入主中国，又希望恢复汉族地主阶级的一统天下。而朱元璋领导的反元斗争，正是打着反“夷狄”的旗帜，以争取深受民族压迫之苦的广大人民群众和一部分汉族地主及其知识分子的拥护。朱元璋提出：“山河奄有中华地，日月重开大宋天”；“九天日月开黄道，宋国江山复宝图”。[①]他在实际行动中，主要是为了建立汉族地主阶级政权，其主要矛头不是打击地主阶级。因此，一部分反对蒙古贵族统治的汉族地主及知识分子，便把朱元璋看作自己的代表，把朱元璋“重开大宋”视为理想境地。朱元璋的行动与包括李善长在内的新安士人的政治理想正好一致。

元代的穷兵黩武，重赋苛役，或竟强占汉人的耕地，加上后期无限止的通货膨胀，搜括民间财物，再经过元末20年的长期战乱，有些地区，积骸成堆，道路榛塞，人烟断绝，土地荒芜，经济破碎已达到极点。元至正十一年(1351)五月，在刘福通的号召下，红巾军席卷江淮平源，第二年，红巾军郭子兴占据濠州。朱元璋入伍，被郭视为心腹。由于朱元璋有谋有勇，善于组织指挥，不到两年，便建立了几万人马的起义大军。文人儒士纷纷加入朱元璋的队伍，有的还充当了幕府参谋，这对李善长有着强烈地吸引力。

在当时，除刘福通领导的红巾军起义以外，在湖北有徐寿辉领导的一支起义军也得到人民的拥护，发展迅速。起义后不到半年，至正十二年(1352)正月，就攻占了湖广行省的首府武昌，接着起义军分几路向外扩展。向今江西、安徽、浙江方向发展的起义军，先后攻下了江州、南康、袁州、饶州以及徽州，直至安吉、杭州等地。李善长以及新安士人之所以不为蕲黄红巾军效力，而乐于投奔到朱元璋的麾下，又是与朱元璋实行笼络地主阶级知识分子的政策分不开的。朱元璋在用兵过程中，知道必须要有知识分子为之谋略筹划，以致他“思贤若渴”。因此，正当朱元璋进军滁州(今安徽滁县)，路经定远，李善长在道旁迎接。朱元璋得知其是一位知书识礼的儒士，特别高兴，遂以礼相待，留掌书记，作为心腹，参与大计。不久，朱元璋向李善长讨教“四方征战，何时定乎？”善长当即回答：“秦乱，汉高祖起布衣，豁达大度，知人善任，不嗜杀人，五载成帝业。今元纲既紊，天下土崩瓦解。法其所为，天下不足定也。”[②]这里虽然有恭维之词，但为朱元璋描绘了一幅布衣称霸天

① 钱谦益:《国初群雄事略》卷1，中华书局1982年版。

② 焦竑:《国朝献征录》卷11，上海书店1986年影印本。

下的图景，并为他提供了一个可以效仿的榜样——汉高祖刘邦。从此，他视李善长为知己，令其参预机务，主馈响，深受重用。当朱元璋威名日振，诸将来归者与日俱增，李善长便认真考察，辩贤愚，别优劣，量才录用，朱元璋无不言听计从。这就达到了李善长的政治目的，也是他往来池凤间的真实动机。

三、关于李善长的死因问题

在削平群雄、推翻元朝以及明初“王室大兴新制”中，李善长都起到了巨大作用，所以，建国后他成为一人之下、万人之上的勋臣。但是，封建王朝里的一些功臣，往往功大“过”也。在朱元璋这位专制独裁的封建帝王的心目中，“功臣”无不都是被猜忌的对象，同他们只可共患难，岂能共安乐？因此，李善长的悲剧下场是可以预测的。

中国历史上，在官僚制度正常运转的情况下，君相之间还可相维系，宰相协助君主日理万机，君主依靠宰相御天下。朱元璋早在称吴国公的时候，便已设定宰相的职位。至明初，宰相都称为丞相，其有左、右二员，明制尚左，居左丞相的是李善长，居右丞相的是徐达。

朱元璋在即帝位之后，逐渐感到皇权与相权之间矛盾难以调和，虽几经设法加以调整，但并不令他满意，最后才决意废除这一制度。特别令朱元璋坐寝不安的历史教训时常盘桓在他脑海里。如霍光、曹操、司马氏父子和桓温等历史人物，都是以相权压倒了帝权的有名人物。在实际生活中，君相之间的权力冲突日益加剧，导致朱元璋和李善长之间的关系也逐渐疏远，竟至互有敌意。这是因为当年在逐鹿中原的过程中，李善长敢于任事，当机独断，原是极可赞许的长处。而在建国后的左丞相任上，他还是如此行事，则不免被目为独断专行，被已登大位的皇帝视为不能容忍的行为。所谓“共患难易，共富贵难”，历史和现实都为此作了证实。范蠡在帮助越王勾践打败吴国之后便泛舟五湖；张良在辅佐刘邦平天下之后便飘然远行；朱升在帮朱元璋建立明王朝不久，便乞求告老还乡。这些存在慧眼识人君的人臣，由于能看清时势的变易而洁身自好，而更重要的还是向往能够以终天年和为子孙计。李善长辅佐朱元璋建功立业，有类似范蠡和张良，他与朱升更是袍泽同俦，但在功成身退上却未能像他们那样干脆利索。

朱元璋杀戮元勋宿将是中国古代帝王中最厉害的一个。从洪武八年到洪武廿八年，前后仅20年时间，那些跟随朱元璋南征北讨、定边安民的元勋宿将几乎被杀戮殆尽。清代史学家赵翼所说：“雄猜好杀，本其天性。”[①]朱元璋杀人之众，刑罚之苛，手段之残，殆不多见。关于朱元璋杀人，我们可以大体归纳以下几种情况：第一，杀贪官株连无辜。朱元璋对贪官污吏，受贿枉法，祸国殃民的官吏重刑惩治，这种措施无疑是进步的，但由于简单粗暴，却造成了严重的扩大化，制造了一些冤案。如洪武十五年（1382）的“空印案”和洪武十八年的“郭桓案”，就是朱元璋仅凭自己的怀疑而制造的两桩大案，两案连坐的朝官和地方官达7至8万人。第二，大兴文字狱，滥杀儒士。曾被朱元璋礼遇的儒士，后来大多死于他制造的文字狱。文字狱之兴起，是由于朱元璋对许多文字的禁忌。朱元璋曾当过和尚，忌讳别人使用“僧”“秃”“光”等字眼；当过红巾军的首领，忌讳使用“贼”“寇”等字。朱元璋用自己的尺度览阅天下章奏、表笺、诗文，多次把作这些文字的人杀掉。文字狱大兴13年之久，无辜被杀的儒士不计其数。第三，杀功臣，以保朱家皇朝传宗接代。因此，朱元璋在滥杀功臣之时，李善长也不例外。

随着明朝统治政权的建立，跟随朱元璋起事的一个个开始由平民百姓转化为朱明王朝的新贵，地位也不断提高。另外，朱元璋还通过联姻方式，来笼络淮西将臣，并将开平王常遇春之女为皇太妃，广西都指挥使谢成之女为晋王妃，卫国公邓愈之女为秦王妃，中书右丞相、魏国公徐达长女为燕王妃，宋国公冯胜之女为吴王妃，大都督府佥事王弼之女为楚王妃，并将自己的女儿临安公主下嫁给李善长的儿子李祺为妻。因此，昔日淮西将臣，由开国元勋变成新朝贵族，成为很熟掌明朝军政大权的最高统治阶层。如李善长、徐达、汤和、耿君用、炳文父子、郭兴、郭英、周德兴、郑遇春、陆仲亨、曹震、张翼、陈桓、孙恪、谢成、李新、何福、张龙、张赫、胡泉、陈德、王志、唐胜宗、费聚、顾时、唐铎、马世熊等都是功臣，成为新的一批权贵。

明朝建立后，朱元璋与功臣之间的关系也发生了根本变化，过去生死与共的患难伙伴就被一道不可逾越的君臣名分的鸿沟所隔离，一边是称孤道寡，一边则是俯首称臣。此时如何提高皇权，以确保朱家子孙能长坐江山，便成为朱元璋考虑问题。为了保护皇位，在人事安排上，必须搞“平衡”。而当时的情况是，满朝文武是跟随他一同起事的淮西官弁居多，这不能不使他深感不安。特别是龙凤八年（1362），淮西骁将邵荣的谋反和谢再兴的叛变

① 赵翼：《廿二史札记》卷32，中华书局1987年版。

事件，更是在朱元璋多疑的心中投下一层阴影。到洪武三年，“时武臣恃功骄恣，得罪者渐众。”[①]如汤和嗜酒妄杀，不守法度；赵庸随李文忠出征应昌，私占奴婢，废坏国法；廖永忠曾唆使手下的儒生窥伺朱元璋的旨意，以邀封爵；郭兴不奉主将之命，不守纪律[②]；薛显杀胥吏、杀兽医、杀火者、杀马军，为了抢夺天长卫千户吴富缴获的牲口，还动手杀了吴富。此后，朱元璋尽管不时对功臣宿将发出警告，他们仍然我行我素，未见收敛。原来，在打天下的时候，这些人都是功业煌煌；如今在坐天下的时候，这些人则又是潜在的危险势力，不除掉这些人皇位难以保持。于是朱元璋开始对淮西集团进行“消肿”。削弱他们的政治力量，特别是胡惟庸、李善长、蓝玉都是朝廷的代表人物，对他们进行开刀，既可使皇位更加牢固，又可使明初政治舞台不至于失衡。只有这样，朱元璋才能好恶随心，荣辱在握。

如果说在开国之初，都要在政治势力上来一次“消肿”，那么，唐太宗在即位后，为什么不对关陇集团开刀。所谓关陇集团，就是唐太宗李世民带兵进入关中时，房玄龄、杜如晦、魏征等归附李世民协助筹谋统一，取得帝位。以后又共掌朝政，订定各种典章制度。这恰恰相反，原来的关陇集团，以后便是唐初政治舞台上的重要支柱。

如果说朱元璋为万世帝业计，所以要把跟随他创建帝业的元勋宿将几乎杀绝，那么，赵匡胤建立宋朝之后，只是对那些为他建功立业的将帅采取“杯酒释兵权”，而不是采取屠戮抄斩的办法。

就朱元璋本身而言，出身贫苦家庭，当过和尚，做过乞丐，文化水平不高，眼界一般比较狭小，目光较短浅，是个多猜疑的人。因此，可以说朱元璋是一个“游民”出身的天子，在他的身上寇气味极浓。这些也决定了他晚年犯的许多错误。跟随朱元璋打天下，能征战的元勋宿将早被朱元璋斩尽杀绝了，幸存者寥若晨星，以致“靖难之役”，建文帝派不出大将率兵征讨，这不令人感到深思。朱元璋之所以大杀以淮西集团为主的元勋，这与他为人阴险、刻毒是有关系的。他“金杯同与饮，白刃不相饶”。早在金陵建立了根据地后，朱元璋自称吴国公。在这期间，他继续利用韩林儿政权的名义，但仅仅是名义上的依附，实际上韩林儿却是傀儡。这种伪装在1367年由朱元璋安排的一次沉船事件，结束了小明王生命后，才暴露出其真相。因此可见，

① 刘辰：《国初事迹》，上海博古斋1920年影印本。

②《明太祖实录》卷58，（台北）“中央研究院”历史语言研究所影印本，1966年版。

不管你原来在建功立业中功绩如何大，他要杀你还是毫不留情的。“胡蓝之狱”实际是他早有预谋的，洪武十三年，“胡案”发生，此案一拖10余年不宣布结束，等到“蓝案”发生，便立即收场。

胡惟庸谋反是真是假，这是千载疑案，时至今日更难以定论。但说李善长是“胡党”，其冤枉是不难分析得知的。就在李善长死后的第二年，解缙起草了《论韩国公冤事状》，由虞部郎中王国用冒死上呈，其中的分析，不能不是在情在理：

> 窃见太师李善长与陛下同一心，出万死以得天下，为勋臣第一，生封公，死封王，男尚公主，亲戚皆被宠荣，此人臣之分极矣，志愿亦已足矣，天下之富贵无以复加矣。若谓其自图不轨尚未可知，而今谓其欲佐胡惟庸者，揆之事理大谬不然矣。人情之爱其子，必甚于爱其兄弟之子，安享万全之富贵者，岂肯侥幸万全之富贵哉，虽至病狂亦不为矣。善长于胡惟庸，则侄之亲耳，于陛下则子之亲也，岂肯舍其子而从其侄哉？使善长佐胡惟庸成事，亦不过勋臣第一而已矣。太师、国公、封王而已矣，尚主纳妃而已矣，岂复有加于今日之富贵者乎？且善长岂不知天命之不可幸求，取天下于百战而难危也哉？当元之季，欲为此者何限，莫不身为齑粉，世绝宫污，仅保守领者几人哉？此善长之所熟见也，且人之年迈摧颓精神意虑鼓舞倦矣。偷安苟容，则善长有之，曾谓有血气之强，暴动惑其中也哉。又其子事陛下，托骨肉至亲，无纤芥之嫌，何得忽有深雠急变，大不得已之谋哉，凡为此者，必有深雠急变不大得已，而后父子之间或至挟以求脱祸图全耳，未有平居晏然都无形迹而忽起此谋者也，此理之所必无也。若谓天象告变，大臣当灾，则杀人以应天象，夫岂上天之欲哉？今不幸已失刑，而臣恳恻为明之，犹愿陛下作戒于将来也。[①]

王国用为李善长洗冤辩白，可以说是入木三分。朱元璋读了这篇上书，幸好还未引起龙颜勃怒，“虽不能用，亦不罪也”[②]。所以，王国用也就平安地度过一段惊险的日子。显然朱元璋也是自知理亏，默认了自己杀李善长的过错，这正是朱元璋的精明老练之处。但也未能“作戒于将来”，就在李善长

① 《皇明名臣经济录》卷18，文海出版社1984年版。

② 焦竑：《国朝献征录》卷11，上海书店1986年影印本。

被杀后的3年,洪武二十六年(1393)又兴起“蓝玉党案”,诛杀者15000人。他要杀蓝玉,也早就有此计划了。明史载:“帝欲封玉梁国公,以过改为凉,仍镌其过于券。”[①]就是很好的证明。早就把蓝玉的“过”装进了他的档案袋,为日后算他的“罪账”作好了准备。

朱元璋为了巩固自己的政权,不惜诛杀与他一同创业的功臣。他的私衷是可以理解的,太子柔懦而又早死,皇太孙年幼,自己一旦驾崩,谁能担保满朝功臣宿将不起野心?朱元璋从利用到杀害李善长,导演了一幕历史上最残酷的“飞鸟绝,良弓藏;狡兔死,走狗烹”的悲剧。

---

① (清)张廷玉等:《明史·蓝玉传》卷132,中华书局1974年版。

朱元璋与淮西集团

朱元璋出身于贫苦农民家庭。他以“濠梁之民”“淮右布衣”的身份,参加了元末群雄起事行列。凭借自己的雄才大略,先后击败陈友谅、张士诚、方国珍等劲敌,推翻元朝统治,创建了大明帝国,成为明朝的开国皇帝。朱元璋从一个“布衣”,确切地说,从僧钵到皇帝,除了当时的社会形势和个人的作用外,还与他一同起事的淮西集团是分不开的。探讨朱元璋与淮西集团之间的关系,不仅可使我们清楚地了解朱元璋的帝业是如何建成的,而且还可以看出明初政坛的形势变化及其影响。

一、淮西集团的形成及其特点

淮西集团是元末特殊历史背景下的产物。元代的穷兵黩武,重赋苛役,土地兼并,诛求无已,特别是后期严重的通货膨胀和二十年的长期战乱,积骸成丘,道路榛塞,人烟断绝,土地荒芜,经济残破已达极点。而统治者却骄奢淫逸,肆意挥霍浪费,造成国库虚竭,财政极端困难,百姓生活民不聊生。

广大劳动人民已无法再照旧生活下去,民怨沸腾,以韩山童、刘福通等人利用治理黄河民工的不满情绪,四处散布童谣:“石人一只眼,挑动黄河天下反。”并聚集了三千人在颍州首举义旗,揭开了元末农民大起义的序幕。江淮一带的农民也积极响应,纷纷起义。朱元璋也在这种情况下,于至正十二年(1352)初,奔向濠州城参加了郭子兴的红巾军。朱元璋起先充为步卒,两个多月后,郭子兴提升他为亲兵九夫长,并调到帅府。郭子兴看到朱元璋“度量豁达,有智略”,才能出众,视为心腹,并把养女马氏嫁给他。

朱元璋在反元斗争中,有谋有勇,善于组织指挥,重用人才,凡克城略地,都严禁烧杀掳掠,并访求贤士,收揽豪杰。他重人才,而非钱财。有一次,在东南割据的方国珍欲结好朱元璋,遣使者送上一个饰金玉的马鞍,为朱元璋所拒绝,他说:“方今有事四方,所需者人才,所用者粟帛,宝玩非所好也。”[①]在几十年武装斗争过程中，朱元璋幕下聚集了大批文武贤才。儒士们向他谈得最多的是“不杀人，不掳掠，不烧房屋”等仁义之道，他也视此为平定天下的根本。因此，许多淮西的儒士和武士认为他生有异禀，是个能成大业的人。不到两年，朱元璋便组建了几万人马的起义军。

首先投奔朱元璋的是定远人冯国用、冯胜兄弟，他们通晓兵法，被留置幕府，甚见亲信。李善长也是从滁州定远投入朱元璋的，掌书记，力主取金陵，图帝业，历官参谋，参知政事。徐达是凤阳人，率二十四人从朱元璋取定远，渡江下集庆，与太祖有布衣兄弟之称。汤和与朱元璋同里，后进中书左丞、平章政事，封信国公。邓愈凤阳虹县人，投靠朱元璋于滁阳，授官军总管，论功封卫国公。常遇春凤阳怀远人，元末从刘聚起事，至正十五年投朱元璋历官总管府先锋、都督、统军大元帅，中翼大元帅。李文忠凤阳盱眙人，元末投起义军，19岁以舍人统领亲军，屡破元军，官至枢密院佥事。沐英定远人，年方10岁，父母双亡，被朱元璋收为义子，历官帐前都尉指挥使、大都督府同知等。蓝玉定远人，由常遇春荐于朱元璋，从管军镇抚官至大都督府佥事，以西征有功，封永昌侯，后大败北元主脱古思贴木儿，封凉国公。胡海定远人，元末投朱元璋，历百户、万户。胡惟庸定远人，历官主簿、知县、太常寺卿、中书省参知政事等。

淮西集团的特点。淮西集团成员的大部分来源于布衣之士，了解人民的疾苦，知道百姓的心声。许鄂在《青岩诗文集》载李善长：“值蕲黄兵乱携子避地池（滁）阳，会高祖徇池阳，公伏谒道旁抵数语，大见赏纳。”原来，李善长为避乱携子往来池凤间，寻找机遇，以施展政治抱负。徐达、汤和也为“江左农家子”，是朱元璋幼年伙伴。冯国用兄弟自幼丧父母，蓝玉、胡海、胡惟庸等都出身寒门。从淮西籍出身看，淮西集团与朱元璋有共同的不幸和命运，因此有一个共同目标，推翻元朝腐朽统治。其次，淮西集团凭借着地缘、血缘结成牢固的臣僚关系，这对巩固朱元璋统治地位起到了很大的作用。

淮西集团还有一个重要特色，就是以武人为骨干。他们组成的武装集团，在消平群雄的反元斗争中起了重要作用。据史载，冯胜“雄勇多智略，与兄国用俱喜读书，通晓兵法，元末结寨自保。”[②]朱元璋初次接触时，“大悦，俾

① （清）张廷玉等：《明史·太祖本纪》卷1，中华书局1976年版。

② （清）张廷玉等：《明史·冯国用传》卷129，中华书局1976年版。

兄弟皆居帷幄，预机密焉。”[①]蓝玉“勇敢善战，有大将才”。徐达“少有大志，长身高颧，刚毅武勇”[②]。邓愈的父亲顺兴占据临濠，与元朝部队战死，其兄友隆代之，不久病死，众人推邓愈领导军事，“愈年甫十六，每战必先登陷阵，军中咸服其勇。”[③]汤和是一位谋勇善战的勇士，“幼有奇志，嬉戏尝到习骑射，部勒群儿。及长，身长七尺，倜傥多计略。”[④]沈仁定远人，明史载：“元末举义兵，兵于本县豁鼻山，归太授领土完整军户，从战，屡有功。”这些人勇敢、刚毅，充分发挥了聪明才智。而朱元璋看到淮西文武之士在“起兵”和“王业”过程中的重要作用，更加礼贤下士，重儒惜武。

二、淮西集团在朱元璋建国中的作用

为朱元璋出谋划策。在朱元璋打江山中，淮西集团功不可没。淮西集团发挥他们的政治才干，帮助朱元璋出谋划策、运筹帷幄。当朱元璋带军队经过定远时，李善长来谒，朱元璋得知是一位知书达礼的儒士，留掌书记，并作为心腹，参与大计。不久，朱元璋问李善长：“四方征战，何时定呼？”李善长回答：“秦乱，汉高祖起布衣，豁达大度，知人善任，不嗜杀人，五载成帝业。今元纲既紊，天下土崩瓦解，公濠产，距沛不远。山川王气，公当受之，法其所为，天下不足定也。”[⑤]他虽未正面回答，却指出了汉高祖刘邦值得效法之处。冯国用、冯胜兄弟，精通兵法，朱元璋征询夺取天下的计策，他们说：“金陵龙蟠虎踞，帝王之都，先拔之以为根本，然后四出征伐，倡仁义，收人心，勿贪子女玉帛，天下不足定也。”朱元璋听后大悦，即将他留置幕府，用为参谋。这些运筹帷幄之士，不但为朱元璋献计献策，而且还能团结、笼络淮西以外各种势力和人才。

为朱元璋推荐饱学之士。朱元璋率军攻克皖南徽州时，邓愈听说徽州名儒朱升很有学问和才干，便向朱元璋推荐。朱升是休宁人，学者称枫林先生。元末举乡荐，为池州学正。后弃官隐居石门，闭门著述不辍。朱元璋听说朱升是一名儒士，便仿效刘备亲顾茅庐的做法，向朱升请教夺取天下的时

① 谷应泰：《明史纪事本末》卷1，中华书局1977年版。

② (清)张廷玉等：《明史·徐达传》卷125，中华书局1976年版。

③ (清)张廷玉等：《明史·邓愈传》卷126，中华书局1976年版。

④ (清)张廷玉等：《明史·汤和传》卷126，中华书局1976年版。

⑤ (清)张廷玉等：《明史·李善长传》卷129，中华书局1976年版。

务策略。朱升被朱元璋的诚意所感动，回答说："高筑墙，广积粮，缓称王。"[①]意思是要朱元璋抓紧练兵，不要树大招风。这三条建议成为一个时期内朱元璋奉行的基本方针，对他后来事业的发展有极大影响。朱元璋每攻取一地，都最大限度地征召当地的文士武将。很快，浙江名士许元、叶瓒玉、胡翰、汪仲山、李公常、金信、徐孳、童冀、戴履、张启敬、吴沉等都成了朱元璋的座上客，尤其是胡大海、李文忠、李善长等向朱元璋推荐宋濂、刘基、章溢、叶琛等浙东文人。至正二十年(1360)三月，宋濂与刘基、章溢、叶琛一起到了应天，朱元璋亲自接见，待以上宾。当时，朱元璋受到陈友谅、张士诚两面夹攻，腹背受敌，形势危急。刘基一到应天府，就劝朱元璋独立自主，抛弃韩林儿帝号，并向朱元璋分析："士诚自守虏，不足虑。友谅劫主胁下，名号不正，地据上流，其心无曰忘我，宜先图之。陈氏灭，张氏势孤，一举可定。然后北向中原，王业可成也。"[②]这些士人效忠尽力，出谋划策，成为朱元璋智囊团的重要成员。他们在推翻元朝，建立明朝起了极其重要的作用。

为朱元璋削平群雄、统一全国立下汗马功劳。1368年朱元璋称帝，国号大明，改元洪武，建都南京。当时，明朝管辖范围限于中原、江南和闽广地区，全国还未真正统一，以元顺帝为首的蒙古贵族虽然退出大都，但仍保存完整的政府机构，而且拥有相当的军事力量，实力与明朝相差无几。另外，夏国的割据势力统治着四川，还有几支地主武装控制着秦、晋、汉、关、陇地区，天山南北仍为察合台后裔所控制等。朱元璋削平各地割据势力，消灭元朝残余力量，实现全国统一的任务仍然相当艰巨。

淮西集团的将领们担当起扫平割据势力的重任。大将军徐达、副将军常遇春、傅友德按照朱元璋的部署，率先头部队自北平出发，连克保定、中山、真定。冯胜、汤和也在其后率兵由河南渡河，越过太行关口，攻占泽州、潞州，常遇春、傅友德形成两夹攻之势，并与徐达的五十万部队相遇，很快攻克西部重地太原。洪武二年二月，徐达派常遇春、冯胜等率军渡黄河趋陕西。徐达亲率大军经栎阳入奉元路。元将张良弼先已弃元奔庆阳，镇守庆阳的张良臣率官属士民迎降，徐达整师入城，改奉元路为西安府。次年春正月，徐达又受命为征虏大将军，率李文忠、冯胜、邓愈、汤和等分兵两路，扫荡元朝残余力量。徐达从潼关向西进军，出西路捣定西，进攻扩廓。李文忠从

① (清)张廷玉等:《明史·朱升传》卷127，中华书局1976年版。

② (清)张廷玉等:《明史·刘基传》卷128，中华书局1976年版。

东道出居庸关，向北经野孤岭、骆驼山进攻平开。此次出征，取得较大胜利，逼使元朝残余势力从应昌、定西一线北撤。这次淮西将领的北伐和西征，巩固了明朝北边的防御，为朱元璋建立明王朝立下了盖世之功。

另外，淮西集团还为明初政治出谋划策。李善长悉心履职，表现了出色的组织才能。遵照朱元璋思想制订屯田垦荒措施，在西吴地区普遍推行屯田制度，兴修水利，奖励开垦种植，对城市手工业和商业加以控制。他还斟酌元制，改革弊政，提出了一系列建议，如立盐茶课、制钱法、开铁冶、定鱼税等。李善长“裁取有衷”，开辟了财源，使“国用益饶，而民不困”①，为明代的经济发展奠定基础。因此，论起功来，李善长应居百官之首，这是满朝文武众口一词的。朱元璋也明确对臣说“我既为君，善长当为相”。

当然，朱元璋打天下基本上靠两部分人，一部分是以他的老乡为核心的淮西武士集团，这是主力，是基干，是征战沙场的元勋，多与朱元璋一样贫苦出身。另一部分是江南地主阶级知识分子组成的文士集团，他们有知识，有计谋，有较高的门第，但是入伙晚，没有实力。而淮西集团的代表李善长恰恰具有这两部分人的优长，为朱元璋重用，特进光禄大夫、左柱国、太师中书左丞相。朱元璋论功行赏，大封功臣，进宣国公李善长为韩国公，信国公徐达为魏国公，封常遇春子常茂为郑国公，李文忠为曹国公，邓愈为卫国公，冯胜为宋国公，封汤和等28人为侯。当时封公者仅6人，全是淮西人。可见，淮西人在朱元璋的创建帝业中的巨大贡献。

三、朱元璋为什么打击迫害淮西集团

首先，淮西集团的地位的变化也是人生危险的开始。随着明朝统治政权的建立，跟随朱元璋起事的淮西人，从一个农家弟子成为朝中新贵，地位不断提高。为了巩固自己的地位，朱元璋也通过联姻方式，来笼络淮西将臣，将开平王常遇春之女为皇太妃，广西都指挥使谢成之女为晋王妃，卫国公邓愈之女为秦王妃，中书右丞相、魏国公徐达长女为燕王妃，宋国公冯胜之女为吴王妃，大都督佥事张良弼之女为楚王妃，并将自己的女儿临安公主下嫁给李善长的儿子李祺。朱元璋一方面拉拢重用淮西人，另一方面又担心害怕他们，因为朝廷绝大部分的官员和公侯都是淮西人。早在朱元璋初据集庆时，诗人贝琼就写道：

① 刘辰：《国初事迹》，上海博古斋1920年影印本。

两河兵合尽红巾，岂有桃源可避秦？
马上短衣多楚客，城中高髻半淮人[①]。

诗中"楚客""淮人"指的都是朱元璋队伍中的淮西人。

朱元璋对满朝淮西人的局面感到忧心忡忡，特别是一些重臣，如邵荣、汤和、赵庸、郭兴、薛显等违法乱纪、骄奢淫逸、乱杀无辜，引起朱元璋极大的不满，虽曾经对功臣宿将发出警告，但他们仍然我行我素，未见收敛，成为明朝的潜在威胁。于是朱元璋开始对淮人集团，特别是胡惟庸、李善长、蓝玉等代表人物，开刀问罪，削其势力，以消除淮西力量"肿胀"，求得政治力量相对"平衡"，巩固专制政权和统治。

朱元璋杀淮西集团制造了两次大案，一是胡惟庸案，被诛杀的大臣将近万人；另一起就是蓝玉案，被杀将近一万五千人左右。手段之残，株连之广，前所未有，对淮西集团的诛杀毫不留情。他要杀蓝玉，也早就有预谋。明史载："帝欲封玉梁国公，以过改为凉，仍镌其过于券"[②]，这就意味着把蓝玉的"过"早就装进了他的档案袋，为日后算"罪账"作好了准备。

其次，为子孙后代扫清权力障碍。朱元璋为了巩固政权，不惜诛杀与他一同创业的淮西功臣。这里也许有他的苦衷。太子朱标柔懦而又早死，皇太孙朱允炆才十五岁，年幼而仁柔宽厚，朱元璋担心自己一旦离开人世，谁能担保满朝功臣宿将不起野心？这些年轻的继承人不能控制局面，又无法驾驭那些功臣，后果将不堪设想。所以，朱元璋从利用到杀害淮西集团，导演了一幕历史上最残酷的"飞鸟尽，良弓藏；狡兔死，走狗烹"的悲剧。

再次，朱元璋个人的本性决定其杀人动机。就朱元璋本身而言，出身贫苦，当过和尚，做过乞丐，文化水平不高，目光较短浅，是个多猜疑的人，不管你功绩如何大，关系如何密切，只要威胁到他的江山的人和事一概杀掉和废除！这就是朱元璋人性的本质。

---

① 贝琼：《贝琼先生诗集·秋思》卷5，清刊本。

② （清）张廷玉等：《明史·太祖本纪》卷1，中华书局1976年版。

朱元璋与明初国子监

朱元璋于1368年建立明朝政权，面对元末农民战争遗留下来的百孔千疮，民生凋敝，如何振兴？乃是决策者的首务。朱元璋说："朕统一寰宇，育夷夏之熙黎，偃兵未久，创业未周。惟学校之设，国之首务。"[①]明确地提出把办学当作治理国家，巩固其统治的一种重要手段。办学宗旨说得更加清楚，"兵变以来，人习战争，惟知干戈莫识俎豆。朕惟治国以教化为先，教化以学校为本。"[②]由此可见，朱元璋将治国、教化、办学明确地联系在一起，构成了明初政府的办学宗旨。

一、朱元璋创办明初最高学府

早在元至正二十五年(1365)，即朱元璋就任吴王位的第二年，便设立了国子学。都城初定金陵(南京)，即以元朝集庆路儒学，改为国子学。明年，改国子学为国子监，亦称太学。并设有祭酒、司业、监丞、博士、助教、学正、学录等学官执掌监务。

国子监的整个面积，据黄佐《南雍志》记载：是"东至小教场，西至英灵坊，北至城坡土山，南至珍珠桥"，左为龙舟山，右为钦天山(即鸡鸣山)，北有玄武湖，南有珍珠河。监内建筑物有教师讲课的正堂、支堂，师生进膳的馔堂，藏书的书楼，学生住宿的"号房"，约2000间。此外还有供奉孔子和历代贤哲的文庙、射圃、仓库、酱醋房、水磨房、晒麦场、菜圃、养病房等，所谓"禀库泡湢，靡不毕备"，入晚是"延袤十里，灯火相辉"。这样庞大的校舍设备，却管理得井井有条。例如卫生，规定："洒打学舍，洁净东厕"，"各堂常要无灰尘，饮食丰洁"[③]。朱元璋之所以花费这样大的代价，目的就是建起封建统治者输送人才的基地。

① (明)黄佐:《南雍志》卷10《谟训考》，南京出版社2016年版。

② (清)张廷玉等:《明史·选举志》卷69，中华书局1976年版。

③ (明)黄佐:《南雍志》卷10《谟训考》，南京出版社2016年版。

国子监是明初最高学府,其学生称为监生,亦称太学生。这些监生主要来源于六个方面:(一)举监。凡来参加会试落第的举人,由翰林院选送入监肄业;(二)贡监。是从各地方学校生员中选送,选送时间一年两年或三年不等;(三)荫监。是在都城三品以上官员子弟,叫官生,出于特恩的不限官品,叫作恩生,必须由皇帝特批入监;(四)例监。是由于边警或国家大兴工程,乃准许天下纳粟纳马者子弟入监肄业;(五)夷生。凡士官子弟或外国男女学生来监读书者谓之夷生。(六)俊秀生。凡庶民之俊秀通文义者,可以保送入监读书。可见,国子监向社会各阶层敞开大门,提供了读书升官的机会。朱元璋在洪武十九年(1386),“择监生千余人送吏部,除授知州、知县等职。”①明初,国子监生作为官员来源,甚至一度超过科举,“其时布列中外者,太学生最盛。”②因此,一般生员谋求“入监”的积极性也颇高。

朱元璋把学校视为储才之地,因而对学官选择十分严格。首先是祭酒和司业,被视为“表率之职”,认为“务选天下学,明行修望重,海内所向慕,士大夫所依归,足以师表一代,名盖一时者”③。祭酒选择学行兼优者任之,其后由翰林院官除任或由国子监助教升任。国子监如此重视教师品质,设学官员少而位望则隆,所谓“司教之官,必选耆宿”。明初教育家宋讷、吴颙等都以儒士升为祭酒,“讷尤推名师”④,宋讷性格持重,学问渊博,由翰林学士迁祭酒,严立学规,终日端坐,讲解无虚晷。宋讷所说:“盖学所以扶天理,淑人心也。皇极由之而建,大化由之而运,世道由之而清。风化本源,国家政务,未有舍此而先者。或未具备,则无以维三纲五常之具,示作人重道之心。”⑤另外,还有陈敬宗、李时勉、湛若水、欧阳德等学官严以律人,刻以绳己,成为明初士子一时谨慎严洁之风。

二、朱元璋加强对明初国子监管理和教学

明初国子监由朱元璋亲自管辖,尤其是对学生的要求十分严格,目的是为国家选拔实用人才。所谓实用人才,不仅长天学问,尤在优于品性,除月考、岁考外平时还有稽考簿。稽考的内容分德行、经艺及治事三种。三种兼

① (明)黄佐:《南雍志》卷1《事纪一》,南京出版社2016年版。
② (清)张廷玉等:《明史·选举志》卷69,中华书局1976年版。
③ (明)陈子龙:《明经世文编》卷35,中华书局1962年影印版。
④ (清)张廷玉等:《明史·选举志》卷69,中华书局1976年版。
⑤ (清)张廷玉等:《明史·选举志》卷69,中华书局1976年版。

长的列入上等簿；长于德行而短于经艺或劣于治事的，列入二等簿；如经艺与治事，而德行或有缺陷的则列入三等簿。所谓德行，自然是要能孝亲亲长，谨守绳墨不敢犯上作乱的学生，才是优等学生。学生如果在校十年，学业仍无所成，或犯有大过的，则罚充为吏，且要追缴学费。朱元璋犹恐日久玩生，乃颁禁例八条刻勒卧碑，内容是：(一)生员有大事于己者，许父兄弟陈诉，非大事勿轻至公门；(二)父母欲行非为，必再三恳告，不陷父母于危亡；(三)一切军民利病，农工商贾皆可言之，惟生员不许建言；(四)生员学优才赡，年及三十，愿出仕者，提调正官奏闻考试录用；(五)生员听师讲说，勿恃己长，妄行辩难，或置之不问；(六)师长当褐诚训导愚蒙，勿致懈惰；(七)提调正官务常加考校，敦厚勤敏者进之，顽诈者斥之；(八)在野贤人有陈达治体，敷陈五道者，许所在有司给引赴京奏，不许在家实封入递。这个卧碑，既是学校的总则，也是封建专制主义在学校方面的体现。从表面上看，似乎朱元璋非常提倡学校教育，其实他的目的在网罗天下优秀分子于学校，以消灭他们的暴戾恣睢之气，而让子孙帝王万世之业庶能长保。所以他训练“忠顺臣仆”为其办学宗旨。

国子监的教学内容是由办学宗旨决定的，因而明初学校以四书五经为基本教材。洪武时“《四书》主朱子《集注》，《易》主程《传》，朱子《本义》，《书》主蔡氏《传》及古注疏，《诗》主朱子《集传》，《春秋》主左氏、公羊、谷梁三传及胡安国、张治《传》，《礼记》注疏。”[①]永乐时颁《四书五经大全》，“其传注引征等项。惟宋儒周子、两程子、朱子、张子、邵子为多。”实际上以宋代理学为基础，除四书五经外，历代史书，当朝律令及刘向的《说苑》等也列为必修课。朱元璋还别出心裁地增加了自己的“著作”——《御制大诰》多部，这些都是朱元璋亲自规定的，其作用是宣扬绝对君权，要求臣民服从封建教义。他认为“士之所学，贵于知古今穷物理，圣经贤传，学者必习。若《说苑》一书，刘向之所论次，多载前言往行，善善恶恶，昭然于方册之间。朕尝于暇时观之，深有劝戒。至于《律令》，载国家法制，参酌古今之宜，观之者亦可远刑辟。卿以朕命导诸生，读经史之暇，兼读《说苑》讲《律令》，必有所盖。”[②]

明统治者不仅热衷于四书五经说教和应用朱熹标准注解，甚至任意删改经书内容削足适履，使其符合封建统治的需要。朱元璋笃信孔孟之道，但

① (清)张廷玉等：《明史·选举志》卷70，中华书局1976年版。

②《古今图书集成·选举典》卷100，北京图书馆出版社2001年影印本。

当他读到《孟子》“君之视臣如草芥，则臣之视君如寇仇。”“民为贵，社稷次之，君为轻”和“君有大过则谏，反复之而不听，则易位”时，感到困惑、不安，大发雷霆，怒说：“使此老在今日，宁得免焉？”[①]随即下令把进入孔庙配享的孟子牌位撤掉，后经大臣劝说孟子思想仍有利于君主政治，朱元璋才给孟子恢复名誉，让他的牌位搬回到孔庙来，勾勒出了一个统治者的暴怒无常，疑神疑鬼的心理。但仍命摘编《孟子》，删去朱元璋所不喜欢的八十五条，称《孟子节文》，颁下学官。可见，朱元璋建立学校，就是把知识分子思想束缚在儒家经书和程朱理学范围之内，选拔大批为专制皇权服务的人才。

在教学方面，学生必须“在师前立听讲解”，如学生有疑问，当教师答疑时，该生“必须跪听，毋得傲慢，有乖礼法”[②]。教师如令学生背诵，讲解课文，学生若背诵、讲解不出，则要受到痛决十下的体罚。按教学计划，“凡通四书、未通经者”，皆被编入正义、崇志、广业三堂中学习，为初级班；经过一年半的学习，若达到了“文理条畅”的水平，是为中级班；再经过一年半的学习，若达到了“经史兼通、文理俱优”的水平，是为高级班。凡升入高级班——率性堂的学生，就采用积分法，即“孟月试本经义一道，仲月试论一道，诏、诰、表、内科一道，季月试经、史、策一道，判语二条”。每次考试，文、理俱优的给一分，理优文劣的给半分，纰缪的无分。一年内能积八分的为及格，给予出身。不及格的仍坐堂肄业，相当于现在的留级生。其有才学超异的，则“奏请上裁”，作破格升迁。

国子监学生在学校生活福利方面也给予优厚政策：伙食免费，按月发放禀银，“厚给禀饩”；部分衣着免费，“岁时赐布帛文绮、袭衣巾靴”；节日发给零用钱，“正日元宵诸令节，俱赏节钱”；已婚学生妻子来校探亲或常住，学校免费供给口粮，“孝慈皇后积粮监中，置红仓二十余舍，养诸生之妻子。”[③]学生回家省亲，校方提供路费及行装等经济福利，给国子监学生提供安心学习的环境。

国子监学生在教学上严格认真，在生活福利上给予照顾，但在政治上朱元璋对他们控制极为严厉。

朱元璋为国子监订下种种条规禁令，严加控制，规定生员不得妄言军国

① 全祖望：《鲒埼亭集》卷35，《续修四库全书》，上海古籍出版社2002年影印本。

② (明)黄佐：《南雍志》卷9《学规本末》，南京出版社2016年版。

③ (清)张廷玉等：《明史·选举志》卷69，中华书局1976年版。

大事，不得在班与班之间互相往来，不得互相结党，非经皇帝特许甚至不得请假休学，否则均治重罪。天下士人，必须绝对服从君主的差遣摆布。法令规定“寰中士大夫不为君用，是自外其教者，诛其身而没其家。”[①]学生稍有触犯，即受鞭笞、罚役、戴枷、囚禁、流放甚至斩首之刑。洪武二十七年(1394)监生赵麟写了一张榜帖，抨击国子监官员即被朱元璋斩首，将头悬在国子监高竿示众。朱元璋并下令：“若有无籍之徒，敢有似前贴没头帖子，诽谤师长的，许诸人出首，或绑缚将来，赏大银两个；若先前贴了票子，有知道的或出首、或绑缚将来呵，也一般赏他大银两个，将那犯人凌迟了，枭令在监前，全家抄没，人口发往烟瘴地面。钦此。”[②]在如此严酷的奴役下，“监生自缢者，月不乏人，死必验视乃敛。”[③]学生都被管束成驯服的羔羊，只准规规矩矩做死板文章，全无清新自由的精神气质。

三、朱元璋设立国子监培养了一批文武大臣

朱元璋通过设立国子监，培养了一批文臣，逐步取代了为明朝创建大业的文武功臣。洪武时起，每年高等学府在校“国子生以数千计”[④]。这些国子生毕业之后由朝廷直接任命为各级官吏，甚至直接充任行省布政、按察两使，及四方大吏。大批人才，都是通过朱元璋一手扶植起来，无疑都深受“皇恩浩荡”，从而能“克尽臣节”。这对“洪武之治”和“仁宣之治”的出现，都起到了很大作用，因而受到朱元璋以及他的继承人的器重。现概述如下：

赵羾，洪武中，由乡举入太学，授兵部职方司主事，进言图谋天下要害阨塞，并屯戍所宜之事，帝以为才，迁员外郎，建文初，迁浙江参政，永乐时，擢刑部侍郎，改工部，再改礼部，直到仁宗、宣宗时，赵羾性精敏，历事五朝，位列卿，自奉如寒素。李庆，洪武中，以国子生署右佥都御史，后授刑部员外郎，迁绍兴知府，永乐时，诏为刑部侍郎，性刚果，数命治他事，不到时间就完成任务。仁宗时改兵部尚书，加太子少保。师逵，洪武中，以国子生从御史，后任陕西按察使，到任一月内，即将千余积案审理完毕。成祖即位，升兵部侍郎。仁宗即位，升户部尚书。居官40余年，为政清廉，家无积蓄。宣宗常与群臣议论：“大臣持廉守正者，唯逵一人。”古朴，洪武中，以太学生清理郡

① 《明太祖实录》卷219，(台北)“中央研究院”历史语言研究所影印本。

② (明)黄佐：《南雍志》卷10《谟训考》，南京出版社2016年版。

③ (清)赵翼：《廿二史札记》卷31，王树民点校，中华书局1984年版。

④ (清)张廷玉等：《明史·选举志》卷69，中华书局1976年版。

县田赋图籍，除以工部主事，建文时，擢兵部侍郎。成祖即位，佐夏原吉理户部。仁宗即位，拜户部尚书，朴在朝30余年，自郎署以至尚书，“俱以清介称”。虞谦，洪武中，由国子生擢刑部郎中，出任杭州知府。永乐时诏为大理寺少卿，皇帝北巡，皇太子奏谦为右副都御史。仁宗时，曾经应诏上言七事，皆切中时务。茹瑺，少怀大志，聪颖好学。年少由贡生拔入国子监，洪武中，改授承敕郎，历通政使，累迁右副都御史、兵部尚书、吏部尚书。太祖每称瑺为贤人君子，并颁“中外一人，中流砥柱”“铁券”丹书，蠲免其田塘园林赋税，赐“绳愆纠缪”图章一枚，下旨在衡山城南门外建贡元坊一座。永乐时，封瑺为忠诚伯，食禄一千石，仍为兵部尚书、太子少保，赞其“威仪山立，气宇渊深，品物咸熙，令闻昭著于四方”，并赐御诗“古今多出忠良士，罕有茹公立大勋”。

由此可见，在洪武朝入国子监者，大多是青年英俊，这批人在治国兴邦中担当重任，而成祖、仁宗、宣宗时期也是如此。据史记载：“仁宣之治，非高、成不开；而高、成之政，非仁、宣不粹也”。高祖、成祖、仁宗、宣宗“盛世”的出现，除这几个开明国君较有才能之外，另外一个非常重要的原因，便是有一批文化造诣较深和德行修养较高的能臣，他们当中就有一批来源于学校的培养。在朝廷中，他们肩负重担，在地方上，他们勤政安民，都有突出的建树。

夏原吉，洪武时，由国子生提为户部主事，原吉处事持重，“临政善酌”，因而很得户部尚书郁新的器重，永乐元年（1403），浙西发大水，江南一片汪洋泽国，原吉赴吴浙治水，疏通吴淞江下游，上接太湖，每年水涸时，修筑两岸圩堤，以防雨季暴流。原吉征发10万人治水，徒步日夜经划，终使浙西水害稍息。明成祖准备大举北征，召原吉问边储多寡。人称他为：“用人、理财、礼乐、征伐诸大政，文武经纬，各尽其长，章程故在，后鲜能及”。夏原吉历事洪武、建文、永乐、洪熙、宣德五朝，掌户部利权27年不衰，生活清廉寡欲，高位而不骄奢。明人叶盛因感叹：“困极而节不移，宠极而色不矜。”[①]反映了朱元璋识人，用人本领。汤宗，洪武末，由太学生擢河南按察司佥事。建文时，迁山东按察使，后出任苏州知府，苏州地区连年水灾，人民流离，逃亡严重，拖欠的租税达一百余万石。宗谕富民出米代输，富民知其爱民，“不

① （清）张廷玉等：《明史·叶盛传》卷150，中华书局1976年版。

三月悉完纳"[①]方宝，洪武时，由太学生迁兵部郎中，建文中，署应天府事。成祖时，进兵部侍郎，性警敏，能揣王意。成祖北征，与学士胡广、金幼孜、杨荣、侍郎金纯，并立机密，上欲亲征，言休兵养民，粮饷不足，其目的是减少国家财政支出。宋礼，洪武中以国子监生擢山西按察司佥事，左迁户部主事，建文时，迁刑部员外郎。成祖时，拜工部尚书，命受清理河道，尤其是对运河的疏通，使河运大为便利。卒之日，家元余财。黄福，洪武中，由太学生，上书论国家大计，太祖奇之，拜工部左侍郎。永乐拜工部尚书，后改户部尚书，七年，帝于宫中览福漕事便宜疏，出以示杨士奇说："福言智虎深远，六卿中谁伦比者。"对说："福受知太祖，正直明果，一志国家"[②]。正统五年卒，历事六朝，多所建树，公正廉恕，素孚于人，当官不为赫赫名，事微细无不谨，忧国忘家，老而弥笃。金纯，洪武时，国子监生，授吏部文选司郎中，三十一年，出为江西布政司右参政。成祖时，为刑部右侍郎，仁宗改工部、刑部。纯亦务宽大，每诫属吏不得椎击人，"故当纯时，狱无瘦死者"[③]。张本，洪武中，自国子监授江都知县，永乐时为工部左侍郎。十九年，将北征，命本及王彰分往两直隶，山东、山西、河南，监督有关官员造车挽运。仁宗时，迁任南京兵部尚书，兼掌都察院事，帝尝召见言时政得失，且请严饬截止备，帝嘉纳之。

朱元璋通过学校选拔人才，无非是为最高统治者觅顺臣，觅"能臣"。这些经过国子监出来的儒生，受到儒家思想，特别是孔、孟思想的熏陶，成为"节义忠孝"之士。他们大都由朱元璋任命为级别高低不等的政府官员，源源不断地输送到全国各地以强化明代的封建统治。

四、明代国子监的继承与创新

明代最高学府国子监即太学，虽然继承唐宋以来的旧制，但又与唐宋很有区别。第一，明代的国子监和各级地方学校彼此衔接，明初在中央设立国子监的同时，在地方设府州县学，与其相配套，形成一个全国性的教育系统。同时规定"科举必由学校"，只有在学校里取得出身的人才有资格参加科举考试。避免唐宋以来士子直接进入科举的途径，克服了学校与科举相脱接。明代学校、科举和官吏的选拔制度结为一体，提高了学校的地位，学校成为

① (清)张廷玉等:《明史·汤宗传》卷150，中华书局1976年版。

② (清)张廷玉等:《明史·黄福传》卷154，中华书局1976年版。

③ (清)张廷玉等:《明史·金纯传》卷157，中华书局1976年版。

选拔官员的基地。从而可看出,官吏的选拔和任命都直接掌握在皇帝手中,体现了高度的中央集权的君主专制主义的特点。第二,明代国子监的教学内容,在唐宋的基础上,增加了新的内容。唐宋时期以四书五经为基本教材。而明代国子监的教材的选择除四书五经外,历代史书,御制大诰,当朝律令及刘向的《说苑》等也列为必修课。形成一种固定的程式对国子监生进行长期严格训练。用孔孟之道来统一思想,控制舆论。用御制大诰作为法律依据,对士子进行法制教育。这不仅是出于培养官吏的需要,更重要的使知识分子的思想自觉或不自觉地走上统治阶级所规定的道路。第三,唐宋国子监下设各学:国子学、太学、四门学、律学、书学、算学、医学、武学等。唐宋监生按其父的官品等级入学,国子学和太学被高级官吏的子弟垄断,四门学的一部分允许"庶人之俊秀者"进入,律学、书学和算学准八品官以下的子弟和庶人入学。宋代的国子监在北宋中期以前,只准七品官以上子弟考取,"八品以下至庶人子弟例不收补"。而明代学校对入学者没有身份的限制,唯一标准是品德和学业,凡考试合格,均有资格入学。朱元璋敞开学校大门,其目的是为庶人入仕开辟了一条合法的途径。另外,庶人入仕的政策还表现为食禀制度的扩大,不仅监生的衣食由国家供给,甚至监生的探亲路费,监生的婚娶费用,监生妻子的衣服,均由国家负担,这就为下层知识分子读书、求取功名创造了条件。

朱元璋设立学校的目的是为了"作养士类"[1]。他苦心经营国子监以及府州县学,无疑是为了强化专制主义中央集权的封建统治而紧紧握在手中的一个"作养士类"的政治工具。因此,要考察从洪武至仁宗时期鼎盛的出现,学校选拔人才不能不是一个视角。

---

① 《明太祖实录》卷46,(台北)"中央研究院"历史语言研究所影印本。

朱元璋与明初科举制度

明太祖朱元璋以一介“濠梁之民”“淮右布衣”参加了元末群雄起事的行列，花了十六七年的功夫，收拾了陈友谅、张士诚、方国珍等劲敌，推翻了元王朝，做了明王朝的开国皇帝。朱元璋深知“举贤任才，立国之本”[①]的重要性。他说：“贤才，国之宝也。”[②]“天下之治，天下之贤共理之。”[③]建国之初，他根据古往“选贤与能”的“治国之要”，通过荐举、办学、科举三条渠道有计划地选拔和培养大批贤能之士。其中科举制度最为突出，它对明初的“洪武之治”“仁宣之治”乃至整个明朝都产生了重大影响。

一、朱元璋通过科举制度选拔大批人才

早在明朝建立之前的吴元年(1367)，随着军事上的节节胜利，朱元璋即下达“设文武二科取士”之令，明确要求各地方官，当“劝谕民间秀士及智勇之人”，做好准备，“俟开举之岁，充贡京师。”[④]洪武三年(1370)，朱元璋下诏：“今朕统一中国，外抚四夷，与斯民共享升平之治。所虑官非其人，有伤吾民，愿得君子而用之。自洪武三年八月为始，特设科举，以取怀材抱德之士。务在经明行修，博古通今，文质得中，名实相称。其中选者，朕将亲策于廷，观其学识，品其高下而任之以官，果有材学出众者，待以显擢，使中外文武，皆由科举而选，非科举毋得与官。敢有游食奔竞之徒，坐以重罪，以称朕责实求贤之意。”[⑤]他的求贤的诏令，在全国引起很大震动，许多士子开始把科举考试当作迈向高官厚禄的主要途径。洪武四年，朱元璋又告诉中书省臣说：“今天下已定，致治之道，在于求贤。既设科取士，令各省连试三年，庶

---

① (清)夏燮:《明通鉴》卷1,中华书局1959年版。

② (清)夏燮:《明通鉴》卷2,中华书局1959年版。

③ (清)张廷玉等:《明史·太祖本纪》卷2,中华书局1976年版。

④ (清)薛熙编:《明文在》卷21《开科举诏》,清光绪十五年刻本。

⑤《明太祖实录》卷60,(台北)“中央研究院”历史语言研究所影印本。

贤才众多而官足任吏也。"[①]此年的辛亥科共录取进士吴伯宗、郭翀、吴公达等一百二十名。这是明初科举第一次录取这样多的人。

科举制度实行几年以后，朱元璋发现所取举人皆长于文辞而缺少实际才干，于洪武六年(1373)诏停科举。他说："朕设科举以求天下贤才，务得经明行修、文质相称之士以资任用，今有司所取，多后生少年，观其文词，若可与有为，及试用之，能以所学措诸行事者甚寡。"[②]后生少年因只会做文章而不谙世情，不善治国，就不能达到选拔人才的目的，所以，只好"别令有司察举贤才，以德行为本，而文艺次之。"[③]明初察举，分聪明正直、贤良方正、孝弟力田、儒士、孝廉、秀才、人才、耆民等科目，大体仿照汉代察举之法。科举停达十余年之后，朱元璋通过观察、了解，比较分析，觉得察举弊端更多，于洪武十五年(1382)宣布恢复科举。他说："朕自代元，统一华夷，官遵古制，律仿旧章，孜孜求贤，数用不当。有能者委以腹心，或面从而志异；有德者授以禄位，或无所建；明中材下士，寡廉鲜耻，不能克己，若此无已奈何？为治尔诸文士，当进学之秋，既承朕命，悉乃心力，立身扬名在斯，始举其条陈之。"[④]洪武十七年(1384)公布《科举成式》，制订了明朝此后二百五十年的科举成文法规。朱元璋从"科举开设"到"罢停科举"，最后又"恢复科举"，科举制度几经转折之所以不能废除，考其原因，不外乎以下几点：

首先，朱元璋记取元亡的教训。他曾分析元朝灭亡的重要原因是："贵戚擅权，奸邪竞进，举用亲旧，结为朋党，中外百司贪婪无耻，由是法度日驰，纪纲不振，至于土崩瓦解，率不可救。"[⑤]有鉴于元朝"依古设科，待士甚优，而权豪势要之官，每纳奔竞之人，辛勤岁月，辄窃仕禄，所得资品，或居举人之上。怀才抱道之贤，耻于并进，甘隐山林而不起"[⑥]的用人弊端。朱元璋深知欲澄清吏治，必须厉行"科举"，以阻遏"奔竞"的风气。科举制度是隋唐以来，历代统治阶级选官的重要手段，它克服了那种依靠宗族、裙带关系，以及用人唯亲的弊病。使人人在考试面前处于"平等"地位，使一般布衣之士也有进入仕途的希望。因此，科举制度对稳定明初政治和扩大统治基础有着

①《明太祖实录》卷60，(台北)"中央研究院"历史语言研究所影印本。
②《明太祖实录》卷79，(台北)"中央研究院"历史语言研究所影印本。
③《明太祖实录》卷43，(台北)"中央研究院"历史语言研究所影印本。
④《明太祖实录》卷172，(台北)"中央研究院"历史语言研究所影印本。
⑤《明太祖实录》卷128，(台北)"中央研究院"历史语言研究所影印本。
⑥(清)薛熙编：《明文在》卷21《开科举诏》，清光绪十五年刻本。

重要作用。

其次，实践证明，科举比荐举、保举、荫庇、传奉、捐官等办法优越，它能选出一些有较高文化素质的儒生。用这种由新科选拔出来的人做官，朱元璋是比较放心的，并得出经验："自古以来，兴礼乐、定制度，光辅国家，成至治之美，皆本于儒。儒者知古今，识道理，非区区文法吏可比也。"①而荐举等制度是由现任官吏向皇帝推荐人才，或捐资为官的，因而用人之权很容易被权势豪强所把持，不利于人才的选拔。

再次，朱元璋登基伊始，即告谕群臣："礼法，国之纪纲，礼法立，则人志定，上下安。建国之初，此为先务。"②宣布要"明教化以行先圣之道"，用孔孟之道来统一思想，控制舆论。朱元璋设置科举考试，就是要把知识分子思想束缚在儒家经书和程朱理学范围之内，选拔大批为专制皇权服务的人才。

二、朱元璋设置科举制度的鲜明特点

朱元璋不仅承继了隋唐以来的科举制度，而且进行了改革，使之更趋完备。洪武朝的科举制度有鲜明的特点。

其一，从《四书》《五经》中出题，以八股取士。正如《明史·选举志》载："科目者，沿唐宋之旧，而稍变其试士之法。专取四子书及《易》《诗》《书》《春秋》《礼》五经命题试士。盖太祖与刘基所定。其文略仿宋经义，然代古人语气为之，体用排偶，谓之八股，通谓之制义。三年大比，以诸生试之直省，曰：'乡试'，中式者为举人。次年以举人试之京师，曰：'会试'。中式者，天子亲策于廷，曰：'廷试'，亦曰：'殿试'。"从明代开始，科举考试的主要内容就明确规定为《四书》《五经》等儒家经典，同时特别规定，答卷必须以程朱理学对儒家经义的解释为准，主要是以朱熹的《四书集注》为依据，不许发挥个人见解。八股取士为朱元璋首创，对此后以及清代产生重大影响。

其二，从行政组织方面控制科举考试的全过程。明初在前代科举制度的基础上，把科举考试置于明朝政府直接管辖之下，并以皇帝的名义令全国施行，并确立了乡试、会试、殿试三级考试制。

乡试：又称为"大比"，每三年一次，按干支计，定在子、卯、午、酉年的八月初九、十二、十五日举行，即所谓"秋闱"。乡试地点，分别在各省和京师举

①《明太祖实录》卷64，（台北）"中央研究院"历史语言研究所影印本。

②《明太祖实录》卷25，（台北）"中央研究院"历史语言研究所影印本。

行，以皇帝名义派遣官员，担任主考。乡试考官，设“主考”二人，“同考”四人，“提调”一人，在内以京官派充，在外以布政司官派任。“监试”二人，在内由御史任之，在外由按察司官任之。凡乡试中式，称为“举人”，举人第一名为“解元”。

会试：也是三年一次，逢辰、戌、丑、未年由礼部主持，考试时间为二月初九、十二、十五日。会试考官，设“主考”二人，“同考”八人，“提调”一人，“监试”二人。又有内外帘官之分。提调、监试等官，都由级别较高的官员担任。举人入场时的搜检，在明初较宽。朱元璋说：“此已歌《鹿鸣》而来者，奈何以盗贼待之？”所以搜检之法时行时废。会试的录取人数，明初没有定额。最少的一次，是洪武二十四年（1391）辛未科，只有三十一人，最多的一次是洪武十八年（1385）丁丑科，达到四百七十二人，名额的增减，正如《明史·选举志》载：“皆得奏请定夺”。

殿试：是明代最高一级考试，凡是会试中式的人都可以参加。殿试是“天子亲策于廷”，故又称“廷试”。殿试时间，按科举程式的规定是三月初一。其内容很简单，仅试时务策一道。试题一般由内阁预拟，并在考试前一天呈请皇帝圈点。殿试以一日为限，完卷后受卷官以试卷送弥封官，掌卷官立即转送东阁，由读卷官进行评阅。殿试由皇帝亲自主持，皇帝就是主考官，所以评阅试卷的人只能称为读卷官，按照明初的规定，“殿试毕，次日读卷，又次日放榜。”①

朱元璋通过行政组织措施，控制了明初科举考试的全过程，无疑是把选拔人才和强化君主专制权的统治联系在一起了。

其三，通过兴起科场大案来达到加强专制统治的政治目的。洪武三十年（1397）发生的“南北榜案”就是一例。该年会试主考官是翰林学士刘三吾（湖南茶陵人），考试揭晓，录取陈安、尹昌隆等五十一人，皆为江南士子，北方举人全都落第。这引起北方士子的强烈不满，他们指责“三吾南人私其乡”②。朱元璋闻讯十分恼怒，特命侍读张信等十二人复查，复查结果维持原榜。此时有人上疏，告发张信等人和刘三吾暗中勾结，以北方人的劣等卷子呈送皇帝，肆行欺骗。于是朱元璋勃然大怒，命刑部拷讯诸考官，最后刘三吾被革职充军，其余考官连同张信、陈安等皆遭诛杀。朱元璋决定亲自评阅

① （明）余继登：《典故纪闻》卷16，中华书局2016年版。

② （清）夏燮：《明通鉴》卷11，中华书局1959年版。

本科会试卷，终于录取了韩克忠、王恕等六十一人，全部为北方人。

这一重大科场案件，其实并没有舞弊贿赂之实，刘三吾徇私舞弊的可能性也极小。他一直受到朱元璋的器重，主持过许多重大典章制度的拟定。他为官比较正派，不徇私情，秉公办事。明史称他“为人慷慨，不设城府，自号坦坦翁，至临大节，屹乎不可夺。”[①]再说，洪武三十年以前，朱元璋严酷暴虐的面孔暴露无遗，刘三吾亲眼看到众多元老旧臣被“莫须有”罪名诛杀，其手段之残忍，株连之广泛，莫不使刘三吾等官僚们战战兢兢，惟恐祸从天降，他岂敢冒死去“私其乡”呢？其实，兴起“南北榜案”是朱元璋笼络北方士人的一种策略，借以扩大自己的统治基础，目的是为了加强中央集权，巩固明王朝的专制统治。这是当时国内的政治形势特别是北部边疆的军事形势的需要决定的。

朱元璋起兵于江淮之间，帮助他平定天下夺取帝位的左右文武官员大多是南方人。这个农民出身的皇帝在政权巩固之后，其狭隘的小农意识终于复活，而取代了当初“礼贤下士”的气度，对曾经追随他打天下的文武功臣滋生疑虑，将他们先后屠戮。胡惟庸、蓝玉两案竟屠杀几万人，甚至连可与汉之萧何相比的开国元勋，又是儿女亲家的李善长也在所难免。从这点看，他对南、北人并无任何个人感情偏向，而是欲通过抑南扬北以巩固政局。当明朝建立之初，士人“多有不欲仕者”，“以不忘故国”[②]不肯与明王朝合作，而北方士人对朱元璋这个出身南方的皇帝持观望态度；再加上元朝残余势力又在北方虎视眈眈，这对明王朝是很大的威胁。为了稳定北方，巩固政权，在南北籍贯的统治者之间，自有必要进行权力再分配。如何达此目的？朱元璋首先想到的是：“北方士人服属于元较久，虑遗民犹有故元之思，颇欲假以科名笼络之。”[③]刘三吾坚持认为“江南本多俊才”，并没有错。朱元璋是想用科举考试的办法，使北方士人“入吾彀中”，这是政治家的策略手段。

三、朱元璋通过科举考试培养了一批新贵

朱元璋通过科举考试，培养了一批新贵，逐步取代了为明朝创建大业的文武功臣。从洪武四年至洪武三十年，朱元璋通过科举网罗了九百三十名

① 《明史·刘三吾传》卷127，中华书局1976年版。

② (清)赵翼：《廿二史札记》卷32，中华书局2005年版。

③ (明)王世贞：《凤洲杂编》卷4，广文书局1969年版。

左右进士。他们是朱元璋一手培植起来的,无疑都深感"皇恩浩荡",从而能"克尽臣节"。这对"洪武之治"和永乐、洪、宣"盛世"的出现都起到了很大作用,因而受到朱元璋的重用。举例如下:

吴伯宗,洪武四年,廷试第一,担任过礼部员外郎、国子助教、翰林典籍,帮助朱元璋制定政策,深受重视,获赐锦衣。杨靖,洪武十八年进士,选吏科庶吉士,后又升为户部尚书,迁刑部尚书。他亲自审查京狱囚犯,并对冤假错案,多所平反。这对缓和明初的社会矛盾,修明政治,巩固统治,都有一定的作用,因而得到朱元璋的嘉奖。王朴,洪武十八年进士,除吏科给事中,后升为御史,秉性刚直,常与朱元璋辩论是非,不肯屈服,虽遭杀戮,但不失为一位骨鲠之臣。齐泰,洪武十七年举应天乡试第一,十八年进士。历礼、兵二部主事,参与国政。朱元璋曾问边疆将帅的姓名,齐泰历数无遗;又问诸图籍,立即从袖中拿出手册,"简要详密"[①]。太祖大为惊奇,后大受重用。卓敬,颖悟过人,读书时十行俱下,洪武二十一年进士,除户部给事中,历官户部侍郎。朱元璋的儿子众多,可能争夺储位。卓敬便向朱元璋建议说:"京师,天下视效,陛下于诸王不早辨等威。而使服饰与太子埒。嫡庶相乱,尊卑无序,何以令天下?"[②]于是,朱元璋将诸子分封到全国各地为王,确立了朱标为太子,避免了一场朱家王朝的内乱。解缙,吉水(江西)人,洪武二十一年举进士,深受朱元璋的器重,常侍左右。有一天,朱元璋在大包西殿对解缙说:"朕与尔义则君臣,恩犹父子,当知无不言。"[③]解缙便对朱元璋大杀功臣、大兴文字狱等冒死进谏,并上《大包西封事》奏折,直陈时弊。不久,解缙又上《太平十策》,主张薄税敛、劝农桑、禁庵寺、绝娼优、免屠戮、省株连,并批评朝廷政令屡改,杀戮太多。解缙对贪赃枉法的官员,视之如仇,尽力弹劾。当时,督察院副都察史袁泰是个奸黠小人。喜欢勾结、窃听、画图告密,诬害异己,朝廷百官人人自危。对此解缙深恶痛绝,遂草疏《论袁泰奸黠状》,弹劾袁泰。朱元璋知道后,经过核实,把袁泰作了调职处罚,解缙在朝廷的威望不断增高。

由此可见,在洪武朝通过科举及第者,大多是青年英俊,这批人在治国兴邦中担当重任,而成祖、仁、宣时期也是如此。史载:"仁、宣之治,非高、

① (清)张廷玉等:《明史·齐泰传》卷141,中华书局1976年版。
② (清)张廷玉等:《明史·卓敬传》卷141,中华书局1976年版。
③ (清)张廷玉等:《明史·解缙传》卷147,中华书局1976年版。

成不开；而高、成之政，非仁、宣不粹也。”[①]高祖、成祖、仁宗、宣宗“盛世”的出现，除这几个皇帝较有才能而外，另一个非常重要的原因，便是有一批文化造诣较深和德行修养较高的能臣。而这批人大多是科举出身的，如解缙、黄淮、杨荣、杨溥、金幼孜、胡严、周忱、王翱、蹇义、李时勉、尹昌隆等，他们在吏治、理财、军事等方面都有突出的贡献。

永乐元年(1403)，朱棣正式建立阁臣制度，命解缙等七人直文渊阁预机务，其中就有五人出身于科场。解缙“孝友重义轻利，遇人忧患疾苦辄隐于心，用力尽意为之。喜引拔士类……表面洞达，虽野夫稚子皆乐亲之。”[②]他因才华出众，文笔秀丽，又多谋略，其地位“与尚书埒”，凡事必与解缙议。永乐时，帝命黄淮与解缙常立御榻左，备顾问。成祖常常对左右人说：“黄淮论事，如立高冈，无远不见。”[③]仁宗时黄淮与杨荣、金幼孜、杨士奇同掌内制。在建文、成祖、仁宗、宣宗四朝中，人称“三杨”的杨士奇、杨荣、杨溥就有两人是科举出身。明成祖即位，杨士奇和杨荣同时进入内阁，并久任至正统朝，在内阁的时间分别为四十二年和三十八年。杨溥于宣宗即位后入阁的时间长达二十一年。杨荣多谋善断，有军事才能，曾多次随从成祖出征漠北。杨溥是仁宗当太子时的老师，为人恭谨，仁宗即位后，命溥掌阁事，并且告诉杨溥说：“朕用卿左右，非止学问。欲广知民事，为治道辅。有所建白，封识以进。”[④]蹇义历事五朝(洪武、建文、永乐、洪熙、宣德)当了三十四年的吏部尚书，为人厚重，作风谨慎，熟悉典章制度，成祖巡幸北京和亲征瓦剌期间，蹇义辅助朱高炽监国，很受重用。宣宗称赞蹇义“忠厚宽宏”。永乐时期的翰林侍读李时勉秉性刚烈，慨然以天下为己任，凡事有益于国家者都直言不讳。李时勉不惜以死规劝皇帝，在文武大臣中声望甚高。著名的清正大臣王翱，历事成祖、仁宗、宣宗、英宗、景帝五朝，曾任吏部尚书十五年，尽管他位高权重，却始终保持公正、清廉、刚介的品质。他忠于职守，不徇私情。宣德五年，王翱巡按四川，“凡政事得失，军民利病，皆得直言无避。”[⑤]王翱为了处理好民族关系，他“专布恩信，招怀降附”，[⑥]不费一兵一卒，就使川东松

① (清)谷应泰：《明史纪事本末》卷28《仁宣之治》，中华书局1977年版。

② (明)解缙：《解学士文集》卷7，明嘉靖四十一年刻本。

③ (清)张廷玉等：《明史·黄淮传》卷147，中华书局1976年版。

④ (清)张廷玉等：《明史·杨溥传》卷147，中华书局1976年版。

⑤ (清)张廷玉等：《明史·职官志二》卷73，中华书局1976年版。

⑥ (清)张廷玉等：《明史·王翱传》卷177，中华书局1976年版。

潘地区的长期动乱平定下来。周忱是明代著名的“清官”，永乐二年进士，选翰林院庶吉士一举成名，历事永乐、洪熙、宣德、正统、景泰五朝。宣宗时，周忱为工部右侍郎巡抚江南诸府，总督税粮。他深入调查研究，了解民间疾苦，找到了税粮积欠的原因，全力推行经济改革，革除积弊，百姓负担减轻，国家赋税年年完足，江南逐渐出现物阜民安、“公私饶足”的安定局面。

历代的科举考试，无非都是为最高统治者觅顺臣，觅“能臣”。所以，唐太宗在行科举制度后，得意地说：“天下英雄，入吾彀中矣！”明初，也莫不如此。

明初朱元璋以科举取士，进一步对庶民子弟步入仕途敞开了大门，从而扩大了明初的统治基础，有利于政治的相对稳定，同时也在一定程度上增强了明初统治阶级队伍的知识化色彩。官员队伍的知识化，也是巩固统治所必需的。洪熙元年(1425)，仁宗皇帝与内阁大学士杨士奇讨论科举得失时，杨士奇说：“科举当兼取南、北士。”仁宗说：“北人学问远不逮南人。”士奇说：“长大器，俱出北方，南人虽有才华，多轻浮。”仁宗说：“然则将何如？”士奇说：“试卷例缄其姓名，请今后于外书‘南’‘北’二字，如当取百人，则南六十，北四十，南北人才，皆入彀矣。”仁宗说：“然。往年北士无入格者，故怠惰成风。今如是，则北方学者亦感奋兴起。”[①]这段对话，也符合朱元璋搞“南北榜”的思想。

总之，要考察从洪武至仁宣时期出现的鼎盛，科举取士不能不是一个视角。

---

① 谷应泰：《明史纪事本末》卷28《仁宣之治》，中华书局1977年版。

朱升及其《朱枫林集》

在元末农民战争中，朱元璋能够创建大明帝国，这不仅得力驰骋沙场的武将，而且也得力于运筹帷幄之中的谋臣。在众多谋臣中，朱升便是朱元璋集团中的“启运之臣”，也称“翼运之臣”。他献给朱元璋的著名三策“高筑墙，广积粮，缓称王”，成为朱元璋削平群雄，创业建国的战略方针。当明朝建国不久，朱升便一再提出“请老归山”，虽然朱元璋着意挽留，但是他还坚持不肯。从此，朱升便功成身退，归隐山林，志安恬淡，“闭户著述不辍”。他既是一位谋臣，同时也是一位诗文作家，尤其在程朱理学方面有很深的造诣。

朱升（1299—1370），字允升，号枫林，徽州（旧称新安，今安徽黄山市）休宁人。他在元朝度过了一生的大部分岁月。作为一个封建时代的知识分子，原先他的仕途并不通坦，而他自己也不乐于仕进。至正四年（1344），朱升才登乡贡进士，四年后，授池州路学正。管理学田有方，“讲授以身示法，南北学者云集”①。这不仅显示了朱升的才干，而且表明了他在知识分子中的影响远远超出徽州地区。朱升德高望重，满腹经纶，在元末明初时闻名遐迩，学者称他为枫林先生。

朱元璋起事，率诸将亲征浙东道徽州，由于思贤的缘故，便效法三国时刘备亲顾茅庐做法。朱升也是在朱元璋礼贤下士的行动感召下，才投奔到朱元璋的麾下。明万历间朱升的同乡范涞写道：“高皇底定徽郡，大兵下连岭，出石门，亲临其定”②。并向朱元璋呈献“高筑墙，广积粮，缓称王”三策，提出治国平天下的方略，由此得到朱元璋的礼遇。此后朱升便参与军政要务，功绩卓着。当朱元璋称吴王后，说：“尔朱升新安师儒，怀抱著述，及有元失驭，群雄扰攘……未几兵会新安，尔察历数，观天文，择主就聘，首陈三策，

① 朱升：《朱枫林集》卷9，《四库全书存目丛书》，齐鲁书社1996年版。

② 朱升：《朱枫林集·序》，《四库全书存目丛书》，齐鲁书社1996年版。

联实嘉行”[①]，不仅肯定了朱升的学术成就，而且还对进言献策功不可没。朱升不仅有武功，而且有文治。明代万历间程好礼谓：“当高庙龙飞，聘侍军门……令议礼乐征伐之事，其信任眷顾之隆，自韩国（李善长），诚意（刘基）而下，一时文臣莫及也。”[②]清代史家评曰：“升于明兴之初，参赞帷幄，兼知制诰，一切典制，多出其手，与陶安、宋濂等名望相埒。”[③]这是符合历史实际的。朱升在制礼作乐，完善其政权，辅佐朱元璋建立帝王之业，是“誓效智力以谋国，竭耿耿之丹衷”的。洪武元年（1368）朱元璋终于登上九五之尊的皇帝宝座。次年，朱升便正式“请老归山”。明代丞相李善长在致朱升归新安书中称赞他：“实儒流之老成，国家之重望。”[④]洪武三年（1370）十二月，朱升在退隐中寂寞逝去，享年七十二岁。

朱升是元明之际的一位文武之臣。明万历年间付梓的朱升诗文集——《朱枫林集》，在扉页上印刻着赫然显目的“新安理学名儒”几个正楷大字，正是昭示世人朱升在新安理学成就。称升为“新安理学名儒”，不仅指他是新安人，同时说明“新安理学”在宋元明时期是一个学派，朱升便是新安学派的代表。除后人编纂的《朱枫林集》外，有《书旁注》《诗经旁注》《周官旁注》《仪礼旁注》《礼记旁注》《大学中庸旁注》《论语孟子旁注》《道德经旁注》等，他的学术成就是以五经四书旁注为代表。

朱升一生“著述不辍”，他的经书旁注，据清人梅文鼎说：到明清嘉靖间，“止存《易》《诗》《书》三种，余皆散佚”。他的《朱枫林集》自明初以来，虽几次付梓，但流传下的也为数不多。而《朱枫林集》是奠定朱升在新安理学中“承先启后”的学术地位。

《朱枫林集》国内图书馆收藏不多，而且多是万历刻本。这个刻本编次是：卷一：“诰”“御翰”“御酒”、代“玉言”“表”“笺”；卷二：“赋”；卷三：“序”“跋”；卷四：“序”（多为应酬文字）；卷五：“五、七言诗”；卷六：“策”“记”“说”；卷七：“颂”“赞”“铭”“书简”“讲义”；卷八：“墓铭”“祭文”“哀辞”“补遗”；卷九：“传”“象赞”“翼运绩略”；卷十：“附录”。《四库全书总目》的编者指出：“是编前八卷皆诗文，而以官诰及太祖手敕编入第一卷首，与升文相连，殊为非体。”这种文章顺序安排正体现后学者对“高皇”赐朱升的诏、诰放

---

① 朱升：《朱枫林集》卷1，《四库全书存目丛书》，齐鲁书社1996年版。

② 朱升：《朱枫林集》卷10，《四库全书存目丛书》，齐鲁书社1996年版。

③ 纪昀：《四库全书总目提要》卷34，河北人民出版社2000年版。

④ 朱升：《朱枫林集》卷10，《四库全书存目丛书》，齐鲁书社1996年版。

在集子卷首的重视，当然也是提高文集的价值和编辑者的地位。

朱升的诗文集，自然离不开他所生活的社会历史地理环境。徽州地处安徽皖南山区，山林青葱，水色清秀，物产丰饶，人文荟萃。自东晋南渡，特别是两宋经济重心南移以后，这里逐渐形成颇具经济、文化特色的名区，历史上名噪一时的新安商人、新安理学、新安医学、新安版刻等，便是其中最集中、最典型的代表。朱升的家乡休宁，自南宋以来，理学名家传于"东南邹鲁"者，首推程大昌，而大昌之下，便是吴儆、程若庸、陈栎、倪士毅、朱升、赵汸、范准、汪循。此九位理学名儒，都是学术造诣深邃，名重当时。万历年间，还为他们建造了"九贤坊"以示景仰。

朱升就是新安学派"九贤"中承先启后的人物。他是被称为"文公功臣"的陈栎的弟子，又为明初名儒范准等人的老师。他的学术思想直接师承于陈栎，如果再向上追溯，则又可知朱升为朱子嫡传。朱升是一位勤奋好学的知识分子，他"自幼学至捐馆，六十年间虽出处不常，未尝一日释卷，编录考索，日益月加，动成卷帙"[①]。朱升的诗文集就是研究元明时期新安理学必须披阅的重要的文献资料。

朱升通过"旁注诸经"，发明"六经之旨"。《明史·朱升传》说："升自幼力学，至老不倦，尤邃经学。"朱升上承朱子之学，与他同辈、同乡、同学而且学术思想相同一致的还有倪士毅、赵汸等人，都潜心研究经学。朱升注释经书的方法与前人有所不同，其见识更有超乎"先儒"之处。他认为："及今几二百年矣，安得徽国文公之高风绝识而与之共论哉？"[②]史有"高风绝识"之士，才可以与之共相论道，如果没有一点学识，岂敢夸这样海口！朱升对"旁注诸经"有自己的独到见解。他说："愚自中年以经书授徒教子，每于本文之旁，着字以明其意义，其有不相连属者，则益之于两字之间。苟有不明不尽者，又益于本行之外。学者读本文而览旁注，不见其意义不足也。"[③]朱升采取旁注经书的方法，把经与解结合起来，读经览注，首尾呼应，一目了然。他还说："夫读书不无注解，然注解与本文相离，学者若不能以意相附，则非徒无益而适滋其惑，故愚于诸经书往往与之旁注，使学者但读本文而览其旁注，一过则了然无繁复之劳也。"[④]同时，他旁注经书，只取先儒经解的意义，

① 黄宗羲：《宋元学案》卷95，中华书局1984年版。

② 朱升：《朱枫林集》卷8，《四库全书存目丛书》，齐鲁书社1996年版。

③ 朱升：《朱枫林集》卷3，《四库全书存目丛书》，齐鲁书社1996年版。

④ 朱升：《朱枫林集》卷4，《四库全书存目丛书》，齐鲁书社1996年版。

而文字表述尽量用自己的语言。他说:“虽然愚之所注,其意义取诸先儒经解而已,辞语则有不可纯用原文者。盖以逐字顺附经文,实而不泛;离之则字各有训,贯之则篇章浑全。制作之体既殊,辞语各有宜也。”[①]朱升这种旁注经书的方法,使经与解“可离可合,有纲有纪,使读者止就经文考训诂以求旨趣而已”[②]。

但是,朱升也改变了传统的解经方法,并且认为以往学者解经把文和注释分离开来,这是一大弊端。他认为:“先儒传注之意,所以求经之明也。而近世科举业往混诵经注,既不能体味乎传注,而反断裂其经文。”[③]这就是说,“先儒”所以作传注,是帮助人们理解经文。当朱子之学成为科举成式后,学者往往是循规蹈矩,不再追求“真知”,将经、注混为一谈。于是,既不能真正体味先儒传注的思想,反而将经文割裂开来。他指出:“经与解离,不能以意相附,其弊也,断裂经文,使之血脉不通,首尾不应,欲求其知味乐学不可得也。”[④]说明经与解分离之后,经文被割裂了,意思不完整了,因此也不能引起读者的兴味。这就是朱升发明“旁注诸经”方法来阐明《六经》之旨的主要原因。朱升旁注经书,“发明六经之旨”,不过是为了完备朱熹的经学思想,维护儒家的道统,以加固理学在思想领域里的统治地位。

宋代理学家谈理,依据是儒家的经典,大多从抽象到抽象。取材于朱熹《易经》中的“太极”所“明”的理。朱熹认为,“总天地万物之理,便是太极”[⑤]。太极是理,是万物之“理”的根本,它贯穿于万物之间,又为万物之“理”的总称。这种“理”是非常抽象的,天地万物都只存在于这种抽象的逻辑范畴之中。朱子所“未明”的,朱升致力以“明”之。朱熹虽是一位学识渊博的理学家,但他注释经书也还有未备之处。朱升既要“明”朱子之学,自然要为它弥补其缺陷。朱升因“太极”而“明”理,是通过具体事物来说明。用身体的脉理和枝干的文理,比作万事万物具体的理,并认为,这些具体的理是由“至理”所统会。他说:“脉理、文理皆不一也,而皆必有统会之处”。其“统会者”即为“太极”。虽然他也认为“太极”是“总天地万物之本”,但却不像朱熹说的那样抽象,那样玄之又玄。朱升对“太极”二字做了全面比喻解

---

① 朱升:《朱枫林集》卷3,《四库全书存目丛书》,齐鲁书社1996年版。

② 朱升:《朱枫林集》卷3,《四库全书存目丛书》,齐鲁书社1996年版。

③ 程曈:《新安学系录》卷14,王国良、张健点校,黄山书社2006年版。

④ 朱升:《朱枫林集》卷3,《四库全书存目丛书》,齐鲁书社1996年版。

⑤ 朱熹:《朱子语类》卷94,(台北)商务印书馆,四库全书影印本。

释："极也，屋之脊栋，中正高上，众材之所构合也；太者，大大之谓也。"[①]这就是事物之"理"的最高统会、最后极限。朱熹曾说"太极"是造化之枢纽，品汇之根底。这虽然也接触到了物体，但还是抽象。因此朱升则做了进一步发挥："气之造物化物，犹户之一阖一辟也。究而言之，则阖辟在乎枢，枢必绾乎系枢之纽。……太极者，其枢纽也。"[②]他把造化万物的"气"，比作门户的一关一开，门户之所以能关开，是枢纽的作用，"太极"便是枢纽。

朱升对朱子所说的"品汇"，也做了具体的解释："物之异者曰品，物之类者曰汇，万物并生于两间而同类异类者，如花叶之在枝干，或同或异也。究而言之，则枝干本于根，根必附乎命，根之柢。《易》之仪象卦者，品汇也；所谓太极者其根柢也。"[③]这就是说，物之同、异不一，但都像花叶之在枝干，枝干本于根一样，"根"即"太极"。因此，"太极"生仪，仪生象，象生卦。经过朱升具体事例的解释，太极与仪、象、卦的关系也就明白了。朱升通过触物体而明"六经之旨"，便把宋儒的抽象而不可捉摸的"理"具体化了。

朱升因受徽州社会环境影响，旧称"新安自昔礼义之国""文献之邦"，读书风气较浓，"十家之村，不废诵读"。南宋徽州人朱熹，就强调"穷理之要，必在于读书"。朱熹在徽州的影响极深，所以，徽州人大多自幼就"习儒业"。"读朱子之书，取朱子之教，秉朱子之礼"。后来，除少数人步入仕途或为鸿儒硕学之外，一部分人"弃儒服贾"，而大多数人还是授徒讲学，闭户著述。正是这一带学风很盛，曾有人把它同孔孟的故乡相比："新安自朱子之后，儒学之盛，四方称之为东南邹鲁。"[④]而新安学术之活跃，尤以婺源、休宁两县为最。朱升是位勤奋好学的知识分子，他"自幼学至于捐馆，六十年间虽出处不常，未尝一日释卷，编录考索，日益月加，动成卷帙。"[⑤]元至正八年(1348)，授池州路学正，在朱升到任之前，是一个烂摊子，"学田甲于他庠，而官吏蠹食之，弟子员日仅一饭，教养无方，师生解体"，朱升就职之后，"会出入，整斋厨，去宿弊，晨兴讲授，以身试法，江南北学者云集"[⑥]。学校面貌为之大变。

① 朱升:《朱枫林集》卷3,《四库全书存目丛书》,齐鲁书社1996年版。
② 程敏政:《新安文献志》卷72,(台北)商务印书馆,四库全书影印本。
③ 朱升:《朱枫林集》卷3,《四库全书存目丛书》,齐鲁书社1996年版。
④ 程敏政:《新安文献志》卷72,(台北)商务印书馆,四库全书影印本。
⑤ 程敏政:《新安文献志》卷76,(台北)商务印书馆,四库全书影印本。
⑥ 王崇:《嘉靖池州府志》卷6,天一阁藏明代方志选刊,上海古籍书店1961年版。

在元代，朱升除了担任三年学正这个文职之外，便是授徒讲学。他的教学思想概括起来有以下几点：其一，教学的目的，就是要培养一批以“孔孟之教”为信条，以研究理学为志向的学者。他说：“归趣乎孔孟之教，究极乎濂洛之说。”这一思想，既符合当时社会对人才培养的需要，也是适应当时徽州地区新安理学的发展。其二，按照孔子的教育思想，即由浅入深，循序渐进方法。并且说：“作文之本在读书，读书之法在循序。”并亲自为“斋生”开列“读书次序”，一是《蒙求》、二是《字训》、三是《历代蒙求》、四是《史学提要》。此四书者，四字成言，童幼所便，精熟融会。朱升的目的是“使教者有所据依，而学者易于记忆，此区区之至意也”，这四部书都是出自新安理学家之手，朱升称之为“小四书”。其三，主张教学内容存在主次，本末之分。所谓“主”与“本”，即六经之学；“次”与“末”则是笔札与诗文之类。教学首先应顾及“本”，然后“休日则事笔札而考苍雅，余力则记名数而诵诗文”。其四，注重教学方法。朱升的传播学术的方式是聚徒讲学和解经著述，而这些活动主要在早年进行的。他的教学方法是采取具体生动活泼和通俗易懂的语言来讲解经书，做到“庶几文字简洁，而学童诵习不惮其繁”[①]。这种教学方法得到门生的好评，“使后生小子一读则了然而无疑”，对后学者启迪很大。朱升也曾自夸说：“字之为注，句之为释，我不如先儒；拓开千古之心胸，提省一时之俊杰，先儒不如我。”[②]虽说有些骄傲之气，但在他的门下，涌现出不少新安理学家。

《朱枫林集》作为一部诗文集，不仅在文学上有价值，而且在史学和文献方面也有很高的使用价值。它是研究元明时期新安理学必须披阅的基本资料之一，也奠定了后世学术研究的资料基础，使学术研究有据可依。徽州地区学术兴旺，学者众多，结果是著述宏富。据道光《徽州府志·艺文志》著录，宋至清道光间的徽州学者著作就有四千余种，七万余卷。徽州素称“文献之邦”，确非虚语。徽州学子，一方面要使自己的著作流传于世，一方面又要维护学术师承，保存先贤著作，这样就促成了徽州学术的发展。朱升的学术思想体系毋庸置疑是朱子嫡传，从认识来看，并没有超出朱熹的客观唯心主义的范畴；但在某些具体问题上，他因物而言理，所谓“依乎天理，批大却，导大

① 朱升：《朱枫林集》卷7，《四库全书存目丛书》，齐鲁书社1996年版。

② 朱升：《朱枫林集》卷8，《四库全书存目丛书》，齐鲁书社1996年版。

篆者，非超乎物而言理也”[1]。这比程、朱空谈性理略胜一筹。朱升一生博览群书，穷研极虑，是我国14世纪一位杰出的文献学家和政治家。

① 朱升：《朱枫林集》卷7，《四库全书存目丛书》，齐鲁书社1996年版。

从历史文献看建文帝下落

朱元璋于洪武三十一年驾崩，由于长子朱标早死，朱允炆以长孙即位，当时，年仅二十二岁，是一个年轻的皇帝。因他年号建文，所以史称“建文帝”或称“惠帝”。

建文帝是一位仁柔而贤能的人，《明史》称他“亲贤好学”“天资仁厚”。在位后，“行宽政，赦有罪，蠲逋赋”等一系列改革措施，还是比较有所作为的。

朱元璋死后不久，藩王与皇帝争夺皇位的权力之争便相继爆发，这比起汉初的“七国之乱”与西晋的“八王之乱”还有所不同。汉初与西晋是在新君即位后过了一段时间才爆发的，而建文朝一开始就爆发了。其原因是：建文帝是以皇太孙的名义就位，而当时的藩王，都是他的叔叔。这些叔叔不把这个年轻的侄子放在眼里，以致建文即位后，有些藩王便图谋不轨。面对这种形势，当时在朝大臣有两种意见：一是以高巍、韩郁为代表的加恩派，主张效法汉代主父偃的“推恩策”，二是效法晁错的办法，用武力削藩，这以兵部尚书齐泰、太常卿黄子澄为代表。最后，建文帝是采纳了齐、黄派的意见，决定削藩。在这种情况下，一些弱小的藩王，无力与朝廷抗衡，被迫自焚而死，有的被撤掉王位免为庶人。但是有的势力强大且有威望的藩王，便效吴王刘濞请诛晁错“清君侧”的策略，举兵反抗，这就是燕王朱棣。

朱棣是朱元璋的第四子。他是一个“智勇有大略”的人，且善于打仗。朱元璋在世时，就经常派他率诸将北征，屡立战功。封他做燕王，正是基于北边防御的重要考虑的。当建文帝下令削藩的时候，朱棣上书建文帝指出齐泰、黄子澄为奸臣。

在建文元年(1399)，燕王(朱棣)举兵造反，号称“靖难”。建文四年，燕王击败朝廷军队，渡江入金陵(南京)，皇位为朱棣所夺，建文帝不知去向。《明史·恭闵帝纪》说：“都城陷，宫中火起，帝不知所终。”或云：“自后，滇、黔、巴、蜀间，相传有帝为僧时来往迹。”[1]关于建文帝的生死和下落，六百多年来，一直众说纷纭，争论不休，学者们各持所据，至今是明朝第一号公案。

一、“逊国说”荒诞不经

所谓“逊国说”，就是说建文帝让位给叔叔，自己出亡为僧。从明代到新中国成立前，持此观点者颇多，最早系统地介绍建文为僧出亡的野史，便是《致身录》，署名为史仲彬作。史仲彬其人，据传为建文从亡之臣。《致身录》云：

> 大内火起，帝从鬼门遁去，从者二十二人，时六月十三日未时也。帝知金川失守，长吁，东西走，欲自杀。翰林编修程济曰：“不如出亡”。少监跪进曰：“昔高皇帝升遐时，有遗箧，曰：临大难，当发，谨收藏。”奉先殿之左。群臣齐言急出之。俄而舁一红箧至，四围俱固以铁，二锁亦灌铁。帝见而大恸，急命举火焚内，程济碎箧，得度牒三张，一名应文，一名应能，一名应贤，袈裟帽鞋剃刀俱备，白金十锭，朱书箧内，应文从鬼门出，余从水关御沟而行，薄暮会于神乐观之西房。[2]

这是野史的一段最精彩的记载。接着，又有《从亡随笔》，据说为建文编修程济所记述，与《致身录》内容大致相同。这两部野史，大约在万历年间流于吴中一带。这是后来逊国说的主要蓝本。清学者赵士吉作《建文年谱》，即依据此两书。他在《年谱辨疑》中说：“予闻方(孝儒)、铁(铉)诸臣事，心窃壮之，恨不得建文出亡本末。既获读二子之书，惊喜欲狂，以为奇遘，喟然长发愤而为兹谱。”[3]

随着时间的推移，建文帝出逃的情况记述得越来越详细、具体，明代嘉靖间人郑晓在《今言》里也大谈建文为僧的事迹，李贽《续藏书》《明史纪事本末·建文逊国》都写得似乎确有其事。

所谓出亡不值一驳。

第一，《致身录》云：“帝从鬼门遁去”。“从鬼门出”。这完全是无稽之谈。

---

① (清)张廷玉等：《明史·恭闵帝纪》卷4，中华书局1974年，第66页。

② (明)史仲彬：《致身录》，第4页。《致身录》之说历来争议极大，据学者考证，建文时期就没有史仲彬此人，因此，就更谈不上有建文帝逊国说了。那么，为何要造此谣言呢？只能说造谣者反映自己的心态，希望建文帝还活着，将来有一天重新当皇帝。

③ (清)赵士吉：《建文年谱》，商务印书馆1935年版，第31页。

清人万季野在修《明史》时，即已辨正。据钱大昕《潜研堂文集》载："建文一朝无实录，野史因有逊国出亡之说，后人多信之。……先生直断之曰：紫禁城无水关，无可出之理，鬼门亦无其地。"①那个时候，根本没有地道，所谓从地道出亡，全是虚语。至于鬼门，无其地，更不值一论。

就算是从地道出亡吧，跟随建文出亡的据《致身录》载，有二十多人。在那种城破戒严之日，二十多人逃出南京城，况且敌中有我，我中有敌，偷城而出，谈何容易。

第二，所谓朱元璋有"遗箧""袈裟""剃刀"等都准备好了，那更是神话。朱元璋如果真是生前就知道皇太孙的皇位将要被人夺去的话，那么，他对藩王早就要采取措施了，这更不能令人置信。

第三，所传《致身录》《从亡随笔》都是伪书，遂后人伪作。如《致身录》传为建文时侍书史仲彬所著。据《明史》谓："然考仲彬，实未尝为侍书，《录》盖晚出，附会不足信。"②在成化年间，有史仲彬的曾孙史明古著《西村集》中提到曾祖史仲彬缚贪吏诣阙，无一语及逊国。王士祯在《香祖笔记》里引此而下断语："集中有《曾祖文质府君行状》，只言洪武中缚贪吏诣阙事，无一语及靖难，而吴文定为明古表墓，止云'曾祖彬'，无一语及逊国，则《致身录》之作果不足信。"③钱牧斋在《初学集》有《致身录考》，都一一证明其是伪作。

相传建文出亡之后，到了四川、贵州、云南，还游两广等地，做了和尚。据说，到云南居永嘉寺、白龙庵，后来又居四川永庆寺，贵州的罗永庵，并且遍游陕西、大别山、宁波等地。系统地介绍建文足迹的是《逊国臣记》《致身录》。还收录了建文出亡时写的许多诗。如：

（一）

牢落西南四十秋，萧萧白发已盈头。乾坤有恨家何在？江汉无情水自流。
长乐宫中云气散，朝元阁上雨声收。新蒲细柳年年绿，野老吞声哭未休。

（二）

风尘一夕忽南侵，天命潜移四海心。凤返丹山红日远，龙归沧海碧云深。
紫微有象星还拱，玉漏无声水自沉。遥想禁城今夜月，六宫犹望翠华临。

---

①（清）钱大昕：《潜研堂文集》卷38《万先生斯同传》，江苏古籍出版社1997年版，第645页。

②（清）张廷玉等：《明史》卷143，中华书局1974年版，第4064页。

③（清）王士祯：《香祖笔记》卷10，清文渊阁四库全书本。

（三）

阅罢楞严磬懒敲，笑看黄屋寄昙标。南来瘴岭千层迥，北望天门万里遥。
款段久忘飞凤辇，袈裟新换衮龙袍。百官此日知何处？惟有群乌早晚朝。

三首诗是建文帝诗最主要的证据，是在《明史纪事本末·建文逊国》卷1中有小注“至贵州金竺长官司罗永庵，尝题诗壁间”，另外，黄友芝的《黔诗纪略》卷25中，在郑之桃《白云山》诗后的按语中出现过。还有人据《康熙贵州通志》和《安顺府志》来作论证。以上论据，都是清代遗留的资料。从时间来看，建文帝若是有心逃亡，又怎会在壁上题诗自爆身份，裸露的题壁一般保存时间不会超过百年，而明代建文失国时间为1402年，在贵州的明桂王小朝廷被清军端掉的时间是1661年，两者差距250余年，这堵题诗墙也应该倒了吧。而这些诗，都是反映建文想复位的思想，收藏这些诗岂不惧怕杀头。明人王世贞说：建文诸诗，恐为好事者所附会。近代史学家王崇武说：“其为伪造，更不能论矣。”①可见，这些诗作是明代遗老所写，也是属于伪诗。

据说，成祖即位之后，由于传闻建文出亡的故事很多，成祖曾下令各州县进行密察，同时又派一些大臣和太监四出察访。一是派给事中胡濙出访十四年，一是派太监郑和下西洋，都无结果。据《明史·胡濙传》载：“惠帝之崩于火，或言遁去，诸旧臣多从者，帝疑之。五年，遣濙……遍行天下州郡乡邑，隐察建文帝安在。濙以故在外最久，至十四年乃还。……二十一年还朝，驰谒帝于宣府。帝已就寝，闻濙至，急起召入。濙悉以所闻对，漏下四鼓乃出。先濙未至，传言建文帝蹈海去，帝分遣内臣郑和数辈浮海下西洋，至是疑始释。”《明史·姚广孝传》亦载：“初帝入南京，有言建文帝为僧遁去，溥洽知状，或言匿溥洽所。帝乃以他事禁溥洽，而命给事中胡濙等遍物色建文帝，久之不可得，溥洽坐系十余年。至是，帝以广孝言，即命出之。”

胡濙传和姚广孝传，均言派胡濙及郑和在国内和出洋察访建文行迹，而且“久之不可得”。如果主逊国说的人把建文在西南各地为僧说得如此活灵活现，怎么胡濙察访几十年，都没有找到建文的踪影？要是溥洽真的藏匿过建文帝，他被关了十几年，连一点口供都没有，最后还把他放出去了，显然，所谓建文出亡为僧的说法，乃是子虚乌有的事。

综上所述，建文出亡为僧说属于伪造，彰彰明矣！那么为什么有这一伪

① 《东方杂志》43卷15期，民国时期创刊。

造建文出亡的事迹？应当知道，在封建社会里，王位继承那是有传统的而且是不容改变的制度。在中国，嫡长子继位，这是中国封建宗法制的传统。如果要是嫡长子早死，那便是长孙即位，如果没有长孙，那就按照皇帝的遗诏办事。朱元璋在位时，太子朱标早死，洪武二十五年，就将太子儿子朱允炆册封为皇太孙。因此，朱允炆继承皇位，既符合封建社会皇位继承制，又是遵循"祖训"的。而燕王起兵，把侄子的皇位夺过来，在封建正统观念浓厚的一些士大夫和知识分子看来，便是篡逆，是无道。所以，朱棣即位之后，不少人感到气愤而自杀，不少人不屈而死。而活着的人，也是憎恨新主，怀念故君，道理就在于此。

二、"自焚说"也有疑窦

建文帝的下落，除了逊国说之外，便是自焚说。此说倒是出自官书，见于《成祖实录》。其中载：建文"阖宫自焚，上（成祖）望见宫中烟起，急遣中使往救，至已无及，中使出其尸于火中，还白上。"[①]《明朝小史》载："时宫中火起仓卒，咸以为建文君自焚死，竟无知者。"[②]《明史·方孝孺传》载："先生毋自苦，予欲法周公辅成王耳。"孝儒曰："成王安在？"成祖曰："彼自焚死"。有很多人相信建文帝自焚身亡是历史真实，因为当时燕军兵临城下，把紫禁宫团团围住，建文帝想逃也来不及了，更何况经考查也无鬼门、御沟逃路。建文帝也深知他的四叔是个贪权无厌、残暴无情的武夫，落在他手里绝无好下场，不如一死了之为上策。

以上材料都是证明建文帝是自焚而死的。这里也有不少难以令人置信的问题。

第一，皇帝放火自焚，不大可能。原因是在皇帝身边，都有太监朝夕侍奉。如果他自己放火自焚，太监、大臣怎么都不营救。明崇祯皇帝在煤山吊死时，有内监王承恩对面缢死。说明皇帝身边是不离太监的。《奉天靖难记》记燕师渡江后，"允炆欲出迎，左右悉散，惟内使数人而已，乃叹曰：何面目复相见耶？遂阖宫自焚。上见宫中烟起，急遣中使往救，至已死矣，出其尸于火中。"[③]此为自焚说的最早来历。《明史·恭闵帝纪》亦载："都城陷，宫中火

①《明太祖实录》卷9下，台北"中央研究院历史语言研究所"影印本。

②（明）吕毖：《明朝小史》卷3《建文纪》，清顺治《玄览堂丛书》本。

③（明）《奉天靖难记》卷4，作者不详，明三吾官舍抄本。

起，帝不知所终。"《明史》是采用此两说法。赵翼《廿二史札记》载："靖难兵至，(建文帝)崩于火"[①]。以上诸史，都删掉了"自焚"之语。据以上引材料，说明了这些史学家们，仅指出建文死于火，而不写是自焚而死的，说明他们治史的态度是严谨的，但是，他们都未能指出火是怎么起的。

第二，在燕兵入城前，南京城里还有二十万禁兵。据《明通鉴》载：燕兵入城前五天，建文帝召方孝孺问计，孝孺曰"城中尚有禁兵二十万，唯有力守，以待援兵。即事不济，国君死社稷，正也"[②]。困兽犹斗，既然有禁兵二十万，还可以最后一决雌雄，怎么一点没有交锋，而就纵火自焚呢？

第三，自焚说，既然都是依据《明太宗实录》，这里，我们就要分析一下《明太宗实录》为什么主自焚说？《实录》是官书，《明太宗实录》是他的儿子仁宗朝开始撰修的。为了要避免成祖杀君篡逆之罪，当然要强调建文自焚而死。而且《实录》特别指出"上望见宫中火起，急遣中使往救，至已无及"的话，更表明成祖起兵是为了诛齐泰、黄子澄这班乱臣逆子，而不是要谋害国君的。这就叫作既要杀人，还要没有血迹，也没有血腥气。

综上所述，在明代，官书贬建文，野史贬成祖。因此，官书主自焚，野史主逊国。成祖愈演愈坏，建文愈演愈好。自焚说是成祖编造出来的，既然建文自焚，他这个叔父就没有杀君篡逆之罪了。

三、建文帝下落的真相

既然"逊国说""自焚说"都不足信，那么建文帝下落真相究竟怎样呢？黄云眉先生《明史考证》费尽心机，进行了大量资料考证，最后不得不发出"不妨两存其说"[③]的感慨。可以肯定，建文帝是烧死的，但不是自焚。

要想弄明白这个问题，先来了解"靖难之役"之前，建文帝和燕王都搞了不少间谍活动，他们叔侄之间，在相互动用武装进行夺权与反夺权的同时，还使用了间谍特务，这是一条看不见的战线。充当内奸、间谍的有两种人：一是官员，一是太监。

先看建文帝派官员密察燕王：

《明史·恭闵帝纪》载：建文即位后，派"工部侍郎张昺为北平布政使，谢

---

① (清)赵翼：《廿二史札记》卷32，中华书局1984年版，第752页。

② (清)夏燮：《明通鉴》卷13，上海古籍出版社1990年版，第124页。

③ 黄云眉：《明史考证》卷4《恭闵帝纪考证》，中华书局1979年版，第3页。

贵、张信掌北平都指挥使司，察燕阴事。”《明通鉴》说：“并受密旨，伺察燕事。”[①]《明史·暴昭传》载：刑部尚书暴昭至北平充采访使“得燕不法状，密以闻，请预为备”。这是建文派间谍监视燕王。

燕王也派间谍搜集情报：

《姜氏秘史》载：征虏大将军李景隆“初围北平，筑九垒于九门，又结九营于郑村坝，亲督之，以待文庙之还，令垒营人各为战，非受令不得轻动。文庙谍知之，遂悉锐攻一营，尽歼之，莫有救者。”[②]郑村坝之战，李景隆败绩，全军尽溃。这是说燕王派了间谍探知李景隆围北平时的部署。《明通鉴》载：“会昺等部署卫卒及屯田军士，布列城中，一面飞章奏闻。布政司吏李友直窃其草，献之府中，燕王亟呼护卫张玉、朱能等帅壮士八百人入卫。”[③]李友直是燕王的特务。《建文朝野汇编》载：建文诸臣指责燕王六罪，其中有一罪就指出燕王搞间谍活动，他自己辩护说“谓余招纳亡人术士，此尤是茫无声影，凌虚驾诞之说”[④]。燕王除在北平收买一些官员做间谍外，还在南京收买特务。《明史·徐增寿传》载：建文帝以左都督徐增寿“常以国情输之燕，为惠帝所诛”[⑤]，这是为燕王输送情报。燕兵到金川门时，徐增寿谍内应，被建文帝杀死。李景隆等守金川门，“纳燕兵”这都说明在朝廷里，在军队里，都有燕王收买的特务。

暗藏在建文帝周围的内奸，除朝廷里的官员之外，还有一批危害更大的则是宫里的太监，而建文帝之死，直接与他们的私通燕王有密切关系。

太监本是皇帝的家奴，这一批人往往又是皇家的家贼。汉、唐时期的历史都一再说明，他们的为非作歹，最后导致国家破亡。朱元璋称帝后，他能总结历史的经验教训，对太监的活动，限制很严。他下令在宫门上挂一块铁牌，上刻“内臣不得干预政事，预者斩”。这样，他们只能充当宫内的役使，而不能假皇权以肆虐。只要发现太监稍有不轨，便将他们调出后宫。所以《明史·宦官传》载：以致太监“不敢有所干窃”。

建文帝即位后，对太监管制的“家规”虽没有变，即所谓“御内臣益严”，但实际上这些家奴却不似往日那么规矩，那么守法了。道理很简单：第一，

---

① (清)夏燮:《明通鉴》卷11,上海古籍出版社1990年版,第116页。

② (清)姜清:《姜氏秘史》不分卷,清刊本。

③ (清)夏燮:《明通鉴》卷12,上海古籍出版社1990年版,第117页。

④ (明)屠叔方:《建文朝野汇编》卷4,明万历刻本。

⑤ (清)张廷玉等:《明史·徐增寿传》卷125,中华书局1974年版,第7766页。

这时候的内监，大多在宫里待了几十年，终日生活在禁城之中，朝廷里的情况都熟悉了，都成了老油条，也就逐渐不那么小心翼翼、谨小慎微了。第二，建文帝是一个年轻的皇帝，他们不仅看他长大的，有的甚至是他带大的，因此，建文帝的威严在他们的眼里，根本不能和高皇相比。正是由于这些原因，他们往往敢于放肆，只要派他们到地方上去，就免不了狐假虎威，专干坏事。太监们在外面干坏事，建文帝知道了，则要进行惩罚，受到惩罚的太监便不满建文帝。《姜氏秘史》载："至是有以内官暴横为言，诏所在有司，但遇内官奉使暴横，虐害士民者，即擒缚送京师以闻。于是内官夺气，密谋推戴矣。"这就是说，他们早就想把建文帝搞掉，"密谋推戴"了。燕王起兵正需要利用建文帝的这批"内奸"作爪牙，作鹰犬，于是，这些皇帝的家奴，便成了燕王谋夺皇位最好不过的工具。他们充当燕王的间谍、特务，还难以被发现。在燕兵抵徐州时，"至是内官密言于文庙，直捣京师，约为内应，天下可定，文庙然之。壬午春，举兵直趋京师，不复为归计，意有所属，而朝廷不知之也。"[①]这样，燕王就以这条"看不见的战线"和军事战线配合起来，长驱南下，直捣金陵。《明史·宦官传》："及燕师逼江北，内臣多逃入其军，漏朝廷虚实。"[②]他们把建文帝的机密情报送给燕王，建文无异乎是后院着火了。当燕兵渡江之际，果然太监们"约为内应"。《姜氏秘史》载：建文帝"遣魏国公徐辉祖、开国公常升等分道御之，诸宦官喧然，谓不如避位。有窃宝勅出见文庙者。李景隆已令金川门守卒解甲，而宫中火起矣"。从太监起哄要建文帝让位，接着李景隆开城门投降，同时宫中火起。很清楚，这种里应外合完全是事先预谋好的。而宫中火起，与李景隆打开城门正是相互配合的。而放火烧宫的正是太监，而且毁尸灭迹。所以，"兵既入城，天下大定，内官言功不已。"内官的邀"功"也包括放火烧死建文帝在内。由此可见，既然建文帝的周围，已经布满了燕王的特务，所谓建文出亡，又如何能逃得了？所谓建文放火自焚，又如何能烧得掉？要不是充当燕王特务的太监放火，为什么在烧宫时无人抢救建文帝？说建文帝"自焚"是出之于成祖和忠于成祖的官员、太监之口，如前所说，不过是为了隐瞒事实真相，开脱篡位者的罪行罢了。

也许有人要提出：是否建文帝的太监都是燕王的特务？当然不是。赵

① 姜清：《姜氏秘史》不分卷，清刊本。

② (清)张廷玉等：《明史·宦官传》卷304，中华书局1974年版。

士吉《建文年谱》载:“时宫人屠戮略尽,唯得罪建文者乃免。”[①]这就更清楚了:一些忠于建文帝的太监被“屠戮略尽”,正是为了杀人灭口,所以这桩公案几百年来以讹传讹,历史的真相便无从知道了。在明代中期以后,太监放火烧宫,已习以为常。吴晗曾在《明史讲座》里已经指出,这虽不能直接说明建文帝时期放火烧宫的是太监,但也可以作为一条佐证材料。

根据以上史料分析和研究,得出结论是:建文帝之死,是宦官充当燕王内奸,阴谋放火焚宫,烧死了建文帝,甚至可以说是燕王密遣内监放火,烧死建文帝。

对建文帝下落问题的研究,确实有十分重要的意义。

第一,搞清楚历史上每一个问题,作为历史研究本身来说,都是有意义的。何况这桩公案,在事件发生后,就有两种说法。明成祖明知道建文已死,但传言较多,连他多少都有些怀疑,所以派胡濙察访,派郑和下西洋,把溥洽关起来,都可以说明。正统以后,“逊国说”流行,甚至把建文帝神化。于是,这桩公案愈离真实愈远。清初修《明史》的学者万斯同、王鸿绪、朱彝尊对这个问题做了许多考证、研究。他们的倾向,是不主张逊国说,而倾向于自焚说。

第二,燕王派密使太监害死建文帝,这个见解如能作一家之言,有助于了解分析明代政治由盛而衰的一个缘由。在明代,前有“祖训”,而后来为什么导致宦官专政,根子在哪里?从而知道太监充当内奸与政权转移有关。自成祖即位以后,太监势力逐渐抬头,这与太监在靖难之役中的作用有关。《吾学编余》载:成祖即位后,太监“诸有谋者,皆为边藩镇守,假以大权,赐以公侯服,侪于侯伯之上”[②]。《明史·宦官传》也说:“盖明世宦官出使、专征、监军、分镇、刺臣民隐事诸大权,皆自永乐间始。”[③]

朱棣上台后,也害怕会有失意的宦官像出卖建文帝一样出卖自己,故而不惜背叛祖训,拉拢宦官。《明史·刑法志》云:“初,成祖起北平,刺探宫中事,多以建文帝左右为耳目,故即位后专倚宦官,立东厂于东安门北,令嬖昵者提督之。”[④]而朱棣自己的宦官,如狗儿等,在“靖难”之役中,也为朱棣在战场上立过功。说白了,明成祖授宦官以权柄,完全是一笔政治交易。

① (清)《建文年谱》卷上,商务印书馆1935年版,第54页。

② (明)郑晓:《吾学编余》不分卷,明抄本。

③ (清)张廷玉等:《明史·宦官传》卷304,中华书局1974年版。

④ (清)张廷玉等:《明史·刑法志》卷95,中华书局1974年版。

由此可见，内官逐渐窃取国家大权，导致明后期宦官专权，危害大明帝国的根基，其教训是引人深思的。

明仁宗死因考

明仁宗朱高炽，是明成祖朱棣的长子，永乐二十二年(1424)七月，成祖死，八月，朱高炽继位是为仁宗，次年五月死，在位不到十个月，享年仅四十八。

明仁宗在位短促，壮年早逝。有关他的死因，以往虽曾有人道及，但多比较零碎。《明仁宗实录》和《明史·仁宗纪》则只字不提。

明仁宗是一位勤于政事的皇帝，死前三天，还在“日理万机”，他从“不豫”到“崩于钦安殿”，不过两天时间，毫无疑问，这是暴死。明人黄景昉亦早指出，仁宗“实无疾骤崩”[①]。一位壮年天子，竟“无疾骤崩”亦即暴死，必有原因。最近，披阅有关史料，偶然发现：明仁宗死前曾对侍读李时勉震雷霆之怒，这为我们查考他暴死提供了一条重要线索。

事情经过是这样的：仁宗即位不久，李时勉上了一道奏疏，谏陈四事：世民力、谨嗜欲、勤政事、务正学。这四事中，“谨嗜欲”一事对仁宗刺激太大。李时勉说：“侧闻内宫远自建宁，选取侍女，使百姓为之惊疑，众人为之惶惑。若曰：天子之宫，古有常制，则大孝尚未终；左右侍御，不可无人，则正宫尚未册。恐乘风化之原，有阻维新之望。”这些措辞严厉的语言，不啻是对明仁宗进行一场“大批判”。无怪乎仁宗览疏后，怒不可遏，当即命武士“扑以金瓜”，即在历史上，“金瓜击顶”是酷刑，即用瓜形铜锤打击受刑人头部，使其殒命的一种刑法，李时勉几乎被打死。对于这件事，仁宗在垂危之际，还对户部尚书夏原吉说：“时勉廷辱我。”言毕，又勃然大怒，是夕乃死。

朱高炽之所以如此恼怒李时勉，是因为李时勉的奏疏触到了他的痛处——“嗜欲”，他的死因，恰恰就是在这里。明人陆釴在《病逸漫记》里有一段记述，更证明仁宗的暴死是“嗜欲”的结果：“仁宗皇帝驾崩甚速，疑为雷震，

---

① (明)黄景昉：《国史唯疑》卷2，陈士楷、熊德基点校，上海古籍出版社2002年版。

又疑宫人欲毒张后，误中上。予尝遇雷太监质之，云皆不然，盖阴症也。”[①]陆釴是顺天间官员，距仁宗朝不远，他所询的又是仁宗时的一位太监，所言所记当属可信。那便是仁宗因“嗜欲”而得了“阴症”。当时治疗这种“阴症”恐怕连御医也无良方，于是，奸佞之徒便趁机而入了。《明史·罗汝敬传》有如下记述：“宣宗初，(汝敬)上书大学士杨士奇曰：‘太祖高皇帝奄有四海，太宗文皇帝再造寰区，然犹翼翼兢兢，无敢豫怠。’先皇帝(仁宗)嗣统未及期月，奄弃群臣，揆厥所由，皆憸壬小夫献金石之方以致疾也。”[②]确切地说，明仁宗是服“憸壬小夫“所献金石之药而死的。事情已很清楚，明仁宗从病到死的过程是：“嗜欲”——“阴症”——(服金石药)“骤崩”。

关于肯定明仁宗的上述暴死原因，还有两条可资佐证的材料：第一，李时勉向明宣宗的一次交代。仁宗死后，他的儿子宣宗即位不久，听说李时勉曾经“得罪”过先父，盛怒之下，派人将李时勉五花大绑抓起来，亲自审问他：“尔小臣敢触先帝！疏何语，趣言之”。时勉叩头说：“臣言谅闇中(守丧之际)不宜近妃嫔，皇太子不宜远左右。”明宣宗听到这里，怒气稍减，为之“太息”，当即称李时勉“忠”[③]复其官。李时勉讲明仁宗“近嫔妃”，连明宣宗也不认为是造谣诬蔑，反而称其“忠”，则仁宗之“嗜欲”当毋庸置疑。

第二，明宣宗宣德三年，亲撰一部《御制帝训》，其中有一篇《药饵篇》曰：“人禀阴阳五行之气以生，得气长者寿，短者夭。能清心寡欲者可以保天和，可以终天年；若肆情纵欲，斯败其天和而伤其天年，此必然之理也。夫药以愈疾，非旦夕常饵之物，况金石酷烈有毒，又益以大气，诚非五脏所能胜，或者求以济欲，不知遂至丧身，不可不戒……。”[④]明宣宗的这篇《药饵篇》，是有感而发的，他提到了“肆情纵欲”的危害，又提到“金石酷烈”导致“丧身”的结果。他还特别引用古代帝王如唐宪宗、武宗、宣宗这些“英明之主”，“皆以服丹药不克保终”的事例用为鉴戒，虽然没有直接点他的父亲明仁宗，但那不过是“为亲者讳”罢了。

① (明)沈节甫编：《纪录汇编》卷201，民智出版社1965年版。

② (清)张廷玉等：《明史·罗汝敬传》卷137，中华书局1974年版。

③ (清)张廷玉等：《明史·李时勉传》卷163，中华书局1974年版。

④《明宣宗实录》卷38，(台北)“中央研究院”历史语言研究所影印本。

程曈及其《新安学系录》

程曈，字启皦，号莪山，休宁（今属安徽黄山市）富溪人，生在明正德、嘉靖年间。早年失怙，弱冠即弃举子业，潜心于“涵养致知之学”[①]。在新安理学发展史上，程曈是承先启后的重要代表人物。重要传世著作有《闲辟录》《阳明传习录考》《朱子晚年定论号》《朱子早年定论》《新安经籍志》《新安学系录》等。其中《新安学系录》是凝聚程氏一生心血的力作，无论在新安学派经营，或文献保存方面，均有不可忽视的贡献。

一、新安理学的“学案”

《新安学系录》共16卷，收集了自宋朝至明朝中叶徽州（旧称新安，今安徽黄山市）学者中在学术方面有突出贡献的101人的传记、碑铭、遗事等资料，以朝代为纲，以人为目，贯穿成篇。因此，从体例来看，该书可以说是一部徽州学者的传记资料集。但是，如果进一步从资料选择、人物编排等方面考察，我们更可以视之为第一部新安理学的“学案”。

新安理学是宋元明清时期以徽州籍理学家为主体而形成的一支理学流派。祖籍徽州婺源的朱熹，被奉为此派的开山宗师。学派以维护继承、发扬光大朱子学为宗旨，历宋元明，至清乾隆、嘉庆年间徽州休宁人戴震开创“皖派经学”而告终。它对12世纪以后中国思想史和学术史的发展演变产生了重大影响。

但这支在中国学术思想史上曾产生重要影响的理学流派，素少为人注意。直到明代初年，著名理学家、休宁人赵汸（字子常，号东山）在《商山书院学田记》中才首次注意到新安理学的学派性倾向。他认为：新安之学“一以郡先师子朱子为归。凡六经传注、诸子百氏之书，非经朱子论定者，父兄不以为教，子弟不以为学也。是以朱子之学虽行天下，而讲之熟、说之详、守之

---

① 康熙《休宁县志》卷12，康熙二十九年刊本。

固，则惟推新安之士为然”①。这就是说，南宋之后的新安学术，有着鲜明的奉朱子学为正溯的特点。其后，在明中叶万历年间付梓的新安学者朱升的诗文集——《朱枫林集》扉页上，首次直接出现了“新安理学”一词。从总体来看，明中叶以前，人们关于新安理学的学派性倾向的认识，是比较朦胧和不成熟的。

因此，在新安理学发展近400年后，程曈首先以一部《新安学系录》将新安自南宋朱熹之后的学术做了系统的归纳和总结，这在新安理学发展史上具有重要意义。程曈的《新安学系录》是第一部将新安理学作为独立存在的一支地方理学流派而进行阐释的著作。

首先，程曈明确提出，北宋二程（颢、颐）和南宋朱熹是新安学派的宗师。在《新安学系录》篇首，程曈绘有一张《新安学系图》（见图1）。

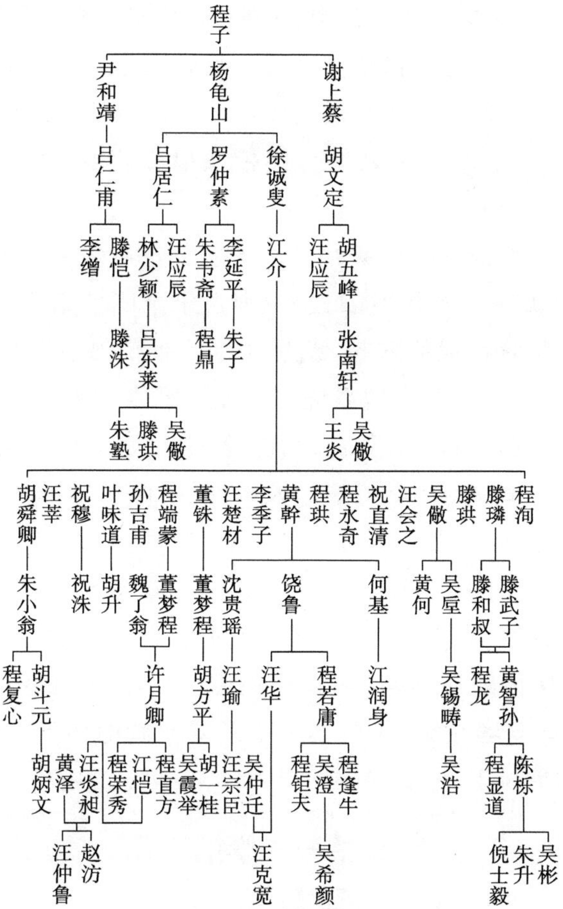

图1 新安学系图

① 赵汸：《东山存稿》卷4《商山书院学田记》，清康熙间刻本。

该图其实就是新安学者的“师承世系表”。此表标明，南宋之后的新安理学名儒，均出于程朱嫡传。换句话说，从学术渊源来看，新安理学是“其来有自”的，而开山宗师则是二程和朱熹。正如康熙年间程应鹏所作《莪山先生新安学系录跋》中说：“吾二夫子也，实绍先圣之绝学，迨及考亭夫子，又集诸儒之大成。新安之学，出于伊洛，伊洛之氏，本于新安，此吾家莪山先生所以作新安之学系录而首之以二夫子也。”

在《新安学系录》中，程曈还试图论证二程和朱熹均为新安人。程曈援引了欧阳修所撰《冀国公神道碑》，认为二程远脉出于新安，为休宁人程忠壮公（灵洗）之后裔（《新安学系录》卷一）。朱熹虽出生在福建尤溪，但其父辈以上则世居婺源，婺源原属新安，故应视朱熹为新安人。朱熹本人也常引新安人为“同乡”。他在作书、序、跋中，多署名“新安朱熹”，因新安有紫阳山，故亦常号“朱紫阳”，以寓不忘桑梓之意。程曈希望通过论证二程和朱熹为新安人，进一步巩固新安理学的正宗地位。程氏此说是否成立，尚可商榷；但所指出的新安理学以程朱之教为归依及以二程和朱熹为宗师，则无可疑义。

其次。程曈认为，新安“中兴绝学之大儒与左右之者”，代代不绝（《新安学系录序》）。程氏在书中征引旧文，罗列自宋至明信奉程朱学说的新安学者 101 人。新安学派壮观的阵容，跃然于纸。他们鼓吹理学，远超程朱，师生传授脉络清晰，显示了一个学派应有的独立家传性质。

最后，程曈所集新安学者资料，均能简练反映出其人的学术特点、理学思想等。这与后来黄宗羲、全祖望等人编纂《明儒学案》《宋元学案》等学术史著作时的设想与体例，如出一辙。

程曈《新安学系录》表现的以上三点内容，已大致勾勒出新安理学作为一支地方理学流派而独立存在的轮廓。它有自己一以贯之的学术宗旨和学派宗师，有一脉相传的理学家群，也有由宋至明独立完整的递授历史。因此，我们认为，《新安学系录》不唯是一部新安学者的传记资料集，同时在程曈的精心取材和编排下，它也是第一部新安理学的“学案”。

二、维护朱子学的力作

从有关程曈的传记资料以及其本人的著述来看，程曈的学术倾向是相当明显的。《休宁县志》卷 12《人物志》说：“其于六经性理之要，莫不研精覃思，以求真是之归。当正、嘉之际，禅陆盛行，瞳独立狂澜，觝排攘斥，崇正道，辟邪说。”这里所谓的“崇正道，辟邪说”，就是指程瞳的学术排斥陆王学说，维护朱子之学。在《新安学系录》中，程瞳的这一学术倾向表现得相当明显。正德三年（1508年）三月，程瞳曾写了一篇《新安学系录序》，其中说：

孟子没而圣人之学不传，千有余岁。至我两夫子始得之于遗经，倡以示人，辟异端之非。振俗学之陋，而孔孟之道复明。又四传至我紫阳夫子，复溯其流。穷其源，折衷群言，集厥大成，而周程之学益著。新安为程子之所从出，朱子之阙里也。故邦之人于程子则私淑之，有得其传者；于朱子则友之事之，上下议论，讲劘问答，莫不充然各有得焉。嗣时以还，硕儒迭兴，更相授受。推明羽翼，以寿其传。由宋而元，以至我朝，贤贤相承，绳绳相继，而未尝泯也。盖朱子之没，海内学士群起著书，争奇炫异，各立门户，浸失其真。诸先哲秉相传之正印，起而闲之，故笔躬行之实，心得之妙，乃于圣人之经、濂洛诸书，具为传注，究极精微。阐明幽奥。朱子之所未发者，扩充之；有畔于朱子者，刊去之，由是朱子之学焕然于天下。我朝太宗皇帝诏修五经四书性理，宪宗皇帝诏修资治通鉴纲目，一惟其言是宗，采录之以明圣经，淑人心，维民极，而垂教后世，则其有功于圣道正学大矣哉。

这一段序言，其实是在阐述《新安学系录》编撰之由。按照程瞳的看法，圣人之学，因二程而复明，到朱熹而大成，新安理学家则得程朱真传。朱熹之后，后学者群起著述，各立异说，朱子之学真谛乃不得其传，唯新安理学家尚能坚持程朱门户。此中反映了程瞳《新安学系录》所要达到的一个根本的目的，即在朱子之学面临危机的状况下，通过为新安理学家立传立言，全力维护朱子之学。选择这种维护朱子之学的方法，在程瞳看来是有道理的。后来不少人都能从《新安学系录》一书中看出程瞳的这一良苦用心。正如康熙三十五年（1696）徽州学者吴日慎所作《新安学系录序》中说：“吾郡继起诸贤，笃守其学（朱子学），代不乏人。其与金溪之顿悟，新会之静虚，姚江之良知，不啻薰莸之判也。是以道统归于程朱三夫子，而学系之正，莫如新安，故独标之以见。”吴氏还表彰程瞳“当王学盛行之日，独得程朱正传……述先贤学行，为后世仪型，以成此录，刊而布之，其有功于人心世道者，非浅也”。一语道破了程瞳欲借《新安学系录》之名，而行维护朱子学之实的目的。

根据这一主题思想，程瞳在《新安学系录》中处处表现出维护朱子之学的痕迹。首先，在人物的选择方面，凡非朱门的新安学者，一概不收；所收录之人，凡有背朱子之学言论处，概不提及。《江南通志》称程氏此书"与朱子合者存，背者去"，确是实情。而究其原因，与程瞳编撰《新安学系录》的立意密切相关。第二，大力表彰对朱子学作出重大贡献的新安学者。如所著书"补先儒未补之缺"、号为"朱子世适"的陈定宇，"有功朱子"的胡云峰，以及专门纠正他人在发明朱子学时谬误的吴师道、程复心等人。在《新安学系录》中，程瞳有专门的篇幅重点介绍。第三，在资料的取裁方面，特别注意引用有关程朱的言论、新安学者对朱子学阐释的内容以及新安学者辩驳"异说"的看法，由此通过资料的编排而达到宣扬和维护朱子学的目的。

从总体倾向来看，《新安学系录》确实是一部维护朱子学的力作。在明中叶"王（阳明）学"风靡于世的背景下，该书的出现，在学术史上有其特殊的意义。

三、具有重要史料价值的地方文献

徽州号称"文献之邦"，历史上曾留下了大量的地方文献。其中最多的是文集、族谱、家乘、方志、笔记等，而如《新安文献志》《新安学系录》这类具有总结性、集成性的文献，并不多见。因此，即使在"文献之邦"，《新安学系录》仍是一部令人瞩目的著述，对今人研究、了解徽州文化乃至中国学术思想史，均有重要参考价值。

其一，据初步统计，《新安学系录》全书引用的各种文献达百种以上，包括明实录、正史、文集、府志、郡志、县志、墓志铭、家乘、族谱等。其中如《吴仲文性理闻答》《吴儆文集》《竹坡集》《雪楼文集》《读书漫录》《观易堂随笔》《四书章图》《弘斋五稿》《双湖文集》《云峰文集》等著述，已颇为难见，甚至不传。因此，《新安学系录》中保存的有关内容，弥足珍贵。

其二，《新安学系录》收录的101位徽州学者，基本上囊括了南宋至明中期徽州地方涌现的"精英"人物。有关每个人物的内容，分二部分：一是抟记，其传记前人已撰者，一般是择优采纳；而前人未撰者，程瞳则在广收材料基础上亲自撰写补充，如程洵（克庵）传、滕珙（蒙斋）传等即是。二是遗事，收录他人记载传主的文字片段及评价，以便人们深入、全面了解传主。这部分内容为人们研究徽州历史人物及其言行，并进一步研究徽州历史和文化，提供了广泛而详实的资料。

其三，对所引资料，程曈均一一注明出处，方便了人们在阅读和引用过程中进一步核实和查找。在每个人物资料的篇前、篇中或篇末，程曈时常加有“按语”。按语的广泛存在，是《新安学系录》的重要特色之一。按语的内容，一是介绍有关篇目收录的原因，比如第六卷在王炎（双溪）传后，收录了《见南轩先生书》《与晦庵先生论谅暗中开讲书》等二信。程曈在篇末按称：“双溪本传不载其问学所从来，故附此二书以见其师友渊源之实也。”说明了收录此二信的原因。二是注释、考证所收篇目中的有关内容，提出自己的看法。比如第七卷《滕蒙斋传》中，每一句之下，均有按语，以注释该句的来源、考证篇中的内容。三是说明有关篇目的由来，比如南宋著名新安理学家程洵（克庵）传，他书中俱不详，系程曈在编撰《新安学系录》时亲撰，故有按语说明：“郡邑新旧图经，于先生皆有传，但不足以尽先生之德美，而世德亦误。曈不佞，幸与先生同出梁将军忠壮公后，早获读其遗书而窃病之，因掇拾大概，为传如右，以俟尚贤君子表章焉。”

总之，《新安学系录》具有重要的文献价值。它为人们研究徽州区域文化和中国学术思想史提供了丰富的资料，是一部值得研究的明人著述。

明季“黔案”[①]

黔案是崇祯十六年(1643)发生于徽州地区的一起重大兵民相斗事件。这次事件牵涉到十数位地方军政要员,相斗双方一直讼至崇祯皇帝,历时二年方告结束。它不仅是晚明兵民关系恶化的典型事例,而且也反映了当时军政矛盾、兵匪同类、乡兵义勇等诸多社会问题。

一、“黔案”发生的经过

史籍有关黔案的记载不多见。清初徽州著名学者赵吉士称:“余髫年目击(黔案),不能平者数十载,欲叙之无所核也。”[②]仅仅几十年的时间,黔案已渐湮没无闻了。这也正是长期以来无人论及明季这一重大事件的主要原因之一。

与黔案同时代的新安学者程不匮,手抄的《黔兵事》二册为同郡汪紫沧所得。该抄本收录有关黔案的官员奏疏、衙门申详、士人信札以及徽府士民公揭等原始材料数十年,大致反映了黔案的基本情况,填补了史籍记载黔案的空白。汪紫沧系赵吉士的门生,他将《黔兵事》二册进呈乃师,赵氏因而得以实现“欲叙之”的宿愿。在编录《寄园寄所寄》时,赵吉士薙其繁芜,将《黔兵事》删改为《黔兵始末》,入《寄园寄所寄·泛叶寄》中。因此,其后《黔兵事》虽佚,但其中绝大部分资料被保存在《寄园寄所寄》中,为我们研究黔案提供了方便。

黔案的经过并不复杂:崇祯十六年三月,凤阳总督马士英(瑶草)招募的一支黔兵,由江西乐平县入徽州境内,被徽州士民误为“贼寇”而围剿,结果黔兵被歼几尽。为什么一支官军,在大明江山的腹地会遭此厄运呢?最初,凤阳总督马士英及其标下监纪官李章玉、参将包玉等以受害者身份,申告徽

① 本文和周晓光教授合作,发表于《学术界》1993年第3期。人大复印资料《明清史》全文转载。

② 赵吉士:《寄园寄所寄》卷11《泛叶寄·黔兵始末·赵吉士案》(以下引自《寄园寄所寄》者,均注篇名,不注书名),黄山书社2008年版。

州士民剿杀黔兵意在抢夺黔兵600余匹战马。从黔案发生前后的情形来看，凤阳总督马士英等人的这一说法是难以成立的。第一，黔兵在入徽州地界之前，于江西乐平县因军纪败坏、剽掠淫杀之故，遭到乐平县乡民的赶杀。据《乐平县申详》和《乐平县复详》称，黔兵在乐平县已经损失大半。这一点连马士英本人后来也不得不承认。因此，即或黔兵确实拥有马600余匹，而经乐平一役，入徽者已是所剩无几，岂能谈得上徽州士民因觊觎马匹而大动干戈？第二，事件发生后，巡按监察御史郑昆贞奉旨会同凤阳总督马士英，委派安庆府推官来集之，往徽州一带细察兵马下落。"细察"的结果是"马匹无几"①。这二点说明，徽州士民图谋黔兵马匹之说不符合实际情形。

既然凤督一方诉状并非实情，那么引发这场大规模兵民之争的真正原因是什么呢？我们认为，一是由于地方高层人物判断失误，二是黔兵军纪败坏，三是同徽州地方"御贼"的指导思想有关。

(1)地方高层人物在黔兵入徽之前作出了错误的判断。《寄园寄所寄》卷十一《泛叶寄·黔兵始末》节录了两条材料：

其一曰："徽宁兵备张(讳文辉，时驻旌德)牌云：自黔抵凤，应从大江直下，即曰道梗，亦应由皖达凤。若婺源原非通衢，万里跋涉，何故舍平夷而投险道？且后开婺源、休宁至徽州、芜湖暂檄，而绩(溪)、旌(德)、泾、南(陵)等县又何故竟未开载？既云往凤阳征剿，而芜湖躉缴，又何为？情属叵测，仰县官吏，即便鼓励乡勇，协力堵截，毋令乘虚入内，自取他祸。"

其二曰："按院郑(讳昆贞)牌：黔兵到芜，在初一日，陆路来者，由江北去。此伙全是土寇假兵，仰速集乡勇，扼要堵剿，毋致流毒。"

这二条材料表明，身为地方高层决策人物的徽宁兵备张文辉和巡按监察御史郑昆贞都对这支黔兵的真实身份发生怀疑，一个认为"情属叵测"，一个认为"此伙全是土寇假兵"，并在未最终查实的情况下，先后草率发出了"鼓励乡勇，协力堵截""速集乡勇，扼要堵剿"的命令。这里应当指出，张文辉与郑昆贞如此小心翼翼、疑神疑鬼，也是事出有因的。当时有几个比较著名的例子是：起义者假赴试而破庐州、冒官军而破襄阳、称官差而破无为。这些事例在各地广为流传，地方官员不得不格外谨慎，以防重蹈覆辙。张文辉和郑昆贞所辖境内，此前不久亦曾有"土寇"称勤王兵，入池州、宁国等县，欲图南京的事情发生。当时应天巡抚郑瑄令各地方官领兵扎营要路，拒防

①《郑按院复疏》。

堵剿，才阻止了事态的进一步发展[①]。但这次郑昆贞和张文辉仅凭怀疑而草率行文，下令堵截，作出了错误的决策。金声在《备陈守御疏》中提到，徽州合郡有司、士大夫相率百姓出御，是因为曾"奉当路严檄"[②]。地方高层决策人物的这一判断失误，是黔案发生的重要原因之一。

二、黔兵军纪败坏是触发黔案的一根导火线。巡按监察史郑昆贞曾上《为黔兵假道淫掠乡民奋斗致伤汇报始末情形仰祈圣鉴事》一疏，认为引发双方"奋斗"的原因是"黔兵假道"徽州时"淫掠乡民"所致。巡抚都察院右佥都御史郑瑄亦有《为黔兵焚掠乡民乡勇愤斗树敌据报情繇谨先上闻仍俟察明再行奏夺事》疏，与郑昆贞持有相同的观点。从有关史料上分析，入徽黔兵军纪败坏乃是实情。《遗闻》记载：三月二十五日，兵到祁门，祁门县令赵文光"令于城外祠堂安歇，而来兵强居民房，民已忿怒。停二宿，渐肆掳掠。二十八日，到塔儿头，杀伤居民杨冬等数十人。黟、休乡勇各在界把守，互惊曰：'贼也，急击勿失。'遂奋力前与敌……。"[③]这里反映了正是由于黔兵掳掠杀人，从而最终激发了这场兵民之斗。事后徽州士民在公揭中也都纷纷罗列了黔兵在徽的暴行。联系黔兵在湘阴县、乐平县肆意淫掠的所作所为，徽州士民所控当非虚祠。即使是作为"黔兵之主"的凤阳总督马士英，也不敢为这支新募的黔兵军纪打包票，而只是提出，若"果淫掠"，则应交由司法部门处置[④]。

三、徽州乡民"御贼"所持的指导思想，也是黔案发生的重要因素之一。这一指导思想是：在一时无法确定究竟是兵是贼的情况下，与其"与贼入而后有悔，毋宁御之而后有悔。"[⑤]它是由原任庶吉士、当时因父丧在家守孝的徽州乡绅金声提出的。入徽黔兵的身份，是兵还是"贼"，徽州官民当时无法确认。从其人员来看，入祁门者"人马百九十余，其中有僧衲妇人及土音楚语者"[⑥]，形迹颇为可疑。从其行为来看，"强居民房""渐肆掳掠""杀伤居民"，亦与当时所称的"土寇"相似。但也有迹象表明这是一支"兵"。第一，黔兵入徽州之前，徽州婺源县已经接到凤督都院游击将军姜(美)、刘(昭

①《节录巡抚檄》。
②《备陈守御全疏》。
③《遗闻》。
④《马督复徽州众乡绅书》。
⑤《史大司马与金正希书》。
⑥《遗闻》。

珽)、谢(上用)、李(华玉)牌,称督黔兵将过婺源、休宁等地。三月二十四日,祁门县又接浮梁县来牌,得悉黔兵已到该县,即将入徽。因此,黔兵之入徽州,于徽州官民而言,决不是突然之事。第二,黔兵一入徽州,即自亮名号,祁门县令赵文光亲自安排住宿,“令于城外祠堂安歇。”这说明,于徽州士民而言,入徽黔兵决非无“兵”的可能性。而且,事实上官民也曾将他们作为“兵”来看待。在或“兵”或“贼”两者皆有可能的情况下,上述“与其后悔让贼入,不如后悔打错人”的指导思想就产生了重要影响。徽州士民群起响应,毫无顾虑地穷追猛打,酿成一场震惊朝野的争斗。

总之,黔案的发生,并非仅仅是一方的责任。酿成这场震惊朝野的冲突,兵民双方都有可究之处。

黔案发生后,引起了明朝中央政府的高度重视。崇祯皇帝和兵部等衙门多次下谕和颁文,要求严查事端。从黔案的调查处理过程来看,呈现了两个特点:

第一,民严兵宽。就黔案的发生原因而言,徽州官民失察误杀,黔兵淫掠激变,双方都有责任。从冲突结果来说,兵民互有伤亡,所谓“青燐白骨之中,半是黔鬼,半是土魂”[①]。然而,对黔案的查处结果,则是民严兵宽。明廷的最后处理意见大致包含了六项内容:(1)吴翔凤(推官,署休宁县事)、赵文光(祁门知县)、朱世平(黟县知县)、金翰林(声,原任庶吉士)由抚按提解到京究问;(2)张文辉(徽宁兵备,时驻旌德)、唐良懿(知府)从重议处;(3)调查下手兵丁,枭示;(4)黔兵损失的马匹器械各项照数追还,不许隐匿;(5)被杀黔兵尸体,地方官具棺收敛,设坛致祭;(6)抚慰已到各兵。从这六项内容来看,对徽州官民的处罚是极其严厉的。当时称“徽属六县,见在五无印官”[②]。而对黔兵之过,非但无只字提及,竟还抚恤安慰。这种明显的偏颇,反映了明季“重兵轻民”的社会风气,并进一步助长了当时的“骄兵悍将”现象。

第二,先严后宽。黔案发生伊始,明廷根据凤阳总督马士英的奏疏,认为“黔兵八百,赴调过祁,官绅无端诱杀,好生惨毒,深可痛恨”[③],因此查处务求其严。嗣后,徽州各地方官员纷纷上疏抗辩,士民公揭以示愤怒。六月二

①《郑按院复疏》。

②《初奉严旨》。

③《初奉严旨》。

十四日，兵部密疏，提出了“务期不激不纵，兵民两安”的办案基本方针。这一基本方针防止了兵民双方矛盾的进一步激化。因此，虽然就兵民双方来说，最后查处结果是民严兵宽；而从黟案查处经过来看，则又体现了先严后宽的特点。这与巡按监察御史郑昆贞和巡抚都察院右佥都御史郑瑄上疏辩论，为徽州士民说话有关。如郑昆贞在一疏中称，“解提各官，职各保其无故意诱杀之情”，并且深切指出，“当民情汹沸之日，境内旱荒之年，皇上不可不为重郡安危计也！”[①]由于地方各级官员的努力，在执行前述六项处理意见时，都不同程度打了折扣。其中徽宁兵备张文辉、知府唐良懿姑准开复，推官吴翔凤降二级用，先前的“从重论处”，实则上变成了“从宽结案”[②]。同年十一月初十日，崇祯又令“速与起用”黟案的主要当事人之一金声[③]。

查处黟案的上述二个特点，反映了明季崇祯等人的矛盾心理。一方面，当时边事危急，境内起义不断，朝廷“重兵轻民”，不敢得罪“骄兵悍将”，欲藉之以巩固政权。另一方面，地方官及乡兵义勇在巩固地方政权、维护社会治安方面起着重要作用。如何才能在查处黟案中处理好这二层关系，既不得罪以握有重兵的凤阳总督马士英为首的兵方，又不打击地方的“御贼”积极性呢？崇祯等人颇费心思。最后结果“民严兵宽”以向“骄兵悍将”妥协，“先严后宽”以慰士民人心。

二、“黟案”反映了明季的诸多社会问题

虽然黟案只是一起发生于局部地区的恶性兵民相斗事件，但它典型地反映了明季的诸多社会问题。

1.文武不合。崇祯一朝文官和武官的摩擦屡见不鲜，但史籍所载，大多是朝廷中高层文官和武官的讦争。黟案则为我们提供了地方文武不合的典型材料。

马士英时为兵部右侍郎兼右佥都御史，总督庐、凤等处军务，是明季江南的武官领袖。郑昆贞则是巡按监察御史，郑瑄是巡抚都察院右佥都御史，为该地区的文官代表。黟案最初是兵民之争，发展到后来实则成为马士英为首的江南武官和二郑为代表的江南文官之斗。双方所争的焦点有二：(1)

---

①《郑按院复疏》。

②《巡按来牌》。

③《明史》卷277《金声传》，中华书局1976年版。

黔案的起因。马士英据本部领兵官李章玉、包玉等所告。认为黔案的发生是由于徽州士民“无端诱杀”，因此罪在地方。郑昆贞和郑瑄则据下属报告，认为黔案之起乃是“黔兵焚掠”所致，故而徽州士民抵御情有可原。(2)黔案的处理。马士英提出了追缴马匹、惩办凶手、追究失察地方官的要求。二郑则认为，黔兵马匹并未入徽，因此只能“量赔马价”；地方官并无“故意诱杀之情”，应从宽处理。双方撕破面子，针锋相对，各揭其短。从表面上来看，文武双方一为“军吏”，一方“地方”①，督抚之“护兵”，地方官之“护民”②，本是职所使然。其实，在这种论争的背后，隐藏着明末地方文武官员之间以及兵民之间累积已久的矛盾。由于这一矛盾的存在，这场论争具有二个明显特点：其一，论争经常越出黔案本身，却变成对方的声讨，譬如郑昆贞在《复徽州乡绅书》中指出：“今之用兵者，正为兵之杀民，与贼无异，且有甚焉。故有贼之地，民宁从贼；无贼之地，民亦仇兵。何则？贼容有不杀民之时，而兵则决无不苦民之事也。”这里，郑氏已不只是就黔案而论黔案了，而是发泄着长期以来形成的对武官及其所领之兵的愤慨和不满。其二，争论格外激烈，无法通过调解、妥协而解决。案发后，当时社会名流如钱谦益等都曾出面，希望通过调停解决文武之间的争端。钱氏有《答凤督马瑶草书》《上应抚郑公书》《回金正希馆丈书》，分别给黔案的双方主要当事人，希望最后能达到“平凤督之气、服黔人之心、解徽人之祸”③的目的。但累积已久的矛盾使得一切斡旋、调解均告失败，其结果是以文官一方多人或贬或斥或免而告终。这一结果又进一步加深了文武官员和兵民之间的矛盾。地方文武不和导致的严重恶果，一是促使晚明竞争愈趋激烈，二则削弱了明廷的力量和地方应对事变的能力。

2. 兵匪同类。围绕黔案所展示的材料表明，兵匪同类是晚明的一大社会问题。据前文所述，黔兵入徽州之前，已有诸多迹象表明这是一支“官军”。因此，在一般情况下，徽州士民误黔兵为“贼”、为“匪”的可能性是不大的。但为什么实际情况并非如此呢？其中关键在于黔兵军纪败坏，形同“匪类”，因而引起误会。其实，黔兵并非在徽州一地如此，其在乐平、弋阳均有恶作。《乐平县申详》称黔兵在乐平好吃好喝之后，“夫则另索夫价，马则另

①《马督与阮园海书》。

②《郑按台复徽州乡绅书》。

③《牧斋初学集》卷80《上应抚郑公书》，上海古籍出版社2009年版。

讨折乾，又要恤马银每疋三两，更诱本地无赖充数随行。……至大吉张姓，系鄱阳地方，离乐五十余里，愈恣掳掠，宰猪烹鸡，缚夫奸妇，百姓愤极，聚众格逐。(黔兵)前途难去，只得又来高桥，以至吴口街，将复往德兴，更擅杀在田农夫。凡经过之地，无物不抢，经宿之家，有妇皆奸。吴姓人等遂认为流贼，奋勇相逐。”①且看如此军纪，与真正的“土匪”又有何异？何怪乎黔兵所至，“乐平亦杀，弋阳亦杀，而祁门(所杀)更多”！②明季兵匪同类的现象也并非黔兵一支如此，它几乎是带有普遍性的社会问题。郑昆贞在《复疏》中痛切指出：“自兵兴以来，客兵经过，毒害生灵，不知多少。左兵之至江左，男妇被杀掳不下二万。繁昌小邑，妇女之守节投溺者八百余人，职所建醮以度之。”③当时的有识之士指出：“今天下所最厌苦者，惟贼与兵。”④把“兵”同统治阶级所深恶痛疾的“贼”相提并论，可见兵之声誉在当时人的心目中已是一败涂地。值得注意的是，这句话还是出自当时明朝南枢要员史大司马(可法)之口，他在(与金正希书)中又说：兵所杀“非贼”(老百姓)的现象，已经是“久矣”的问题了。为什么明季会出现如此严重的兵匪同类现象呢？原因显然不是单一的。从黔案始末来看，明廷的重武轻文政策以及将领的姑息纵容则是其中重要的因素。这种现象的存在，一方面使地方百姓灾难更为深重，加深加剧了兵民之间的矛盾；另一方面也使治安更为恶化，社会处于更为动荡不安的状态中。

3. 乡勇组织严密。通过黔案，我们可以发现乡兵义勇的普遍建立是晚明社会的一个重要现象。这种现象在南方，尤其是南方一些宗族聚居的山区尤为显著。钱谦益在《牧斋初学集·答风督马瑶草书》中说：“楚豫之间，豪民大族多结寨栅以自固，蕲、黄、真、确、光、息之间所在不乏。”乱世之中，组织乡兵义勇御“贼”自固，维护地方治安，本是先朝就有的现象。而明季的乡兵义勇在人数、组织、战斗力等方面有其新的特色：(1)明季乡兵义勇人数多，各地乡勇动辄数千甚至上万。黔将刘招斑等称，黔兵三月二十二日到乐平县，“二十四日进发饶州，因错念头，改道德兴，不料行至吴口街，冤遭彼处乡兵，疑为流贼，纠众数千，四围赶杀。”⑤其实，不止是吴口街能“纠众数

①《乐平县申详》。

②《马督复徽州众乡绅书》。

③《郑按院复疏》。

④《史大司马复徽州乡绅书》。

⑤《乐平县复详》。

千”，乐平县在申详黟案时称：“婺源、德兴、休宁、祁门四县邻界，各村闻风，各遣传牌不绝，每云统率乡兵千余前来会剿。”郑昆贞在疏中提到，“黟兵自三月二十二日至二十四日驰突于饶州、德兴之间，杀在田农夫十三人，奸一女子立死，放火焚居，无物掠，乡兵尾而围之城下至万人。”[①]徽州地区“土风高坚，士气猛犷，忠义感激，遗风尚在”[②]，又多为大族聚居地区，故乡兵义勇组织更多。这一点最清楚的莫过于地方长官郑昆贞了。他说：“徽之乡镇，各立义社，共保境宇”[③]。如此众多的乡兵义勇，几乎每村镇都有，这在历史上是罕有其匹的。(2)组织非常严密。我们从反映黟案的材料中分析，乡兵义勇的组成主要有三部分人：闲居家乡的离职官员、当地乡绅、一般民众。其中第一类人曾历官在外，见多识广，且在地方上有一定的声望，因此在乡兵义勇组织中往往起着领导作用。譬如黟案的主要当事人金声，休宁人，原任翰林庶吉士，加授山东道监察御史，因丁父忧在家，见“乡郡多盗”，遂“团练义勇，为捍御。”[④]金声所领导乡兵“子弟千五百人，扼诸岭隘，休人赖以无恐。其器械衣装，视他队鲜明，故金翰林乡兵之名，藉甚道路”[⑤]。在与黟兵发生的冲突中，“金翰林乡兵”是一支主要力量。第二类人虽然是少数，但他们发挥了组织乡兵义勇的作用。金声在《备陈守御疏》中曾说：徽州合郡有司、士大夫“相率百姓”出御黟兵[⑥]，说明的正是第二类人的这种作用。而且在经费方面，第二类人是主要的出资者。第三类人是乡兵义勇的主体，平时负责警戒把守，战时则冲锋陷阵。据已有的材料表明，乡兵义勇的活动经费来源，一是大族族田的收入，二是乡绅富民的捐助。黟案有关材料则透露，其经费还有第三途径，即地方政府的资助。郑昆贞曾说，金声乡兵千五百人，是“本宦捐资”[⑦]募得的。这支“器械衣装，视他队鲜明”的千五百人乡兵，所需经费当非个人财力所能支撑。因此，所谓“本宦捐资”，捐的当是公款而非私蓄。各地乡兵义勇之间，“各遣传牌”，互有联系，一日内能聚齐成千上万人，其组织之严密可见一斑。(3)战斗力强。黟兵素称“犷悍”，据马士英

①《郑按院复疏》。

②《牧斋初学集》卷80《回金正希馆丈书》，上海古籍出版社2009年版。

③《郑按院复疏》。

④《明史》卷277《金声传》。

⑤《郑按院复疏》。

⑥《备陈守御金疏》。

⑦《郑按院复疏》。

说，入徽黔兵中还有“万夫敌”包万春、范成等人。这样一支剽悍的黔兵，居然败在了乡兵手中，后者的战斗力之强是毋庸置疑的。入徽黔兵人数之多寡，已无法考实。据徽州乡民报告，有一百九十余人。这支一百九十余人的黔兵在徽州乡兵义勇的围攻下，最后落得了“尽死乃止”的结局。据马士英所称，在乐平、祁门、休宁等地，总共有800余黔兵为乡围歼殆尽。我们从这些数字中可以看出，明季官军的战斗力已经下降，而各地的乡兵义勇等地方武装战斗力则开始上升。这种情况的出现，给明季社会政治、军事等各个方面带来了巨大影响。在明朝官军与农民军交锋屡战屡败形势下，明廷多次将整练乡勇作为重要措施加以提倡、实施。如崇祯十六年十月，崇祯谕吏部、都察院，提出了“鼓励乡勇，坚壁清野，参治倡逃，有功优叙”的政策。由于上有所倡，各地响应，致使明季的乡兵义勇形成了一支重要的军事力量，在晚明社会中产生了重大影响。

《新安文献志》与徽州文化

《新安文献志》是明代著名学者、理学家程敏政汇集南北朝以后新安（即徽州）学者的论文结集。它涉及徽州地区历史文化生活的方方面面，是一部地方文献总集。从《新安文献志》对徽州地域特色、社会历史和人物等的记载中，我们今天仍可感受到徽州文化厚重的历史感、特定的文化内涵和深厚的文化底蕴以及独特的文化魅力。

徽州地处万山丛中，山多地少，土地贫瘠，人口稠密，交通不便。南宋人罗愿在《新安志》中就说，徽州"山限壤隔，民不染他俗"。所谓"山限壤隔"，是说徽州的一府六县（歙、休宁、祁门、黟、绩溪、婺源）处于万山环绕之中，是一个具有相对独立性的地域社会；所谓"民不染他俗"，则表明处在一个相对封闭的地理环境中，徽州逐渐成为一个独立的民俗单元，形成了自己独特的风俗和民情。由于"邑在万山间，不通舟楫，往来客必以轿"，这种与世隔绝的地域形势，使其地居民很难与其他地区的民众进行沟通交流。这种地理环境对徽州人的对外交往而言具有非常不利的影响，但另一方面也使这里的人们生活相对安定，能够远离战火的侵扰。两晋时期，北方战乱不已，北方人口大量南迁，而山清水秀、景色宜人的徽州，就成了大量南渡中原人士避难安身的世外桃源。随后唐中期的"安史之乱"、唐朝末年黄巢领导农民起义引发的社会动荡，都造成中原人士源源不断地向徽州迁徙。由于人口的不断增加，使本来就地少人多的徽州人面对更大的生存压力，这种压力又逼使他们游走他乡，以经商谋生，谋求发展。

《新安文献志》记载徽州人有一种渗透到社会生活和军事生活各领域的大无畏精神。如婺源朱弁《上朱昭等忠义奏疏》，历述奋勇抗金、为国捐躯的官员朱昭及勇夫劲卒、义民、节女等十余人"奋赤心，蹈白刃"的忠勇节烈高行，并请求朝廷予以表彰。嘉靖年间，祁门人徐正行商于淮泗，"时东南倭寇未靖，兵役往来，淮当冲要"，"正捐金八百以佐徭费"，又独建广惠桥，以便军队通行。这些事迹表现了徽州人强烈的爱国精神和生死无惧的坚强意志。

《新安文献志》还记载了徽州人重视读书，而儒士亦多充满恢弘正气。徽州人重文兴教，甚至不惜为此倾家荡产。“一家不读书，等于一窝猪”，是徽州乡间最流行的俗语。这里书院私塾遍布城乡，读书应试蔚然成风。《新安文献志》不仅用朱熹的话进行劝学，而且还深刻阐述了“起家之道，莫先教子，教子莫先诗书”，“家之贤显增光先世者，皆由子孙读书”等道理。徽州人读书以务实为本，淡泊名利而以道义为重。北宋黟县进士丘浚，为人刚正豪迈，无所畏惧。目睹当时的重重危机，他毅然进呈《观风感事诗》100首，用“臣道昏庸君道蔽”“官滥民穷士卒骄”等诗句，直指当时腐败黑暗的朝政弊病。诗中揭露主政者卖官鬻爵：“密院中书多出入，不论功绩便高迁。”秉笔直书，一针见血，淋漓尽致。

从《新安文献志》中，我们还可以感受和领会到徽州人勤劳、善良、重利而不忘义的美德。黟县人李文耀，平时乐善好施，致富之后“居乡建官田、坞口石桥，修太平县周家岭”，举凡兴修水利、修筑道路、捐资助饷、兴建书院祠堂等，都慷慨解囊，堪为崇尚儒家义利观的徽商典型。清代休宁人吴鹏翔在汉口买了八百斛胡椒，经查验这批胡椒有毒。卖主虽已同意退货，但鹏翔为了防止卖主将其转卖他人，遂将这批胡椒全数买下销毁。道光年间，徽州人舒遵刚说：“生财有大道，以义为利，不以利为利。”他又说：“钱，泉也。如流泉然。有源斯有流。今之以狡诈求生财者，自塞其源也。今之吝惜而不肯用财富者，与夫奢侈而滥于用财者，皆自竭其流也……圣人言，以义为利，又言见义不为无勇。则因义而用财，岂徒不竭其流而已，仰且有以裕其源，即所谓之大道也。”精辟阐明了重利不忘义、因义而用财的经商哲学。正是这些观念使徽商能够树立良好形象，成为中国古代影响深远的地域商帮之一。

明代徽州文献学家程敏政

程敏政(1446—1499),字克勤,徽州休宁(今属安徽)人。十岁时以神童为巡抚所荐,入翰林院读书。成化二年(1466)进士及第,官至左谕德,直讲东宫。孝宗时升为少詹事兼侍讲学士,后迁礼总右侍郎,专典内阁诰敕。弘治十二年(1499),他与李东阳主持会试,徐经、唐寅预作之文与试题相合,给事中华昶遂劾其科场"鬻题",因此被诬下狱,后经反复审讯,程敏政被释放致仕。出狱后仅四天,以痈毒不治而卒。程敏政著述、编辑和刻印了大量历史文献,为徽州和我国文献事业的发展做出了重要贡献。

一、程敏政出身名门之后

徽州自古山水钟秀之地,孕育了颇具特色的新安文化。据史书记载"新安自昔礼义之国","文献之邦",读书风气浓厚,"十家之村,不废诵读"。南宋徽州人朱熹,就强调"穷理之要,必在于读书"。朱熹在徽州的影响极深,所以徽州人多是"读朱子之书,取朱子之教,秉朱子之礼"[①]。在这种环境下,程敏政自然受到"儒道"的影响,常自诩为程子后裔,对程朱理学推崇备至。他在《篁墩文集》中说:"考之家谱,两夫子之先实徽人,出梁将军忠壮公灵洗之后。盖自徽迁中山,又自中山迁河南,见于欧阳公所为《程文简公先德之铭》。"[②]所以徽州实为"程朱阙里"。敏政早在少年时,父亲程信通过科举成为进士,因抗击蒙古贵族瓦剌部入侵和镇压西南少数民族起义有功,升任南京兵部尚书兼大理寺卿。后程敏政能成为颖异之童,自然与其父亲程信的悉心教育和培养有关。程信进士出身,谙熟诗文,多有所作,经常以诗启蒙敏政,并且在教育中"严而有法",故成就了敏政的早慧之才。巡抚侍郎罗绮,听说敏政能文善对,非常惊异,便特向英宗皇帝推荐,英宗皇帝于是诏而

① 民国《歙县志》卷1,民国铅印本。

② 程敏政:《篁墩文集》卷13,(台北)商务印书馆,文渊阁四库全书影印本。

试之。据传说：敏政年龄小，过宫门时，门槛高难以跨越。英宗随口吟出上联："书生脚短"，程敏政张口答道："天子门高"。后御膳监进蟹，英宗吟道："螃蟹一身甲胄"。他应对道，"凤凰遍体文章"。英宗非常高兴，再诏试《瑞雪》诗和作《经书议论》一文，皇帝大喜，即诏为读书翰林院。又加上少时"资禀灵异"，读书"一目数行下"[①]，故有"神童"之美名。

成化二年，程敏政22岁进士及第，夺得榜眼，被授翰林院编修，升侍讲，充经筵讲官。复以同修《续资治通鉴纲目》成，升左春坊左谕德，充东宫讲读官。当时在翰林中有这样一种颂誉："学问该博称程敏政，文章古雅称李东阳，性行真纯称陈音，各为一时冠"[②]。可见程敏政在当时翰林中很有名气了。明孝宗嗣位后，程敏政进詹事府少詹事，兼翰林院侍讲学士，进礼部右侍郎，颇得孝宗的"圣眷"。

程敏政是名门之后，出道很早，性格孤高自傲。"敏政，名臣子，才高负文学，常俯视侪偶，颇为人所疾"[③]弘治元年（1488）冬，御史王嵩等以雨灾弹劾程敏政，他被勒令致仕。这对程敏政来说，无疑是受到一次仕途打击。回到休宁老家，"读书南山中"。尽管郎中陆容等为程敏政极力辩解，但等到孝宗召回程敏政，已是弘治六年（1493）。官复原职后，程敏政又进为太常卿兼侍读学士，掌院事。后历官至礼部右侍郎，专典内阁诰敕。

程敏政早年拥有"神童"之誉，青年时代获得"学问该博"的桂冠，中年以后又有文坛上的崇高地位，所以《明史》把他列入《文苑》是有一定道理。程敏政由于授翰林院编修，历讲谕德，直讲东宫。他担任过多年的侍讲学士，经常给皇帝和大臣讲经史，还参加英宗、宪宗两朝实录编写工作。他借此阅读大量的皇宫书籍，著书立说，并注重徽州地方文献的收集。徽州府知府何歆在《篁墩文集》的后序中说"广东琼台丘公在馆阁……，历数自宋朝景濂诸公而下至于其同时，又极多推让，而篁墩程先生亦所爱重焉。"南京工部主事李讯也在后序中说，"先生居馆阁三十余年，制作之富，流布天下，天下人莫不爱而诵之。"由此可以看出，程敏政著作宏富，社会影响的广泛程度，同时也是对他在学术上的一种肯定。程敏政在他一生中，留下了大量的著述。据方志称，程敏政"淹贯群籍，研究理道"，为文"一本诸经史"，李东阳称之

① 程敏政：《篁墩文集》卷首，（台北）商务印书馆，文渊阁四库全书影印本。

② 张廷玉：《明史·程敏政传》卷286，中华书局1974年版。

③ 张廷玉：《明史·程敏政传》卷286，中华书局1974年版。

"宏博伟丽，自成一家，质之当代，盖绝无而仅有者"，京师曾流传"天下文章程敏政"之谚。[①]

二、收藏和编辑大量地方文献

程敏政为官期间，一方面做好翰林院编修和侍讲学士的职责；另一方面就是将自己的全部精力投入到藏书编辑文献和刻书业中。自宋朝以来，徽州学者著作达千余种以上，徽州素称"文献之邦"，确非虚语。徽州学子，一方面要使自己的著作流传于世，一方面要维护学术师承，保存先贤著作，促成了徽州文化学术的兴旺。程敏政积极参与这项事业中。

程敏政在著述、编辑和刻印文献方面有很大的成就，根据《明史》《四库全书总目》《安徽文献书目著录》、蒋元卿《皖人书录》和瞿冕良编著《中国古籍版刻辞典》的记载，自纂的有：《篁墩文集》《宋纪受终考》《咏史诗选》《宋遗民录》《心经附注》《新安程氏统宗世谱》《休宁县志》。编辑的有：《新安文献志》《道一编》《明文衡》《咏史集解》《唐氏三先生集》。刻印的图书，除自纂和编辑的部分书外，还有：宋真德秀《心经附注》、吴儆《竹洲集》、汪应辰《汪文定集》、范祖禹《范太史集》。元汪克宽《礼经补逸》、吴澄《仪礼逸经》、敖继公《仪礼集说》、唐元《筠轩集》。明李贤《李古穰集》、唐桂芳《白云集》、唐文凤《梧冈集》、程章辑《明良庆会录》等。其中，流传至今的主要著作如下：

《宋遗民录》15卷，是程敏政辑录的宋朝的一些名人事迹和遗事。此书中前6卷列有王炎午、谢翱、唐珏三人的事迹及其遗文。第7卷以后，录张宏毅、方凤、吴思齐、龚开注、元量、梁栋、郑思青、林德旸等八人的事迹。第15卷记元顺帝为宋瀛国公子，引余应诗、袁忠彻记以证之，称顺帝非明宗之子。好事者造为此言，其荒唐本不待辨。敏政乃从而信之，《四库全书》馆臣认为此说甚为"乖谬"[②]。但《宋遗民录》保存了不少有关宋"遗民"的资料，具有一定的史料价值。

《宋纪受终考》3卷。是程敏政一部历史考证的著作，考证宋太祖临崩前夕与太祖密谈的故事。据明代柯维骐《宋史新编》载："宋开宝九年，太祖病重，派王继恩召皇子德芳，继恩自召晋王（太祖弟太宗）。王至宫中，遣散左

①《休宁县志》卷12，康熙三十二年刻本。

②《四库全书总目提要》，河北人民出版社2000年版，第1668页。

右，上与王所言皆不能闻，但遥见烛影下，王时或离席，如躲避之状，继而上行柱斧戳地，大声说：'好为之'，遂崩。"太祖即位以后，太祖之子德芳、德昭先后去世。以后僧文莹著述《湘山野录》专辨诬太宗烛影斧声之事。程敏政所著述的《宋纪受终考》，又博采诸书同异，一一为辨证。因此对这一段历史研究具有参考价值。《四库全书总目提要》说："然明之中叶，士大夫侈谈性命，其病日流于空疏，敏政独以雄才博学，挺出一时。集中征引故实，恃其淹博，不加详检，舛误者固多，其考证精当者亦时有可取。要为一时之硕学，未可尽以芜杂废也。"①

《心经附注》4卷。该书以南宋理学家真德秀（西山）《心经》"未为赅备"，且其中所引真德秀《读书记》，亦非真氏自作，因此补辑附注。

《道一编》6卷。该书收录朱熹、陆九渊两家之往还信件，论证朱、陆两家学说"始异而终同"，并指出其"始焉如冰炭之相反""中焉则疑信之相半""终焉若辅车之相依"的变化过程。该书是反映程敏政"道一"思想的重要著作，对明代"心学"大师王阳明"朱子晚年定论"等一系列观点的提出，有重大的影响。

《篁墩文集》93卷。篁墩，程敏政之号。文集亦因是得名。《四库全书》馆臣对程敏政的评价颇高，认为他"学问淹通，著作具有根柢，非游谈无根者比"，虽然文集中论学"伤于偏驳"，诗文"不出当时风气"。但该书保存了大量的徽州文献，对后人研究徽州历史具有重要的参考价值。

《明文衡》98卷。该书集录明朝洪武以后、成化以前之文，按照《玉台新咏》之例，分为38类。首为代言，为词臣奉敕撰拟之文，其次分别是赋、骚、乐府、琴操、表笺、奏议、论、说、解、辨、原、箴、铭、颂、赞、七、策问、书、记、序、题跋、杂、著、传、行状、碑、神道碑、墓碣、墓志、墓表、哀诔、祭文、字说等。《四库全书总目提要》说："稽明初之文者，固当以是编为正轨矣。"②该书对明前期文学之研究，有重要的参考价值。

《新安文献志》100卷。是书收集南北朝以后新安学者的文章事迹前60卷为甲集，皆其乡先达分类辑录，后40卷皆出于郡人所论撰，分神迹、道原、忠孝、儒硕、勋贤、风节、才望、吏治、遗逸、世德、寓公、文苑、材武、烈女、方技共15目。凡是所收集的史料，程敏政都进行一一考订，反复核实，并且附

①《四库全书总目提要》，河北人民出版社2000年版，第4444页。

②《四库全书总目提要》，河北人民出版社2000年版，第5165页。

注释。此谓是征引繁博，条理淹惯。凡是徽州地区的典故，汇萃极为赅备，遗文轶事，咸得藉以考见大凡。故自明以来，推为巨制，是一部地方文献总集。

程敏政还纂修了著名的谱牒《新安程氏统宗世谱》20卷，为合族谱，共44支，录33代，入谱人物逾万。据说：程氏始祖伯符，仕周成王，食邑广平程国，以国为姓。伯符45世孙元谭，东晋初由东阿来守新安，居歙之黄墩，为程氏新安始迁祖。后世裔孙分迁东平、贵溪、宣城、婺源、绩溪等地，析派40有余，衍为皖南大族。对于研究宗法思想、家族制度、民族迁徙融合，经济、社会、政治史都有很高的文献价值。

《咏史集解》7卷，取古人咏史之作，依代编次。自三代迄宋末，止七言绝句一体，采辑颇备。然亦有非咏史而因类编入者，又有改窜原题者，体例颇为冗杂。

《唐氏三先生集》28卷，附录3卷。该书包括唐元筠《轩集》诗8卷、文5卷，唐桂芳《白云集》诗5卷、文2卷，唐文凤《梧冈集》诗4卷、文4卷。程敏政在辑录时，将诸集原序列于前，后附传记铭志之文。此书对唐氏三先生文集的流传，有搜辑之功。

无论其数量、规模，还是质量，程敏政所编纂刻印的文献资料，在图书事业上都有极其重要的地位。而这些文献绝大部分都是带有地方特色。可见程敏政对徽州历史文化的拳拳情深。

三、程敏政著述、编辑的文献具有重要的学术价值

徽州号称“文献之邦”，留下了大量的地方文献。其中最多的是文集、族谱、家乘、方志、笔记等。至于《新安文献志》《篁墩文集》《明文衡》《道一编》《新安学系录》这类具有总结性、集成性的文献，并不多见。从文化的角度考察，徽州已成为学术界地域文化研究的热点。程敏政所编著的这些文献史料中，对今人研究、了解徽州文化乃至中国学术思想史，均有重要学术参考价值。

程敏政辑录较早的便是《新安文献志》。其原刻于弘治丁巳(1497)，是徽州原始地方文献的总汇。按程氏自序说，“甲集60卷，以载其言；乙集40卷，以列其行。盖积之三十年，始克成也。”[①]实际上，甲集为文部，辑录徽州

① 程敏政：《新安文献志·序》，《四库全书存目丛书》，齐鲁书社1996年版。

先贤的诗文，也就是一部徽州诗文的总集；乙集为献部，辑录徽州先贤传记资料。无论是文部或是献部，都保存着大量的第一手资料，这对探索徽州文化，特别是历代先贤的言和行，更具有不可替代的价值。故清人黄崇惺对程敏政《新安文献志》的评价："表章前哲，搜集时文，使吾乡文献之迹，不致湮没，其功伟矣。"[①]《四库全书总目提要》称："凡徽州一郡之典故汇萃极为赅备，遗文轶事，咸得藉以考见大凡。故自明以来，推为巨制。"[②]

在今天看来，《新安文献志》收录南北朝以后新安一地文章1138篇，诗1053首，其搜罗之宏富，为地方总集所罕见。本书几乎揽括了当今徽学研究领域的所有问题，也是对徽州文化的各种现象进行了较为全面的整合和展示，为徽学研究提供了一系列的重要资料和线索。虽然在程敏政以前，有宋代罗愿撰写的《新安志》10卷，但从内容、史料翔实，学术价值，远不及《新安文献志》规模。从某种意义上说，程敏政是徽学研究的先导，《新安文献志》为徽学研究开山之作。

在学术思想上，程敏政最大的贡献是编纂《道一编》。"道一"思想为程敏政学术思想的核心，也是关于朱熹、陆九渊"早异晚同"之说的阐述。程敏政编纂《道一编》的用意，他自己说：

> 宇宙之间，道一而已。道之大原出于天，其在人则为性，而具于心。心岂有二哉？惟其蔽于形气之私，而后有性非其性者，故孔门之教在于复性。复性之本，则不过收其放心焉尔。颜之"四勿"，曾之"三省"，与子思之"尊德性，道问学"，孟子之"先立乎大者而小者不能夺"，其言凿乎如出一口。诚以心不在焉则无以为穷理之地，而何望其尽性以至于命哉？……于是朱陆两先生出于洛学销蚀之后，并以其说讲授于江之东西，天下之士靡然从之。然两先生之说，不能不异于早年而卒同于晚岁，学者独未之有考焉，至谓朱子偏于道问学，陆子偏于尊德性，盖终身不能相一也。呜呼，是岂善言德行者哉！夫朱子之道问学，因以尊德性为本，岂若后之讲析编缀者，毕力于陈言？陆子之尊德性，固以道问学为辅，岂若后之忘言绝物者，悉心于块坐连诚？惧夫心性之学将复晦且几于世，而学者狂于

① 诸伟奇：《歙事闲谭述评》，《文献》2001年第4期。

②《四库全书总目提要》，河北人民出版社2000年版，第5165页。

道之不一也。考见其故，详著于篇。[1]

程敏政从“道一”即道统于“一”的观点出发，认为洛学销蚀之后，相继出现了朱、陆之学。又从圣道流传的规律与趋势的角度，来分析朱、陆之间的学术异同，认为孔子之后，颜、曾、思、孟以及周子、程子，其学虽不必相同，然其为道却一脉相承，对于朱、陆，也当这样去认识。因为“尊德性”和“道问学”是不能对立和割裂开来的，它们同为一体，皆入道之方。“盖尊德性者，居敬之事；道问学者，穷理之功。交养而互发，废一不可也。”[2]程敏政认为，朱、陆并非各守所立，持其一偏，而是在二者的统一上，殊途同归。所以，以尊德性和道问学来划分朱、陆学术之异是不妥当的。程敏政提出学者治学，尊德性与道问学应“交养互发，废一不可”的治学思想，至今产生了深远的思想光辉。

程敏政关于朱熹和陆九渊的言论概括为“异于早年而卒同于晚岁”。他并没有站在尊朱立场来看待朱、陆异同的发展，而是超越了门户之见，一如元明诸儒之和会朱陆。“朱、陆异同”的论辩是宋明学术史上主要内容，在“和会朱陆”的整个历程中，徽州学者作出了重要理论贡献。徽州学者郑玉认为朱、陆之学各有利弊：“朱子之说教人为学之常也；陆子之说高才独得之妙也。二家之学亦各不能无弊焉。陆氏之学，其流弊也，如释子之谈空说妙，至于卤莽灭裂，而不能尽致知之功。朱氏之学，其流弊也，如俗儒之寻行数墨，至于颓惰委靡而无以收力行之效。”[3]就是说朱子的“道貌岸然问学”是为学之常规，但其弊在于支离与迂腐，以至“颓惰委靡”脱离实践而无“力行之效”。陆子的“尊德性”确实有独到高明之处，但是易流入空谈，主观武断，严重脱离实际，更无“致知之功”。郑玉指出，学者不应有门户之见，不同学派之间应该和睦相处，取长补短。徽州休宁学者赵汸认为：“夫以二先生之言如此，岂鹅湖之论至是而各有合邪。使其合并于暮岁，则其微言精义必有契焉。”[4]赵汸关于朱、陆“合并于暮岁”之说，是“和会朱、陆”进程中新的切入点。

程敏政在郑玉、赵汸之后，提出朱、陆“早异晚同”之说，对“和会朱陆”作

① 程敏政：《道一编·序》，《四库全书存目丛书》，齐鲁书社1996年版。

② 程敏政：《篁墩文集》卷29，（台北）商务印书馆，文渊阁四库全书影印本。

③ 郑玉：《师山先生文集》卷3，（台北）商务印书馆，文渊阁四库全书影印本。

④ 解光宇：《徽人关于“朱陆异同”的对立及其影响》，《安徽史学》2002年第2期。

了比较全面、系统地论述。他把朱、陆异同的发展分为:“始焉如冰炭之相反”“中焉则疑信之相半”“终焉若辅车之相依”三个不同的发展阶段。很显然,在朱、陆异同问题上,程敏政的目的和重点是在晚同,而不在早异。晚同是同归于一,这个一就是“道”。程敏政这一观点和论述是对“朱、陆早异晚同”的创见,对明代“心学”大师王阳明也产生了重要的影响。明代陈建说:“程篁墩著《道一编》,分朱陆同异为三节,始焉如冰炭之相反,中焉则疑信之相半,终焉若辅车之相依,朱陆早异晚同之说,于是乎成矣。王阳明因之,遂有《朱子晚年定论》之录,与《道一编》辅车之说,正相唱和。”[①]明嘉靖年间,汪宗元在《道一编后序》中说,“晦庵之道,学者童而习之,昭如日星,固已章明于天下。象山乃蒙无实之诬,人皆以禅学目之四百余年,莫之辨白。此篁墩先生当群哓众咻之余,而有道一编也。继是而得阳明先生独契正传,而良知之论明言直指远绍孟氏之心法,亦是编有以启之也。”陈、汪两人的观点,证明了程敏政“道一”思想在明代中期学术界的影响深远。

程敏政的理性之学亦颇有特色,在宋明儒学史上起了承先启后的作用。这方面的理论主要在《篁墩文集》著作中。

程敏政的理性之学,侧重于“敬”“诚”“身”。程敏政远承程朱,近袭薛王宣,十分重视“敬”在理性修养上的作用。他首先审察了历史,揭示“敬”在圣学中的地位。程敏政解释说:“敬是主一无适之谓,此心收敛不敢放肆,便是敬”并且还认为,“敬者,圣学始终之要也。”[②]故其认为,“敬”虽为“敬者,圣学始终之枢纽”,但“穷圣性之源、穷心学之妙、而归宿于一‘敬’,则程子发之,朱子阐焉实有功于圣门而有大惠于来学者也。”[③]程敏政的这一分析,大体符合历史实际。古圣垂范,儒经立训,关于“敬”者不少,但在理学思潮出现以前,“敬”只是作为儒家所倡诸德中的一种。程敏政认为:“盖人能修己,使存于中无一毫放肆,见于外无一事矫伪,表里纯于一敬,这便是君子,然敬非止可以修一身,推而至于齐家治国平天下也,都本于一敬。”[④]“敬”实在堪称为处于现实社会生活之中每一个人的“主宰根本”这就是说,敬是修身、齐家、治国、平天下的立足之处,是人们立身行事之本。

程敏政发挥程朱理学,将“诚”视为“原于天、性于人,亘万古而不息、放

①《四库全书总目提要》,卷95,河北人民出版社2000年版。

② 程敏政:《篁墩文集》卷39,(台北)商务印书馆,文渊阁四库全书影印本。

③ 程敏政:《篁墩文集》卷18,(台北)商务印书馆,文渊阁四库全书影印本。

④ 程敏政:《篁墩文集》卷4,(台北)商务印书馆,文渊阁四库全书影印本。

四海而皆准”的必然规律，强调“诚意是学者自修头一件事。”并在“诚”的基础上提倡“慎独”，且说：“独，是指自家心里说，好善恶恶，著实与不著实，只是自家心里晓得，别人不晓得。所以君子的人于这等去处必要谨慎，不可一毫放肆。”[①]程敏政将“独慎”与“诚意”作为不可分的统一体，认为二者之间有着一而二、二而一的互为体用关系。同朱学家有着颇为相同或相似的学说思想倾向。

程敏政理性之学，“修身”也是一个重要的范畴。他说：“身是人的身体。……自己的身体乃父母所在，祖宗所传，岂可轻忽。必须明心术之要，慎威仪之则，衣服有制，饮食有节，谨言慎行，常恐亏体辱亲，才是能敬。故君子以敬身为大。”[②]程敏政认为，人的身体是“父母所生，祖宗所传”，爱惜身体非常重要。假如不能做到明心术、慎威仪、衣服有制、饮食有节、谨言慎行，就是“亏体辱亲”，也就谈不上敬。程敏政认为，修身是齐家、治国、平天下的基础和起点。便反复强调：“自天子以至庶人，皆以修身为本，身一修而百行从之，人岂可不知乎？”在明代新安理学中，程敏政对理性之学作了较为系统的阐析，在当时的学者中并不多见。同时也反映了程敏政理性之学的一个特色。

纵观程敏政的一生，虽然在仕途中没有多少建树，但在文献编辑和刻书方面做出了很大贡献。他所编辑的图书内容丰富，很有学术价值，程敏政确为明代徽州一位杰出的文献学家。

① 程敏政：《篁墩文集》卷1，(台北)商务印书馆，文渊阁四库全书影印本。
② 程敏政：《篁墩文集》卷4，(台北)商务印书馆，文渊阁四库全书影印本。

明代军事信息机密文书——塘报

塘报是专门负责前线与中央政府之间军情联系的新闻传播工具，是一种由下到上，由地方向中央逐级汇报的文报，再由兵部形成正式机密文书，发行到各军事机构，具有快速性、真实性、时效性等特点。塘报发行于明代，隶属明朝政府兵部管辖，是专门反映军事信息新闻传播媒介和机密战报文书，如军事新闻，兵情动态和民变兵变等，这是塘报最大的特色。然而对塘报的产生、来历以及传播方式等问题学术界含糊其词，没有一个准确的结论，因此，本文将对这些问题进行探研和考证。

一、明代"塘报"产生何时

"塘报"一词究竟在历史文献中何时出现？不少学者曾探讨和研究过，但都没有具体结果。可以肯定，塘报产生于明代，这是学术界研究的共识。方汉奇先生主编《中国新闻传播史》则认为："明代的塘报发自塘，塘是负责军事侦察和军文书传送工作的基层军事组织。"[①]作者似乎回避塘报在何时出现？台湾新闻学史专家朱传誉先生在《明清塘报研究》一文中认为：最早有关提塘的记载，是在崇祯九年(1636)。他们又叫塘报，任务是传报军情，名额不一定，按军事地区的需要，由兵部派驻，费用由地方支付。[②]然而，倪延年先生著《中国古代报刊发展史》载："据毛文龙编辑出版的在《东江疏揭塘报节抄》一书收录的内容，我们可以知道，明代的塘报目前可知至少是在明熹宗天启元年(1621)就有文献记载，而不是在崇祯九年才有关于提塘的记载。也就是说，比朱传誉先生所认定的时间要早出其不意15年以上。"[③]作者还列举文献资料：

① 方汉奇主编：《中国新闻传播史》，中国人民大学出版社2002年版，第31页。

② 朱传誉：《明清塘报研究》，载《先秦唐宋明清传播事业论集》，(台北)商务印书馆1988年版，第449页。

③ 倪延年：《中国古代报刊发展史》，东南大学出版社2001年版，第179页。

1. 天启元年二月初六日塘报

……查验：参将林茂春下官兵，活擒真夷四名，阵斩夷级七颗，达马八匹，弓箭二大捆。参将王辅下官兵王国显、陈有升等，活擒真夷五名，阵斩夷级五颗，达马五匹，达弓箭一大捆，……（见《东江疏揭塘报节抄》第67页）

2. 天启二年塘报

……间谍言权欲西犯，卑职乃同抚院标下参谋刘可绅及各官，议出奇以分其势，……（同上，第8页）

3. 天启三年八月初六日塘报

……于沿边各山头放炮举火，砍柴焚树，烈焰冲天，更易旗号服色，往来驰骋，致令奴酋所设瞭台，望见我兵不知其数，各传梆声，遍山皆响。……老汗在辽阳新城收拾兵马，正要望西过河。忽于本月十一日晚闻得东路梆声紧急，即传众头目带了达马五万，同八王子即刻动身，一日两夜，直到老寨。……看得狡奴立法甚严，行计甚密，故瞭台比我尤密，以梆为号，较传烽尤速。（同上，第17页）

从以上倪延年先生列举的史料来看，似乎只阅读《东江疏揭塘报节抄》，其他的史料涉及的太少，认为塘报产生的时间就是在天启元年。其实塘报一词从明代万历初年后，大量史料中都出现塘报名称，准确时间就是在万历何年的问题。新闻传播学大家尹韵公先生说："从'塘报'一词较多地出现于明代后期的史料来看，塘报可能最早产生于明万历年间。"①可以说作者花费了不少精力和时间对塘报进行资料查阅工作，也非常接近塘报产生的具体时间。然而，非常遗憾的是没有指出具体时间和文献资料。

笔者出于某种缘故，也对塘报产生兴趣，经过长期深入史料的查阅和研究发现，塘报产生于明代万年间，是明代内阁首辅张居正给万历皇帝奏疏中出现"塘报"，其奏《奉谕拟辽东赏功疏》说：

臣于三月十三日，蒙恩准假回籍，至四月初四日抵家。方经营臣父葬事。忽于本月十一日，该兵部差官，赍奉圣谕内阁："昨见辽东塘报大捷，比前次更多，朕心深喜。今早奏闻圣母，欢悦殊甚。朕以冲年践祚，恒念

① 尹韵公：《中国明代新闻传播史》，重庆出版社1990年，第144页。

德不足格天，威不能慑虏，夙夜惕励。而边臣奋勇，屡立非常奇功。诚如圣母前谕，赖天地祖宗默佑，乃国家之庆，元辅平日加意运筹，卿等同心协赞之所致也。部疏上时，卿等抄録，封此谕内，着兵部马上差人，星夜前去与张先生看，将一应叙录，比前再加优厚。用示朕惓惓奬酬之意。钦此。”又该同官大学士吕调阳等，录示阁中题稿，并该镇塘报，传奉圣意，欲臣议拟处分等因。臣在哀苦之中，忽闻该镇有此奇捷，輙复转戚为欣，抆泪称庆。又惟庆赏予夺，虽朝廷大政，然以我皇上之明圣，俟该部题覆，阁臣票拟之日，皇上秉离照以裁之，出干断以处之，自将应机立解，游刃有余。乃不远数千里，而询及于臣，且俯念微劳，冲然让美，诚圣不自圣，谦而又谦之心也。臣又曷胜钦仰，曷胜感激。①

此文是张居正于万历六年（1578）四月回家葬父时，神宗派人到江陵，要他草拟赏处辽东大捷有功人员的奏疏。张居正在此疏里提出了升赏重要的有功官员的意见，并表示了自己所得荣誉已很多，不应再得到赞赏的想法。张居正转载万历皇帝的圣谕“昨见辽东塘报大捷，比前次更多，朕心深喜”，这是最早在文献记载中出现塘报一词，反映的是军事战场捷报，此后，张居正还在《答本兵方金湖言边功宜详核》说道：

辽左之功，信为奇特，伏奉圣谕俯询，谨具奏如别揭。但细观塘报，前项虏人有得罪土蛮，欲过河东住牧等语，虽其言未可尽信：然据报彼既拥七、八百骑，诈谋入犯，必有准备；我偏师一出，即望风奔溃，骈首就戮，曾未见有抗螳臂以当车辙者，其所牛羊等项，殆类住牧蒙当，与入犯形势不同。此中情势，大有可疑。或实投奔之虏，边将疑其有诈，不加详审，遂从而歼之耳。今奉圣谕特奖，势固难已，但功罪赏罚，劝惩所系，万一所获非入犯之人，而冒得厚赏，将开边将要功之隙，阻外夷向化之心，其所关系，非细故也。②

张居正又一次提及“细观塘报”，是在万历六年五月在给皇帝奏疏里出现，比上次说塘报也晚一个月的时间。张居正是明代政治家、改革家，中国历史上最优秀的内阁首辅，23岁时，即嘉靖二十六年（1547年）进士，由编修

① （明）张居正：《张太岳先生文集》卷42，万历四十年唐国达刻本。

② （明）张居正：《张太岳先生文集》卷30，万历四十年唐国达刻本。

官至侍讲学士令翰林事。隆庆元年(1567年)任吏部左侍郎兼东阁大学士。隆庆时与高拱并为宰辅,为吏部尚书、建极殿大学士。万历初年,与宦官冯保合谋逐高拱,代为首辅。当时明神宗年幼,一切军政大事均由居正主持裁决,前后当国10年,实行了一系列改革措施,收到一定成效。作为内阁首辅的张居正,关于塘报之言论、奏疏等是可信的。毋庸置疑,塘报是在万历初期已正式成为军事信息传播媒介。

二、明代“塘报”的来历

关于塘报的来历,著名新闻史学家戈公振先生在《中国报学史》对塘报的由来解释为:“清之驿站,与明无异。兵部车驾司,于东华门左近,设两机关:一曰马馆,专司夫马;一曰捷报处,收发来去文移,兵部另派武职十六员,驻扎各省会,归按察使司管辖,经管核处直接寄京之文报,名曰‘提报’,此‘塘报’名称之所由来也。”[①]这种对塘报的来历理解过于空洞、抽象,也未交待来历和时间以及资料出处。

塘报一词,据《中国古代礼俗词典》载:“塘报。明代的紧急军事文书。明代兵部在各省设提塘官,专管军事情报,又在各府、县设塘马,担任打探军事和传送军情的报告,因称塘报”[②]这只能说明是一个工具书的词条,简明扼要概述塘报来历和作用。

方汉奇先生主编《中国新闻事业通史》:“塘报的前身是汉代的边报,当时人也称之为奔命书,宋代则一般称为边报,并有‘边报系沿边州郡列日具干事人探报平安事宜,实封申尚书省枢密院’的规定。宋人文集中也有不少有关边报的记载,如李纲《靖康传信录》中所说的‘边报猝至,朝廷震惧,不复议战守,惟日谋避敌之计’。明代以后,边报才普遍地被称为塘报。明代各朝的文献中,都有不少关于这种军情文报的记载,通称塘报,有时也别称为边报。”[③]然而,边报和塘报不是一回事,有着一定的区别。边报是指边防来报告,是边境地区向朝廷急报情况的文书、奏折或是口授信息,不是新闻传播媒介,这是古人在用词上简明扼要,而不能理解为报纸。有关“边报”的一词,在宋代历史文献中屡见不鲜,如宋代大学者朱熹在《小学集注》说:“范益

① 戈公振:《中国报学史》,上海古籍出版社2003年版,第57页。

② 许嘉璐主编:《中国古代礼俗词典》,中国友谊出版社1991年版,第478页。

③ 方汉奇等:《中国新闻事业通史》,中国人民大学出版社2004年版,第98页。

谦座右戒曰:一不言朝廷利害边报差除;二不言州县官员长短得失;三不言众人所作过恶;四不言仕进官职趋时附势;五不言财利多少厌贫求富;六不言淫媟戏慢评论女色;七不言求觅人物干索酒食。"[①]这里的边报就是差役,并非指报纸。另外,宋赵鼎《忠正德文集》记载:"要在前期而遣,则军行从容,民不骇愕。今已秋矣,未见分兵出也,一旦边报有警,敌骑南来,风劲马骄,倏至泗上,则淮甸震惊声摇江左,陛下其安能居于此乎?"这里边报指边防有紧急情况所应对策略。还有明冯梦龙《女丈夫·登楼沥酒》:"边报急如火,将军令似雷"。《古今小说·吴保安弃家赎友》:"适边报到京,南中洞蛮作乱"。但这些都不能理解为报纸,更不以解读为是新闻传播工具。台湾学者朱传誉在其著作《宋代新闻史》中称道:

> 宋赵升《朝野类要》中有一条说:"边报,系沿边州郡,列日具干事人探报平安事宜,实封中尚书省枢密院。"后世遂以为"边报"是宋代报纸名称之一,这是一种望文生义的误解。边报是当边区守将对政府所上的一种军情报告,不能算是大众传播媒介。[②]

此言说得太清晰明了,再次纠正把边报当着报纸的错误认识。

朱传誉先生还对塘报理解为:塘是池塘,过去每一个乡村都有一个或一个以上的池塘,供食水、洗涤和灌溉用。这一类的塘,往往以村为名,也就变成了地名。到了明代,塘成了军事的基层组织,也就是所谓"塘讯之制"。讯有讯官,是明帝国最基层的武官,由千总、把总或外委担任,这些都是最起码的武官。讯以下设塘,连武官都没有,只有五到十个塘兵,塘设提塘官。"提塘"就是经营塘务的官员。正是为塘属军事组织,所以属兵部管辖。明代各省和各地方的总兵官,都有专门的刻期百户所或塘。实际上,"刻期百户所"与"塘"的职责相差不大,只不过有时"塘"不但传递文书,而且提塘官还把侦探后得到的敌情写成"塘报",向总兵官或更上级军中部门汇报。朱传誉先生对塘报的理解只是停留在推测之上,没有进行资料的查阅和考证。因此,就没有凭证来说明塘报的来历。

台湾学者倪延年认为:"事实上塘报和提塘在明代已经存在,又称堂报,其与明之驿制有关,明时驿制设有兵部车驾司,于东华门左边,设两机关,一

① (宋)朱熹:《小学集注》卷5,清文渊阁四库全书本。

② 朱传誉:《宋代新闻史》,(台北)商务印书馆1967年版,第87页。

曰马馆，专司夫马；一曰捷报处，收发来去文移。兵部另派武职十六员，驻扎各省会，归按察使司管辖，经营该处直接寄京之文报，名曰‘提塘’。”[①]倪延年先生之言，未能解释塘报的来历，史料依据何在？

中国社会科学院新闻与传播研究所的尹韵公先生认为：“从我所接触到的一些史料看提塘更接近于半军事化组织，或者说是一种军民合一的传报系统。……我并不不完全同意朱先生的这些看法，因为每一个乡村都驻扎有十来个塘兵，这在事实上是做不到的，任何一个国家都不可能拥有如此巨大的兵额。我倾向于认为，这些塘兵是由地方民团组织管辖，即乡勇是也，这刚好印证了明末社会推行的里甲制度。”[②]尹韵公先生查阅了许多史料，尤其是明代学者朱国祯《涌幢小品》中塘报叙述，对帮助他解释塘报的来历起到很大的作用。

明代学者朱国祯(1558—1632)在《涌幢小品》曰：“今军情紧急走报者，国初有刻期百户所，后改曰塘报。塘报之取义，未解所谓，其说亦不着。阅马塍《艺花记》云，凡花之蚤放者曰堂花，堂一曰塘，其取之此与？”[③]这条史料是研究塘报的基本资料，并得到广泛应用，也是对塘报来历的性质一种理解。所谓“刻期百户所”即明初“限时限刻”完成任务，就是要确保其成员“能疾行”，以保证传达室递的“军情紧急走报者”快速到达。据《国榷》载：“置刻期百户所，选急足二百人专捷报。”[④]刻期百户所这是明初军队编制，专门分管传递军情文书，后演变为塘报。

笔者经过多方史料的查阅，偶尔发现明末儒将茅元仪(1594—1640)《暇老斋杂记》载：“闵子京曰：马塍《艺花记》云，花之早放者曰堂花，堂一曰塘，今塘报疑沿堂字之讹，盖亦取提速义也，不知实不然塘报，因宋时以河北为边瓦桥益津等，关皆阻水拒虏为塘，以通报故曰：塘报。孝庙曾以问廷臣无知之者。”[⑤]因此，塘可以理解为在紧急关头，以塘来设置屏障阻止敌人进攻。作者怀疑塘报沿堂字之讹，以讹传讹，因此，塘报一词就是这样演变而成的。一个是说“塘报之取义”，另一个是说“取提速义也”，二者解释相差不大，但此两条史料似乎很蹊跷，前部分内容相同，只是茅元仪对朱国祯关于塘报来

① 延年：《中国古代报刊发展史》，东南大学出版社2001年版，第75页。

② 尹韵公：《中国明代新闻传播史》，重庆出版社2006年版，第145页。

③ (明)朱国祯：《涌幢小品》卷12，明天启二年刻本。

④ (明)谈迁：《国榷》卷3，清抄本。

⑤ (明)茅元仪：《暇老斋杂记》卷4，清光绪李文田家抄本。

历的具体补充和说明。而二位年龄相差36岁,可以肯定茅元仪对朱国祯关于塘报的解释是认同的,只是更加具体化。

三、明代"塘报"神秘的传递过程

明朝是一个文官系统发达,非常注重政令通畅的朝代,政令通畅主要是指下层的政治军事消息,能够顺利传递给上层。而上层发布的政策,也能够迅速传送到全国各地的基层政府了。塘报的发行没有定期,篇幅不定,一切视军情的缓急和内容的多少而定。塘报的材料来源于基层塘兵和基层军事组织,根据塘兵们的报告整理出来,然后经过驿站逐级综合、加工和分析上报,最终传递兵部和皇帝,供决策者时参考。

关于明代塘报传递过程,倪延年先生在《中国古代报刊发展史》是这样说:"明代塘报的传递是一个自下而上的程序:奉了上级指令前往战场前线、敌占区或农民起义军活动地区侦探情况的游击、探兵等,通过各种方式探到了敌情,就整理成初步的文稿,然后逐级上报。每提高一个上报级次,上报者又必须在原有基础上进行加工、充实,直到'塘报到部',由兵部官员汇总后报最高决策者参考。"这种描述塘报传递程序是一般性,表面化过程,有一则史料反映塘报由低层上报到崇祯皇帝手中。

> 四川巡抚傅宗龙谨题为塘报残寇犯边,官兵堵剿获捷事。案照先该镇道塘报秦蜀官兵夹剿流寇,贼首莽将一连膺等投诚乞抚,等因,塘报到臣,随于崇祯十一年十二月二十日塘报部科案侯外,续据安绵道参议吴麟征塘报,据防守碧鱼口都司报称,十一月二十四日据贼营走出土民任彦增报称……又据安绵道并监纪推官李元弼参将袁正辉副将范祖文各塘报,据防守强家坪守备陈伟烈塘报……又据该道塘报二十一日据百总塘兵罗胜芳等探,贼至地名瓮子,离白水六十里。①

通过上述军事机密信息史料,这是四川巡抚傅宗龙直接上报给崇祯皇帝的塘报。为最高统治提供军情信息,为其进一步研究形势变化而制定明确方向。一般的塘报都只上报到兵部,即所谓的"塘报到部",然后由兵部汇总,上向报告皇帝。

由于塘报的重要性、军事机密性和具有时效性,在传递过程中必须是快

①《明末农民起义史料》,中华书局1954年版,第220—221页。

速而隐蔽，据《律例指南》载："凡有军急塘报机密事，立刻传禀，不得停留片刻，违误者处死。"[①]这条律例的严厉性和残酷性，它告诫人们，塘报的重要性，在传递过程中必须是快速，来不得半点延误，可想而知，塘报在明清两代重要性和影响力。因此，传递方式也似乎带有神秘色彩。戈公振先生在谈到塘报发行和传递过程时说："凡经驿站预传寄各省之官封，先由车驾司验妥盖戳，随即送往捷报处，经由马馆预备夫马，然后由京传至第一站，西路即系良乡县，东路则系通州；此一州一县，负转发下站之责，如是沿途递转，以达原封应投之处所。"[②]戈公振先生并没有标明资料的出处和来源。关于塘报传递过程，戚继光在《纪效新书》中便有详细记载：

主将先传令票箭期会讫，不拘时分，但闻第一荡喇叭，收拾军装，做饭吃讫，点查干粮，一面先将前哨塘报人马，每塘五名，各以相望为准，不拘远近。每路设二十四塘，大约二十余里以内，自人马聚处，通该差塘报一齐令行至一里外，或不及，但彼此可以相望。如视望不真，即留住一塘立旗站定，别塘再走，至仅可望见，又留一层，只至留到二十四层，立完站候。听吹第二荡喇叭，中军摆清道旗，出次领哨把总等官领人马挨哨出城，主将居中军。第三荡喇叭，掌号笛，官旗听发放毕，各回哨。中军点鼓，如一路行，则中军先点大红旗一面，以前总居前，次左总，次中总，次中军，次右总，次后总。俟各行开已毕，中军竖高招一竿，各部高招俱起，如图一路行。兵行则塘报亦行，兵止则塘报亦止。如前途稍宽，中军行至宽处，放炮一个，各于脚下立定；听起火二枝，放炮二个，立起高招二竿，即如图听二路行。看点蓝旗，则左总由左行与前总头平，不动，中军蓝旗伏，二总旗亦伏；中军又点黑旗，后总由左行与右总头平，立定。放炮二个，点鼓，二路行。如路又稍宽，中军放炮一个，各俱脚下立定；听放起火三枝，炮三个，中军竖高招三竿，黄旗急点，前两路平开，空中一路，待中总进入，与前左二头平；再放炮三个，点鼓，作三路行。如路再宽，可四路行，中军放炮一个，各即於脚下立定；听中军放起火四枝，炮四个，竖起高招四竿，前总不动，白旗点动，右总入左总之右，二头相平；后总入左总之左，四头相平，中军居其后；再放炮四个，起火四枝，点鼓，作四路行。如路再宽，可五路

① (清)凌铭麟:《律例指南》卷2，清康熙二十七年刻本。

② 戈公振:《中国报学史》，中国文史出版社2014年版，第57页。

行，中军放炮一个，各仍立定；听举起火五枝，放炮五个，黄旗点，中总入居其中；再放炮五个，起火五枝，点鼓，作抬营而行。如五路欲变四、三、二、一路，或四、三、二、一路各因道路宽狭变行，俱如前层变过图，但听看中军既放止炮之后，有起火几枝、炮几个、点某色旗，即依数分几路。如遇贼，凡四五路行，即变方营待敌；如一三路行之际，即变照急营，前总速照一总操法备战，左、右、后三总即各设伏、出翼、扎老营，分投而作。前兵见报，如贼不来迎战，止许伏哨扎营，以待中军号令，不尔擅便轻易失事，照节制图式施行。一、前哨有五方旗一副、高招一副，有事方开。见林木，开青旗；阻水泽，开黑旗；遇兵马，开白旗；山险，开黄旗；烟火，开红旗，过所见之物，即卷其高招，如道可一路行，立一面；二路行，立二面；三路行，立三面；四路行，立四面；抬营行，立五面。后部挨队递相传开。①

上述材料很清楚地说明，塘报的传递是严格通过塘驿站进行的，驿站设有塘兵，每十里设为一塘，每塘设五人，每路设二十四塘，“兵行则塘报亦行，兵止则塘报亦止”。沿途接替传递，在传递过程中如遇到突发性问题，则以红、蓝、青、黑、黄、白等不同颜色的旗帜为信号。并以点火、放炮、击鼓等手段为标志前行，在传播过程中往往遭遇敌人的伏击，确实非常艰难，风险很大，但无论如何，传递塘报是一件政治性很强的任务，不能有任何闪失，否则要受到严重处罚，甚至死刑。

四、明代“塘报”内容及其影响

明代塘报作为重要军事情报和紧急军事动态新闻传播媒介，因此，塘报所反映的内容当然与军情信息、军事战况有关，列举几篇塘报内容：

①塘报书

贼知罪在不赦，恣行狂逞，然不敢向川，而向卖以贵州之兵，力未齐也。自川援贵道阻且修，因令川境兵各出以扰之，石砫兵已报。斩获酉阳兵，复有报至百级，尚未查明姑俟。后报此后贼当撤贵州之围，以向川，川兵力能折其锋，少延时日，永顺滇广之兵，可齐约期，并进环而攻之，贼无幸矣。天气向热水发瘴生，俱有可虑，方日夜力图之必于春月了，此不敢

①（明）戚继光：《纪效新书》卷9，清学津讨原本。

留贼，以忧君父也，临启无任皇悚之至。[①]

②天启七年三月十三日塘报

接北岸职埋伏底报报称：四王子于正月初八日，将兵马多发过丽地，老寨马步达子不满一万，且时时跳站忧悉，说去年十月内，西边汉官四员，手下人役三十二名，骆驼五个，马骡共三十余头匹，绸缎布匹纸马，一来讲和，二来上我老的坟，很孝敬我。我答礼与他膘马八匹，貂皮一千二百张，人参八箱，三岔河西筑墙为界，还是供他。只要我去犯东江，省得他进兵掣我。不意大兵过江活擒毛家，竟无音信，调过救援三四万人，又不见来，一发心慌。出告示募有能造天朝船只者，赏银一千两，会水者赏银一百两。有三王子庄头一名，出来墙外造船个月有余。顺东江下来，救得我的兵马回来，官上加官，等情到职。看得奴子今年突犯东江，皆因西边讲和，关上兵马自然不动。霎时职到手，闯关直入不难。今奴不但拿职不去，将头发兵马困在丽地，二发马又困在沿江，无船可渡，处处被职官兵冲击，杀伤无数，每日拉尸山头，大堆小堆火化骨石，火光滔天。活擒达子，每日必有解验。据北岸密报万分真确。新汗手下兵马不满一万，俱是心寒胆怯，常怕西边大兵直捣。今宁必该统大兵直渡三岔，径捣沈阳，狡奴自无噍类矣。此一大机会，断不可蹉过。[②]

③看得边烽南下十有余日，其过良涿等，处迅速不停至初九十，连陷任丘、高阳、蠡县、庆都诸城。而一股盘旋于文安、大城等处似乎东西联络，相去尚不甚远，使我官兵追剿，无论或分或合，但乘机会痛杀其一二股，卽烽必有转头惊遁之势，而旬日以来，止据总兵王朴报，前深入泾阳驿斩级二十颗，总监高起潜报，关宁之兵大战高阳县城，获级甚多，尚无数，其余兵将尚不知，何处发行？何处剿杀？接总督卢升连日三揭，并未的的言之也。诚恐烽饱，将扬曰见我兵松，缓更致留连猖獗，破陷不知纪极，恳祈圣鉴严赐责成，再查督臣具揭，监臣贻书俱言所过，钱粮匮乏，兵士呼应艰难。关临敌应用，必祈户部多方裁，处火速差官，就彼地方接济，毋酿他虞谨。[③]

④天启六年五月十九日塘报

① (明)李化龙:《平播全书·书札》卷12，清畿辅丛书本。

②《东江疏揭塘报节抄》，浙江古籍出版社1986年版，第93页。

③ (明)杨嗣昌:《杨文弱先生集》卷29，清初刻本。

……于二十一日午时，兵到双塔岭扎营。二更时分，官兵六千余员名齐到，攻围鞍山堡城，炮火连天，攻破城门。对敌许久，达贼伤众，俱各奔出。官兵进城，赶出男妇、生畜。天将大亮，四边贼伏齐起，围住官兵，奋勇冲攻不出，杀死相当。有参将王辅身先士卒，往来突围，奔救官兵，三换战马，身被重伤。与红旗游击李良梅、都司石成玉等，守备白成功等，千总李友柏等，把总张可新等、并官兵康守义等二千四百余员名，俱皆阵亡。又有阵内突出溃散官兵三千余员名，俱各回营等。①

从以上的几段史料看，都是塘报反映军事情报的信息，其内容虽然不同，但都属于重要军事战报，介绍事情发生的地点，敌我双方的兵力怎样，歼灭敌人多少，我军伤亡人数，双方最终胜负情况，都如实报道。虽然塘报的内容是很单一，反映的问题都是客观事实，不夸大其词，不卑不亢，无论胜败，不掺杂任何思想观点，不对事情作任何的评价和分析，在语言上力求简洁，避免鸿篇高论，很少出现描述性词语，也就是说实事求是，如实向上禀报，因为军事上的信息不能有半点虚假，否则就会导致失误和失败的后果。这就是塘报力求真实、具体、直白、客观、语言简洁、通俗易懂的独特风格。

塘报是新闻具体事实的客观反映，对明朝后期和南明时期社会生活都产生了很大的影响。随着驿站系统的瓦解和废除，取而代之塘报就扩大自身的影响。它可以直接向朝廷和皇帝及时报告边事、战事、夷事、民情等重要新闻渠道之一，以便由最高决策部门判断、研究、分析和综合敌我双方军事形势的重要参考依据，对整个时局的掌控都将产生一定影响。因此，塘报的位置和传播范围，标志着国家实际控制的地域。

塘报这种传播媒介主要是以手抄文书方式，有着固定发行机构和传播程序，一般一事一报，特殊之下，也有几事一报，塘报都是手抄文书，而且没有印刷品，发行的数量不多，传播的面也比较狭窄，普通百姓是不能阅读到的，只有军事机构才能看到塘报，因此，具有机密性和神秘性，塘报刊登的消息，是上级军事机关判断敌我军事形势的重要参考依据，对军事决策和军事部署具有相当重要的影响。

塘报作为传播信息的媒介工具，一方面它是为统治阶级提供服务、参考决策的一个平台；另一方面是根据新闻传播的特点，依据形势发展的需要，

① 毛承斗：《东江疏揭塘报节抄》，第70页，浙江古籍出版社1986年版。

媒介也可以特事特办,不必拘泥于传统方法,有所创新。塘报就是一个成功的范例,同时也为后世新闻传播事业提供借鉴。

徽商的代言人汪道昆

汪道昆作为徽商的后代，又是明代士大夫阶层人物，对徽商的感情和大篇幅的记载都是有其思想根源的。“大江以南，新都以文物著。其俗不儒则贾，相代若践更。要之，良贾何负闳儒，则其躬行彰彰矣！”[①]“良贾何负闳儒”这种大胆而勇敢的言论，在当时商人连想都不敢想的事情，也充分地流露出商和士相竞争的强烈心理状态。同时也说明商人对“儒”的匮乏和了解，使得市场经济缺乏理论上的指导和认识。特别是前期的徽州商人，虽然有极其丰富的商业实践经验，但又缺乏一定文化知识作为理论依据，因而无法阐述和提高到理论水平加以表述。所以，“儒”也是“商”发展到一定程度的必然认识。汪道昆为徽商立言、立信，成为徽商的代言人，自然有其深刻道理。

一、出身于商贾之家

余英时说：“汪道昆出身新安商人家庭，祖父以盐业起家，汪家又与新安名商吴氏、黄氏、程氏、方氏诸家有姻戚关系。所以他可以说是新安商人的一个有力的代言人。”[②]确实，汪道昆与徽商关系密切，祖父汪守义号称“盐策祭酒”，为了盼望长孙从小接受良好的教育，特提前离开商贾回故里，专心培养汪道昆。聪明伶俐的汪道昆也没有辜负祖父希望，不仅勤奋好学，而且从小就懂得待人接物。祖父经常还带汪道昆到徽州各地游玩，介绍当地的风土人情，更不忘记向汪道昆灌输徽州人为了谋生，不得不选择经商之路的理想。所谓“业贾者十七八”，徽俗“人十三在邑，十七在天下”，徽州地区的一句俗语“前世不修，生在徽州；十三四岁，往外一丢”。徽州境内山多田少，有“七山半水半分田，二分道路和庄园”之称。群峰竖立，高峰陡绝，开发艰难。即使勉力垦辟，种上农作物，收成也很难保障。由于地窄人稠的生存缺陷，

① 汪道昆：《太函集》卷55《诰赠奉直大夫户部员外郎程公暨赠宜人闵氏合葬墓志铭》，黄山书社2004年版。

② 余英时：《士与中国文化》，上海人民出版社2003年版，第459页。

注定了徽州人要向外部世界拓展生机，早在东晋时代，徽州人就已远赴异乡，奋迹商场了。徽商多是小本起家，尤其吃苦耐劳，所以绝大部分徽商出行选择的是乘船或徒步，一代代的徽州人贩运盐、茶、山货，走出了一条条饱含风霜的经商之路，徽杭古道即其中之一。父亲汪良彬也继承了祖业，也长期服贾，汪道昆是这样描述其父：

> 先大父蚤不宜子，中岁，家大夫始生，甚珍之，不使干仕。稍长，从大父受贾，以盐策豪吴越间。家大夫不喜操利权，遂罢贾。少有膂力，习兵，会诏开武学，籍名诸生。大母吴，讳言兵，寻又罢去。家大夫生而颀美，翛然若神仙中人，于是喜言神仙，日延方士求不死之药，卒无验。其后遇碣石真人，尽得其术，赤铜可化为金。一夕土釜作雷鸣，亡其药。家大夫则以居廛而求大药，故不成。又大父母春秋高，终不得入山卒业。会大父母多病，家大夫日侍汤药，遂罢其业，业医。业既成，乡里穷乏者多所全活。既而曰："吾非鬻技，直欲以技活人。设有不精，徒令一人不得其死，即活千万，无为也。"自大母即世，不复言医。①

汪道昆其父开始也是"以盐策豪吴越间"，后来又弃贾从医。而汪道昆的舅舅蒋氏也是从事商业贸易。汪道昆在《太函集》中是这样记载：

> 道昆尝言："甚矣吾舅之似家司马也。"家司马世吾祖业，挟所有而钓奇。及余小子入官，始税驾家食。舅席外王父之产，赀用故饶，日结客呼卢袭纨绮。及余小子就甥馆，褐衣恂恂，见坐客樗蒲，则惟恐卧。舅念甥蚤贵，终不为显者容，吾侪顾从诸侠少游，非夫也。乃罚纨绮，屏樗蒲，谢诸少年，折节为俭。始，家司马任侠东海，不受睚眦于人。归而折节贤豪，即唾其面不报。舅少用壮，雅以正直惮里中。涂遇不平，莫不辟易。中年而迁处士之义，跬步不出户庭。或就而质违言，闭勿内。当二姓初造，率以资斧相高。人言"贾非千里不良，奈何依依子舍"？舅若家司马皆不欲也，则曰"父母在，终不以末利遗亲。"②

汪道昆舅舅也是一个商贾之人，而且生意做得还是比较成功的，还把舅

① 汪道昆：《太函集》卷85《家大夫述》，黄山书社2004年版。

② 汪道昆：《太函集》卷13《为外舅蒋次公寿序》，黄山书社2004年版。

舅比喻自己的祖父“家司马世吾祖业”。除此之外，汪道昆的妻子吴氏家族也是经商家庭，所以，在明代商贾联姻是一个十分引人注目的现象，特别是明代话本小说集“三言”“二拍”中对这方面的记载和描述津津乐道，同时也反映出商品经济社会商人的地位的提高和人生价观念的变化。商贾之家不再以自己的职业为耻，而是把谋取利益看成是一种正当行为，并表现出一种自强、自尊、自立的精神，商人的经营意识开始觉醒。同时科举做官不再是他们追求的唯一目的，社会上甚至出现了弃儒从商的现象，表现出一种强烈的“重商意识”。汪道昆说妻子吴氏：“继室以吴恭人，出溪南吴氏。恭人父服贾，举季女淮西，甚珍之。”①可见，汪道昆妻子的父亲也是商人，两家属于商贾联姻。另外，汪道昆还叙述长孙女嫁到商人家庭情况。

余长孙女归于吴，有甥矣。婿曰洵美，为太公曾孙。甥曰綦昌，则玄孙也。吴氏世倾郡里，溪南先世中里为墙，墙以内为正室。太公世当户，曾大父命之名曰正中，字曰汝承，则授之砮矣。里俗席饶益，务芬华，太公独椎，削雕为朴，人言：“江南故多怀利，安得鲁君子乎？”因号之曰鲁南。太公唯唯。世受贾，倾淮海，太公以主器当行，诸掌计者受成，故无适主。客至，或问盐策若度支，若徒属短长，若子母出入，太公瞪目张口，毕谢不知。然则公何为曰贾也？客疑太公黜金口而废木舌，故托不知。既久，乃知其不操利权，上之知，不知者也。居乡居市，摄敝衣冠率数十年，诸子姓或荐新，卒不易：“吾安其敝久矣，无庸新成。”②

从以上的材料中我们不难看出汪道昆的家世和亲戚关系，大多都是商贾家庭，这对汪道昆成长和思想上的认识都会产生一定的影响。徽州是汪道昆的父母之邦，是其“根”之所在。所以，汪道昆对徽商倾注深厚的感情，可以说在他的体内流淌着商人的血液，其言行举止必须维护商人的利益和尊严，他用大量的笔墨来写商人传记和墓志铭。正如余英时所说汪道昆“是新安商人的一个有力的代言人”。

二、汪道昆推崇王阳明的“心学”思想

在徽州维系人们思想领域的精神支柱主要是新安理学，其奠基人是程

① 汪道昆：《太函集》卷46《继室吴恭人墓志铭》，黄山书社2004年版。

② 汪道昆：《太函集》卷57《吴太公暨太母合葬墓志铭》，黄山书社2004年版。

颢、程颐及集大成者朱熹。他们祖籍均在徽州歙县篁墩,故徽州被称为“程朱阙里”,因徽州的前称为新安郡,故这一学派以“新安”定名。程颢和程颐是亲兄弟,被世人称为“二程”,是北宋著名名的理学家和教育家。二人都以“理”为最高范畴,以“理”为世界本原。朱熹提出了“天理”“气”“格物致知”“知行为一”等一系列重要思想范畴。他认为“理”是至高和包罗一切的,故称“理学”。历代封建统治者,为维护和巩固自己的统治地位,都借程朱理学来巩固礼教,因礼教而提倡理学,理学的地位被越抬越高,随着时间的推移,特别是理学成了“官学”以后,结果使人们思想僵化,其影响愈来愈表现出消极的一面。嘉靖、万历年间,明代社会政治、经济各方面的变化相应地引发了思想界的变革,市民阶层要求冲破封建桎梏、争取人格独立,主张从现实生活中寻求真理,反对笃信谨守封建礼教,肯定人的情欲的合理性,反映了当时市民阶级要求个性解放的思想。

王阳明的心学在徽州崛起,并一时间获得广泛传播和认同,同时也在意识形态领域有广泛影响。王阳明的整个心学体系圆融体用、本末、心物、知行等范畴,融存在认识论、境界论和工夫论为一体。致良知说是王阳明对其心学的重要环节“心即理”“心外无理”“心外无物”“知行合一”等的逻辑发展和融合,是王阳明对其整个心学体系的概括,也是阳明心学之融合的完成。王阳明着重发挥宋明理学中正人心的思想及传统儒学中与之相关的理论,力图矫治程朱理学的弊端。因此,阳明心学素有“门徒遍天下,流传逾百年”的影响。在徽州历来都是以程朱理学而一统思想领域,推崇朱熹,就连科举考试都要规定以朱熹亲订的《四书集注》为标准答案。紫阳书院被视为朱子道学之所在,是传播理学之“圣坛”。阳明“心学”的传入,对徽州文化也有一定的冲击,特别是方瓘、潘士藻、汪道昆等也加入心学阵营,起到推波助澜和宣传作用,一时间,徽州地区不少书院成为阳明学说的讲坛。曾经在徽州引起一场“朱陆异同”学术观点辩论,实际上也是一场理学和心学的在思想上的碰撞,而这种论战的核心内容,明代徽州学者程敏政将其内容收集为《道一编》,并将“朱陆异同”观点分为三个阶段:始焉如冰炭之相反,中焉则疑信之相半,终焉若辅车之相依。似乎成为明代学术定论,这种“和会朱、陆”观点对后世产生了深远影响。而汪道昆受阳明学说影响较深,他在《太函集》中说:

自王文成公倡绝学，诸高第鼓行四方，都个士响应之。宛陵蔚起东谷，周公其一也，则以躬行特闻，即恂恂不为名高，君子人也。公名世禄，字尚功。其先世家饶州，唐末避地旌德。太公崇雅，母吕氏。①

汪道昆将王阳明学说称为“绝学”，提升到最高境界。而王学崇商的观念似乎与汪道昆有不谋而合之处，王学提出“四民异业而同道”“百姓日用即道”，徽州就有“士商异术而同志”“以营商为第一生业”“良贾何负闳儒”的风俗和说法。这些观念逐渐被渗透到家法、族规、乡约中去。其经济伦理因而被广泛地推向社会，并使其经济伦理变成规范人们的自觉行动。所以，汪道昆说：“有明闳儒崛起，宇宙中兴。明道则王文成，修辞则李献吉，四方响应，各当雁行，直将泝洙泗，泳江潭。”②汪道昆的崇尚王学的思想及传统儒学中与之相关的理论，力图矫治程朱理学的弊端。

三、汪道昆继承王阳明的“四民”平等的价值观

王阳明的心学在徽州得到广泛流传之后，并一时间获得广泛传播和认同，同时也在意识形态领域有广泛影响。心学是明代儒学革新的产物，它在形式上打破了程朱理学的理论框架，其学说的精髓或说基本理论框架在于重新建立了以“心即理”“知行合一”“致良知”等为基本范畴的心学思想体系。所以，王阳明的学说在明中晚期士人心目中有着崇高的地位和影响。王阳明提出的四民平等思想，冲击了传统的“四民”观，对工商作出全新的价值认定，尤其值得注意的是，他把传统观念中一直被视作“贱业”的工商摆到与士同等的水平，不存在有高低上下之分。王阳明只承认社会分工不同与个人能力、才质不同有关，认为社会分工依照的不是道德标准，士农工商之间不存在哪种职业低贱、哪种职业高尚的区别。这是当时社会认识的一大进步，是儒家社会观念上的一个发展，突破以往士人为中心的思维局限，把士农工商都纳入了思考范围。

汪道昆对王阳明的“四民”观念极其推崇。传统的“四民”观念是士、农、工、商，这种排列顺序在中国延长很久，直到明代，由于商业经济的发展和资本主义的萌芽，不仅促进了集市贸易的进一步发展，而且也带动了许多工商

① 汪道昆：《太函集》卷57《明赠文林郎陕西道监察御史东谷周公暨封孺人汪氏合葬墓志铭》，黄山书社2004年版。

② 汪道昆：《太函集》卷16《鄣语》，黄山书社2004年版。

业城镇的兴起，新兴市民阶层开始崛起。传统抑商观念开始松动，这在一定意义上打破了传统四民社会的等级秩序，市民对社会商人和商业的认识心态也发生了转变，一种求变和求平等的欲望开始在人们的思想中萌芽。在明代，弃儒从商者有之，商而后儒者亦有之。这也反映了传统四民观念的动摇及新四民观念的确立，从而为一般儒者弃儒就贾提供了理论依据。休宁商人程锁就是一个典型的事例：程锁早年习儒，后来经商，后又习儒业，汪道昆称赞程锁"迄今遗风具在，不亦翩翩乎儒哉！"①这种现象在徽州尤其突出，先贾后儒、先儒后贾、贾而兼儒者比比皆是。徽州素称"东南邹鲁"，生于斯、长于斯的徽商，一个显明的特点是"贾而好儒"，"贾儒结合"，其本质是儒商。所以徽商获利之后，从儒入仕的人不在少数，正如汪道昆所言：

新都三贾一儒，要之文献国也。夫贾为厚利，儒为名高，夫人毕事儒不效，则弛儒而张贾，既侧身飨其利矣。则为子孙计，宁弛贾而张儒。一弛一张，迭相为用，不万钟则千驷，犹之转毂相巡。②

汪道昆认为，儒和贾各有所得，一为"厚利"，一为"名高"，这是大多数徽商奉行的准则。只因"士而成功者十之一"，所以，在科举之途上碰壁的读书人就只好"弃儒从贾"，即"先儒后贾"，"以儒服贾"。这些儒生虽然改换"贾"服，但对儒学仍情有独钟。为了提高自己的政治地位，赢得封建政权的庇护，他们一方面不断向朝廷和官府捐银报效，另一方面把商业利润的一部分投资教育，培养子弟和同族学子通过科举进入封建政府的各级政权。与此同时，商人雄厚的财力和浪迹天涯的流动性，又为他们的子弟延请名师、四方游学、扩大视野、增长见识创造了有利条件。汪道昆在描写徽商吴良儒就很有代表性。吴良儒原本是想"受经为儒"，但母亲戴氏却劝他曰："自而之先，诸大父鼎立，而父从诸父，固当岳立，不幸崩析，独不得视三公，未亡人从梱内而相形家，得而父兆吉，直将树衡霍而夷泰华，日几几于孺子望之。且而父资斧不收，蚕食者不啻过半，而儒固善，缓急奚赖耶？"③吴良儒经过认真思考母亲的话，最终还是弃儒从贾。通过此事说明，在汪道昆的思想中，儒和贾不分先后，不分高低，都是平等的阶层。可以说，徽商在政治伦理上，

① 汪道昆：《太函集》卷61《明处士休宁程长公墓表》，黄山书社2004年版。

② 汪道昆：《太函集》卷52《海阳处士金钟翁配戴氏合葬墓志铭》，黄山书社2004年版。

③ 汪道昆：《太函集》卷52《海阳处士金钟翁配戴氏合葬墓志铭》，黄山书社2004年版。

是以程朱理学为依归的，而在经济伦理上却以王学的说教为本。王阳明提出："古者四民异业而同道，其尽心焉，一也。士以修治，农以具养，工以利器，商以通货，各就其资之所近，力之所及者而业焉，以求尽其心。其归要在于有益于生人之道，则一而已。士农以其尽心于修治具养者，而利器通货犹其士与农也。工商以其尽心于利器通货者，而修治具养，犹其工与商也。故曰：四民异业而同道。"[①]王氏所强调的"道"无非是"有益于生人之道"，也就是说对社会有利，对民生有益，这样就能"尽其心"。王阳明能冷静面对社会现实，不回避商贾对士子的挑战，放下大儒的架子，委婉地承认四民平等的地位，要求将工商视为本业，反对重本抑末，为商贾鸣不平，实际上也是承认商人应享有与士同等的地位。认为士、农、工、商完全处于平等的地位，没有高下贵贱之分，从而矫正了传统观念对商人的偏见，具有非常重要的意义。汪道昆喊出"良贾何负闳儒"等声音，显然是对王阳明"四民异业而同道"，李梦阳的"士商异术而同心"等新四民观的重新定位。"贾为厚利，儒为名高"，贾、儒迭相为用，意味着"商"已置于"农工"之上而与"士"并列。从商已成为社会风尚，清醒的儒者不得不力倡"四民异业同道"，甚至发出商亦本业的呼声，这是顺应了时代的潮流。所以在汪道昆看来，传统的"四民"观念是士、农、工、商，这种排列顺序，应该重新排列，即士、商、农、工。明中叶以后商人的社会地位发生了很大变化，符合当时徽州商人自身利益要求的"士商农工"的"四民"观，极大提升了商人的社会地位和政治地位。

① 王阳明：《阳明全书》卷25《节庵方公墓表》，明隆庆年刻本，黄山书社2004年版。

程曈《闲辟录》的史料价值

程曈，字启皦，号莪山，休宁（今属安徽黄山市）富溪人，生在明正德、嘉靖年间。早年失怙，弱冠即弃举子业，闭户著书，不求仕进，潜心于"涵养致知之学"[①]在新安理学发展史上，程曈是承先启后的重要代表人物。其重要传世著作有《闲辟录》《阳明传习录》《朱子晚年定论考》《朱子早年定论》《新安经籍志》《新安学系录》等，其中《闲辟录》是程曈收集"朱（熹）陆（九渊）异同"学术言论的一部重要理学文献著作。

一、程曈编撰《闲辟录》的指导思想

《闲辟录》共10卷，是搜集朱熹和陆九渊二人言论、信件、文集等著作，主要是围绕"朱陆异同"的争论焦点编辑而成的。在《闲辟录》之前，有明代程敏政的《道一编》。《道一编》主要是收集朱、陆二人言论和往来之书信。程敏政将"朱陆异同"观点分为三个阶段，始焉如冰炭之相反，中焉则疑信之相伴，终焉若辅车之相倚，似乎成为明代学术定论，这种"和会朱、陆"观点对后世产生了深远的影响。而程曈与程敏政和会朱陆的"早异晚同"的观点截然相反，在《闲辟录·刻闲辟录后》程曈之子程缵洛将编撰的指导思想说得比较清晰：

> 朱、陆之学始终不同，具见两家年谱及文集语录中，夫可草庐吴氏创为迁就调停之说，篁墩程公又继为始异终同之书，由是遂成千古未了之公案，历世不决之疑狱，道无从授指南矣。我先君深为此惧，爰取朱、陆之遗书，考其岁月之先后，明其旨趣之异同，旁搜博采，辑以成编。

朱陆学术观点异同成为历史公案，主要涉及辩论问题，则有无极太极辩、人心道心辩、天理人俗辩、为学之方辩、虚实义利辩、告子辩、禅学辩、道

① 清道光《休宁县志》卷12，道光三年刊本。

统辩等。从所辩论的内容来看，几乎涉及宋明形上道德化和道德形上化。程朱建构了天理的道德形上学，陆王建构了致良知的道德形上学，张载、王夫之建构了气即理的道德形上学的主要核心问题。

朱陆两位大儒之间的辩论与争论在当时不能不引起学术界、思想界的关注，这不仅把他们各自的门人弟子都牵涉了进去，而且这样一直涉及他们各自所在学派（道学与心学）的历代传人。可以这样认为，如果没有朱陆之辩所引发的学术与思想分歧，就不会有道学与心学的存在，因此，朱陆之辩与朱陆异同成为历史发展的一个深化，也构成了朱陆以后至元、明、清诸代哲学发展的一个主线。

程敏政在编辑《道一编》时，颠倒了朱陆言论争论的时间顺序，将早年的言论当作晚年，或将晚年的言论当作早年。所以程曈"考其岁月之先后"，认为程敏政关于朱、陆"始焉冰炭之相反，中焉则疑信之相半，终焉若辅车之相倚"之说不能成立。并且列举了朱子《答吕伯恭书》一封：

> 子寿闻其甚久，恨未识之。子澄云：其识论颇宗无垢，不知今竟如何也。

《答吕子约书》两封：

> 陆子静之贤，闻之盖久，然似闻有脱略文字直趋本根之意。不知其与《中庸》"学问思辨然后笃行"之旨，又何知耳。
>
> 近闻陆子静言论风旨之一二，全是禅学，但变其名号耳。竞相祖习，恐误后生。恨不识之，不得深扣其说，因献所疑也。然想其说方行，亦未必肯听此老生常谈，徒窃忧叹而已。

朱熹此三封信中，首先认为陆学"其识论颇宗无垢""脱略文字直趋本根""全是禅学，但变其名号耳"。其次是在写这三封信时朱熹还不认识陆九渊，更谈不上有思想领域的分歧和不同学术见解。在《闲辟录》卷4中，程曈录朱子与陆九渊南康之会后朱子答东莱书。该书信后，程曈加按语说：

> 朱子未识子静时，答东莱子约书，谓其议论颇宗无垢，脱略文字直趋本根，全是禅学。及鹅湖既会之后，答南轩书，谓其尽废讲学，专务践履要人，提撕省察悟得本心，此为病之大者。自信太过，规模狭窄，不复取人之

善，将流于异学而此。南康再会，答东莱书，谓其旧日规模，终在不为禅学者几希！则子静之学与夫讲论之异同不言可谕矣。

通过这几封信件内容可以看出，程曈认为朱陆二人之间的思想观点有分歧，但此时他们彼此之间还不认识，因此就更谈不上思想领域里的异同，将朱陆二人异同思想不分前后时间，错误地划分为“早异晚同”。程曈对《道一编》《朱子晚年定论》所依据的相关资料逐条分析辨明，得出了朱、陆“早同晚异”的结论，批驳程敏政、王阳明等颠倒早晚、欺蔽后学的做法。其目的与程敏政一样，捍卫朱子学的正统地位。

二、维护朱子学的力作

程曈与程敏政论辨，旨在维护朱子学的正统地位。从有关程曈的传记资料以及本人的著述来看，程曈的学术倾向是相当明显的。《休宁县志》说：“其于六经性理之要，莫不研精覃思，以求真是之归。当正、嘉之际，禅陆盛行，曈独立狂澜，抵排攘斥，崇正道，辟邪说。”这里所谓的“崇正道，辟邪说”，就是指程曈的学术排斥陆王学说，维护朱子之学。在《闲辟录》中，程曈的这一学术倾向表现得相当明显。程曈曾在《闲辟录序》中所写的那样，其中说：

昔我新安夫子，倡明圣学于天下，时则有若陆氏兄弟，浙之吕陈亦各以其学，并驰争惊而号于世，陆则过高而沦于空虚，浙则外驰而溺于卑陋，夫子惧其诬民，而充塞仁义也。乃斥空虚者异端、为禅学、为佛老。卑陋者为俗学、为功利、为管商，辞而辟之，以闲圣道而正人心焉。而其忧之深，辨之严，任之重，涣然见诸遗书，与自以承三圣者，夫岂有所异哉？世衰道微，士胶见闻，至于身蹈浙学，而犹知其卑陋，不敢昌言以告人。于陆则谓之晚与夫子合，为夫子之所集，甚则谓能掩迹夫子，追踪孟氏，乐道而北面之。流弊不息，以迄于今兹。是盖不察夫子闲辟之旨，而为所谓弥近理，而大乱真者，所惑也。噫！圣学之不能明于世也，其基于此欤！曈也。幸辱生夫子之土壤，而获世守其遗书，乃敢妄以闲辟之，所寓者类聚之，而浙则附焉。以为学标的，术无惑于他岐云尔。若夫秉夫子之旌旗，捣陆氏之巢穴，以收摧陷廓清之功，则有望于任世道之责者。

这段序言可以看出程曈编辑《闲辟录》之由。按照程曈的观点是"新安夫子，倡明圣学于天下"，圣人之学，因二程而复明，在朱熹而大成，新安理学家，则得程朱真传。朱熹之后，后学者群起著述，各立异说，朱子之学真谛，乃不得其传，唯新安理学家尚能坚持程朱门户。此中反映了程曈《闲辟录》所要达到的一个根本的目的，即推翻程敏政的"朱陆异同"之说，全力维护朱子之学。正如康熙三十五年（1696）徽州学者吴日慎所作《新安学系录序》中说："吾郡继起诸贤，笃守其学（朱子学），代不乏人。其与金溪之顿悟，新会之静虚，姚江之良知，不啻薰莸之判也。是以道统归于程朱三夫子，而学系之正，莫如新安，故独标之以见。"吴氏还表彰程曈"当王学盛行之日，独得程朱正传，……述先贤学行，为后世仪型，以成此录，刊而布之，其有功于人心世道者，非浅也。"一语道破了程曈是维护朱子之学的目的。

程曈在《闲辟录》后几卷中，特别辑录了朱熹与陆九渊关于无极太极之辩、天理人欲之辩、异端辩、禅学辩等，关于无极太极之辩，朱熹主要提出两个观点：

其一，"不言无极，则太极同于一物，而不足为万化之根；不言太极，则无极沦于空寂，而不能万化之根。""无极""太极"二者是对于"万化之根"的两个重要规定，缺一不可。不讲"无极"，"太极"便与具体事物无异，失去了作为本根"太极"的至上性；若不讲"太极"，而只讲"无极"，则"无极"沦于空寂，混同于佛、老，也不能万物的根本。朱子又认为，周子讲"无极而太极"，体现了其思想的缜密和完备。并赞扬说："只此一句，便见其下语精密，微妙无穷，而向下所说许多道理，条贯脉络井井不乱，只今便在目前，而亘古亘今，颠扑不破。"

其二，"无极太极"可作"无形而理"解释。朱子说"周先生之意，恐学者错认太极别为一物，故著无极二字以明之。""无极即是无形，太极即是有理"。以上两条表明，在朱子看来，"无极而太极"乃是一个不可分割的整体。

首先，陆九渊反驳朱子关于"不言无极，则太极同于一物，而不足为万化根本；不言太极，则无极沦于空寂，而不能为万化根本"的说法。儒家经典中只言"太极"而不言"无极"，陆九渊认为这并不妨害"太极"作为"万化根本"。据此，他批评朱子在"太极"之前加上"无极，实在是多余"。朱子曾为此辩白说周子于"无极"二字，"于此有以灼然实见太极之真体"。象山批评说："某窃谓尊兄未曾实见太极，若实见太极，上面必不更加'无极'二字，下面必不更着‘真体’字。上面加‘无极’字，正叠床上之床，下面着‘真体’字，正是架屋下之屋。虚见之于实见，其言固自不同也。又谓‘极者，正以其究竟至极，无名可名，故特谓之太极，犹曰举天下之至极，无以加此云而。’就令如此，又何必更于上面加‘无极’字也？”象山还进一步加以反驳，认为即是用“太极”来表示“无极”也是非常多余。

其次，象山抓住朱子回信中的一些言词，再次论证了以儒家言“无”而实“有”，道家言“有”生于“无”，而直攻朱子“无”先于“有”，责其源于“老氏之学”。象山指斥朱子受佛、老之学影响，是以言语不正，而学亦不淳。

关于天理人欲之辩，朱子用“天理”与“人欲”来说明人性本善和现实中恶何以存在。“天理”与“人欲”是一种相互对立的关系。朱子的“天理”“人欲”之分，是对于其人性论的说明和展开，也为其道德修养学说作根据，以便提出“存天理，灭人欲”的道德修养主张。

对于朱子的“天理”“人欲”说，象山则持反对态度。象山指明朱子的“天理”“人欲”之说实际上来自《礼心·乐记》，而《乐记》的思想出于道家，所以象山不仅批评朱子对于“天理”“人欲”的分别，而且连同《礼记·乐记》一同予以驳正。象山反对“天理”“人欲”之分，但象山本人却也并非不讲“天理”与“人欲”的对立。例如其说：“天理人欲之相为消长，其间可谓不容发矣。”象山也讲“人欲”，但反对“天理”“人欲”之分，其所反对的重点，当在“天理”二字。象山的哲学虽然继承孟学为己任，而自立其学术门户，开心学一脉，但其思想与程朱道学并非完全划清界线，其思想中处处有程朱一派的痕迹。

关于异端辩和禅学辩，由于朱子与象山辟异端的原因不同，所以他们对于异端的看法也存在着分歧，双方还于此有些辩论。朱子认为异端即是老，圣贤辟杨墨即是辟老氏。并常言辟佛老，“若异端邪说，释老之学，莫不自成一家，此最害义”。朱子认为佛教自成一家，说理至深，影响最烈，从而危害最大。所以朱子所谓辟佛老，在实际上其理论斗争的主要对象是佛而不是老。象山的观点与朱子不同，他认为异端并非专指佛老而言。象山的论证是以儒家原典为根据，说明孔孟未有辟佛老之举。佛在孔孟之后，而老氏在孔孟之前，孔孟却并不辟老氏。但象山的原意却也并非是为佛老辩护，并非是要洗刷佛老之学的异端之名。象山之意是要说明，异端并不局限佛老二家。朱子一向以象山之学为禅，指出象山为学标榜易简，反对儒家“克己复礼”的繁琐工夫，其“发明本心”之法与禅宗“明心见性”之说相同。同时指出象山之学不以儒家克己复礼工夫为然，或者说其治学不重视对于儒家伦理规范的体认，故而在道德实践上会有主体性冲突规范性的一面。朱子还以象山门人弟子的行为表现又多有近禅处。象山之学与禅宗有着共同的思想渊源，象山、禅宗、孟子三者在学说思想上有许多相近或相同之处。

以上是程瞳在《闲辟录》中，辑录朱熹和陆九渊辩论的来往书信的精髓，从这些思想言论中，我们可以看出，程瞳之所以反对程敏政的"早异晚同"之说，认为陆学是"异端，为禅学，为佛老"，正如他在序言中指出的那样，必须"秉夫朱子之旌旗，捣陆氏之巢穴，以收摧陷廓清之功"。程瞳在《闲辟录》中，还不断加以按语，阐释对朱子的学术思想，并通过对资料的编排而达到宣传和维护朱子学的目的。

从总体倾向来看，《闲辟录》确实是一部维护朱子学的力作。在明中叶"王（阳明）学"风靡于世的背景下，该书的出现，在学术史上有其特殊的意义。

三、《闲辟录》在明代学术史上具有重要的影响

程瞳《新辟录》在明代学术史上具有重要的影响，概括起来主要有两个方面：

其一，全面梳理了明代以前关于朱、陆学术异同之争，主要有早同晚异和早异晚同两派观点。双方各执一词，形同水火。程敏政的《道一编》将此前关于朱陆异同的诸种观点作了更加全面的综合，对朱陆异同本身又进行了更为细致的分析，明代及其以前学术界关于朱陆异同之说，至此可谓大成。这种集成，在明代学术界产生了重大的影响，对明代学术史的发展有着深远的意义。程敏政《道一编》对王阳明的启发和影响极大。众所周知，明代中期以后，阳明心学异军突起，"门徒遍天下，流传逾百年"，成为一时之"显学"。不少学者指出，王阳明解决朱陆异同问题的重要著述《朱子晚年定论》，实际上采纳了程敏政《道一编》的基本思想。而程瞳《闲辟录》打破这种成规，提出与程敏政截然相反的观点。

其二，程瞳《闲辟录》产生较大的影响。明代学者陈建的《学蔀通辨》是针对程敏政《道一编》、王阳明《朱子晚年定论》，欲与之论辩而作。该书采摘了朱陆两家文集、语类、年谱、并《程氏遗书》《伊洛渊源录》等20余部书，及朱子与陆氏兄弟往来书札，逐年编次，分条辨明。力主朱陆早同晚异之说，

两家谱集，俱载甚明。在陈建著书之前，赵东山（汸）《对江右六君子策》首陈朱陆早异晚同之说，程敏政因之著《道一编》，于是朱陆早异晚同之说盛行于天下。而陈建力排众议，力主朱陆早同晚异，著《学蔀通辨》与之论辩，且以为“天下莫大于学术，学术之患，莫大于蔀障”，世上学者所以儒佛混淆，而朱陆莫辨者，以异说重为之蔀障，这里的是非之实，让人不能明白。另外，据《紫阳书院志》载，陈建对程曈的《闲辟录》等书大加赞赏：“清澜一见其书，即喟然叹曰：‘斯世也而有斯人耶，斯世而有众醉醒无偏无党之士，如我山者。何处得来耶，其主意正矣，用心勤矣，卫道严矣，有功朱子矣。’盖陈清澜有《学蔀通辨》一书，严辟陆王。”陈建在《学蔀通辨》中也采用程曈的手法，得出了朱陆“早同晚异”的结论，批驳程敏政、王阳明等颠倒早晚、欺弊后学的做法。陈建受《闲辟录》的启发，著《学蔀通辨》一书，提出朱陆“早同晚异”说，并影响罗钦顺、顾炎武等人。

天性仁厚、英年早逝的朱标

人祸、天灾，造成了元末的经济残破，民不聊生。农民大起义势不可挡，自韩山童、刘福通揭竿而起后，顷刻之间，黄河上下，大江南北，云集响应，起义红旗几乎席卷了整个中国大地。其中，朱元璋率领的一支队伍起于淮右，发展迅速。元至正十五年(1355)六月由和州(今安徽和县)渡江，攻占太平(今安徽当涂县)。就在这年十月，朱元璋的妻子马氏在跟随丈夫的戎马倥偬之中，生下一个男孩，他就是后来被册封皇太子朱标。

一、从出生到册封皇太子

朱标，是在太平的富民陈迪家呱呱坠地的。当朱元璋在前线喜闻贵子降生的消息之后欢愉无比，立即派人把婴儿抱到附近"镌山以纪之"。当地父老传言，到此山者，不怕无嗣。朱元璋迷信这种传言是祈求子孙昌发。由春而夏，自秋入冬，转瞬过了五个年头，朱标到六岁。这时朱元璋打下浙江，乃延聘金华宋濂为朱标的启蒙老师。宋濂字景濂，自幼聪颖，学识渊博，文才出众，以道义文章饮誉海内，为士大夫所景仰。宋濂精通儒学，向朱标讲授四书、五经，从小培养他熟悉儒家君君、臣臣、父父、子子这一套封建纲常伦理和齐家治国之要，这不能不是从长考虑的。

元至正二十四年，朱元璋为吴王，建百官。时朱标方十岁，立为世子。明吴四年(1367)，朱元璋平定了张士诚，东南形势稳定。时朱标十三岁，朱元璋令其前往临濠(今安徽凤阳)祭祖。临行前，告诫这位太子说："商高宗旧劳方外，周成王早闻《无逸》之训，皆知小民疾苦，故在位勤俭，为守城令主。儿生长富贵，习于宴安。今出旁近郡县，游览山川，经历田野，其因道途险易，以知鞍马勤劳；观小民生业，以知衣食艰难；察民情好恶，问吾起兵渡江时事识于心，以知吾创业不易。"①朱元璋这一番谆谆教诲，无非是希望朱

①《明书·懿文皇太子传》，中华书局1974年版。

标长大后能够继承父亲的大业，保住来之不易的江山。朱标听了，当然铭记在心上。到太平府时，特地拜访了陈迪家，并赐白金五十两。当年朱元璋攻打太平时，陈迪曾慷慨解囊献金帛以助。因此，朱标不仅谢其养育之恩，亦为其父酬资助之德。朱元璋令朱标省墓，实际上是让他接受一次创业艰难的教育。

朱元璋出身于贫苦的佃农家庭，少时为地主放牛，备受剥削与欺凌。十七岁时“父母兄相继殁，贫不克葬”[①]。孤无所依，乃入皇觉寺为僧。赤贫的家世，悲惨的遭遇，多年的征战生活，使朱元璋对“创业不易”这一点体会极为深刻。通过总结历史经验，他进一步认识到“创业”固然不易，“守城”更为困难。欲使朱家王朝国祚久长，莫过于培养精明有为的所谓圣子、圣孙。在他看来，“自古创业之君，历涉勤劳，达人情，周物理，故处事咸当。守成之君，生长富贵若非平昔练达，少有不谬者。”[②]所以对太子的教育培养极为重视。

吴四年，朱元璋为当时已经出生的七个儿子正式取名，他在祝告太庙文中写道：“维子之生，父命以名，典礼所重，古今皆然。仰承先德，自举兵以来，渡江生子七人。令长子命名曰标、次曰樉、曰棡、曰棣、曰橚、曰桢、曰榑，从孙一人曰炜（后更名守谦），敢告知之。”[③]第二年（1368）正月初四，皇宫中举行了极隆重而繁琐的登极仪式，朱元璋正式称帝，建元洪武，并且册封正妻为皇后，长子朱标为太子。登极和册封仪式完毕后，朱樉先同几位弟弟一起拜贺母后马氏，然后再去拜贺长兄太子朱标。在一片礼乐声中，由次弟朱樉代表大家致贺词：“小弟樉兹遇长兄皇太子荣膺宝册，不胜忻忻之至，谨率诸弟诣殿下称贺。”[④]看上去就像演戏一般。但是素来相处无间的兄弟，从此开始了明确的身份之别，手足关系日后便变为君臣关系了。

朱元璋如此迫不及待地选定太子，是因为他将元朝皇室衰微与纷争归咎于不立太子的缘故。他希望太子同其他诸子们能够敦睦相处。后来，他将二十多个儿子陆续册封为王，目的是为了使他们能够屏藩王室，以巩固朱氏的天下。有一次，朱元璋在文楼借故向太子询问起“七国叛汉”的是非典直。标答：“典在七国。”这是按照讲解经史的儒臣所教回答的，却遭到了朱

①《明史·太祖本纪》卷1，中华书局1974年版。
②《明史·兴宗孝康皇帝传》卷115，中华书局1974年版。
③《明太祖实录》卷28下，吴元年十二月丙寅，台北“中央研究院历史语言研究所”影印本。
④《明太祖实录》卷28下，吴元年十二月丙寅，台北“中央研究院历史语言研究所”影印本。

元璋的训斥："这是讲官的偏执之说。""景帝为太子时，曾杀吴王世子，召致怨恨，登极后又听信晁错之言，轻易黜削诸侯土地，七国之变实由此。"[①]朱元璋的这番话，或许后来经过成祖朱棣的篡改，但是吴楚七国之乱的覆辙，确实稍应该引以为鉴戒。

朱元璋常常用历史上的故事教育朱标，特别对周公辅成王，召公教康王推崇备至。他曾说："周公教成王克诘戎兵，召公教康王张皇六师，此居安虑危，不忘武备。盖继世之君，生长富贵，昵于安逸，不谙军旅，一有缓急，罔知所措。"[②]他认为，像周公、召公这些历史上的贤臣辅佐幼主，治理国事，是很值得学习的。朱标为皇太子后，带刀舍人周宗上书请求教太子，得到允许。便委托李善长、徐达、常遇春等人兼任太子少师、少傅和少保。这些师保们"以道德辅导太子"，"规诲过失"，使太子有了长足的进步。在诸师中，对太子修养"德性"影响最大的，当推时称"开国文臣之首"的宋濂。史谓："濂傅太子先后十余年，凡一言动，皆以礼法讽劝，使归于道，至有关政教及前代兴亡之事，必拱手曰'当如是，不当如彼。'皇太子每敛容嘉纳，言必称师父。"[③]

二、接受严格的皇家教育

朱标立为太子不久，中书省都督府请示朱元璋，仿效元朝旧制，以太子为中书令，处理国事。元朝是被朱元璋推翻的，他对元制不感兴趣，所以便说"取法于古，必择其善者而从之。苟为不善而一概是从，甓犹登冈而却步，学未充，更事未多，所以便尊礼师傅，博通古今，识达机宜。他日军国重务，皆令启闻，何必效彼作中书令乎！"[④]乃以"元制不足法"为由，命令臣下考察历代东宫官制，选派所谓"勋德老成及新进贤者"，兼任东宫臣僚。对于这种做法，他向臣下解释道："朕于东宫不别设府僚，而从卿等兼领者，盖军旅未息，朕等在内，事当启闻，太子或听断不明，与卿等意见不合，卿等必谓府僚导之，嫌隙易生。"这样，有利于消除以往太子的东宫臣僚结成党羽的弊病，融洽太子和老臣之间的关系，为太子顺利熟谙政事铺平了道路。

为了教育太子，朱元璋便在宫中建大本堂，取古今图籍存放其中，并聘请四方名儒到堂中教授太子及诸子。除了学习儒家典籍，他还精心挑选了

---

①《明太祖宝训》卷2《教太子诸王》，上海古籍书店影印本1983年版。

②《明史·兴宗孝康皇帝传》卷115，中华书局1974年版。

③《明史·宋濂传》，中华书局1974年版。

④(清)夏燮：《明通鉴》卷1，岳麓书社1999年版。

一批有封建德行的士人，充当太子宾客和太子谕德，还精选国子监的学生国琦、王璞等十余人侍太子读书，对太子进行严格的、系统的封建“德行”教育。朱元璋说：“范金砻玉，所以成器，尊师重传，所以成德。朕命卿等辅导太子，必先养其德性，使进于高明。然后于帝王之道，礼乐之教，及往古成败之迹，民间稼墙之事，朝夕与之论说，日闻谠言，自无非僻之干，积久而化。他日为政，自转合道。卿等勉之！”①

幼年的朱标被皇家正统教育熏陶着，正如朱元璋所自称的那样：“朕于诸子常切谕之。一举动戒其轻，一言笑斥其妄，一饮食教之节，一服用教之俭。恐其不知民之饥寒也，尝使之少忍饥寒；恐其不知民之勤劳也，尝使之少服劳事。”②朱元璋对太子的一举一动，一言一笑，一食一用，都严格约束，其用心之良苦，显而易见。

朱元璋时常向太子灌输“富贵易骄，艰难易忍，久远易忘”的思想。对太子说：“汝知农家之劳乎？夫农勤四体，务五谷，身不离畎亩，手不释耒耜，终岁勤勤不得休息。其所居不过茅茨草榻，所服不过束裳布衣，所饮食不过菜羹粝食，而国家经费皆其所出。”③使其不过度压榨百姓，以利“养鸡取卵”。朱元璋还命人将前贤的孝行和自己艰难征战的经历绘制成图画，颁赐给太子，让他早晚览观。朱元璋认为，古代帝王中，能以天下之忧为忧，只有创业之君、中兴之主及守成贤君才能够这样。一般寻常的国君是不以天下为忧，只是得天下而乐的，国家灭亡就从这里开始。也就是说，只知安享天子之尊，不知忧国忧民的必然是昏君，所以，江山不能长久。朱元璋曾对皇太子说：“天子之子与公卿士庶人之子不同，公卿士庶人之子系一家之盛衰。天子之子系天下之安危，尔承主器之重将有天下之责也，公卿士庶不能修身齐家，取败止于一身一家。若天子不能正身修德，其败岂但一身一家之比，将宗庙社稷有所不保，天下生灵皆受其殃，可不惧哉！”④朱元璋正是在这种思想指导下，利用各种时机，常常寓理于事，对太子进行教育。一次他外出观郊坛，太子随行途中，他指着道旁一种叫荆楚的小灌木条，语重心长地说：“古人用此作为刑杖，以其能去风，虽伤不杀人。古人用心仁厚如此，吾儿应当好好记住。”用以告戒太子对百姓要施“仁政”，让他们能够活得下去。

① (清)夏燮：《明通鉴》卷1，岳麓书社1999年版。

②《明太祖实录》卷80，台北“中央研究院历史语言研究所”影印本。

③《明太祖宝训》卷2《教太子诸王》，上海古籍书店影印本1983年版。

④《明太祖宝训》卷2《教太子诸王》，上海古籍书店影印本1983年版。

三、从实践中锻炼治国才能

洪武十年,朱标二十三岁了,饱受皇家礼教和儒家经典的教养,做帝王的"德行"已经初备,需要进一步加强培养的便是实践了。于是朱元璋"令自今政事并启太子处分,然后奏闻。"[①]这对熟悉群臣,练习国政,都是必要的。朱元璋根据自己多年执政的体会,提出四条治国原则:"惟仁不失于疏暴,惟明不惑于邪佞,惟勤不溺于安逸,惟断不牵于文法。"[②]四者之用,"皆心为权度"。他还以自己"忧危积心,日勤不怠"的治国态度勉励太子说:"吾自有天下以来,未尝暇逸,于诸事务惟恐毫发失当,以负上天付托之意,戴星而朝,夜分而寝,尔所亲见。尔能体而行之,天下之福也。"[③]言教身教,入情入理。并指出"人君治天下日有万机,一事之得天下蒙其利;一事之失天下受其害。"[④]在他的亲自指导下,太子兢兢业业,每天批阅奏章,处理国事,俨然是一位"准皇帝"了。

洪武中朝,朱标在处理日益繁多的政事中,还命令傅藻等人编辑《春秋本末》三十卷,以为治国的借鉴。

朱标对老师宋濂尊敬无比。洪武十年,宋濂六十八岁,告老还乡。三年后发生了丞相胡惟庸谋反案,其长孙宋慎被牵连,结果,父祖连坐,宋濂被逮捕解京。朱元璋并没有念旧情宽恕他,而要杀他的头,大臣们无敢营救者。马皇后竭力劝谏说:"民间延一师,尚始终不忘恭敬,宋先生亲教太子诸王,岂忍杀之!且宋先家居,宁知朝廷事耶?"[⑤]马皇后的话如此入情入理,朱元璋不肯采纳,到进御食时,马皇后特意不置酒肉,朱元璋问是何故?她说:"妾为宋先生作福事也。"要用皇上吃的酒肉来祭祀神佛保佑宋濂。还有敢于营救宋濂的就算太子朱标了。老师有难,弟子岂能袖手旁观,天地君亲师乃人之大伦,岂可不敬不尊。况且宋先生道德高尚,文坛泰斗,海内敬仰。朱标深念几十年的培育之恩,哭泣谏说:"臣愚戆无他师,幸陛下哀矜贷其死。"[⑥]朱元璋看到太子竟也出面为老师讲情,愤怒更甚:"候汝为天子而宥

①《明史·兴宗孝康皇帝传》卷115,中华书局1974年版。

②《明史·兴宗孝康皇帝传》卷115,中华书局1974年版。

③《明史·兴宗孝康皇帝传》卷115,中华书局1974年版。

④《明史·兴宗孝康皇帝传》卷115,中华书局1974年版。

⑤《明史纪事本末》卷13,中华书局1977年版。

⑥《明书·懿文皇太子传》,中华书局1974年版。

之。”太子惶恐不安，不知所措。既然父子之情都无济于事，乃跳水自杀，幸亏被左右人营救，才免一死。至此以死谏诤面前，朱元璋也束手无策。冷静想想，毕竟是自己的亲生骨肉，又是日后自己的继承人，这才赦免了宋濂的死刑，改为流放茂州（今四川茂汶）。宋濂的儿子宋璲和长孙宋慎仍都处死。胡惟庸被杀后，凡被认为对明王朝有危险的文武大臣，都被罗织罪状，加上“胡党”的罪名，处以死刑。在朱元璋滥杀功臣的过程中，朱标还是不断劝谏：“陛下诛夷过滥，恐伤和气。”朱元璋则说：“今所诛者，皆天下之险人也，除以燕汝，福莫大焉。”①太子说：“上有尧舜之君，下有尧舜之民。”②从朱标的言行中，处处表现出“天性仁厚”的性格。

就在朱标被立为太子，国本已定以后，燕王朱棣由于屡屡战功，“威名大振”起来。朱棣之声威越隆，朱标的太子地位就越堪忧虑。朱元璋似乎也曾一度考虑废掉朱标，改为朱棣，可是经过马皇后的激烈反对，才打消了这个念头。

太子之废立，关系国家之命运，绝非皇室之家事，岂可草率行之？故虽身为皇帝，亦不能凭一己之利愿随便决定。

洪武十五年八月，马皇后病逝，朱标极为悲痛。马皇后是一位贤妻良母，当朱元璋与群雄争战之际，马皇后或亲缉甲士衣鞋佐军，或发所藏金帛犒士，对朱元璋帮助很大。取得政权后，马皇后待人宽和仁厚，多次劝说朱元璋保全功臣，对待宫中妃嫔宫人严而不苛，常有所照顾，因此德高望重。对待子女特别是太子，她常常“举稼穑艰难、小民疾苦”的事例进行教育，“戒其骄纵”，不要“无功受福”。她身教言教，堪称一位德行高尚的贤母。对朱标日后的成长也起到极大的作用。

明朝建立后，朱元璋除册封太子外，并封次子樉为秦王，三子棡为晋王，四子棣为燕王，五子橚为周王，等等。这些藩王大多离中央较远，朝廷不能有效地对他们管束，有些藩王竟在各地为所欲为。秦王朱樉最不争气，洪武二十三年的北征他没有参加，第二年因为“多过失”，朱元璋将他召至京师训斥了一番，并命太子巡视关陕。太子为人有爱，回京后，总是想方设法替他讲好话，使秦王得以解脱，朱元璋才又让他归藩西安。当地也有人告发晋王“心怀异谋”，太子又忙为他解释，朱元璋对晋王教训一番也就算了。朱标这

①《明书·懿文皇太子传》，中华书局1974年版。

②《明书·懿文皇太子传》，中华书局1974年版。

种仁慈天性，深受诸王和大臣们的爱戴。

洪武二十四年，朱元璋派太子巡视陕西。当时，朱元璋究竟把京都放在哪里还没有最后确定。有人提出，可作为帝都的地方有四：河东、洛阳、开封、关中。此次朱元璋令太子西行，也有让他实地作一番考察的意思。所以，临行前对他说："天下山川惟秦地号为险固，汝往以省观风俗，慰劳秦父老子弟。"[①]还派文武官员陪同前往。一路上，太子考察民俗，裁决事务。这年底，太子回到京城，献上陕西地图。

朱标出巡西北归来后便病倒了。朱元璋虽找来不少医生诊治，却不见效果，终于在洪武二十五年四月病故。朱元璋痛哭流涕，晚年丧子，比起他十年前丧妻更为难过。悲痛的心情使朱元璋不能自拔，多年的呕心沥血，殚思竭虑，期冀太子成为卓有才干的继承人，却成泡影了。

朱元璋命令太子的丧事由礼部承办，祭祀规格极高。八月葬于孝陵东，谥号为"懿文"。

太子元妃常氏，继妃吕氏，生五子，长雄英，次允炆（即后来的建文皇帝），次允熥、允熞、允熙。建文元年（1399）追尊为孝康皇帝，庙号兴宗；燕王即帝位，复称"懿文皇太子"。

皇太子朱标年仅三十八岁即死，对他的一生史家评之曰："为人友爱""仁慈天性"，还是比较恰当的。

---

①《明史·兴宗孝康皇帝传》卷115，中华书局1974年版。

江南才子、陷狱而亡的解缙

墙上芦苇，头重脚轻根底浅；山间竹笋，嘴尖皮厚腹中空。

这副曾被毛泽东同志引用过的对联，是明初江南才子、《永乐大典》的主编解缙所作。说起来这里还有一段故事。那是永乐年间的一个冬天，在一名朝廷官员的寿宴上，正当解缙与大臣学士们赋诗吟对时，锦衣卫帅纪纲走进来，硬充斯文，胡诌对联，仗势拿人取笑。解缙决心煞煞他的威风，便离席踱到厅中，向纪纲朗诵念出："墙上芦苇，头重脚轻根底浅"，请纪纲对下联。这位刽子手自然是对不出。解缙笑着说："这俗对大人不是对不出，怕是懒得对。我自个儿续下联吧！"然后轻重有致地念道："山间竹笋，嘴尖皮厚腹中空"。纪纲悟出点其中奥妙，却又不好发作。从此，解缙便与纪纲结下了难解的私怨。

一、从"神童"到主编《永乐大典》

解缙，字大绅，号春雨，江西吉水人。出生于洪武二年(1369)，自幼颖悟绝人，五岁父亲教他读书应口成诵。七岁赋诗有老成语，十岁日诵数千言，终身不忘。十三岁尽读四书诸经，贯穿其义理，老成不能难。故时人称为"神童"。洪武二十一年举进士，朱元璋在御花园召见解缙，命制春风春雨诗。解缙借诗进谏，吟出一首七绝来：

漫漫春风入舜韶，绿柳舒叶乱莺调。
君王不肯娱声色，何用辛勤学舞腰。①

由于解缙颖悟超人，造语奇崛，深受太祖的器重，授翰林院庶吉士，常侍左右。

① 解缙：《解文毅公集》卷3，清乾隆三十二年吉水解氏刻本。

靖难之役，建文帝朱允炆兵败，燕王朱棣率师进京。解缙与同乡胡广、王艮、李贯（这三个吉水人为建文二年的状元、榜眼、探花）聚集在吴溥家中商议，谈到国家兴亡时，王艮情绪悲痛流泪，表明忠臣一身不事二主。胡广也奋激慷慨，表示舍生取义。李贯默不作声。解缙口若悬河，陈说大义；朱允炆虽心慈，但是遇事优柔寡断，朝令夕改，使臣僚无所适从，不是个统一天下的皇帝。胡广有顾虑，燕王凶悍，怕难容旧臣。解缙开导说："太祖创业，惨淡经营三十载，好不容易才出现个中兴统一的局面。燕王志大，智勇双全，能屈能伸，非一般公侯所能及。只要天下得安，国运强富，我等前程不必过虑。"看来解缙是有先见之明的。

明代初期，胡惟庸案以后，朱元璋废除丞相制，把实际政务交给六部，并设置殿阁大学士，侍从皇帝左右"以备顾问"，品秩很低。朱棣即位后，很能体会他父亲把相权分散的心意，以及置殿阁学士的需要。永乐元年（1403）正式建立阁臣制度，命解缙与黄淮、胡广、杨荣、杨士奇、金幼孜、胡俨七人入直文渊阁，参与机务。内阁制度开始形成。这七人组成了一个聚于朱棣周围的干练的秘书班子。每日早朝奏事毕，内阁之臣便被召密奏密议，经常要很久方退。这些内阁臣僚不仅仅是备顾问，他们有时代行皇权，处理政务，六部事务全由内阁统管起来。解缙虽得永乐帝重用，但他能做到"才友重义轻利、遇人忧患疾苦辄隐于心，用心尽意为之。喜引拔士类，……虽野夫稚子皆乐亲之"，"无视强御，同官治职事或有失误，公在上前率引为己过，明哲知人"。①

当初，解缙在第一批阁臣的七人中，名列第四，因他才华出众，文笔流畅，又多策略，不到一年，便脱颖而出，朱棣凡事皆与解缙商议。把金绮衣奖给他，其地位与尚书相同。朱棣曾对人说："天下不可一日军分区我，我则不可一日少解缙。"可见，朱棣对解缙的器重程度了。

永乐元年七月，朱棣到太庙祭祖，礼仪过后，找来从祭的翰林侍读学士解缙等人，对他们说起编纂一部大型类书的打算："天下古今事物，散载诸事（书），篇帙浩穰，不易检阅。朕欲悉采各书所载事物，类聚之而统之以韵，庶几考索之便，如探囊取物。尝观《韵府》《回溪》二书，事虽有统，而采摘不广，记载太略，尔等其如朕意，凡书契以来，经、史、子、集，百家之书，至于天

① 解缙：《解文毅公集》卷7，清乾隆三十二年吉水解氏刻本。

文、地志、阴阳、医、卜、僧、道、技艺之言，备辑为一书，毋厌浩繁。”[①]话讲得很清楚，一是要全，要辑录各家之言；二是篇幅要大，要不厌浩繁。

但是，解缙似乎并未理解朱棣讲话的要领，再加上儒家的偏见，他也不愿意去兼收诸家之学。他曾经公开对朱棣说过：“陛下好观《说苑》《韵府》杂书，与所谓《道德经》《心经》者，臣窃惟甚非所宜也。”[②]这次解缙虽受命编书，但还是按照自己的意图对以往的书籍进行采摘辑纂。

编纂工作进展颇速，第二年十一月，解缙等人便将纂就的书上呈。朱棣起初很高兴，特赐书名为《文献大成》，参与修书的一百四十七人也都得到了赏赐。可是待朱棣亲自翻检时，才感到这远远不符合自己当初的要求，便立即决定重新修订。他大约也感到了像解缙这样的儒臣，是很难做到兼收百家学说的。于是将七十高龄的太子少师姚广孝请出来和解缙一道重修此书。解缙翻阅了上万种资料，查检了数万卷史书、经典，进行摘录、校对，原书没有的，进行增补；记述有舛错的，进行勘校。

但此后不久，解缙因改任离京，便不再监修此书。这并非因为解缙在修书中有什么偏颇之见。

解缙离京后，姚广孝等人经过一段时间的加工修补，到永乐五年，我国历史上最大的一部百科全书最后定稿，正式将书名定为《永乐大典》。作为监修之一的解缙其贡献是不可磨灭的。解缙在监修《永乐大典》之前，还奉命纂修《太祖实录》。早在建文元年，翰林院学士董伦、王景彰曾奉命纂修成《太祖实录》，成祖即位后，命解缙等重修，其所以如此，是别有用意在。

二、从慷慨陈词到直言忠谏

明王朝建立后，朱元璋为了使公侯将相尽忠于他的朱明王朝，确实是用尽心机，想了不少方法的。其中最残酷、最凶猛的莫过于大杀功臣，仅胡惟和蓝玉两案，史称“胡蓝之狱”，就诛杀四万五千余人，“元勋宿将相继尽矣！”与此同时，还大兴文字狱祸，就是在文字细节上进行挑剔，吹毛求疵，编造莫须有的罪名，迫害作者。解缙为此曾冒死进谏，写了奏折《大庖封建》，直陈时弊：“臣闻令数改则民疑，刑太繁则民玩。国初至今，将二十载，无几时不变之法，无一日无过之人。尝闻陛下震怒，锄根剪蔓，诛其奸逆矣。未

① 《明太宗实录》卷20，（台北）“中央研究院”历史语言研究所影印本。

② 张萱：《西园闻见录》卷29，杭州古旧书店1984年版。

闻褒一大喜，赏延于世，复及其乡，终始如一者也……”同时又指出用人不问贤愚、授职不思轻重，致使许多品学兼优者大材小用；一些欺世盗名之辈，极力钻营，布满朝廷。该奏折三千五百余言，直率、尖锐，一针见血指出当时社会各种弊端。不久，解缙又上《太平十策》，提出参用井田、均田之法，兼行封建郡县之制，主张兴礼乐、兴学校、薄税敛，劝农桑、禁阉寺、绝娼优、免屠戮、省株连，并批评朝廷政令屡改，杀戮太多。认为按照他的建议办，就可以取得太平。解缙的这种勇于谏争，为学力求经世致用和关心国事的态度，在当时朝廷中也是比较稀少的。解缙之所以敢于向这位严酷的君主陈逆耳之言，也是因朱元璋在庖西殿曾亲口对解缙说过：“朕与尔义则君臣，恩犹父子，当知无不言”的话，他便信以为真。其实朱元璋对这个青年有为之士，口里虽然称许他的才干可用，实际上对实行的严刑峻法正是自己的“私意使然”，是他根本不愿听的。另外，解缙敢于对那些凭借手中权力贪赃枉法之徒，恨之入骨，视之如仇，尽力弹劾，也会招来一些人的怨恨。当时，督察院副都御史袁泰是个奸黠小人，与左都御史陈瑛、锦衣卫帅纪纲勾结，窃听、画图告密，诬害与他们意见相左的官吏，使朝中百官人人自危。一次上朝，朱元璋问夏长文，昨晚为何长叹？有何不满？夏长文大汗淋漓，只能将昨晚与妻争吵，才独坐饮酒叹息之事照实禀告，朱元璋见他如实反映，才没有治罪。解缙深知是袁泰所为，对他深恶痛绝，便草疏《论袁泰奸黠状》，加以弹劾。朱元璋见奏疏陈词激昂，有据有证，便令有司检实后，把袁泰作了调职处罚。这件事的处理，使解缙威望大大提高。而朱元璋失去一耳目，终不痛快。解缙批评皇帝的过失和削弱皇帝耳目而未被杀头，已算是大幸了。也许是他曾经赞扬过朱元璋，认为他“远过汉唐宋之君，无愧三代圣王”，起了对他的保护作用。可是不久，朱元璋还是以“大器晚成”为由，让解缙回家读书，还说什么“十年后再来也不晚”。果真是朱元璋为了让解缙多读点书，才送他归乡的吗？那么，京师文渊阁里收藏的书，令解缙在那里钻研，条件岂不比江西更好？当然醉翁之意不在酒。朱元璋死后经礼部侍郎董伦的推荐，建文帝才召他充当翰林院待诏。

永乐年间，为立太子事，宫廷内形成了两派。朱棣对长子朱高炽和次子朱高煦较有好感。朱高煦勇武过人，在靖难之战中救过朱棣的命，因而淇国公邱福、驸马王宁等人进言拥戴朱高煦。但他却暴虐无常，因而朱棣一时拿不定主意。一天，他密召解缙进宫，问及此事。解缙说：“皇长子仁孝，天下归心。”帝不应，解缙又顿首说：“好圣孙”（即后来的明宣宗朱瞻基）。正中上意，一语破的，朱棣是非常喜长孙的，并领略其意。所以听后大喜，决定立长子朱高炽为皇太子，封次子朱高煦为汉王，要求解缙拟诏书告示天下。从此，汉王把解缙视为眼中钉，必除之不可。

永乐三年夏，解缙与胡广游汤山回南京，走到东郊，看到有许多石匠在开凿一块巨石，是给太祖造“神功圣德碑”用的。这块碑长十四丈，宽近六丈，厚丈余，碑身两端尚与山体相连。那些石匠、民工都是民间百姓，动辄被鞭死。在采石废坑中，尸骨累累，惨状目不忍睹。解缙毫不留情地指出：天气炎热，采石场监工官员为邀功擅立章法，草菅人命。采石坑里，尸叠累，臭气熏天，冤云弥空。岂不是逼百姓怨恨太祖和陛下吗？朱棣听后，并没有发怒，而是在事实面前无言以答，沉思片刻便宣布停止这项工程，解缙非常高兴。事后帅纪纲知道，感到又一次失去搜刮百姓的机会，更对解缙恨入骨髓。

三、从受冤到惨死

解缙因能忠言直谏，在臣僚中享有很高的威望望。他常将自己的生死置之度外，去为别人鸣不平。洪武二十三年，朱元璋将致仕的丞相李善长赐死，并杀戮妻子亲属七十余口。当时朝廷内外，人们都觉得实在太冤。但在皇帝震怒连年大批功臣被斩的严酷氛围中，敢于为他称冤的人却又极少。然而，不怕遭祸敢说真话的人，终究还是有的。就在李善长被杀的次年，便有刚直之士愤愤不平，为之鸣冤叫屈。受好友虞部郎中王国用之托，解缙代他替左丞相韩国公李善长写了辩冤的奏折。这篇上疏，表现了解缙与王国用极大的胆略与才气。朱元璋看了这篇《代王国用论韩国公事状》，心里虽不高兴，但因奏疏写得情通理顺，无可反驳，只好默不作声。事后听人密告说是解缙代笔，才大吃一惊，嫌他多管闲事，朱元璋由此对解缙不满，遂有罢职之意。

这件事丝毫未使解缙接受教训。不久便又发生了他代同官夏长文草疏弹劾都御史袁泰之事。袁泰，山西万全人。洪武四年进士。刚刚以右都御史理都察院事，便遭到属官的弹劾，袁泰因此怀恨在心。

解缙到处代人草疏，惹是生非。一个疾恶如仇的青年官员，带着浓厚的书生气，在官场中是难于立足的。何况解缙反对的都是那些有权有势，贪赃枉法、急功近利的官员。在不知不觉中把自己放到了同这些人对立的位置上去了。终于在洪武二十四年被迫去官回家。

洪武三十一年闰五月，解缙得到明太祖朱元璋病逝的消息后，立即赶往京师。这在形式上固然是入临致祭，但实际上却有"冠带来廷"之嫌。朱元璋曾经许诺的"后十年来，大用未晚"。解缙哪能等得及呢！

解缙这次入朝，也是受到波折的。怨恨他的纷纷指出他一连串的罪过，即是"有司劾缙有违诏旨，且母丧未葬，父年九十，不当舍以行"。

所谓未及十年来京是违背诏旨，这是硬加解缙的一桩罪过。当年朱元璋虽让其归读，允诺十年后再用，却并非禁锢其身；何况"君父"之丧，官员入临致祭，本是人臣之礼，也是对先帝驾崩的哀悼，怎么反诬为有"违诏旨"呢？

母丧未葬，父年九十，这些都是有司弹劾解缙的借口。经此劾奏，解缙被谪贬到临洮河州卫为吏。建文帝本以宽仁和柔懦著称，但他却听信谗言，以致解缙却遭到类似充军般的谪贬。解缙本来抱着满腔希望来到京师，以期施展抱负，结果却被送往荒瘠之地充当吏员，其景况之狼狈是可想而知的。解缙贬谪临洮，去家更远，可是再也无人说"父年九十，不当舍以行"了。

君命难违，解缙只好孤身西行。他慨叹仕途坎坷，故在一首诗中作了表白："早岁攀龙客天府，浪得声名满寰宇，归来自分闭门过，岂料更为名所苦，旅影西行万里途，黄叶飘萧更无数"。这次西行的意外收获是使解缙领略了祖国山川风貌。只是自幼生长南方的解缙有些禁不起北方的酷寒。十月到达西安时，结识了一位熟悉西北形势的邹生，对解缙谈起临洮的山川冰雪。解缙邀他对饮，以酒浇愁，心中惦念着家人。尤其是对九十岁的老父身体多病，危在旦夕，特别担忧。

精神与生活的打击使解缙不久便病倒了。满腹经纶，却弄得这般下场，他终于不得不放下文人孤傲之气，提笔给礼部侍郎兼翰林院学士董伦写了一封言辞凄楚的书信。承认"率易狂愚，无所避忌"。董伦被这封书信打动，向建文帝朱允炆推荐了解缙。不久，解缙便被召回，授官翰林待诏。

永乐二年，立朱高炽为太子，封朱高煦为汉王。太子虽立，朱棣意向仍游移不定，屡欲易储。"靖难"功臣丘福等人，时时称高煦功高劝立为太子。高煦原封云南，但不肯就藩，曾从朱棣北巡，力请归南京。加上太子高炽"又时时失帝意，高煦宠益隆，礼秩逾嫡"。使得解缙为此种情况担心，于是向朱棣进谏说："是启争也，不可。"朱棣不仅对解缙的卓见不采纳，反而责怪解缙是离间他的骨肉。从此,朱棣对解缙的礼遇渐减。永乐四年七月,朱棣赐黄淮等五人二品金织纱衣一件,身为翰林学士兼右春坊学士的解缙未被赐与,这是朱棣将要贬黜解缙的一个信号。

永乐五年二月,朱棣以所谓"廷试读卷不公"为借口,将解缙降谪为广西布政司的右参议,离开了内阁近臣的位置。这是一次颇为奇特的改任,带有明显的贬谪性质。像解缙这样一个书生气十足而颇遭忌恨的人,一旦离开了近侍的位置,他的厄运也就开始了。

解缙离京后南行,顺路回乡滞留数日,将妻儿安顿于家,便只身前往广西就任。他总感到这次出任与当年谪贬河州时有同样的心情:"十年遭运否,河陇孤栖迟;东还未展翮,一麾复南驰。"在家乡访闻赴宴,也感凄楚,更有妻儿难舍:"稚子知我去,寤寐牵裳衣。小妾夜中泣,为言归何时。"他虽然用"丈夫志四方,离别何只悲"来安慰家人和自己,但还是寄希望于"圣恩喜谢事,乐矣不复疑,壶觞集群彦,迟我从南归"。

以后又被礼部尚书李至刚奏劾,说他怨望。朱棣偏听,于是又将解缙改为交趾布政司右参议。

永乐八年,解缙离交趾北归面见皇帝奏事,到达南京,才知道朱棣已率师北征,留下皇太子总理国事。解缙便去拜谒了太子朱高炽,然后,与广东化州检讨王称离京乘船南下。是年南方各省旱情严重,浩浩赣江许多处也变成涓涓细流,河两岸随时可见乞讨之人。解缙心情沉重,这种焦急的心情驱使着他草拟了《请凿赣江通南北》的奏疏。解缙哪里知道,他入京谒太子一事被锦衣卫帅纪纲探知,密告随父皇北征的汉王。汉王趁战事不顺之时,添油加醋奏了解缙一本,疑心重的朱棣一听大为震怒,诏令逮捕解缙入狱。于是,解缙为国为民着想的奏疏尚未上达龙宫,自身已在归途中被逮入狱,拷掠备至。解缙之狱牵连极多,赞善王汝玉,中允李贯,编修朱竑,检讨萧行高等皆瘐死狱中。永乐十年,以敢言著称的大理寺丞耿通因屡谏朱棣"太子事无大过误,可无更改",被置于极刑。永乐十二年,阁臣黄淮、洗马杨溥因太子遣使迎驾迟缓,以"辅导有失"下狱,直至太子即位才获释复官。由于解缙之狱牵连东宫僚属,自后朱棣颇疑之,赞善徐述、梁潜相继下狱死。少詹事邹济积忧成疾,太子亦感随时可遭不测,至以"即有不讳,当提携息"相慰。

汉王勾结帅纪纲,严刑拷打,逼解缙供"私觐太子,辱上谋叛",解缙宁死不招。因事关太子,又没有有"谋叛"的实据,帅纪纲等无法,只得把解缙打入死牢。

永乐十三年，朱棣查看锦衣卫的囚籍，见到解缙的姓名，问："解缙犹在耶？"锦衣卫的头子帅纪纲遂令设计饮酒把解缙灌醉，命人拖出丢在狱中小院，埋在雪堆中活活冻死。性格耿直，为官清廉而敢于直谏的一代才子解缙就这样受害冤死，卒年四十七岁。然而，朱棣的余恨未消，还命籍其家，妻子宗族遣戍辽东。解缙作为朱棣的一位近臣，常受到"赐宴"的礼遇，甚至儿子的婚事朱棣亦曾关怀，君臣之间可谓亲密。但是，朱棣也和他的老子一样"金杯同汝饮，白刃不相饶"。解缙忠谏直言，最终也难逃含冤以殁的下场。

明仁宗朱高炽即位后，拿出当年解缙奏疏文本以示杨士奇。杨士奇说："人言缙狂，观所论列，皆有定见，不狂也。"于是，杨士奇对解缙的生平作了一个评论，他说："公仕前后不十岁，为(庶)吉士再岁，御史未满岁，为学士四岁。两赞外藩，皆席未暖。平生重义轻利，遇人忧患疾苦，辄隐于心，尽意为之。笃于旧故及名贤世家后裔，而襟宇阔略，不屑意细故，表里洞达，绝无崖岸，虽野夫稚子，皆乐亲之。故求文与书者日辐辏。独不畏强御。承运库(内)官张兴，恃宠而横，尝笞击人于左顺门下。公过之，叱曰：'御座在此。尔敢犯礼法乎！'其文雄劲奇古，诗豪宕丰赡，书小楷精绝，行草亦佳。"[①]解缙的生平事迹的介绍，出于解缙同僚之笔，应该说是可信的。

专制皇帝是不许任何人违背他的意志的。解缙一片赤诚，招来了杀身之祸。直到正统元年(1436)，英宗朱祁镇下诏归还解缙被籍家产。成化元年(1465)，宪宗朱见深诏复解缙追赠朝议大夫，算是作了彻底平反。此时离解缙死时已有五十周年。

---

① (明)李贽：《续藏书》卷10，中华书局1974年版。

反对传统礼教、被诬致死的李贽

志士不忘在沟壑，勇士不忘丧其元。

我今不死更何待，愿早一命归黄泉。

这是我国明代进步的思想家、文学家和文艺批评家家李贽冤死狱中前写的绝命诗。他面对反动势力的迫害，仍以“志士”“勇士”自勉，发出不死何待、早归黄泉的铮铮誓言，反映了他与反动势力不共戴天的不屈精神。

一、二十五年的仕宦生涯

李贽，号卓吾，又号笃吾、温陵居士、宏父居士、思斋居士、龙湖叟，明朝泉州晋江（今属福建）人。嘉靖三十一年（1552）中举，为了谋生，未参加会试。三十岁时到河南辉县当教谕，过了五年，升为南京国子监博士。到职后数月，便因父亲去世，回家奔丧。时逢倭寇肆虐，他在路上，昼伏夜行，回家后，又登城守卫。由于战争关系，粮食短缺，全家经常处于饥饿状态。丧服期满，他便携带家眷到了北京。

嘉靖四十三年，李贽就任北京国子监博士。但不久，祖父又去世了，他便将妻子黄氏和三个女儿安排到辉县居住，买田耕作以自给，自己回乡奔丧。不料，这年河南闹灾荒，二女、三女相继饿死。李贽在家住了三年，回到辉县的当夜，与妻子对坐灯下，共诉往事，如同一场噩梦。

嘉靖四十五年，李贽在北京补礼部司务，开始接触和研究王阳明的学说。李贽的思想本来是实事求是的，反对宗教，反对道学。王阳明的学说是以主观唯心主义反对朱熹的客观唯心主义。李贽要反对的是朱熹，因此，同情王阳明。首先他认为朱熹不是老师，这是他憎恶道学先生意识的表现。其次，李贽对于王阳明的才能是佩服的。再次，王阳明的学说认为人人都有良知，良知即直观，人人可以用直观认识真理。王阳明学说的好处，是承认人们的智慧是没有分别的，所以他和他的门人都说："满街都是圣人"。李贽是赞同这种见解的。他认为人的智慧，产生于人的自然德性。但是王阳明的学说是为封建统治阶级服务的，李贽却反对封建的伦理、道德，他仍然不受王阳明学说的拘束。

隆庆四年到万历五年，李贽在南京担任刑部员外郎，常与长官意见不合。那些人都是道学家，李贽与他们接触向他们请示，听他们命令，感到生活不自在，非常痛苦。

万历五年李贽出任云南姚安知府，感到当地社会矛盾的尖锐，是由于"上官严刻"，便提出对于"边方杂夷"要宽法缓征的建议，不仅未被采纳，反而因此触犯了上级。

李贽为官二十余年，经常触犯仗权恃势的官僚，同一味坚持儒家教条的道学家，也格格不入，他说："大概读书食禄之家，意见皆同，以余所见质之，不以为狂，则以为可杀也。"所以他厌倦官场生活。李贽在姚安知府任内，政绩不错，巡按云南的御史刘维要把他的政绩上报朝廷，以便加恩晋级。但他坚决反对，认为那样做是"旷官""贪荣""钓名"，便于任满前两个月提出辞职。由于李贽为官清廉，临走时，"囊中仅图书数卷，士民遮道相送，车马不能前进。"就这样，李势离开了姚安，由滇入川，经过三峡，饱览瞿塘、滟滪的风光，顺流而下，直奔湖北黄安。从此结束了他二十五年的仕宦途程。

二、被诬"宣淫败俗"

李贽离开宦游生涯，于万历九年春来到黄安，住在好友耿定理那里，一面教授耿家子弟，一面过着隐居著述的生活。但不久，耿定理去世，他与耿定理的哥哥耿定向意见不合，甚至"渐恶之"，两人无法共处，便将家眷送回原籍，自己搬到离麻城三十里的龙潭湖芝佛院居住，开始了他一生中最重要的一段生活历程。

龙潭湖在群山环抱之中，从外界来这里乏便，环境十分幽静，是读书著述的好地方。但是，李贽的心情却无法平静，他把多年积压在胸中的愤懑，都想在自己的著作倾泻出来。他厌倦那些道学气味很浓的俗儒，对欺世盗名的假道学，更是进行了无情的揭露。因而他经常受到反动官僚和理学家的种种迫害，从造谣、中伤以致围攻，无所不用其极。但是，这一切都没有使李贽屈服。相反，他"只知进就，不知退去"，更加勇猛地进行斗争。

万历十六年夏，李贽搬进芝佛院前夕，在维摩庵时，就把头发剃去，但却留着长长的胡须，这在当时也是一个骇俗的举动。李贽为什么要落发？他真的从此要当和尚吗？不是的，“卓吾子之落发也有故”，问其原因，李贽说得很明白：

其所以落发者，则因家中闲杂人等时时望我归去，又时时不远千里来追我，以俗事强我，故我剃发以示不归，俗事亦决然不肯与理也。又此间无见识人多以异端目我，故遂为异端以成彼竖子之名。“兼此数者，陡然去发，非其心也”。[①]

又今世俗子与一切假道学，共以异端目我，我谓不如遂为异端，免彼等以虚名加我，何如？夫我既已出家矣，特余此种种（指头发）耳，又何惜此种种而不以成此名呢？

李贽的朋友刘东星也说李贽“虽弃发，盖有为也”。李贽虽出家而又食肉，住进了佛堂而又不认祖师。这都清楚地表明，李贽的落发并不是要真正皈依佛教，做一个虔诚的佛教徒，而是要公开以“异端”的身份出现。

李贽在几位好友支持下于芝佛院开馆讲学。他反对明代科举制度，反对儒家倡导的“女子无才便是德”，反对“重男轻女”，所以他反对书院仅仅招收男学生，主张要招收女学生。他在麻城讲学，“从者几千、万人”。在教育内容上，他反对以《四书》《五经》为“定本”，主张以“当下百姓日用之道”教人，以“穿衣吃饭”之道教人，就是教人面向现实生活。因此，他身为师长，却亲自扫地、洗衣，使他的弟子们都抢着洒扫庭院，过着与儒家道学书斋完全不同的学习生活。人们深知李贽学问渊博，学馆又是一种景象，纷纷前来求学，使小小的学馆坐得满满的，其中竟有近一半的女学生。敢于和女子来往，收一些女子作弟子，这也是同封建礼教的一种宣战。他还不顾社会的非议，接受一个寡妇的供奉，这并没有什么违道之事，而是这位寡妇“老年嫠身”，“子女俱无”，值得同情而已。这件事，被理学家添油加醋地造了许多谣言，说李贽“曾率众僧入一嫠妇一室乞斋，卒令此妇冒帷薄之羞”，斥为“异端”。对这种流言，李贽回答说：“氏既初终如一，敬礼不废，我自报德而重念之，有冤必代雪，有屈必代伸，亦其情然者，亦何禅机之有，而以见南子事相证也。”他心里无邪，毫不畏惧。

李贽有时还用书信的方式和一些女子进行道义的探讨和学问的研究，

① 李贽：《焚书》卷2《与曾继泉》，中华书局2011年版。

他和大同巡抚梅国桢的女儿梅澹然过书信探讨佛理。《焚书》中的《复梅澹然大士》《观音问》等，就是写给梅澹然的。

这一切，在顽固维护封建礼教的理学家们看来，怎么不是“异端”呢？因此，他们向李贽进行围攻，诬蔑李贽“宣淫败俗”，攻击李贽是“左道惑众”。并且直接写信给李贽，一方面进行恫吓和威胁；一方面胡说“妇女见短，不堪学道”，妄图用男尊女卑的封建教条约束李贽慢悠悠行。

但是，李贽并不因他们的诬蔑、攻击、威胁所动摇，他针锋相对地写了《答以女人学道为见短书》。在这篇文章中，李贽反对以性别作为区分见识长短的标志，提出了女子和男子在才智上没有差别的观点，并列举出历史上的事例，说明女子一样能参政治国，写诗作文，并由此得出结论说：“谓人有男女则可，谓见有男女岂可乎？谓见有长短则可，谓男人见尽长，女人之见尽短，又岂可乎？”李贽还进一步指出，如果说妇女见识短的话，那也是由于把她们禁锢在“闺阁之中”，不让她们走出家门所造成的。罪恶的根源还是在封建礼教。这些见解也有力地回击了对他的诽谤、诬蔑和造谣中伤的封建卫道士。

李贽为了表示与儒家道学坚决“对敌”，他专心于评点儒家的经典著作为历史上受冤屈的人物“辨雪”，伸张正义。历代儒家学者对研究经、史，只是“解”“释”“注”不敢“评”，更不敢“批”。李贽却以批判的眼光评论历史人物和历史事件，显示了独特的见解。《史纲评要》是他读史笔记，也是他的重要代表作，是一部传记体的史书，也是研究李贽历史观的材料。它以编年史体例，论述了诬蔑为“千古罪人”的秦始皇，赞扬他为“混一诸侯”的“千古一帝”；它称赞农民起义领袖陈胜是“首创”，并把陈胜与历代帝王并列。因此，《史纲评要》对历史上的重要人物，自有褒贬，不受传统思想的影响和束缚，充分反映了李贽反封建传统势力的精神和进步的社会历史观。

三、马经纶患难相助

李贽在龙潭居住一段时间以后，麻城地方的恶势力凶相毕露，勾结封建官吏策划一次对他的更大迫害。他们以所谓“维持风化”为名，“逐游僧毁淫寺”，对李贽进行驱逐迫害。万历二十八年冯应京任湖广佥事，分巡武昌、汉阳、黄州三府。他决定捣毁龙湖寺，把李贽门人置之于法。李贽事先得到消息，由杨定见设法把他藏起来，麻城地方官下令查杨定见家。

这时李贽在友人的帮助下避难于河南商城县黄蘗山中，离开居住了十几年的龙湖。李贽走后，芝佛院被拆了，塔也被烧了。

这年冬天，马经纶听到李贽被逐的消息后，不顾数千里之遥，冒雪从北通州（今北京能县）赶到黄蘗山中，陪侍李贽。马经纶，字主一，又字诚所，顺天通州人。万历进士，除肥城知县，后为御史。因神宗朱翊钧把北京、南京几十个给事中、御史等言官无理免职、贬官、罚俸，九卿大臣上疏申救也受到处分。马经纶对此极为愤怒，上疏神宗，指责他斥逐南北京官，罚俸停职的荒谬，并指责神宗"不敬天""不敬祖""不勤政""去邪不决，任贤不笃""好货成癖，御下少恩"，言辞极为激烈。从马经纶的上疏，我们可以看出他的为人和品德，特别是他敢于那样直言进谏，打抱不平，这是难能可贵的。结果引起神宗大怒，贬三秩，出之外。后又因工部都给事中林熙春等上疏为他说情，神宗又追怒马经纶，把他贬斥为民。

马经纶听到李贽受了迫害，立即冒雪赶到黄蘗山中，正是他被斥为民之时。到黄蘗山中后，他与李贽一起学习《周易》，以待春暖再一同启程回通州。

万历二十九年初，马经纶为李贽被逐事，愤怒地写了《与当道书》，为李贽申冤辩护：

> 顾卓吾儒老，其托迹禅林，殆若古人之逃于酒，隐于钓；其寄居麻城，亦若李太白之流寓山东，邵尧夫、司马君实之流寓洛阳。古人得遂其高于流寓，至令后人载之邑乘，以为地重；绘之图画，以为世荣。而卓吾不能安其身于麻城，闻檄被驱，狼狈以避。虽以黄堂四品大夫，大明律所谓以礼致仕与见任官同者，而地主独不相容。虽以七十五岁风烛残年，孔大圣人所谓老者安之，而顾毁其庐，逐其人，并撤其埋藏此一具老骨头之塔，忍令死无葬所而不顾，此岂古今之势异哉！

并又指出：

> 彼盖借宣淫之名，以丑诋其一乡显贵之族，又借逐僧毁寺之名，以实其宣淫之事。于是贿众狂吠，若以为公论公恶焉耳。此其机械甚深，而其用心亦太劳矣。

这封信有力地驳斥了权势者和道学家们以"惑世""宣淫"的罪名对李贽的诬蔑。

李贽到通州后，除了不时会见老友和一些客人外，就集中力量修改他以前所写并已经刻印的《易因》，并根据马经纶的意见，定名为《九正易因》，这是李贽的最后一部著作。李贽带病完成《九正易因》后，身体愈来愈坏，他感到自己的来日不多了，便特草《遗言》：

春来多病，急欲辞世，幸于此辞，落在好友之手，此最难事，此予最幸事，尔等不可不知重也。倘一旦死，急择城外高阜，向南开作一坑，长一丈，阔五尺，深至六尺即止。既如是深，如是阔，如是长矣，然后就中复掘二尺五寸深土，长不过六尺有半，阔不过二尺五寸，以安予魄。既掘深了二尺五寸，则用芦席五张填平其下，而安我其上，此岂有一毫不清净者哉！我心安焉，即为乐土，勿太俗气，摇动人言，急于好看，以伤我之本心也。虽马诚老能为厚终之具，然终不如安余心之愈矣。此是余第一要紧言语。我气已散，即当穿此安魄之坑。

未入坑时，且阁我魄于板上，用途在身衣服即止，不可换新衣等，使我体魄不安。但面上加一掩面，头照旧安枕，而加一白布巾单总盖上下，用裹脚布交缠其上。以得力四人平平扶出，待五更初开门时寂寂抬出，到于圹所，即可装置芦席之上，而板复抬回以还主人矣。既安了体魄，上加二三十根椽子横阁其上。阁了，仍用芦席五张铺于椽子之上，即起放下原土，筑实使平，更加浮土，使可望而知其为卓吾子之魄也。周围栽以树木，墓前立一石碑，题曰："李卓吾先生之墓"。字四尺大，可托焦漪园书之，想彼亦必无吝。

这篇《遗言》表现了李贽视死如归的崇高精神。

李贽写《遗言》时，原想平平安安地了此一生。"落在好友之手，此最难事，此予最幸事。"他一生坎坷，横遭诽谤与迫害，若最终能死在朋友身边，这对极重友情的李贽来说，也就心满意足了。

四、蒙冤屈死狱中

李贽已过古稀之年，到马经纶家后就病倒了。这时，耿定向的门生蔡毅中正进京做官，便与他的座师、同乡合谋，给李贽编造了大量罪名，上奏朝廷。明万历三十年，李贽被一位道学礼部都给事中张问达疏劾：

李贽壮岁为官，晚年削发，近又刻《藏书》《焚书》《卓吾大德》等书，流行海内，惑乱人心。以吕不韦，李园为智谋，以李斯为才力，以冯道为吏隐，以卓文君为善择佳偶，以司马光论桑弘羊欺武帝为可笑，以秦始皇为千古一帝，以孔子之是非为不足据。狂诞悖戾，未易枚举。大都刺谬不经，不可不毁者也！

尤可恨者，寄居麻城，肆行不简，与无良辈游于庵院，挟妓女，白昼同浴。勾引士人妻女，入庵讲法，至有携衾枕而宿者，一境如狂。又作《观音问》一书，所谓观音者，皆士人妻女也。后生小子，喜其猖狂放肆，相率煽惑。至于明劫人财，强搂人妇，同于禽兽而不之恤。

迩来缙绅士大夫，亦有诵咒念佛，奉僧膜拜，手持数珠，以为戒律，室悬妙像，以为归依，不知遵孔子家法，而溺意于禅教沙门者，往往出矣。

近闻贽且移至通州，通州距都下四十里，倘一入都门，招致蛊惑，又为麻城之续。望敕礼部檄行通州地方官，将李贽解发原籍治罪。①

张问达诬李贽"肆行不简"之罪证，全属造谣诬蔑之词，可以说欲加之罪，何患无词。然其所谓"刺谬不经""惑乱人心"之罪证，大抵依据李贽《藏书》中之评语而得出。此类史评，在我们看来，正是李贽进步史学观的表现，是值得肯定的。而张问达以封建卫道者自居，诋之为"刺谬不经"，这也不值为怪。

明神宗看到张问达诬蔑李贽"蛊惑人心"的上疏，便立即下令："厂卫五城严拿治罪。其书籍已刊未刊者，令所在官司尽搜烧毁，不许存留。如有党徒曲庇私藏，该科及各有司访察奏来并治罪。"这样，在明王朝最高统治者的命令下，李贽便被捕入狱。

李贽在狱中历尽折磨，深受苦难，疾病日重一日，据马经纶说："先生卧病三月，仅余喘息，门板抬来，一路昏迷，连日粒米难进，呕吐相继，诊脉变常，医者缩手，死将至矣！无生望矣！"又说："卓吾先生安然听命，无他意，无他言，惟曰：'衰病老朽，死得甚奇，死真得所矣，如何不死？'日来呕吐狼

①《明神宗实录》卷369，台北"中央研究院历史语言研究所"影印本。

狈，便溺不通，病苦之余，唯愿一棒了当为快耳。"李贽在狱中经常接受审问，他强忍病痛来到堂上，对那些无中生有、造谣生事的道学家和官吏进行了有力地回击，审问成了控诉，只好不了了之，暂予关押等旨。李贽在狱中多日，因又作诗读书自如。《系中八绝》就是李贽在狱中留下的最后著作。其中《老病始苏》写道：

名山大壑登临遍，独此垣中未入门。
病间始知身在系，几回白日映黄昏？

可以看出李贽入狱时是处于昏迷状态。但就是在这样的处境时，他还要赋诗言志，倾诉心中的愤懑与不平，表现了他坚定不屈的斗争性格。

万历三十年初，传说当局要把李贽遣送回原籍。李贽说："我年七十有六，死耳，何以归为？"三月十五日是，李贽呼侍者剃发，遂夺剃刀自割其喉，气不绝者两日是。侍者问他："痛否？"他以指书其手曰："不痛"。又问"你为何自杀？"他说："七十老翁何所求？"遂气绝。另据《明神宗实录》说："贽逮至，惧罪，不食死。"这是根据镇抚司的谎报，说"不食死"，大概监守人可以免去责任的缘故。就这样，一个伟大的思想家和文艺批评家被迫害含冤去世了。

李贽死后，还有很多人为他写传，袁中道的《李温陵传》全面介绍了李贽一生的事迹，对李贽的"异端"思想作了热情歌颂。他说李贽的著作是上下数千年间，"别出手眼"，肯定了李贽思想行为的可贵，驳斥了封建统治阶级对李贽的诬蔑。

明神宗朱翊钧曾经亲笔批示，要把李贽已刻未刻的著作"尽搜烧毁"。但是，与封建统治者的愿望相反，李贽的著作却更加风行天下。顾炎武、朱国桢、沈鈇、陈明卿也都曾指出：当时"虽奉严旨，而其书之行于人间自若也。"[①]当时士人全不读《四书》本经，而读李贽的《藏书》《焚书》，人挟一册，以为奇货。

李贽的著作主要有：《藏书》《续藏书》《焚书》《续焚书》《初潭集》《九正易因》《说书》《南间录》《李氏丛书》《道学钞》附《阳明先生年谱》等。

① 顾炎武：《日知录》卷18，上海古籍出版社2012年版。

弹劾魏阉、惨遭陷害的左光斗

明代中叶以后，皇帝大都沉溺后宫，不谙国事，不理朝政，这就给宦官窃权留下了空子。明熹宗朱由校自幼“不好静坐读书”，整天嬉戏宴游，是一个吃喝玩乐的花花公子。即位后，宦官魏忠贤擅权窃国，竟至太阿倒持。明王朝黑暗到了极点。这时，一批正直、敢言的士大夫对以魏忠贤为首的阉党进行了猛烈的抨击。东林党人、桐城左光斗便是其中之一。他不顾个人安危，同黑暗势力作英勇斗争，不幸惨死在阉党魏忠贤、许显纯手中。

一、三上奏章　关心民瘼

左光斗字共之，一字遗言，号浮邱。南直隶桐城南乡（今属安徽省枞阳县横埠镇）人。生于万历三年（1575），因他生辰时，月当大斗，故名“光斗”。其父左出颖，是个品行端正的读书人。

左光斗九岁能文，是年桐城发生饥荒，合家以粥自赡，左光斗曾作《粥赋》，乡人传为美谈。二十六岁参加应天乡试，名列第十一。万历三十五年春，左光斗参加廷试，考中进士，同年拜为中书舍人，入阁为官。自署一联于京邸：“俸薄俭常足，官卑清自尊。”成为自己的座右铭。他还常对朋友说：“何官不可致身，岂必金马才堪托足。”[①]可见他对居官立身的态度。

万历四十一年，左光斗选任为御史，因等待朝廷命令而回到故乡桐城，闲居七年之久。万历四十七年授浙江道监察御史，都察院左佥都御史。他为官比较清廉正直，与给事中杨涟以“清直敢言名重海内”，当时人称之为“杨左”。此时，明神宗不视朝已有三十余年，诸臣先后奏请，不允。此时，又遇辽东告紧，左光斗疏请神宗“刻日御朝，早定大计”，并且指出：“臣惟今日之事，辽东安则天下安，辽东危则天下危。皇上御朝则天下安，皇上不御朝则天下危。早御朝则救天下之全，迟御朝则救天下之半，若终不御朝，则终

① 方苞：《左忠毅公年谱》，齐鲁书社1996年版。

无救而已矣。何也？今天下非无全力也，选将用人征兵征饷，救辽者非不多方也，譬如病者在床，医者在门，曾不得望主人而切脉，即投温、投凉、治标、治本，总无当也。善医者，则不然，但请主人正襟危坐，察言审色，伸脊容身，而病已霍然矣。……”并阐述了皇帝临朝之“十二善”。最后一针见血地指出明神宗御朝“不过举步之劳，片刻之暇，何惮而久不为此，此必有物焉以为之。祟将在内廷耶？将在外廷耶？在外廷则不当有此，若在内廷，则陛下何甘受其祟而不悟也哉？”[①]三次上疏神宗皇帝，均未获理睬。自此左光斗名重海内，“海内贤士皆从之游，而小人之趋利、贪权势者，皆弗便也。”

次年春，奉命巡视京城，搜获假印七十余颗，伪印文卷以百数，假官百余名，这些人都私与吏部通了关节，左光斗尽予捕治，都人大为震慑，吏治为之一清。同年夏，左光斗巡视西北城区，发现有坊官奉要人旨意，关押了两名无辜者，并绝其食，光斗立即亲自批文，命其释放。不法权贵对他都有所畏惧，但也视他为眼中钉。

明万历年间，辽东地区受到后金的骚扰。当时明王朝政治极端腐败，驻守在东北国防边境的十几万军队，只靠东南地区向北转运的粮饷。可是，东南地区的百姓，在封建统治的残酷剥削之下，“搜而又搜”“派而又派”，民力已竭。加之河水枯竭，漕运不畅，粮饷已接近无源。粮饷既然不足，必然会削弱抵御后金的力量。在这种情况下，左光斗提出了关于屯田北方的主张。他指出燕京东南，黄河南北地区有大片可以垦辟的土地，没有很好利用，以致“高者为茂草，洼者为沮洳。”他分析之所以如此，是由于过去“惟知听命于天”，不知道兴修水利的办法——“三因”和“十四议”。

所谓“三因”，那就是一“因天之时”。他认为天生万物，不能缺水，南方以水为利，北方竟以水为害，这是由于北方没有掌握万物首要在于治水的道理。二“因地之利”。这就是要根据自然地理条件，引水灌溉。三“因人之情”。他认为广大人民是很注意水利事业的。所以“南人惜水如惜血”，政府如果不提倡兴修水利，就是失人情，也就是失“因民之利”。

所谓“十四议”：一议浚川。他建议要把川河疏浚，使“下流既泄”，则“上疏自安”。二议疏渠。凡靠近河渠的地方，要多方面的疏通水源，如工程较大，政府就得帮助；费力较小，就“听民自举”。三议引流。对于没有河流的地方，要开水源，“凿地为港，掘地为井”，进行人工灌溉。四议设坝。有些河

① 戴名世：《左忠毅公传》，《戴名世集》，中华书局1986年版。

流，因地形渐下，不好进行自然引水，就拦河设坝，然后“平而引之”。在这支河浅流的地方最适宜。五议建闸。兴修水利，就必须有调节蓄水和排水的枢纽。因此，在堤防处应设斗门。于入水处，“旱则开之，涝则塞之”；于出水处“旱则塞之，涝则开之”。六议设陂。在靠山带溪的地方，往往山洪暴发，就造成沙石压冲的灾害，这就要顺水设陂，以阻住沙石。七议相地。只要水利工程兴修好，就要因地制宜，改良农作物，在北方可以改旱地为水田，这样每亩的生产量，就可增加三倍。并可改变干旱地区的面貌。八议筑塘。九议招徕。十议力田设科。十一议富民拜爵。十二议择人。十三议择将。十四议兵屯。

左光斗提出的“三因”“十四议”，绝大部分都有新的创见，而且也大多符合于水利科学的基本原理。所提出的具体做法，大大丰富了我国历史上的治水工程的经验。他不仅提出具体建议，而且还亲自领导实施。他曾督促官吏在今北京、天津之间教民种植桑麻，其结果，这一地带，“仿佛江南”。当时邹元标到京师去，经过天津一带，看到那里种植水稻的情况，就非常惊讶地说：“三十年前，京都人不知稻草为何物，今遍地耶，左公之力也。”

二、为国育才　一代宗师

万历四十八年，左光斗曾任畿辅学政（主考官），力杜请寄，从不徇私。他有知人的本领，往往所取之士，能预知得失利钝。他慨然以天下为己任，留心于当世之事，奏开屯学，又奏开武学，为国育才。还经常以文字义与士人切磋，通过各种方式奖掖后进。而每次考试阅卷，燃香矢日，一丝不苟。左光斗在学政位置上达三年之久，没有轻易处理过一个士人，对于偶尔发生过错的人，总是勉励他们“偶错不足怪，但后须谨慎耳”。遇士人之间私相讦揭，只要落到他手里，立即引火焚毁，谓之：“毋污吾目上！”左光斗对门生们说：“恩不可忘过可忘，冤冤相报无了时”，在他的教诲之下，“名臣者不可胜数”，而史可法乃是其中的佼佼者。

天启元年（1621）冬一个风雪严寒之日是，顺天府学政左光斗穿着一身便服，携十三幕友，出了官署。当他踱入一座古庙时，见偏房中有一年轻士子，因读书疲困，正伏案而卧，案头摊着一篇刚草就的文章。作为一府主管教育的长官，他下意识地将文章过目数行，便为之振奋。心想：这文章的见识和才华太出众了！仔细看毕，为国育才之心不禁油然而生。他解下自己身上的貂皮袍子，轻轻披在熟睡的这位青年身上，临出门又将房门轻轻关上，以免过堂风使他着了凉。左光斗向方丈打听，原来这位二十岁的年轻人名叫史可法，是千里迢迢从祥符（今河南开封）赶来参府试在此借读的。史可法的祖籍是顺天府大兴县（今属北京市），按那时规矩，他得回籍应试，于是便有这段对他的成长影响至深的奇遇。

不久，府试开考。当堂上唱名到史可法时，主考官左光斗将他仔细打量一番。一看卷子，果然很好，左光斗当时宣布为第一名。从此，这位年轻学子，便算是左的门生了。之后，左光斗将史可法安顿在自己家中食宿，并且月支薪米给他奉养父母。每当公余之暇，师生二人促膝长谈，纵论古今，忧国忧民，十分契合。左光斗曾不胜感慨地指着史可法对夫人说："吾诸儿碌碌，他日继吾志事，惟此生耳。"常言说：伯乐识千里马，这个比喻用在左、史的交往上无疑是恰当的，但却又远不足以表述其深刻的内蕴。

左光斗十分注重人才的选拔。他认为历史上有些忠臣烈士"只知争事，而不知争人。事失只是一事，人失则贻祸无穷，故百年之计，无知人。"并且认为"吏兵二部人选最为紧要"。对此，他特地自制《人才录》一册，暗加圈点，区分某人为相才，某人为将略，谁个第一流，谁个稍次。所以，左光斗得人最盛，经他选拔的名臣很多，故有"一代宗师"之称。他自己也曾说"吾居官十数年精神全用在此。虽多未识面，而已可备朝廷缓急之用矣。"

三、冒死进谏　东林中坚

万历二十二年，在推举阁臣时，顾宪成推举因拥立朱常洛为太子而被解职，故辅相王家屏，再次忤神宗意旨，因之被罢官回老家无锡。无锡城东有座东林书院，是宋代杨时讲学的地方。顾宪成等人修复东林书院，一些志同道合的朋友聚集讲学，在东林书院讽议时政，臧否人物，自负气节，朝中一部分官僚士大夫与之遥相呼应，东林书院无形中成为社会舆论的中心，反对派就把他们称为"东林党"。而左光斗也是东林党中的重要人物之一。

万历四十八年七月，明神宗病死，由太子朱常洛继位，是为光宗。光宗因溺于女色得病，在位二十九天，便一命呜呼。按照明朝的祖制，皇长子朱由校继承皇位，是为熹宗。光宗的宠侍李选侍企图借熹宗年少之便，掌握大权，住在乾清宫不肯搬走。左光斗、杨涟等大臣接连上疏，力促李选侍移宫。左光斗上疏道："内廷有乾清宫，犹外廷有皇极殿，惟天子御天得居之，惟皇后配天得共居之。其他妃嫔虽以次进御，不得恒居，非但避嫌，亦以别尊卑也。选侍既非嫡母，又非生母，俨然尊居正宫，而殿下乃退处慈庆，不得守几筵，行大礼，名分谓何？选侍事先皇无脱簪戒旦之德，于殿下无拊摩养育之恩，此其人，岂可以托圣躬者？且殿下春秋十六龄矣，内辅以忠直老成，外辅以公孤卿贰，何虑乏人，尚须乳哺而襁负之哉？况睿哲初开，正宜不见可欲，何必托于妇人女子之手？及今不早断决，将借抚养之名，行专制之实。武氏之祸再见于今，将来有不忍言者。"[①]时李选侍欲专大权，廷臣奏令先进乾清宫，然后再送慈庆宫。她得到左光斗奏疏大怒，欲严加谴责，数遣使宣召光斗，左光斗说："我天子法官也，非天子召不赴。若辈何为者？"选侍益怒，拟邀请熹宗至乾清议之。熹宗不肯前往，此计不成，加之左光斗、杨涟、内臣王安力主移宫，李选侍不得已才迁出乾清宫。

熹宗年幼丧母，由奶妈客氏抚养长大。他即位后就封客氏为"奉圣夫人"。熹宗对她恩惠有加，客氏便权威日盛，由于客氏与魏忠贤有暧昧关系，因此，这位"圣母"竟成为魏忠贤攀援的一根绳索。魏忠贤也因她被封为司礼监秉笔太监。明代的秉笔太监，职掌内外章奏文书，依照阁票批朱和文件出纳，职虽卑微而权位重要。魏忠贤则可因此任意矫旨，排斥异己，网罗党羽。在魏阉的纠集之下，明代后期，遂形成一股强大的邪恶势力，史称"阉党"。

阉党的胡作非为，引起正直官员的极大愤慨，于是，便有东林党人为伸张正义而对他们揭发和斗争。天启四年左光斗拜都察院左佥都御史，随即上疏弹劾魏忠贤及其同党，公开揭露魏忠贤与客氏相勾结，迫害忠良的种种罪行。此时，副都御史杨涟上疏劾魏忠贤二十四大罪状。接着朝廷大部分大臣纷纷上疏，指责魏忠贤贪赃枉法。不久，左光斗又与左都御史高攀龙上疏劾御史崔呈秀贿赂魏忠贤。但由于熹宗的昏暗和阉党权势之大，魏忠贤竟逍遥法外，毫毛无损。魏忠贤反而指责左光斗、杨涟等人"恣肆欺瞒，大不敬，无人臣礼"，矫旨把左光斗、杨涟等人革职为民。左光斗愤极，冒死草疏劾魏忠贤三十二条当斩之罪，矛头直指魏忠贤及其奸党。

明熹宗听信魏忠贤对左光斗等人的反诬，严旨切责诸臣："凭臆结祸，是欲屏逐左右，使朕孤立。"此等荒唐言，反映了这位昏君正是魏忠贤一伙群奸的保护伞。左光斗被罢官后，与杨涟携手同归，心情十分悲痛，在回乡途中，恐家人牵挂，曾致书其父，信中写道："权奸乱政，男与大洪（指杨涟）少宰共

① 《明史·左光斗传》卷132，中华书局1974年版。

削籍矣。一腔热血，以此报君，即以此报亲，男时刻以忠孝自励矣。”左光斗为官十八年，两袖清风，不治家产，因此回到故里之时，行李萧然，囊空如洗，唯有一身正气！

四、受冤下狱 惨遭杀害

左光斗被罢官之后，魏的党羽也想借机报复，以泄旧恨。这时，左光斗的同乡阮大铖、徐大化又落井下石，企图逮捕左光斗、杨涟等人。

阮大铖，万历四十四年进士，天启时历任吏科给事中。由于为人不正，仕途不佳，便卖身投靠魏忠贤，向魏献了“百官图”，建议某宜先驱，某宜后击，某宜旁射，某宜正攻，魏忠贤大喜。徐大化，官至大理寺丞。为了讨好魏忠贤，使之能够顺利杀害左光斗、杨涟，特献诬陷计。认为仅有移宫一事，不足以杀人，不如诬其受贿即可治罪。

天启五年三月，魏忠贤根据阮大铖的“百官图”，下令锦衣卫逮捕左光斗、杨涟、袁化中、魏大章、周朝瑞等六人。罪名是明神宗时熊廷弼赴辽作战失利，曾“公行贿赂”，“以希幸脱”，而左光斗、杨涟等人接受了熊廷弼的“贿赂”为其开脱。

于是魏忠贤矫旨，谴缇骑逮捕左光斗，缇绮至桐城时，左光斗泣语诸弟子说：“父母老矣，吾何以为别。”家人环泣，生祭县中，父老子弟张檄示击缇骑，左光斗说：“是速死矣。”予以制止。槛车出郭，县人拥马首号泣，焚香拜北阙，缇骑皆为流涕。壮士数百人潜行欲伏阙讼光斗冤，到达黄河，光斗得知，固辞谢，乃还。容城（今属河北）举人孙钟元想营救光斗于客氏，此事告诉左光斗，光斗说：“吾虽不肖，岂能惧寺人之祸，而求生于媚人之手乎！”坚决不许。

左光斗、杨涟等人下狱后，遭到酷刑拷打，命在旦夕。于是左光斗、杨涟等商议，若不承认，眼前大家都要被酷刑致死，不如先承认“受贿”，这样可以转到法司处理，可以争取时间，再想办法。于是诸人“具自诬服”，左光斗自认“坐赃二万金”。魏忠贤仍不肯放过，命令许显纯“严刑追比，五日一回奏”。并且不将案子转给法司。这时“诸人始悔失计”，但为时已晚。

许显纯，出身无赖。举武进士，投靠魏忠贤，做了镇抚司理刑。屡兴大狱，逼迫汪文言（以布衣游京师，捐资为监生）诬陷左、杨受贿，文言誓死不服，他遂伪造文言供词上报。

“六君子”在狱中受到残酷迫害：“比时垒垒跪阶前，诃诟百出，裸体辱之，驰杻则受拶，驰镣则受夹，驰拶与夹，则仍戴杻镣以受棍。创痛未复，不再宿，复加搒掠。后讯时皆不能跪起，荷桎梏平卧堂下，见者无不切齿流涕。”①尤其是左光斗在狱中惨遭炮烙（古代的一种酷刑，把铜柱烧热，烙人皮肉），旦夕且死，他的得意门生史可法持五十两银子买通狱卒，化装成一个打扫清洁的役夫，冒险闯入布满着魏忠贤爪牙的狱中。此时左光斗的面额已被烙铁烧得焦烂不可辨，左膝以下，筋骨尽脱，席地倚墙而坐。史可法目睹此惨景，跪在老师的膝盖失声哭泣。左光斗听出了是谁的声音，可是眼睁不开，于是用力将手指拨开眼皮，炯炯的目光直盯着史可法，愤怒地骂道：“庸奴！此何地也？而汝来前，国家之事，糜烂至此，老夫已矣，汝复轻身而昧大义，天下事谁可支柱者？不速去，无俟奸人构陷，吾今即扑杀汝！”随即摸到了地上的镣铐，铸出猛砸的样子。史可法气也不敢出，忙拜泣后，离开这人间地狱。

此事对史可法的心灵震撼极大，深深铭刻在自己的心中。老师的谆谆教诲、期希以及老师不论身处何境都以国家事为重的崇高品质，如同灯塔照亮着他的人生旅程，如同航标指引着他的人生方向。史可法还经常流涕告诉别人说：“吾师肺肝，皆铁石所铸造也。”

左光斗下狱后，任辽东经略的熊廷弼，系湖广江夏人。善治军，固边防，以致后金军不敢犯。以后被魏忠贤排挤，辽阳、沈阳兵败被诬囚在狱中。他在供状中还替左光斗申辩说：“左、杨两人乃皆前日劾我者也，何以余为通贿？”太常卿鹿善继的父亲鹿太公，为人豪爽仗义，日夜为左光斗筹集“偿金”。因左光斗在这以前视学畿辅，京郊百姓深感其德，故踊跃应捐。可是偿金还未送毕，左光斗便在天启五年七月二十四日被魏忠贤杀害了。此时，长虹亘天，星陨如斗。

左光斗含冤被杀后，史可法买通狱卒入牢收尸。当时尸体已经溃烂不能识，因认其带，始得收殓。史可法发现左光斗的衣袋里有一张未死之前所写的寄子侄书，其中有：“苦极！污极！痛极！惟有呼天而已，呼天不应，惟有叫天！”后来同里戴名世从左光斗子弟处得到其血迹斑斑的手书，实际这是魏忠贤罪大恶极的铁证。

崇祯皇帝即位后，逮治阉党，魏忠贤畏罪自杀，左光斗冤案才得以平反昭雪，赠封右都御史。南明福王时，追谥“忠毅”，世称左忠毅公。

① 《明史纪事本末》卷71，中华书局1977年版。

清廉正直、刚毅不阿的海瑞

16世纪后叶的明朝，已走过了它的全盛时期而转向衰落。各种社会矛盾错综交织并日趋激化。造成这种局面的主要根源，乃是统治阶级尤其是官僚集团贪欲横流，荒淫腐朽。他们视民如寇仇，税之为豺虎，贪赃枉法，鱼肉百姓。但也有一些人，一生光明正大，廉洁奉公，立身正直，刚毅不阿。有的生前就为世人所重，死后更流芳千古。嘉靖时期的清官海瑞，就是其中一位名声烜赫者。

海瑞（1514—1587），广东琼山人，字汝贤，号刚峰，据说他取此名号之意是“一切以刚为主”，表示终身刚直不阿，人称之为刚峰先生。

海瑞出生在一个官僚家庭，但小时候家境并不好，四岁时父亲死去，寡母孤儿相依为命，过着清贫的生活。母亲谢氏，个性坚强，善于勤俭持家，是封建社会典型的贤母，她教子有方，可与孟母、修母相比。据海瑞自己说，母亲“苦针裁，营衣食，节费用，督瑞学”[①]教海瑞读《孝经》《大学》《中庸》等书，替海瑞选择良师谨慎而严格，使海瑞从小获得良好的家庭教养和文化教育。

嘉靖二十八年（1549），海瑞以一篇《治黎策》中了举人。在这篇策论中，他针对当时的现实，提出解决海南岛黎族问题的一些建议。反对用残酷的手段，镇压黎族人民的起义和反抗，认为战争会给社会带来灾难，也给经济带来损失；从安定社会出发，他主张在黎族集中居住的地区设立县治，尊重黎族人民的政治生活、经济生活和文化生活，并采取一些有效的措施使汉族、黎族之间的矛盾逐渐得到缓和。《治黎策》反映了他卓越的政治见识，同时也是他在政坛上初试锋芒。

嘉靖二十九年和嘉靖三十二年，海瑞两次参加会试，均不第，遂由吏部授福建延平府南平县儒学教谕。他在教谕任上，提出改革县学的主张；与此同时，他还留心政治，发表“兴利除弊”的种种建议。其政治抱负，正好与当

---

① 《海瑞集》下册《与琼乡诸先生书》，中华书局1962年版。

时上层统治集团中的改革派相一致。

嘉靖、万历时期，以徐阶、张居正为代表的官员，目睹当时社会混乱局面，认识到其症结在于吏治腐败和财政危机。为了维护封建统治阶级的长远利益，他们采取了以整顿吏治、改革财政为重要内容的一系列措施，企图延缓明王朝的寿命。海瑞追逐这股新潮流，议论风发，极倡改革。嘉靖三十七年，海瑞迁任浙江省淳安县知县，便结合本地情况，进行改革，力匡时弊。

明中叶以后，官僚和乡绅大肆兼并侵占土地。统治者和广大贫民占地极度不均。在淳安，"富豪享三四百亩之产，而记无分厘之税；贫者产无一粒之收，虚出百十亩税差，不均之事，莫甚于此"[①]官僚地主玩弄诡寄（将田产寄于他户）、飞洒（将田赋转加给他户）、挪移界址、改换册籍等花样，把赋税转嫁给劳动人民，造成赋税畸轻畸重。海瑞为了清除田籍上的积弊，重新清丈土地，编造册籍，计算粮米。丈田的目的在于均税，把大地主隐瞒的土地少而纳重赋、赋役严重不均的现象。从而达到"必有一亩收成者，方与一亩差税，无则除豁"的公平地步。从而减轻了农民的负担，为生产的恢复和发展创造了有利的条件。

嘉靖四十一年，海瑞调任江西兴国县知县。当时兴国一个严重的现象是贫苦农民大批逃亡，去县城二十里外，"廖廖星屋，不及十余家。"这种人丁凋落、村里萧条的景象令人触目神伤。海瑞到任后，通过调查寻找问题的症结，迅速分清了原因，归纳起来有以下几条：一是屯田问题。兴国有一大部分农田是军队的屯田。屯田制度在明初实行时还不失为足食足兵的一种制度，后来军队不断侵占与屯田相邻的农田，而称之为"余田"，竟达六百亩之多。由于农民失去土地，被逼逃亡，不仅抛弃了一部分熟田，有许多可以扩大开垦的土地也没有人去开垦。二是隘所问题。兴国有许多隘所，但都设在不是要冲之地；隘长的人选也不称职，以致隘所"不能诘奸缉盗，专一吓骗商民"，"一有警闻"，便逃之夭夭，因此有人主张废除隘所。海瑞认为隘所之设是防盗，还是必要的，不能废除，但地点和人选必须重新选择。再如，兴国县虽不大，冗官却不少。海瑞认为设一官有一官之费，若一官不安其分，则又有一官需索之扰。因此，不仅要裁冗官，而且还要裁除那些为民害的奸狡之吏。此外，兴国的农民大量外逃，其根本原因，是由于赋役太重。当时，

① 《海瑞集》上册《兴革条例》，中华书局1962年版。

"钱粮正供有额,独均徭官为私,时有增益。"[①]海瑞根据兴国地方历年派征纳粮数字,做了一个统计分析:自嘉靖三十年到三十五年间,每年派征粮银为八千三百万两,三十九年后逐年增加。海瑞到任时期朝廷向兴国派征纳粮总数为一万三千二百石,而每石折银数,年年增加,逼得百姓大量外逃。对于这些问题,那些高高在上、养尊处优尸位素餐的朝廷官僚们,却往往视而不见。如果不谋改革,是难以求治的。海瑞据所见所闻认为当兴当革的政务亟待进行,于是就提出有名的《兴国八议》,即:"议屯田""议地利""议隘所""议均赋役""议红站马船""议招抚逃民""议哨官""议革冗员"。从八个方面提出改革,强烈要求朝廷和布政使体察实情,全面调查,摸清各县丁粮虚实,平均分配赋役粮额。力主归还农民屯田,同时呼吁江西人口密集的地区移民兴国,以改变"此有余地""彼有余民"的不均状况。"八议"的主旨是抚境安民,在兴国推行后渐收成效。其后,海瑞又率先推行"一条鞭法",以期通过改革做到赋役均平,促进人民安居乐业。

海瑞在兴国做了一年半的知县,因为他体察民情,务实持正,博得人民群众的拥护。

嘉靖四十三年海瑞调任云南户部主事,在此期间,他提出著名的"直言天下第一事疏",评论朝廷施政的得失,后人称为《治安疏》。这份奏疏开宗明义提出君主应对臣民万物负有极重大的责任,每一个君主能否尽到这种责任,其关键在能不能让臣民没有顾虑地说出想说的话。如此便能"正君道,明臣职,求万世治安"。当时社会上流传着讥讽皇帝之言,如:"嘉靖者,言家家皆净而无财用也"。[②]海瑞把它写在奏疏里,让皇帝亲览;同时,更列举事实,指责皇帝过失。如:崇信道术,谋求长生;大兴土木,奢侈浪费;吏贪将弱,民不聊生;巧立名目的赋役很多,各地竞相仿效;国家财政已严重亏竭,皇帝仍在继信中挥霍无度。在《治安疏》中,还提到严嵩之子严世蕃贪渎作恶,虽已被罢黜处死,并非已是"大清明世界",朝廷中还存在着宦官内衙,恩荫带俸,官多而滥的现象;同时,内仓内库以及各部、厂卫贮积物极多,又多用非所宜;多年来,盐政不修,田赋不均,吏员侵渔,民困未苏,导致财力匮乏等弊政。由于海瑞秉性刚直,早把自己的生死置之度外。他这所以犯颜直谏,只是想使嘉靖皇帝从昏聩中觉醒起来,去除奢靡,振作精神,整顿吏

① 《海瑞集》上册《均徭册式》,中华书局1962年版。

② 《海瑞集》上册《治安疏》,中华书局1962年版。

治，使人民的生活得到安定。结果，却触怒了嘉靖皇帝，被交付锦衣卫，锒铛下狱。就是在海瑞下狱的这年，嘉靖四十五年，朱厚熜死，颁遗诏，特恩释海瑞出狱，并复户部云南主事。

隆庆元年（1567）海瑞迁至南京通政司右通政。后来又调升为都察院右佥都御史，总督粮储，提督军务，巡抚应天十府。他所管辖的地区包括应天、苏州、常州、镇江、松江、徽州、太平、宁国、安庆、池州等十府及广德州。应天府是富饶的鱼米之乡，海瑞上任之前也以为江南是富饶的，到任以后才发觉江南粮差的繁重不仅为全国之冠，而且亘古未有，平民百姓穷苦得无以复加。再加上这一时期江南又发生严重水灾，夏、秋多雨，田地被淹，粮食涨价，农民缺粮逃亡，情况很不好。特别是吴淞江下游河段，“日至潮泥，日有积累，日月继嗣，通道填淤”[①]；再加上太湖泄水不畅，遇上雨涝，周围数十万亩土地被淹没，酿成大灾。海瑞认为“吴淞江一水，国计所需，民生攸赖，修之举之，不可一日缓也。”[②]面临严重的水灾，当务之急，一是治水，二是救灾。海瑞奋然有志，采取了以工代赈的办法，按工发给灾民银两和米，把治水和救灾两项结合在一起，一举两得。破土动工后，饥民云集，进展速度很快，按计划疏通了从上海南跄口至嘉定黄渡间一万四千丈河道，又疏通常熟县浅狭太甚的白茆河工程。仅花费工银六万八千多两，使“吴淞江借饥民之利，而故道可通，民借银米之需，而荒歉有济，一举两利。”[③]达到之预期效果。这不仅解决了十几万灾民的眼前饥荒，而且为以后在该地区发展生产、战胜灾荒提供了有利的条件。

海瑞在任右佥都使和应天巡抚时期，严于执法。嘉靖、隆庆年间，官场上那种言行不一，欺世盗名，因循苟且，明哲保身，同流合污，媚世取宠的风气极为严重；社会上骄奢淫逸，贪赃枉法之风愈演愈烈，整个统治阶级日益腐朽。海瑞出淤泥而不染，崇尚节俭、朴素，处处清廉自守，对个人利益看得淡薄，从不谋私利，其生活可用清、勤、慎、节四个字来概括。人们称他为清官，不仅中由于他正直秉公，在一定程度上是由于他自身廉洁，在封建社会中作出表率。为了匡时弊，海瑞主张规定贪污满“八十贯绞”[④]的严刑。他认为，要禁止贪污，必须绳之以法。他对那些贪官污吏、仗势欺人的权贵们进

① 《海瑞集》上册《开吴淞江疏》，中华书局1962年版。

② 《海瑞集》上册《开吴淞江疏》，中华书局1962年版。

③ 黄秉石：《海瑞介公传》，《海瑞集》，中华书局1962年版。

④ 《大明律·刑律·官吏受财》，重庆出版社2016年版。

行无情的揭露和打击，是深得人心的。他还宣布“禁迎送，禁饬馆舍”，“若本院妄有取用，是为法司犯法，有司鸣鼓攻之，律在不能赦。”[①]他曾反复申明：居官者“止此柴马，止此俸钱，出此之外，一文一分赃证也”。[②]过去海瑞任淳安知县时，就严于执法。有一次总督胡宗宪的儿子路过淳安，因招待不周，驿吏被吊打。海瑞得知后，十分恼火，派人将这个恶少痛打一顿，并没收其银两，然后亲自具文报告胡宗宪，称此人冒充总督公子，败坏总督名声，弄得胡宗宪哭笑不得。还有一件事：鄢懋卿“以严嵩客由中台出理八省盐法，势张甚”。他由杭州经淳安到齐云，许多州县的官吏百里承迎，唯恐不周，且先在通知发到淳安。海瑞作为一个小小的县令，面对这位显赫要员即将过境，似难处置。他经过一番思考，写信给鄢懋卿，在揭露其贪赃枉法等劣迹的同时，毅然提出，淳安“邑小，不足奉迎，至且见罪，愿取他道往”。[③]鄢懋卿见信之后只得饮恨绕道而去。敢于同权贵的各种不法行为进行斗争，表现了海瑞的高风亮节。他在兴国时，原兵部尚书张鳌在南昌养老，其侄子张魁、张豹到兴国以买木材为名，到山里招摇诈骗，无恶不作，气焰十分嚣张，百姓受害无穷。经告发，被海瑞逮捕送府治罪。送府后，由于官员包庇，竟宣判二人无罪。海瑞对这种包庇恶人的处理结果非常愤恨，于是以经详细调查，将二人犯罪情况再一次据实上报。并揭露张鳌到处写信求情，“书谏无一衙门不重迭投递，过往赣州士大夫无一不请脱求解。”[④]由于海瑞据理力争，坚决要求将二人治罪，最后使二犯伏法。

明代中叶以后，吏治的腐败、贪污、贿赂盛行，官吏搜刮百姓，其数量之多，正如黄宗羲所说：“二百余年，天下金银纲运至于燕京，如水赴壑。”[⑤]海瑞骂他们为“饿豺狼”。他对这些现象十分痛恶。海瑞在巡抚应天十府时，日以兴利除弊为首务，不随流俗。他拒绝别人送礼，并且发出了《禁馈送告示》。其中指出，那结送礼之人，是“有所希求”的，此日“少(稍)献殷勤”，以便“他日禀公事，取私债，多科钱粮，占人便宜，得以肆行无忌也。”海瑞从来不徇私情。有人要求他曲法办事，他回信说：“衙门一堂之上，二十五人指

① 黄秉石：《海瑞介公传》，《海瑞集》，中华书局1962年版。

②《海瑞集》下册《赠总督府凝斋刘公平八寨序》，中华书局1962年版。

③《续藏书·忠节名臣》卷23《太子少保海忠介公传》，中华书局1974年版。

④《海瑞集》上册《申军门吴尧山并守巡道请改招详》，中华书局1962年版。

⑤ 黄宗羲：《明夷待访录》财计一，中华书局2011年版。

视，可行之乎？一事私，百事之私随之。”[①]海瑞自己入京朝觐，接应上级，以及外出巡视，有关接待和支应，都一一作明文规定。既不乘机加派勒索，也不对上级阿谀行贿。海瑞还明确给自己规定一条，如果他自己不为公为民而滥支乱用府库钱粮，各州县可以鸣鼓攻之，自己决不自赦。并主张对任何有特权的人，如果违犯了法律，都要“究治”。

隆庆四年(1570)，海瑞上《告老养病疏》恳乞致仕，获准，并辞去南京户都侍郎官职，回到琼山。他家居十六年，虽身居山林，可心存忠国，常投书给地方官，陈说政令得失。当倭寇侵扰东南之际，他曾提出防御和剿灭的政策。虽然闲居贫瘠的乡村，却以忧国忧民为己任。

万历十三年(1585)海瑞已经七十二岁了，朝廷复起用他为南京都察院右佥都御史。当他于五月到达南直隶时，百姓奔走相告，“无不曰海都堂又起”。他每出行所至，“人必拥舆左右聚观之，妇人童孺咸欢呼鼓舞。”据说他在南京任官期间，乡民过其府第，都要进去看看他，海瑞“不退居，亦不闭门，以便乡民之求见者。”平时海瑞“性简约，所服衣冠强半箧仕时物。常居不治酒肴，或蔬饭杯茗，与客对谈而已。”“刚峰海公清苦之行，举朝不能堪，亦举朝不能及。”这是时人对海瑞的评价。海瑞在淳安任上两次上京，只用了路费银四十八两，其他一概裁革，他在生活上从不奢侈，“俸薪之外无所取”，“含辛茹苦，垂百之年，终不使禀有余粟，囊有赢金。”在南京吏部右侍郎署吏部尚书时，由于年高体弱，“尝病延医，入视室中，所御衾帱皆白布，萧然不啻如寒生”。[②]他有一双破旧鞋子经过多次修补，仍然穿在脚上。罢官到京听调，穿的衣服单薄破烂，吏部的熟人劝他才置了一件新官服。有一次，海瑞买了两斤肉，为他的老母过生日，总督胡宗宪知道后大为惊奇，把它当作新闻告诉他人。

万历十五年，海瑞在南京都察院右都御史任上去世。发丧之日，南京市民老幼相携，焚香送殡，“号泣如丧考妣，倾城皆至舟次，罢市数日是”。人民为了纪念他，争画其像，为其立祠，甚至“相传公已为神”。这些在一定程度上反映了人们对他的怀念和崇敬。海瑞死后，室内竹笼中，只有“俸金八两，葛布一端，旧衣数件”，别无他物。他的故里，也是“家无长物”，为他私有的，不过“先人敝庐”“薄田数亩”。处于那样一个肮脏的社会，海瑞能够如此

① 《海瑞集》下册《复毕松波》，中华书局1962年版。

② 顾起元：《客座赘语》卷7，上海古籍出版社2012年版。

清廉自守，那是难能可贵的。

“海刚峰不怕死，不要钱，不吐刚茹柔，真是铮铮一汉子。”①正是因为他有这种刚直不阿的精神，廉洁奉公的高尚品质，所以他才受到人民群众的怀念和崇敬、爱戴和拥护，几百年来，海瑞的事迹，构成了一个典型的清官形象被广泛传颂。

诚然，海瑞生活在封建时代，其所作所为都是在维护封建统治，效忠于朱明王朝；在他的从政生涯中，也只能对封建制度弊端进行某些修补和改良。不过，海瑞在当时的条件下，能“出寻常之外，创新奇之法”，却有其积极的历史意义。他在任职期间和管辖范围内，严于执法，除暴安良，限制大地主无止境的盘剥，同情百姓，招抚流亡，注意发展生产，兴修水利，改革落后的风俗习惯等，是起了一定的作用。但他的鸿鹄之志和社会实际效益还存在相当大的差距。也就是说社会基本矛盾没有得到解决，封建统治秩序一切照旧。海瑞不可能根除由封建制度所造成的积弊，这是历史决定的。对于大明王朝的覆亡之势，海瑞无法力挽狂澜，这也是不以个人意志所决定的。我们今天之所以要肯定他，除了把他放在一定的历史条件下进行评价以外，还因为他的清廉刚正之风，有可为我们今天借鉴之处。

①《四友斋丛说》卷13，中华书局1959年版。

徽商阮弼在芜湖

明清时期，芜湖是徽商活跃之地。明嘉靖、万历年间，歙县商人阮弼来芜湖经营浆染业，并设染局。规模宏大，分店又多，生产技术不断改进，故产品精美，畅销各地。所以明代大科学家宋应星指出："浆染尚芜湖"。有关阮弼在芜湖的经商活动以及抗倭、捐资修桥修路之事，在《太函集》中有详细记载：

> 歙阮长公弼，字良臣，世家岩镇。少承家末造，躬力贾起芜湖，两邑交重长公，人人诵义，具曰长公长者。或曰："石泉翁云：长公考氏承故饶，孳孳务振人急，诸告急者至，无虑赢诎，应之；无以应则为之出所有而质子钱，家质穷则假他人之有以为质。夫人则以其仁足愚也，率假不归，复称贷以偿他人，积逋数百，乃大困长公。"始就学，日记数千言，盖与大司徒鲍公同师。……市中故多医，复不利，长公叹曰："吾欲为良士，无修糈则无师，良士安可为也？吾欲为良医，医必历试。一不验将杀人，良医安可为也？"因自请于考氏："郡人率以贾代耕，虽有良田，不耕不获。吾家负宿逋不报，宁坐困而不求治生，自今犹复悠悠，何以仰事？儿请具资斧，将服下贾于四方。"则之芜湖，盖襟带一都会也。舟车辐辏，是可以得万货之情。雅以然诺重诸贾人，不言而信，其言可市。诸贾人奉之如季河东。彼中驵侩分行，独赫蹏莫之适主，长公策曰："此吾业也，请职赫蹏。"乃鸠其曹敛母钱，躬载橐而规便利，就诸梱载者，悉居之留都。转运而分给，其曹利且数倍。时购者争得采利归染人，长公复策曰："非独染人能白可采也。"乃自芜湖立局，召染人曹治之，无庸灌输，费省而利滋倍，五方购者益集。其所转毂，遍于吴越、荆梁、燕豫、齐鲁之间，则又分局而贾要津。长公为祭酒，升降赢缩莫不受成。即长公不操利权，亦犹之乎百谷之王左海。
>
> 芜湖去歙五百里，乃以安车逆父母就养芜湖。请命饰禽为仲、季纳

妇。已,复毕出赀产,请命三分之。父母曰:“不然。兹尔一人胼手胝足之烈也。二介幸及于糊其口开口足矣,胡为乎鼎分?仲、季亦固辞:“伯独劳而使吾侪享其逸,不详。即伯不居,何敢以鲁三家耦伯?”长公谓:“否,吾终不食吾言。”卒等分三。若一客为长公策者,耳语曰:“等分善矣。彼夸毗子,宁讵能师长公俭邪?割之便。”长公谢曰:“吾闻均无贫,故必适均,而辨之异。和无寡,故必参和而统之同。客休矣。”仲、季皆无禄即世,季遗一女而孤,长公悉以季赀为女装,归之闾右。仲遗二子,长公儿子畜之,二子亦父事长公,从长公贾,多历年所。

诸宗族、亲戚、闾右交游至者,辄推赤心而纳之交。业儒则佐之儒,材可贾则导之贾,能独立则授赀而薄其息,能从游则授糈而翼其成;有过则规,有善则劝,有难则赴,有急则赒,有违言则解纷。讼则为之平其议,两造务守胜,有司遗之质成,言出而各虚己听之,不待其辞之毕也。抑或坚持不下,辄出百金结其成。事既平,未尝有德色。

岁乙卯,岛夷自越突新都,且薄芜湖。芜湖故无城,守土者束手无策。长公倡贾少年强有力者,合土著丁壮数千人,刑牲而誓之曰:“寇邪?虎邪,虎而嵎,手可搏;虎而翼,矢可加。如其寇也,则业已穷,虽张,吾侪直醢之,以谢天子。”寇侦有备而宵遁。所部上御寇功,将首长公,且下章服。。长公辞之力:“贾竖子,何敢以此钓奇?有如异日者寇至,亦将倚办诸贾人,则吾为之俑也。”①

歙商阮弼在芜湖设染局时,“召染人曹治之,无庸灌输,费省而利滋倍。”也就是说,阮长公不随意干涉染工,结果无须劳神费心就获得了丰富的利润,正因为如此,汪道昆说他是“不操利权,亦犹之乎百谷之王左海。”如果阮长公对染工疑虑重重,事事过问,那么必然会使他们产生戒心,不敢也不愿意对自己所事之业全力以赴。对下属信任是达到上下人际关系和谐的又一个重要因素。

由于嘉靖时期的政治腐败,地方官大多昏庸无能。日本的海上强盗(倭寇),趁机对我国东南沿海地区进行烧杀抢掠,造成巨大灾难。此间,有一支倭寇自杭州入徽州,寇南陵,窜犯芜湖,在芜湖青弋江南岸大肆焚掠。那时芜湖尚无城墙可资守御,官吏束手无策。在这紧急关头,歙商阮弼却毅然负

① 汪道昆:《太函集》卷35《明赐级阮长公传》,黄山书社2004年版。

起守土之责。他倡议捐资召募强壮少年,集合土著壮丁数千人,刑牲而誓,阮弼并做了战前动员:“寇邪?虎邪,虎而嵎,手可搏;虎而翼,矢可加。如其寇也,则业已穷。”数千人同仇敌忾,誓与倭寇决一死战。寇侦有备,终于宵遁,使芜湖避免了一场浩劫。事后,有司上报御寇之功,群推阮弼为首,阮弼力辞。

明代芜湖至南陵,路窄地险,交通非常不便,许多徽商奔走往来于其间。阮弼捐金以倡诸贾,在他的带动下,这条道路得到修治,行旅比较方便,到了清代,它已畅通无阻成为徽州与芜湖之间的一条交通干线。同时,与这条道路相平行的青弋江也可以行驶船舶,为商旅提供方便。后来,人们为了纪念阮弼,把芜湖西门称为“弼赋门”。

鲍廷博与“知不足斋”藏书

鲍廷博是清代乾隆时期著名商人、藏书家和刻书家。他的藏书不仅在数量上，而且在质量上都处在清代私人藏书的前列，其“知不足斋”藏书楼更是闻名于乾隆、嘉庆两朝。

一、鲍廷博是清代私家藏书中的佼佼者

鲍廷博(1728—1814)，字以文，号渌饮，祖籍安徽歙县邑西长塘。少年因父鲍思翊经营盐业之故，随父由浙江杭州迁至桐乡乌镇。有关鲍廷博的小传在《歙县志》《杭州府志》《嘉兴府志》《乌程县志》《桐乡县志》和《乌镇志》均有记载。鲍廷博少补诸生，后秋闱不中，遂绝意科场，与其父思翊独嗜典籍，致力于图书收藏、刊刻。光绪《桐乡县志》载：“公为歙县诸生，力学好古，喜购秘籍，虽重价勿吝，蓄异书，几及千种。”[①]朱文藻说：“吾友鲍君以文……三十年来，近自嘉禾、吴兴，远而大江南北，客有以异书来售武林者，必先过君之门，或远不可致则邮书。求之浙东西藏书家若赵氏小山堂、卢氏抱经堂、汪氏振绮堂、吴氏瓶花斋、孙氏寿松堂、郁氏东啸轩、吴氏拜经楼、郑氏二老阁、金氏桐花馆，参合有无，互为借抄。至先哲后人家藏手泽，亦多假录，一编在手，废寝忘食，丹铅无已。时一字之疑，一行之缺，必博征以证之，广询以求之。有得则狂喜如获珍贝，不得虽积思累岁月不休。”“海内书林闻君多异书，大率阻于山川，无由借读，而君裒集既多，乐于公世。出其所储为前诸家所未刊，或已刊而讹脱过甚者，悉心勘定，寿之枣梨。”[②]正因为鲍廷博深悉收集书籍之难，因而才有强烈地关注古籍的意识。鲍廷博一生收藏古籍善本无数，且对古籍文献的保存和运用做出了重大贡献，因而成为清代著名的藏书家之一。

---

①《桐乡县志》卷1，清光绪刊本。

② 王盛鸣：《知不足斋丛书·序》，民国铅印本。

鲍廷博收藏古籍以“海内宋元旧椠暨善写本”为主，因此每见宋之善本书，必千方百计索取之，不愧为一个“搜罗之富，实罕其比”的古籍藏书家。他所精心整理、刊行的古籍也因此被举世公认为“学者必需之书”。根据清末四大藏书家之一的丁申所记，当时凡“客有旧藏抄刻异本来售武林（杭州）者，必先过君门，或远不可致，则邮书求之”[①]。此外，鲍廷博还与当时两浙许多藏书家赵氏小山堂、卢氏抱经堂、汪氏振绮堂、吴氏瓶花斋、汪氏飞鸿堂、孙氏寿松堂、郁氏东啸轩、吴氏拜经楼、郑氏二老阁、金氏桐花馆多有往来，每遇异书，鲍氏无不借抄。经过三十年的搜求，鲍氏藏书已颇具规模，其中不乏宋元佳椠，仅两宋遗集就有三百余种。其藏书处称为“知不足斋”，取《大戴礼记》“学然后知不足”之意。给书斋取名为“知不足斋”，用以自勉自励，自强不息。

鲍氏不仅苦心搜求，专心读书，而且他还精心校书、热心刊书。据史料记载，凡经鲍氏过目的史书，“每一过目即能记其某卷某页某讹字。有持书来者凡某书美恶，所在意旨，所存见于某代某家目录，经几家收藏，几次抄刻，真伪若何，校误如何，无来矢口而出，按之历历。”[②]王鸣盛称鲍氏“为人淹雅多通而精于鉴别，所藏书皆珍中抄下刻，于自校对，实事求是。”[③]后来洪亮吉在《北江诗话》中更将他列为藏书家五等之一的“赏鉴家”。以洪亮吉的看法，该类系藏书家中品位最高的一类。每当发现珍本、善本，廷博不光是满足个人欣赏，而且想到诸公同好，以广其传。如他有宋刻残本周必大著《周益公书稿》，此书装帧精美，纸墨古雅，刊刻极佳，而且在世面流传稀少，其市场价值也是可观。有一次芳椒堂主人严元照来访，在聊天中谈及此书，廷博便立即拿出请严欣赏，严看后赞不绝口，总觉悠然未尽，想借回慢慢细读，不料，鲍氏毫不吝啬当即相赠。严元照对鲍氏之举非常感动，便在此书的扉页上写道：“良友之惠，不敢忘也，”以示纪念。所以，廷博凡是得到善本之书，无不刊行。史料如此介绍鲍廷博说：“朝夕雠校，寒暑不辍，数十年如一日。”[④]持之以恒，锲而不舍。鲍廷博为校勘《庶斋老学丛书》一书，听说钱塘汪启淑有善本，便携带礼品欣然去借。汪启淑也是一个藏书家，但他的藏书理念与鲍廷博的思想相形见绌。汪氏善于收藏善本秘椠，但不愿意随便借

① 丁申：《武林藏书录·卷末》，清乾隆刊本。

②《清史列传》卷72，中华书局1987年版。

③ 王鸣盛：《知不足斋丛书·序》，民国铅印本。

④《国朝耆献类征》卷44，台北明文书局1985年版。

与别人，甚至连自己的家人亲戚都难看到，秘不肯宣，只把此书两跋相授。这件事对鲍廷博刺激很大，使他感慨万千，并在此书序中说："往读某公所著《清暇录》(按：这里鲍廷博虽未写某公的名字，《清暇录》即为汪启淑所撰)，历数近来藏书家，而自述其储蓄之富，曾几何时，悉已散为烟云，渺兹一粟，漂流沧海中，杳不知其所之矣。因慨死生旦暮，聚散无常，予家所藏异时岂能独保，徒令后人复哀后人身。间常语儿辈，与其私千万卷于己，或子孙不为之守，孰若公一二册于人，与奕祀共永其传，此区区校刻丛书之苦心，窃欲共白于当世，而一为之劝也。"从鲍廷博这段话，更能看出他刻书公之于世以永传的拳拳苦心。

清乾隆三十七年(1772)成立四库全书馆，诏求天下遗书，开始编纂《四库全书》。为了完成这一浩大工程，清政府向全国私家藏书者征书，征集图书时，承诺所征书籍一律交书馆录抄，完后归还。为打消藏书家顾虑，乾隆帝御征藏书家的书一律盖章、造册、登记，发还之日，按册与书逐一核对，交还不明，唯督抚是问。乾隆皇帝还规定了一些具体奖励办法：一是皇帝题辞；二是赏赐图书；三是提供《总目》留名。鲍廷博对此举极为赞赏，遂嘱咐子士恭将"家藏善本626种"送交浙江学政王杰进呈于四库全书馆。由于鲍廷博所献多为宋元善本，质量精好，故为《四库全书》采录了250余种，列各家之首，另有129种图书列入"存目"。鲍廷博献书有功，赢得清廷褒奖，以兑现承诺，赐予内府编纂的中国最大的一部类书《古今图书集成》一万卷，以及《平定伊犁得胜图》《平定两金川战》等。《四库全书》修成之后退还原书时，乾隆皇帝还特为鲍氏收藏整理的《唐阙史》《宋仁宗武经总要》上题了御诗："知不足斋奚不足，渴于书籍是贤乎？长编大部都庋阁，小说卮言亦入橱。阙史两编传摭拾，晚唐遗迹见规模。彦休自号参寥子，参得寥天一也无？"[①]鲍家特筑堂三楹以贮之，并额其室名曰"赐书堂"。

二、鲍廷博成为藏书家的契机

鲍廷博"积数十年，家累万卷。丹铅校勘，日手一编，人从假借，未尝逆意"。[②]可见，他把毕生的精力都用在藏书的事业上，成为清代卓著的古籍整理和藏书家，考其原因固然是多方面，但概括起来不外乎几个方面：

① 鲍廷博辑：《知不足斋丛书》第一集第一册，民国铅印本。

② 赵怀元：《知不足斋丛书·序》，民国铅印本。

徽州文化的影响。徽州地区，古称新安。鲍廷博父母都生长于徽州，这里的风俗习惯，风土人情以及文化氛围，都深深地记忆在他们的心中。据史书记载“新安自昔礼义之国”“文献之邦”，读书风气较浓厚，“十户之村，不废诵读”。所以徽州人大多自幼就“习儒业”。这里值得提到的是，南宋时期在徽州出了一位大儒家朱熹，他的“朱子之学”在徽州的影响极深。所以徽州人多是“读朱子之书，取朱子之教，秉朱子之礼”。明清两代置徽州府，下设歙、休宁、祁门、黟、绩溪、婺源（今属江西省）六县。根据六县统计，中举者，明代298名，清代698名，中进士人数也相当多，据《明清进士题名碑索引》载，明代徽州籍进士392人，清代226人。歙县在清代就有“连科三殿撰，十里四翰林”之誉。仅乾隆一朝就有黄轩、金榜、吴锡龄三名状元。其人才之盛，可见一斑。鲍廷博通过父母的身教言教，徽州文化已深深扎根于心中。

富饶的家境支撑着藏书事业。鲍廷博出身商人世家，其父亲鲍思诩以盐业为生，并在盐业经营活动中积累了雄厚的资本和利润。他为鲍家的藏书活动提供了经济基础。同时又生活在“乾嘉盛世”。所谓“升平日久，海内殷富，商人士大夫慕古人顾阿瑛、徐良夫之风，蓄积书史，广开坛坫”[①]。这种社会政治、经济稳定与发展，促使文化大发展大繁荣。徽州商人在其经营项目中，则以盐、典、茶、木为最。自明代中叶到清朝，盐业乃是徽商经营中的龙头行业。“藏镪百万”的富商，大多出之于盐商之中。鲍廷博父亲思诩不仅有灵活的经商思想，而且有文化，酷爱读书，不惜重金收藏古籍，寻访范围先是桐乡附近的嘉兴、吴兴，后扩展到整个大江南北，故藏书丰富，且所藏典籍多为收藏家所罕见。吴长元说：“先世所藏两宋遗集多至三百家”[②]，廷博父亲对藏书的独钟，为鲍廷博后来藏书起了铺垫的作用。奠定廷博在清代藏书家中诸多善本古籍的地位，其父功不可没。清代扬州徽州盐商，在康熙、乾隆南巡时，他们曾经凭私人的雄厚财力“迎驾”，徽州盐商江春竟然“以布衣交天子”。徽州盐商以经济实力，以换来政治地位。而乾隆皇帝第五次南巡时，鲍廷博至杭州“迎銮献颂”，被赏予大缎两匹。可见徽州盐商在商界举足轻重的地位。

鲍廷博个人的兴趣。由于鲍氏家学渊源，培养了廷博的藏书兴趣和爱

① 袁枚：《随园诗活》卷3，清刊本。

② 吴长元：《斜川集·跋》，载《知不足斋丛书》第26集，民国铅印本。

好。终日用心于学习，喜欢文史，陶醉于藏书。“子承父业”的鲍廷博收藏古籍，范围甚广，颇下功夫，每闻有异书，虽典衣也不吝啬，尤其是晋唐以后图书，必欲得之而后快。他嗜书如命，每当赴外地行商，总不会忘记寻访书市，以搜寻奇书异籍，不惜重价购回，如他得知《古文孝经孔传》(孔安国传)久已流失于日本，就重托其商界朋友汪鹏，随商船赴日本，终于访到，以重金购回。经他考证“《孝经》以此本为最古。与宋司马氏《指解》本多五十字”。他“欣喜之怀，形诸寤寐”，立即刊刻，“将此千百年久佚之本列于丛书前编”。他还于本书之后特作跋语云：“此书购访数年，汪君所至，为长崎岙，距其东部尚三千里，得之甚艰，其功不可没。”汪鹏此行，还访得《孝经郑注》《论语集解义疏》《全唐逸诗》《五行大义》等4种佚书，皆被收入丛书。[①]另外，阮元是这样描述鲍氏：“凡某书美恶所在，意旨所在，见于某书某家目录，经几家收藏，几次抄刊，真伪若何，校误若何，无不矢口而出，问难不竭”[②]。翁广平也这样写道：“生平酷嗜书籍，每一过目，即能记其某卷某页某讹字，有持书来问者，不待翻阅，见其板口，即曰此书某氏版，某卷刊讹若干字，案之历历不爽。”[③]鲍廷博坐拥书城，把卷研读，终日不倦。经过三十余年的经营，鲍氏藏书量非常可观，有许多宋元旧刊、旧抄及其他珍本秘笈。

三、鲍廷博所收藏图书的历史价值

作为藏书家，鲍廷博一生最重要的贡献，在于汇编和刊刻大型丛书《知不足斋丛书》，并以“广博见长”“以网罗遗编为主”。这部以精善而著称的综合性丛书，不仅在收集的数量上，而且在学术、资料价值上都占有重要的地位。

发挥丛书辑佚的功能，收藏难得的珍本秘笈。我国古代典籍经过长期人为或自然毁坏，有的名存实亡，有的则名亡实存，特别是明清之际战乱频繁，也是我国文化典籍遭到破坏比较严重的一个时期。因此清代以前许多珍贵的书籍难以得到。鲍廷博有感于此，特别注意留心搜访，考求佚文，掇拾补录，重新辑出，收录在丛书里。对于“海内名人贤裔家藏，祖父遗书，前贤秘册，未经流布，悉望寄刊”。目的是为了广为流传，使其得到保存，不致

① 黄季耕主编：《安徽文化名人世家》，安徽教育出版社2005年版，第172页。

② 阮元：《研经室二集》卷5，清刊本。

③ 翁广平：《听莺居文抄》卷20，清刊本。

湮灭散佚。因而《知不足斋丛书》中刊入了许多有重要价值的辑佚书，及时承载了当时学术上的成果。于是好多早已成疏散的秘笈，又得以重新在社会上流传。如苏轼之子苏过的《斜川集》，南宋已稀，清康熙时下诏也求之不得。据王士祯《香祖笔记》所说，康熙八年(1669)“闻有书商以此书索价二百金角奇。惜未得见之，其存佚今不可知”。[①]鲍廷博为了得到此书悬金求购真本，欲与三苏文集并行，可惜一时未能如愿以偿。后清乾隆年间翁方纲和赵怀玉等人从《永乐大典》《宋文鉴》等书抄辑而出，分为六卷，使沉晦隐伏六百多年珍籍大显于世。鲍廷博立即四处搜求，抄录后精心校阅，首次刊刻在鲍氏《丛书》二十六集中。后来藏书家吴长元绝口称赞鲍廷博“每得异书，不自珍锢枕函帐秘，往往播往艺林，公诸同好，更能损资寿梓，以续六百余年一线之绪。俾汲古之士得家置一编，以供弦诵，向之误收赝本者，亦得悉行刊正，顿还刘集旧观，俾龙洲仍以诗豪雄于奕世，则又不独为苏氏之功臣矣。”[②]吴长元这番话可谓一语破的，可以说是他的知音。另外，宋人张镃的诗集《南湖集》，藏书家也很少著录，清初有人搜求此书，毫无头绪。乾隆时修《四库全书》，从《永乐大典》中辑出此书，始有流传。鲍廷博进行了校对，并从一些笔记、杂录中补其缺漏，刊入《丛书》第八集中，使这部湮没六百余年的诗集得到复出，它虽不全同原貌，但应是原书的百分之八十了，这是很难能可贵的。

鲍廷博对虽流传于世但几乎灭绝的书，有抄本而无刻本的书，流传久远其版本已经散失难以得到的书，都竭力求购网罗，决不吝啬。元代王逢的诗集《梧溪集》七卷，明末流传极少。清初藏书家钱遵王曾“购得《梧溪集》前二卷，是洪武年间刻本，如获拱璧，恨无从补录其全。越十余年，复与梁溪顾修远借得后五卷抄本，亟命侍史缮写成完书。”[③]由此可见，此书得之不易。后来鲍廷博得到汲古阁藏明景泰刻本，刻入《丛书》二十九集中。宋人《皇宋书录》《吴船录》《道命录》《庆元党禁》《五代史纂误》《百正集》，元李冶《测圆海镜细草》、唐李淳风注的《孙子算经》等有抄本无刻本；曾敏行的《独醒杂志》“迄今六百余年，别无雕本”[④]，鲍氏以重价购得，重新开雕，辑入《丛书》之中，使之以刻本形式继续流传。这些辑佚书遍及经、史、子、集四部，为我们

① 王士祯：《香祖笔记》，清刊本。

② 吴长元：《斜川集·序》，《知不足斋丛书》第二十六集，民国铅印本。

③ 钱遵王：《读书敏求记》卷4，清刊本。

④ 鲍廷博：《独醒杂志·跋》，清刊本。

提供新的研究书源。

提倡实学，注重实用。鲍廷博所收藏的图书虽以罕见为主，但也并非以奇、怪而著称，其着眼点在于提倡实学，注重实用。只有“裨益见闻，供学者考镜之助者”[①]，才收入丛书，对于那些徒有虚名、言之空泛而毫无学术价值的书，则概不收录。显然清初讲求经世致用的学风，对鲍廷博所收书籍有很大的影响。丛书涉及内容广博，主要有考订、经史、地理、历史、算学、金石、诗文集、科学技术、书画以及有收藏价值的书。如宋吴仁杰的《两汉刊误补遗》，吴缜的《新唐书纠谬》和《五代史记纂误》，彭叔夏《文苑英华辨证》等。这些史籍鲍廷博都引据广博、考证详细，务求实效，尤其是像《新唐书纠谬》20卷，共列举四百余处谬误，以驳正《新唐书》的错误，深入其弊，切中要害，有裨史学。对于野史稗乘、见闻杂录中有价值的书都一概收辑。宋人朱翌《猗觉寮杂志》、费衮的《梁溪漫志》、曾敏行的《独醒杂志》、叶绍翁的《四朝闻见录》、赵升的《朝野类要》、金人刘祁的《归潜志》都是有价值的史书，《四朝闻见录》杂叙南宋高、孝、光、宁四朝轶事，有议论有杂叙，是“南宋渡以后诸野史足补史传之阙”中仅次于李心传《建炎以来朝野杂录》的一部书。[②]《归潜志》记录了许多金代的琐事轶闻和金末的文献，书中记录的当时政治得失的议论很值得借鉴。此外，鲍氏对注重实学科学技术的著述也有收录。在《知不足斋丛书》中算学的著作很多。元代数学家李冶的《测圆海镜》和《益古演段》，最可宝贵，是我国现存最早的对天元术进行系统叙述的著作。另外还有反映农业方面的书，如《农书》《蚕书》《耕织二图诗》等，藏书家罕有著录，比较珍贵，对于了解当时的农业生产发展状况很有价值。

鲍廷博的藏书中，诗词、文集、评注也占有很大的比重。其中有不少作品的思想性艺术性很强，对于了解当时的社会现实具有一定的意义。如宋刘应时的《颐庵居士集》，陆游称其诗卓然自得，虽前辈以得名者亦无以加，杨万里则把他的诗和王安石相比，可见其诗之不凡。唐王棨的《麟角集》可以使我们了解当时科举考试的文风。宋人范晞文的《对床夜话》颇能探索汉魏六朝唐人写诗之法，对于诗学多有创见。元人袁易的《静春堂诗集》气度高昂，在众多诗篇中独树一帜，在当时备受推崇。《四库全书提要》赞道：“其人品诗品均有动人遐想者。”

① 王鸣盛:《知不足斋丛书·凡例》，民国铅印本。

②《四库全书提要》卷141，中华书局1987年版。

所收藏图书多为有价值之书。鲍廷博的“知不足斋”藏书，所收辑的内容非常丰富，其学术价值也是多方面、多层次的。清代许多学者如钱大昕、李调元、王鸣盛等学者都有很推崇此《丛书》，并视为藏书、刻书之泰斗。李调元说：“近年来海内皆推崇鲍氏所刻《知不足斋丛书》善本。”[①]王鸣盛称则称赞道：“有功于艺林为甚巨，今夫经之有传注训诂，史之有辨证援据，学问之大者尽于此矣。”并且还说：“淹博多通，精于鉴别。珍抄旧刻，手自校对。实事求是，正定可传”[②]。在清代诸家丛书中，可称翘楚。尤其是乾嘉时期，考据学日益兴盛时，鲍氏丛书作为经学史学之羽翼，对于考据学的发展起到了一定的作用。鲍氏丛书对其他丛书的编辑和刊刻也有很大的影响。如道光中钱熙祚编刻《指海》，亦仿鲍氏《知不足斋丛书》体例，编为小集，随校随刊。此后蒋光煦刻《别下斋丛书》《涉闻梓旧》所收多罕秘之本；潘仕成辑《海山仙馆丛书》皆仿鲍氏纂辑之例，收稀本、孤本、残本，甚至版式亦与《知不足斋丛书》相同。高承勋的《续知不足斋丛书》，鲍廷爵的《后知不足斋丛书》，虽仰慕前辈，刻意仿效，惜皆未逮鲍氏丛书。然而仅此数例，亦可窥见《知不足斋丛书》在清代藏书家中的影响。

总之，鲍廷博作为清代藏书家，献身藏书文化事业的无私品质和执着精神，为后人树立楷模。正如卢文弨所说：“深于书旨，年力方富而他事之累，又不因之以为利。”[③]所辑的《知不足斋丛书》以罕见和实用为宗旨，注重善本，校刊精审，力革前人丛书之弊，收书首尾完备。但《丛书》并非完美无缺，就编纂而言，由于受到个人的能力以及时间和空间的限制，也不一定都能得到善本，校勘也有所遗。该丛书钩四部之款奥，采八荒之残帙，虽搜罗鸿富，但采辑之善允推独步。“鲍子举海内嗜奇好古之士之所熟于耳而未遇于目者，一旦授之剞劂，以流播于四方，其高识伟度艺林称之，喙万而声一也。”[④]由此可见，“知不足斋”藏书无处不渗透着藏书家的苦与乐。

据《四库全书总目》著录，鲍廷博家藏图书共计382种，3631卷。按照经、史、子、集的内容区分，其藏书目录如下：

经部：《周易古本》1卷、《仪礼郑注句读》17卷附《监本正误》《石经正误》《易臆》3卷、《礼记集说辨疑》1卷、《春秋年表》1卷、《春秋经传阙疑》45卷、

① 李调元：《函海·序》，清刊本。

② 王盛鸣：《知不足斋丛书·序》，民国铅印本。

③ 卢文弨：《知不足斋丛书·序》，民国铅印本。

④ 单炤：《知不足斋丛书·序》，民国铅印本。

《春秋左传事类年表》1卷、《舞志》12卷、《韵学集成》13卷、《韵表》无卷数。

史部：《续宋编年资治通鉴》18卷、《邃古记》8卷、《南宋书》60卷、《燕翼诒谋录》5卷、《平宋录》3卷、《顺昌战胜录》1卷、《伏戎纪事》1卷、《魏郑公谏录》5卷、《中州人物考》8卷、《骖鸾录》1卷、《吴船录》2卷、《万柳溪边旧放话》1卷、《草莽私乘》1卷、《东嘉先哲录》20卷、《昆山人物传》10卷、《名宦传》1卷、《续列女传》9卷、《续高士传》5卷、《宋史存》2卷、《五国故事》2卷、《朝鲜史略》6卷、《契丹国志》27卷、《明书》卷45卷、《晋史剩》1卷、《楚史梼杌》1卷、《吴越纪余》5卷附《杂吟》1卷、《舆地广记》38卷、《昆仑河源考》1卷、《治河奏绩书》4卷、《桂胜》16卷、《中吴纪闻》6卷、《平江纪事》1卷、《大唐西域记》12卷、《图注水陆路途》8卷、《陆右丞蹈海录》1卷、《广卓异记》20卷、《郡县释名》26卷、《目营小辑》4卷、《蜀中名胜记》30卷、《西湖梦寻》5卷、《林屋民风》12卷、《山行杂记》1卷、《夷俗记》1卷、《玉堂杂记》3卷、《官箴》1卷、《画帘绪论》1卷、《日本考》5卷、《咸宾录》8卷、《明贡举考》9卷、《四译馆考》10卷、《法帖谱系》2卷、《兰亭考》12卷、《兰亭续考》2卷、《名迹录》6卷附录1卷、《六朝通鉴博议》10卷、《大事记讲义》23卷、《元史阐幽》1卷、《金石备考》14卷、《金石续录》4卷、《唐史论断》3卷、《觉山史说》2卷、《宋史笔断》12卷、《卖菜言》1卷、《诗史》12卷等。

子部：《管窥外编》2卷、《美芹十论》1卷、《野菜博录》4卷、《周易参同契发挥》3卷、《释疑》1卷、《农说》1卷、《太阳太阴通轨》无卷数、《星历释义》2卷、《灵台秘苑》15卷、《书品》1卷、《唐阙史》2卷、《开天传信记》1卷、《陶朱新录》1卷、《方洲杂言》1卷、《双槐岁钞》10卷、《贞观公私画史》1卷、《书谱》1卷、《翰墨志》1卷、《墨池编》6卷、《史书》1卷、《宝章待访录》1卷、《海岳名言》1卷、《山水纯全集》1卷、《续书谱》1卷、《书史会要》9卷《补遗》1卷《续编》1卷、《书法离钩》10卷、《画史会要》5卷、《真迹目录》5卷《二集》1卷《三集》1卷、《法书名画见闻表》1卷、《野记》4卷、《病榻寤言》1卷、《耄余杂识》1卷、《中朝故事》2卷、《栾城遗言》1卷、《祛疑说》1卷、《浑然子》1卷、《祈嗣真诠》无卷数、《纪闻类编》4卷、《听心斋客问》1卷、《古今原始》14卷、《近峰闻略》8卷、《客座赘语》10卷、《谈纂》2卷、《南阳法书表》1卷附《南阳名画表》1卷、《清河书画表》1卷、《山水松石格》1卷、《画学秘诀》1卷、《山水诀》1卷、《宣和论画杂评》1卷、《同异录》2卷、《慎言集训》2卷、《薛方山纪述》1卷、《圣学范围图》无卷数、《何博士备论》1卷、《阵纪》4卷、《华山梅谱》1卷、《画山水诀》1卷、《竹谱详录》1卷、《画苑》10卷《画苑补益》4卷、《王氏书苑》10卷《书苑补益》8卷、《画禅》1卷、《画说》1卷、《琴谈》2卷、《鼎录》1卷、《砚史》1卷、《砚谱》1卷、《歙砚说》1卷《辨歙砚说》1卷、《端溪砚谱》1卷、《香乘》28卷、《茶经》3卷、《东溪试茶录》1卷、《酒谱》1卷、《洛阳牡丹记》1卷、《扬州芍药谱》1卷、《范村梅谱》1卷、《刘氏菊谱》1卷、《史氏菊谱》1卷、《范村菊谱》1卷、《百菊集谱》6卷附《菊史补遗》1卷、《金漳兰谱》3卷、《海棠谱》3卷《荔枝谱》1卷、《橘录》3卷、《菌谱》1卷、《蟹谱》2卷、《蟹略》4卷、《异鱼图赞》4卷、《书断》3卷、《述书赋》2卷、《画山水赋》1卷附《笔法记》1卷、《别本茶经》3卷、《艺菊志》8卷、《艺彀》3卷附《彀补》1卷、《晁氏客语》1卷、《元城语录》3卷附《行录》1卷、《韵石斋笔谈》2卷、《常谈考录》4卷、《社言》4卷、《戏瑕》3卷、《诚斋挥麈录》1卷、《逌旃琐语》1卷、《长水日钞》1卷、《濯缨亭笔记》10卷、《闻雁同笔谈》6卷、《说储》8卷,《二集》8卷、《戒庵漫笔》8卷、《认字测》3卷、《吕氏笔弈》8卷、《清赏录》12卷、《尧山堂外纪》100卷、《纪录汇编》216卷、《张氏藏书》4卷、《永嘉八面锋》13卷、《纯正蒙求》3卷、《同姓名录》12卷《补录》1卷、《别号录》9卷、《标题补注蒙求》3卷、《广群辅录》6卷、《宣德鼎彝谱》8卷、《歙州砚谱》1卷、《同姓名录》8卷、《佩韦斋辑闻》4卷、《井观琐言》3卷、《清秘藏》2卷、《长物志》12卷、《南部新书》10卷、《孔氏谈苑》4卷、《铁围山丛谈》6卷、《国考谈苑》2卷、《桯史》15卷、《耆旧续闻》10卷、《山居新语》4卷、《菽园杂记》15卷、《前定录》1卷《续录》1卷、《前定录》2卷、《才鬼记》16卷、《六语》30卷、《罗湖野录》4卷、《阴符经解》1卷、《鹤林类集》无卷数等。

集部:《盈川集》10卷《附录》1卷、《李北海集》6卷《附录》1卷、《高常侍集》10卷、《华阳集》3卷附《顾非熊诗》1卷、《吕衡州集》10卷、《皇甫持正集》6卷、《李文公集》18卷、《孙可之集》10卷、《皮子文薮》10卷、《河东集》15卷《附录》1卷、《镡津集》22卷、《苏学士集》16集、《苏魏公集》72卷、《邕州小集》1卷、《丹渊集》40卷《拾遗》2卷《年谱》1卷《附录》2卷、《龙学文集》16卷、《曲阜集》4卷、《宛邱集》76卷、《宝晋英光集》8卷、《西塘集》10卷、《龙云集》32卷、《刘给事集》5卷、《刘左史集》4卷、《忠肃集》3卷、《宗忠简集》8卷、《龟山集》42卷、《西渡集》2卷《补遗》1卷、《松隐文集》30卷、《简斋集》16卷、《北山小集》40卷、《苕溪集》55卷、《陵阳集》4卷、《豫章文集》17卷、《王著作集》8卷、《五峰集》5卷、《北山集》30卷、《默堂集》22卷、《拙斋文集》20卷、《燕堂诗稿》1卷、《文忠集》200卷、《网山集》8卷、《格斋》461卷、《金陵百咏》1卷、《石屏集》6卷、《南轩集》44卷、《橘山》462卷、《华亭百咏》7卷、《梅山续稿》17卷、《漫塘文集》36卷、《芳兰轩集》1卷、《二微亭集》1卷、《西岩集》1卷、《清苑斋集》1卷、《龙洲集》14卷《附录》2卷、《鹤山全集》190卷、《铁庵集37卷、《壶山》461卷、《默斋遗稿》2卷、《履斋遗集》4集、《清正存稿》6卷《附录》1卷、《可斋杂稿》34卷《续稿》8卷《续稿后》12卷、《玉楮集》8卷、《秋崖集》40卷、《蒙川遗稿》4卷、《北涧集》10卷、《汶阳端平诗隽》4卷、《兰皋集》3卷、《嘉禾百咏》1卷、《柳塘外集》4卷、《四明文献集》5卷、《牟氏陵阳集》24卷、《潜斋文集》11卷附《铁牛翁遗稿》1卷、《西湖百咏》2卷、《富山遗稿》10卷、《月洞吟》1卷、《存雅堂遗稿》5卷、《吾汶集》10卷、《在轩集》1卷、《九华诗集》1卷、《藏春集》6卷、《淮阳集》1卷附《诗余》1卷、《白云集》3卷、《野趣有声画》2卷、《桂隐文集》4卷《诗集》4卷、《玉斗山人集》3卷、《山村遗集》1卷、《湛渊集》1卷、《还山遗稿》2卷《附录》1卷、《存悔斋稿》1卷《补遗》1卷、《此山集》4卷、《霞外诗集》10卷、《定宇集》16卷《别集》1卷、《艮斋诗集》14卷、《梅花字字香前集》1卷《后集》1卷、《桧亭集》9卷、《黄文献集》10卷、《特制集》20卷《附录》1卷、《圭塘小稿》13卷《别集》2卷《续集》1卷《附录》1卷、《杏亭摘稿》1卷、《经济文集》6卷、《圭峰集》2卷、《梦亭集》5卷、《药房樵唱》3卷《附录》1卷、《梅花道人遗墨》2卷、《居竹轩集》4卷、《勾曲外史集》3卷《补遗》3卷《集外诗》1卷、《咏物诗》1卷、《林外野言》2卷、《傲轩吟稿》1卷、《北廓集》6卷《补遗》1卷、《玉笥集》10卷、《贞素斋集》8卷《附录》1卷《北庄遗稿》1卷、《石初集》10卷《附录》1卷、《山窗余稿》1卷、《梧溪集》7卷、《樵云独唱》6卷、《静思集》10卷、《滦京杂咏》1卷、《云阳集》10卷、《南湖集》7卷、《来鹤亭诗》8卷《补遗》1卷、《云松巢集》3卷、《环谷集》8卷、《夷白斋稿》35卷《外集》1卷、《可闲老人集》4卷、《说学斋稿》4卷、《云林集》2卷、《南村诗集》4卷、《望云集》5卷、《可传集》1卷、《支离子集》1卷、《精华录》8卷、《北山律式》2卷附《王炎诗》1卷《晁冲之诗》1卷、《陈文恭公集》13卷、《志道集》1卷、《别本缘督集》12卷、《止斋论祖》5卷、《棠湖诗稿》1卷、《臞轩》462卷、《断肠集》2卷、《巽斋》461卷、《牧莱脞语》12卷《二稿》8卷、《林屋山人集》1卷、《辉山存稿》1卷、《清江碧嶂集》1卷、《存复斋集》10卷、《书林外集》7卷、《黄杨集》3卷《补遗》1卷、《肃邕集》1卷、《拱和诗集》1卷、《兰雪集》1卷、《文斋文集》11卷、《同文馆唱和诗》10卷、《赤城集》18卷、《吴都文粹》9卷、《柴氏四隐集》3卷、《圭塘欸乃集》2卷、《玉山名胜集》8卷《外集》1卷、《风雅翼》14卷、《中州名贤文表》30卷、《经义模范》1卷、《宋艺圃集》22卷、《元艺圃集》4卷、《柳黄同声集》2卷、《梁园风雅》27卷、《诗文轨范》2卷、《藕居士诗话》2卷、《尧山堂偶隽》7卷、《柳亭诗话》30卷等。

鲍廷博喜爱读书，以书为命，陶醉于藏书。同时还喜爱印章收藏，印文多是励志与劝学方面的内容，如“鲍廷博”“廷博”“鲍氏收藏”“鲍氏知不足斋藏书”“知不足斋藏书”“歙西长塘鲍氏知不足斋藏书印”“老屋三间赐书万卷”“世守陈编之家”“一生勤苦书千卷”“黄金散尽为收书”“好书堆案转甘贫”“奇书无价”“知不足斋鲍以文藏书”“知不足斋鲍氏正本”“遗稿天留”“通介叟”“天留”“倚文”“万卷书藏一老身”“生长湖山曲”“御赐清爱堂”“歙鲍氏知不足斋藏书”“好书堆案转甘贫”“以文手抄”“皆大欢喜”“鲍家田”“天都鲍氏困学斋图籍”“困学斋主人心赏”“知不足斋抄传秘册”“鲍氏以文藏书记”“镫味轩”“知不足斋主人所怡”“长塘”“老眼向书明”“曾在鲍以文处”“鲍以文藏书印”“慎斋”等。这些藏书印表达了鲍廷博的藏书情感。

汪启淑及其“飞鸿堂”藏书

汪启淑是清代著名的藏书家和藏印家。他所汇集的名家藏印印谱——《飞鸿堂印谱》，是汇辑历代官私印章及印人篆刻作品的专书，是几千多年篆刻艺术的结晶。在秦汉至明清这段漫长的封建社会时期，官私版刻俱多，典籍易得，藏书雅事，蔚然成风，藏印亦随之日趋繁荣，琳琅满目，灿烂群星。名家印谱不仅具有较高的艺术鉴赏价值，而且还可以帮助人们了解藏书家的个人资料，诸如生辰、名号、行第、籍贯、仕途、功名、志趣、读书处、藏书斋等，从而为鉴定书籍版本提供了线索和依据，有其深蕴的文化内涵和独特的文化现象，具有重要的文献价值。

汪启淑（1728—1799），字慎仪，又字秀峰，号讱庵，人称印癖先生，安徽歙县棉潭人。徽州盐商出身，寓居杭州，官至工部都水司郎中。生平爱好文学，好藏书，嗜古成癖，尤爱收藏古籍书画、印章、古玩。是清代藏书家、藏印家和古玩收藏家。其居室曰“飞鸿堂”，有秋室、退斋、悔堂、安拙窝、喜雨亭、一泓斋、开万楼、漱霞轩、静乐居、敦朴堂、居易奄、春晖堂、丛退斋、琴砚楼、临学山堂、听泉精舍等室名堂号。汪启淑不愧为一名藏印家和藏书家。

一、汪启淑一生酷爱藏书印

汪启淑的主要成就不在他的为政，而在他的收藏鉴赏。他所汇集名家藏印印谱《飞鸿堂印谱》，具有极其深蕴的文化内涵。在明清时期，汇集印人的印谱有著名的三堂印谱，即张灏《学山堂印谱》、周亮工《赖古堂印谱》、汪启淑《飞鸿堂印谱》。《学山堂印谱》汇集了归文休、何震、苏宣、沈从先、朱简、顾元芳、何通等著名篆刻家的作品，故历来为世人所重。《赖古堂印谱》成书于清康熙六年（1667），周亮公鉴藏，其子周在浚、周在延、周在建辑，高阜、黄虞稷、倪粲、高兆等题序跋。此谱所收之印为明清篆刻家之作品，内容为姓名、字号、名言、警句、诗词等，皆为精品。而《飞鸿堂印谱》成书于清朝乾隆十年(1745),也是汇集明清篆刻家作品的大型印谱,收印数量比前二谱大得多,共四千余方,五集四十卷。每页2印,有释文,部分注有篆刻家姓名,其所著《续印人传》中多有注录,每集均有序跋多则,首卷有金农题字,汪氏二十一岁小像及凡例十五则,有石印本行世。《飞鸿堂印谱》分初集、二集、三集、四集、五集,每集八卷,每二卷为一册,共二十册。每册前后均有序、跋。上海古籍出版社根据乾隆三十年(1765)《飞鸿堂印谱》刊本,为给读者提供方便,将分散在各册的序跋统一放在卷首,缩小影印。原书释文下刻印人名或用名字,或用字号,不甚统一,给读者使用带来了一定的困难,为了便于读者了解收印人的有关情况,特编制《飞鸿堂印谱人录》,注明印人字号、印章收录数和籍贯等,附于书后。原书版框较大,现将印章次序稍加调整,将原二十册合为一册,以方便读者。

为《飞鸿堂印谱》作诗叙、序、跋的名人有:李果、阎沛年、孙阵典、徐赋、张湄、眉洲、周宣猷、徐键、毛咏、缚玉露、赵大鲸、顾解陆、施谦、汪沆、孙彦、倪承宽、张弘殿、沈德潜、林组、丁敬、厉鹗、叶长杨、周宣武、吴城、江永、陆钧、王曾祥、徐日琏、叶世度、吴晨、舒瞻、江权、盛晓心、彭元玮、梁诗正、吴山秀、葛淳、王又曾、庄有恭、齐召南、张霁、周怡、王腾蛟、吴蒙、薛雪等这些名人、篆刻家为本书的作序,这无疑给《飞鸿堂印谱》抬高身价。

浏览《飞鸿堂印谱》,书意、刀味、金石气息扑面而来。古玺之静穆、典雅,自然而然想起秦汉之劲健、沉雄,元之圆润秀逸,明之别情异调,当代印风之多姿神采,可谓渊源有序,各臻其妙。《飞鸿堂印谱》是汪启淑历经二十载,上下求索,苦心经营之心得。

汪启淑收藏印章不惜重金,不择手段,如痴如醉。凡好古之家,鬻古之市,都是他常涉足的处所。据传钱梅溪有汉"杨恽"二字铜印,汪启淑不顾场合,竟要强行索取,钱梅溪不肯相送,启淑遂长跪不起,钱不得已,笑而赠之。其风趣如此,足见其嗜印之痴情。

汪启淑在《飞鸿堂印谱》的凡例中写道:"印谱非特为文房赏玩之品,六书原本于小学,大有裨益,缘是不惜赀费,咸用朱砂泥、洁越楮、顶烟墨、文锦函以装潢之,非与射利者所可同日语也,具眼谅能识之。"[①]汪氏为这部印谱从材料到装帧都尽了最大努力,并明确宣告与"射利者"不同,自信"具眼谅能识之"。既然不为射利,难道不为沽名?不能否认有出书以射利沽名者,

① 汪启淑:《飞鸿堂印谱·序例》,上海古籍出版社1992年版。

但徽州人整体的文化品格决定了借刻书以扬名为他们所不齿，这也是他们长期以来形成的道德共识。

汪启淑生平致力于整理刊印所藏古玩、金石、印玺，对我国考古学贡献很大。除辑《飞鸿堂印谱》之外，汪启淑撰写和编辑的著作，根据清丁仁和《八千卷楼书目》和刘锦藻《清续文献通考》所提供的目录有：《经络歌诀》1卷、《续印人传》8卷、《飞鸿堂鼎炉谱》1卷、《飞鸿堂砚谱》3卷、《飞鸿堂墨谱》1卷、《飞鸿堂瓶谱》1卷、《水曹清暇录》16卷、《焠掌录》2卷、《讱葊诗存》6卷、《汉铜印丛》、《讱庵诗存》1卷、《水曹清暇录》16卷、《焠掌录》2卷、《续印人传》8卷、《汉铜印丛》4卷、《集古印存》32卷、《讱庵印存》32卷、《讱葊诗存》6卷。《古铜印丛》4卷、《飞鸿堂印谱五集》40卷、《汉铜印丛》12卷、《锦囊印林》4卷、《集古印存》32卷、《退斋印类》10卷、《飞鸿堂瓶谱》1卷、《酒帘倡和》4卷。从以上汪启淑的撰写和编辑的著作来看，主要是印谱书籍为多，这也符合汪启淑爱好和收藏，这方面的书籍给后人留下宝贵艺术价值，成为古代最著名的艺术编辑大师。

在我国的艺术宝库中，篆刻印章具有独特的美学形态性、丰厚的人文意味性和深邃的精神理念性。从秦汉官私印到明清流派印，可以这样讲：篆刻艺术是古老的中华文明史的物化载体和独特传承，具有悠久的文化积淀和勃发的审美张力。印章是渊源深远的中国传统文化艺术形式，是华夏民族“诚信”“征信”的凭证，并且至今仍是一种广泛使用的社会诚信表现形式。

《飞鸿堂印谱》也反映汪启淑在收藏印谱时，从印章的内容来看，把它当作生活中一种精神享受，如在读书治学方面颇有感受：陈浩刻的“为学之道贵在乎勤”，吴于河刻的“精勤受学”，高凤翰刻的“学以静为本”，董元镜刻的“穷居草茅，坐诵书史”，周芬刻的“好书到手不论钱”，杨鉽刻的“不爱尺璧，而爱寸阴”，姜文炳刻的“学问之道惟虚乃有益，惟实乃有功”，董洵刻的“人不可以无学”。藏书印中还是有许多诗文印，反映了汪启淑的生活情趣、精神追求或者思想境界。如：施景寓刻的“富贵不淫贫贱乐”，汪成刻的“事理既融，内心自莹”，李石塘刻的“博览群书，日夕无倦”，释篆玉刻的“要以清心省事为本”，吴廷燧刻的“以义制事，以礼制心”，张雨亭刻的“学必圣贤为师”，徐怀刻的“人爱名与利，我爱水与山”。

藏书印还反映了汪启淑的生活与感受，表达一种淡泊名利、逍遥自在、与世无争的思想和修身养性的准则，如：吴钧刻的“恬淡自逸”和“人生在世能有几何，石火电光眨眼便过”，胡贞甫刻的“清淡不厌贫”，吴兆杰刻的“不知足者，虽富是贫”，陈书龙刻的“世人皆醒，我独醉”，周芬刻的“自在逍遥”，沈凡民刻的“养性延寿”。

汪启淑是清代乾隆年间印章收藏者中开集印材成谱之先，给研究与鉴别以新的契机。他所辑的《退斋印类》提供的印材是：金银宝石、精玉冻石、牙角瓷器，各尽其美，其所收集的寿山、青田、昌化、楚石、辽石等多类印石，对研究印人的艺术风格提供了参考依据，其后封泥、铜印、玉印单独汇集成谱，丰富了印人的创作与研究的天地。

《飞鸿堂印谱》作为明清篆刻家作品的大型印谱，具有重要的文献价值。然而篆刻艺术在历史上被人们视为“雕虫小技”，而没得到应有的重视，以至清代乾隆年间规模庞大的官修《四库全书》，对印谱也少有问津，在《四库全书存目》中，是通过纂修官们校阅后，认为价值不高，或思想内容与封建统治相悖，而未收入《四库全书》之中。就印谱而言，似乎认为“价值不高”了。

印谱就其艺术价值而言，实不能恭维，就其丰富的文献内容，不无研究、校勘之作用。随着印人印谱与汇辑印材印谱的问世，为研究古代官制、人物、地理、印材、鉴别真伪、艺术水平等方面提供了宝贵资料和参考佐证。《飞鸿堂印谱》是学术性、资料性和艺术性三美兼备的学术性资料汇编，全书列出了清代50多位知名人士作序，并列出352印人录的姓名、字号、籍贯、藏书楼名、履历诸项，这对研究刻印家提供了宝贵资料。另外，全书的印章都附识释文，既体现了本书的学术性，又省却了读者的翻检之苦，可谓一举两得。

由于汪氏家学渊源，培养了启淑的藏印兴趣和爱好。他与生俱来跟印艺有缘，自称“印癖先生”，与丁敬、金农、黄易私交甚笃。他的财力、志趣，使其成了一位超过前贤的藏印家和制谱家。在鼎盛时他收集的周、秦迄宋、元的古印竟达到数万钮，堪称空前绝后。他从十八岁就编辑《飞鸿堂印谱》，于三十一年后成书。与明季的《学山堂印谱》、清初的《赖古堂印谱》并称为“三堂印谱”。终日用心于学习，喜欢文史，陶醉于藏书印。自汪启淑出，杭州即印风猎猎，众者如云，民间好印之风鼎盛。这门有亲和力的平民艺术似乎成了杭州社稷文化生活中很自然、很需要、很酷好的一个组成部分。“爱印入骨髓”是当时一种近乎真实的写照。

家庭的影响，环境的熏陶，对幼年的汪启淑心灵起了潜移默化的作用。徽州士人的学术研究最重世代的家学传承，有言说：“学传三代，方称世家”。

徽州文化世家一般都有三代以上的家学传承,有的更是代有薪传,学者辈出,从而成就了一个个各具特色又自成体系的文化世家。汪氏是儒贾世家,其家道富厚,世受封赏。家族以经营盐业为生,并在盐业经营活动中,积累了雄厚的资本和利润,并为汪氏家族的收藏活动提供了经济基础。汪启淑是集财力、毅力、想象力于一身的杰出印学推广者。对于长盛不衰的杭郡印艺是有持续性贡献人之一。

值得一提的是,印坛的空前繁荣,决不会是一种单臂现象。印人与赏家历来是飞鸟的双翼,互为鼓动,互为表里,互助双赢。在19世纪末,藏印之风、辑谱之风也是空前的繁荣。据不完全统计,清代所能读到的印谱就有二百三十部。而这一数字,远远要高于宋、元、明三代近七百年的印谱数量的总和。此外,汪启淑的《飞鸿堂印谱》用纸考究,印刷精美,具有很高的艺术价值。拓品虽系复制,妙手几可乱真。每个印页,天头地脚较宽;单边栏内,藏章排列疏朗。大小方圆、阴阳朱白,林林总总,美不胜收。

二、汪启淑是一位著名的藏书大家

汪启淑把毕生的精力都用在藏书、藏印的事业上,成为清代前期一位卓著的藏书家、藏印家和古玩收藏家。根据清陆心源《皕宋楼藏书志》、孙诒让《温州经籍志》和永瑢《四库全书总目》提供藏书目录有,汪启淑家有藏书为:《周易爻变义蕴》4卷、《四书经疑贯通》8卷、《罗鄂州小集》6卷附录2卷、《攻媿先生文集》120卷、《北磵文集》10卷、《姚叔器先生集》1卷、《说学斋稿》不分卷、《七十六雁山志》4卷、《温处海防图略》2卷、《易学启蒙意见》5卷、《玩易意见》2卷、《易修墨守》1卷、《胡子易演》18卷、《学易举隅》6卷、《古易汇编》17卷、《易林疑说》无卷数、《易经勺解》3卷、《易窥》无卷数、《心易》1卷、《尚书说要》5卷、《禹贡山川郡邑考》4卷、《书帷别记》4卷、《尚书辨解》10卷、《尚书揆》16卷、《诗经通义》12卷、《周礼因论》1卷、《仪礼节解》17卷、《檀弓丛训》2卷、《礼记通解》22卷、《礼记纂注》30卷、《春秋集传纂例》10卷、《春秋谳义》9卷、《春秋孔义》12卷、《春秋读意》1卷、《春秋翼附》20卷、《春秋直解》15卷、《春秋阐义》12卷、《春秋麟寳》63卷、《春秋左翼》43卷、《春秋揆》1卷、《麟旨定》无卷数、《春秋程传补》20卷、《左传统笺》35卷、《提要补遗》1卷、《七经孟子考文补遗》199卷、《经书音释》2卷、《重编五经图》12卷、《论语全解》10卷、《癸巳论语解》10卷、《癸巳孟子说》7卷、《四书疑节》12

卷、《孟子杂记》4卷、《论语商》2卷、《中庸合注》1卷、《四书讲义》无卷数、《孟子说解》14卷、《大学中庸读》2卷、《四书说丛》17卷、《苑洛志乐》20卷、《律吕解注》2卷、《古文四声韵》5卷、《六书统》20卷、《经史正音切韵指南》1卷、《增修复古编》4卷、《字考》2卷、《广金石韵府》5卷、《篆文纂要》4卷、《韵总持》3卷、《明通纪述遗》12卷、《高庙纪事本末》无卷数、《征吾录》2卷、《识大录》无卷数、《辽大臣年表》1卷、《钱塘遗事》十卷、《广王卫王本末》1卷、《奉天靖难记》4卷、《别本洪武圣政记》12卷、《天顺日录》1卷、《明政要》20卷、《安楚录》10卷、《姜氏秘史》1卷、《辽记》1卷、《行边纪闻》1卷、《交黎抚剿事略》5卷、《平夷功次录》1卷、《使琉球录》2卷、《泰昌日录》1卷、《定保录》无卷数、《谕对录》34卷、《明诏令》21卷、《敬乡录》14卷、《嘉靖以来首辅传》8卷、《阙里志》24卷、《孔孟事迹图谱》4卷、《宗圣志》12卷、《阙里广志》20卷、《君臣相遇录》10卷、《曹江孝女庙志》10卷、《润州先贤录》6卷、《尊乡录节要》4卷、《补遗》1卷、《群忠录》2卷、《国琛集》2卷、《儒林全传》20卷、《春秋名臣传》13卷、《辨隐录》4卷、《历代党鉴》5卷、《奇游漫记》4卷、《南朝史精语》10卷、《太史华句》8卷、《廿一史识余》37卷、《华阳国志》12卷附录一卷、《后梁春秋》2卷、《十六国年表》1卷、《太平寰宇记》200卷、《西湖游览志》24卷志余26卷、《华阳宫纪事》1卷、《新定九域志》10卷、《雍大记》36卷、《浦江志略》8卷、《南畿志》64卷、《海盐县图经》16卷、《治河通考》10卷、《黄运两河考议》6卷、《北河续记》8卷、《萧山水利书初集》2卷续集1卷3集3卷附集1卷、《江防考》6卷、《两浙海防类考续编》10卷、《温处海防图略》2卷、《雁山志》4卷、《衡岳志》13卷、《齐云山志》5卷、《续刻麻姑山志》17卷、《天台山方外志》30卷、《天目山志》4卷、《峩眉山志》18卷、《峩眉志略》1卷、《七星岩志》16卷、《峩眉山志》18卷、《岳麓志》8卷、《鸡足山志》10卷、《惠阳山水纪胜》4卷、《西樵志》6卷、《白鹭洲书院志》二卷、《海表奇观》8卷、《翰林记》20卷、《土官底簿》2卷、《南雍志》24卷、《楚台记事》7卷、《官制备考》2卷、《唐会要》100卷、《西汉会要》70卷、《谥法纂》10卷、《年号韵编》1卷、《明三元考》14卷、《长芦盐法志》13卷、《通漕类编》9卷、《古今鹾略》9卷、《鹾略补》9卷、《金薤琳琅》20卷、《金石林时地考》2卷、《金石史》2卷、《嵩阳石刻集记》2卷、《天发神谶碑释文》1卷、《承华事略》1卷、《太史史例》100卷、《史取》12卷、《评史心见》12卷、《左略》1卷、《寿亲养老新书》4卷、《医经泝洄集》2卷、《天步眞原》1卷、《天学会通》1卷、《历算全书》60卷、《勾股矩测解原》2卷、《九圜史图》1卷附6卷、《匌曼》1卷、《元包》5卷附《元包数总义》2卷、《数诀》1卷、《易十三传》13卷、《庵蘂》1卷、《太乙统宗宝鉴》20卷、《墨池琐録》4卷、《笔元要旨》1卷、《青莲舫琴雅》4卷、《分宜清玩谱》1卷、《方氏墨谱》6卷、《素园石谱》4卷、《茶董》2卷、《茶史》2卷、《闲居录》1卷、《寰有铨》6卷、《多能鄙事》12卷、《使规》1卷、《宋贤事汇》2卷、《枕中秘》无卷数、《广博物志》50卷、《文选双字类要》3卷、《裁纂类函》160卷、《四六丛珠汇选》10卷《姓汇》4卷、《姓觿》10卷、《考古辞宗》20卷、《奇姓通》14卷、《类雅》20卷、《教养全书》41卷、《古杭杂记诗集》4卷、《古今谚》2卷、《古今风谣》2卷、《古老子》2卷、《仙苑编珠》3卷、《长江集》10卷、《麟角集》1卷、《黄御史集》10卷附录1卷、《武溪集》20卷、《冯安岳集》12卷、《范太史集》55卷、《默成文集》八卷、《舒文靖集》2卷、《本堂集》94卷、《蒲室集》15卷、《石门集》7卷、《玉笥集》9卷、《白云稾》5卷、《鸣盛集》4卷、《武功集》5卷、《骚略》3卷、《甘白集》6卷、《三畏斋集》卷、《黄介庵集》11卷、《桐屿集》4卷、《质庵文集》无卷数、《岁寒集》2卷、《思元集》16卷、《恒轩集》6卷、《东所文集》13卷、《襄敏集》4卷、《董从吾稿》1卷、《东游集》1卷、《南北奉使集》2卷、《寒邨集》4卷、《严文靖公集》12卷、《洪洲类稿》4卷、《古文集成》前集78卷、《古乐府》10卷、《玉山纪游》1卷、《唐宋元名表》4卷、《古今禅藻集》28卷、《静安八咏诗集》1卷、《五伦诗》5卷、《骊珠随录》5卷、《词海遗珠》4卷、《名公翰藻》50卷、《昆山杂咏》28卷、《古诗类苑》120卷、《灵洞山房集》2卷、《岳阳纪胜汇编》4卷、《续文选》32卷、《闽南唐雅》12卷、《金华诗粹》12卷、《溯洄集》10卷、《练音集补》7卷、《国朝练音集》12卷、《松风余韵》51卷、《岭南五朝诗选》35卷、《广东诗粹》12卷、《乐府遗音》5卷、《四六谈麈》1卷、《浙西六家词》10卷、《古今词论》1卷、《填词名解》4卷、《填词图谱》6卷续集2卷、《词韵》2卷等。

汪启淑作为清代私家藏书大家，其藏书如此丰富，确实难能可贵。乾隆三十八年(1773)，下旨编辑《四库全书》，汪启淑响应诏书，献书524种，采用59种，另有201种目录收入到存目。由于汪启淑呈献《四库全书》数量之多，同浙江鲍士恭、范懋柱和两淮马裕三家所进书多至六七百种，各赐《古今图书集成》一部。汪启淑的藏书楼为“开万楼”“飞鸿堂”。所收辑的内容非常丰富，其收藏图书也是多方面、多层次的，具有很高的学术价值。

三、汪启叔藏书的文献价值

如《姜氏秘史》1卷、《华阳国志》12卷、《使琉球录》2卷、《太平寰宇记》200卷、《齐云山志》5卷、《南雍志》24卷、《唐会要》100卷等、《历算全书》60卷、《西汉会要》70卷。

《姜氏秘史》，为明代姜清所撰。姜清（？—1534），江西弋阳人，明正德六年进士，官至尚宝司少卿。此书据《四库全书总目》中介绍说："自靖难之后，建文一朝事迹大抵遗失，是书于故案文集，搜辑遗闻编年纪载，至于地道出亡等事，则未尝载及，纪录颇见精核。"也就是说，《姜氏秘史》是记录明代建文朝历史的第一部编年体著作，全书共分五卷，它所汇录建文朝史料详细全面，多为官修史书和他书所无，该书采用将传记与编年体结合起来，但又吸收了传记的特点。具体做法是，在编年叙述中，第一次出现某人的姓名，并在其下详记录了生平事迹，使建文诸臣形象跃然纸上，仿照实录编写手法，详细排布出建文一朝大事记，尤其是建文朝重大臣几乎都有记载，许多人物事迹记得非常详细，而且资料来源广泛，这些资料不少缘于兵部贴黄册、南京吏部卷等许多今天已无法见到的原始档案材料，因此，该书所引资料弥足珍贵，这对因遭朱棣焚毁而缺乏可信资料的建文朝的历史研究具有重要价值。但是，该书也存在一些内容不合理、甚至前后互相矛盾的地方。尽管如此，仍然瑕不掩瑜，该书展现出建文新政的革故鼎新与建文帝定国安邦的执政思想。

《华阳国志》，又名《华阳国记》，是一部专门记述古代中国西南地区地方历史、地理、人物等的地方志著作，由东晋常璩撰，写于晋穆帝永和四年至永和十年（348—354年）。全书共约11万字。洪亮吉认为，此书与《越绝书》是中国现存最早的地方志。不像之前的地方志只局限于某一方面，《华阳国志》内容结合了历史、地理、人物三方面的内容，较为全方位地开创了后世地方志的体例，以地理志、编年史和人物志三方面结合的方式，记载了4世纪之前以益州为中心的西南地区历史与地理状况。书中有许多政治、经济、郡县沿革、古代氏族等方面的重要史料，例如巴蜀古代的史事，诸葛亮出征南中的经过，各民族历史、传说、风俗等。其中的先贤、后贤志及士女目录，收有西汉到东晋益、梁、宁三州（今四川及陕西、汉中、云南一部分）的人物约四百人，这都是正史的重要佐证史料，反映了这一地区的历史，有重要的文献价值。

《使琉球录》，明代郭世霖撰。世霖，永丰人，官至南京太仆寺卿。万历中，萧崇业拿出《使琉球录》，称是陈侃、郭世霖二人著。嘉靖十一年，命吏科左给事中陈侃、行人高澄册封中山王尚清。侃述其事为《琉球录》，自为之序。至嘉靖三十七年，又遣世霖与行人司行人李际春册封中山王尚元。世霖因取侃旧本，缀续成编。所言大略与《明史·琉球传》合。1534年中国明代琉球册封使陈侃上呈的《使琉球录》中，便对中琉疆界作有明确记载，后世中、日、琉球三国的政府官员、学者乃至岛民水夫亦皆以为是。这充分证明：钓鱼岛及其附属岛屿原本便是中国领土，历史记载的古米山（现今的久米岛）才是古代琉球王国的西部疆土。"古人日以远，青史字不泯"。《使琉球录》不仅记录了册封使在琉球的所见所闻，同时记录了钓鱼岛及其附属岛屿属于中国版图的历史事实。

《太平寰宇记》，宋代乐史撰，《太平寰宇记》卷帙浩博，采摭繁复，考据精核，广泛引用了历代史书、地志、文集、碑刻、诗赋以至仙佛杂记，计约二百种，且多注明出处，保留了大量珍贵的史料。该书对后世地志影响巨大，在体例上仿唐代总志，又有所创新，增风俗、姓氏、人物等门，虽然遭后人诟病"人物琐事登载不遗"，但这种以人文结合地理的方式实被后世地志奉为典范，四库馆臣认为"盖地理之书，记载至是书而始详，体例亦至是大变"。由于所引诸书今多已散佚，故《太平寰宇记》的记载，对于研究自汉迄宋，特别是唐与五代十国史，具有重要的资料价值。该书还首次记录了宋朝绝大多数州郡的主户与客户户口统计，这对于研究宋朝的人口、户籍、阶级状况，也极为珍贵。《太平寰宇记》还记载了各少数民族聚居区的户口，有的还区分汉人与蕃人，甚至主户、客户数，对研究宋初少数民族的人口分布，边远地区的经济面貌，也有参考价值。

《齐云山志》，明代鲁点撰。鲁点，字子与，南漳人。万历癸未进士，官休宁县知县。齐云山在休宁县，名齐云岩，盖白岳西北分支也。上有北极佑圣真君神祠，明代数经修葺，嘉靖中始有齐云山之号。兹志因云岩旧本而重辑之，分三十七目。卷前又有顺治中告示二通，又后人刊入，非原书之旧矣。

《南雍志》，明代黄佐撰。黄佐（1490—566），字才伯，号泰泉。广州香山（今广东中山）人。正德十六年（1521）进士。历南京翰林院少詹事、南京国子祭酒等职，因与大学士议论不合罢归。撰著有《乐典》、《泰泉集》等以及两广志书多种。永乐迁都后，南京、北京皆设国子监，南京国子监又称南雍。景泰七年(1456)南京国子祭酒吴节曾撰《南雍志》18卷付印，嘉靖(1522—1566)初南京国子祭酒崔铣重纂未成。嘉靖二十二年(1543)，黄佐携国子监丞赵恒、博士王制、博士周瑞、助教梅鷟，在崔铣遗稿和吴志基础上增删成书，次年刊刻。后历朝又有增订。志分事纪4卷、职官表2卷、杂考12卷、列传6卷。体例仿《史记》之纪、表、志、传，而略有不同，如"事纪"仿本纪，职官为表，人物为传并附论赞，而杂考分规制、谟训、礼仪、音乐、储养、经籍等6考，仿志例。卷首凡例后还列有引用书目88种。天启三年(1623)南京国子祭酒黄儒炳又撰《续南雍志》18卷首1卷。南雍诸志留存了大量明代太学教育制度及印刷出版等方面的史料。

《唐会要》，北宋王溥撰，是记述唐代各项典章制度沿革变迁的史书，始称《新编唐会要》，现简称《唐会要》，是中国历史上第一部《会要》专著。会要一体今存者自《唐会要》始。它取材于唐代的实录文案，分门别类地具体记载了唐朝各种典章制度及其沿革，保存了《新唐书》《旧唐书》未载的史实，为研究唐代政治、经济、文化等各方面的情况提供了第一手资料，向来为唐代文学、历史的研究者所重视。

《历算全书》，梅文鼎(1633—1721)撰。梅文鼎，字定九，号勿庵，宣城人。清初著名的天文、数学家，为清代"历算第一名家"和"开山之祖"。著作有《明史历志拟稿》《历学疑问》《古今历法通考》《勿庵历算书目》等。笃志嗜古，尤精历算之学。康熙四十一年，大学士李光地尝以其《历学疑问》进呈。会圣祖仁皇帝南巡，於德州召见御书积学参微四字赐之，以年老遣归。嗣诏修《乐律历算》书，下江南总督徵其孙成入侍。及《律吕正义》书成，复驿致命校勘。后年九十余，终于家。特命织造曹頫为经纪其丧。至今传为稽古之至荣。所著《历算》诸书，李光地尝刻其七种。馀多晚年纂述，或已订成帙，或略具草稿。魏荔彤求得其本，以属无锡杨作枚校正。作枚遂附以己说，并为补所未备而刊行之。凡二十九种，名之曰《历算全书》。然序次错杂，未得要领。谨重加编次，以言历者居前，而以言算者列于后。皆以推阐算法，或衍九章之未备，或著今法之面形，或论中西形体之变化，或释弧矢勾股八线之比例。盖历算之术，至是而大备矣。我国家修明律数，探赜索隐，集千古之大成。文鼎以草野书生，乃能覃思切究，洞悉源流。其所论著，皆足以通中西之旨，而折今古之中，自郭守敬以来罕见其比。其受圣天子特达之知，固非偶然矣。《历算全书》后来是通过中国对日贸易的商船传入日本的。

《西汉会要》，宋代徐天麟撰，是一部会要体西汉典章制度史。据《史记》《汉书》所载典章制度、文物故实，以类相从，分门编载，便于检索，政书体史籍，是研治西汉历史的必备工具书。作者开禧元年(1205)进士，历任抚州、临安府教授，主管礼部、兵部架阁等。内容主要分帝系、礼，兵、舆服、学校、运历、祥异、职官、选举、民政、食货、兵、刑法、方域、蕃夷等十五门。每门之下又分若干事，共376事。其部门之间，都无隶属关系。则以杂录附见。其中职官门有一百十子目，食货门三十六子目，都很详细，尤其是兵一门有三十八目，都有具体的记载。因检索比较方便，研究中涉及西汉各典章制度内容时，多参考此书。其不足是取材仅限于《汉书》。

汪启淑作为清代私人藏书家，对图书的收藏保护和刊刻，以及对文化的传承都具有重要贡献。然而，由于汪启淑的个人性格和藏书理念与其他藏书家的区别，他把所收藏的图书严格保管，似乎变成自己的私人财产，不让外人借阅，即使是亲戚朋友也难以涉猎。如汪启淑的藏书好友、又有乡谊之情的鲍廷博就曾经为借阅书籍与他产生很大的矛盾。鲍廷博辑刊《知不足斋丛书》时，想对宋刘昌诗《芦浦笔记》进行校勘核对，得知汪启淑的“飞鸿堂”藏书楼藏有元人盛如梓所撰的《庶斋老学丛谈》，对《芦浦笔记》的校勘有帮助作用，于是携好友郁礼一同到期汪启淑府上借阅，却遭到汪启淑的拒绝。对此，鲍廷博十分气愤和不满，在撰写《庶斋老学丛谈·跋》中流露出，“右盛庶斋《丛谈》，楷书精致，出自钱塘汪西亭(立名)氏，吾友郁君潜亭(礼)所贻也，间有误书，思之不适，闻某公有善本，欣然偕潜亭往借，秘不肯宣，仅录林吉人两跋相授耳，是为乾隆甲午。迨嘉庆甲子，始据钱功父本一扫乌焉之讹。往读某公所著《清暇录》，历数近来藏书家，而自述其储蓄之富。渺兹一粟，漂流沧海中，杳曾几何时，已散为云烟矣。不知其所之矣。”① 鲍廷博在跋中虽没有公开点名，但对“某公”的不满情绪依然怀恨在心。在清代像汪启淑这样的藏书家嗜书成癖、爱书如命的人很多，但像汪氏这样秘不肯宣，小气吝啬的人却是很少，大多藏书家都有藏书共享的思想。如藏书家朱文藻是这样描述鲍廷博藏书共享、开放行为的，“吾友鲍以文，世居歙之长塘……三十年来，近自嘉禾、吴兴，远而大江南北，客有异书来售武林者，

① 鲍廷博辑：《知不足斋丛书》第23集《庶斋老学丛谈·跋》，民国铅印本。

必先过君之门，或远不可致，则邮书之。浙东西藏书家，若赵氏小山堂、卢氏抱经堂、汪氏振绮堂、吴氏瓶花斋、孙氏寿松堂、郁氏东啸轩、吴氏拜经楼、郑氏二老阁、金氏桐华馆，参合有无，互为借抄。至先哲后人家藏手泽，亦多假录，一编在手，废寝忘食，丹铅无已。时一字之疑，一行之缺，必博征以证之，广询以求之。有得则狂喜珍贝，不得虽积思累岁月不休。……海内书林闻君多异书，大率阻于山川无由借读，而君哀集既多。乐于公世。出其所储为前诸家所未刊，或已刊而讹脱过甚者，悉心勘定，寿之枣梨。"[①]这才是藏书家的风格和胸襟，与汪启淑有天壤之别。

① 朱文藻：《知不足斋丛书·序》，民国铅印本。

清代徽州籍"扬州二马"藏书

清朝前期扬州曾是全国重要的盐商基地,控制着整个国家大约有三分之二的盐业销售量,拥有雄厚巨额资金,实属世所罕见。据史料记载:"乾嘉间,扬州盐商豪侈甲天下,百万以下者皆谓之小商。"①在明清时期,扬州盐业的经营主要是徽商和西商(山、陕商人)所操纵,故万历《扬州府志》说:扬州的盐商,"新都最,关以西、山右次之"。由此可见,到清代扬州盐业达到极盛,徽州盐商不仅在财力上超过了西商,而且寓居扬州的人数也大大超越西商。正如史载:徽州盐商汪廷璋在扬州"自其先世大千迁扬州,以盐策起家,……守财帛,富至千万。"②据方志记载,在扬州的歙县籍盐商,就有"江村之江,丰溪、澄塘之吴,潭渡之黄,岑山之程,稠墅、潜口之汪,傅溪之徐,郑村之郑,唐模之许,雄村之曹,上丰之宋,棠樾之鲍,蓝田之叶皆是也。彼此盐业集中淮扬,全国金融几可操纵。致富较易,故多以此起家。"③如此多的歙县大族盐商"集中淮扬",另外,还有休宁、祁门、黟县、绩溪等商人在扬州经营盐业,充分说明,徽州盐商手握庞大的商业资本,对扬州社会经济的发展以及文化的繁荣昌盛都会产生巨大的影响。

扬州位于长江与京杭运河的交汇之处,它临海濒江,得天独厚,史称:"扬州治滨大江,为南北绾毂,兼以盐策,期会攘攘往来,而谈经讲艺之士亦日以众。"④水陆交通枢纽、商业贸易重镇,是两淮盐业、经济中心,也是一座历史文化名城。

清代《(嘉庆)两淮盐法志》中所列80名盐商,徽州盐商就占60名。民国陈去病的《五石脂》指出:"扬州之盛实徽商开之,扬盖徽商殖民地也。"这里虽有夸大其词,但也足以说明徽商的巨大力量。徽州商人在扬州经商的就

① 《清朝野史大观》卷11《清代述异·觞令解围之句》,上海科学技术文献出版社2010年版。

② 李斗:《扬州画舫录》卷15《冈西录》,中华书局2007年版。

③ 民国《歙县志》卷1,民国刊本。

④ 嘉庆《重修扬州府志》卷28《寺观志》,扬州广陵书社2006年版。

有马、鲍、郑、巴、江、黄、吴、徐、程等9个家族，其势力由此可见一斑。在扬州经商的大族中，其中，马曰琯、马曰璐就是徽州祁门县人，从祖父马承运起，开始走出“道途梗阻，交通乏便”的大山，后经商定居扬州，人称马曰琯、马曰璐兄弟为“扬州二马”，堪称扬州徽商翘楚。但他们也不是以单纯盈利为宗旨的商人，而是有特色的“贾而好儒”的商人形象，其大多数是“先儒后贾”，从商之后便是“贾而好儒”。正符合徽州本是一个“十家村落，亦有讽诵之声”的“读书尚学”文化传统。亦贾亦儒，贾儒结合，徽商在经商的同时与文化有着不解之缘，往往被誉为儒商。马曰琯、马曰璐就是徽商中儒商的代表人物，为保存中华文明的传统文化投入巨大资金，广泛收集善本、孤本书籍，同时也大量刊刻著作。藏书和刻书也成为马曰琯、马曰璐兄弟俩生活的一部分。

马曰琯（1667—1755），字秋玉，号嶰谷、沙河逸老。其弟马曰璐（1695—1776），字佩兮，号南斋、又号半槎。马曰琯、马曰璐兄弟在经商的同时爱好文化和儒术。尤其喜爱藏书和刻书，同时也爱写诗和结交文人墨客。兄弟二人在离瘦西湖不远之处，在东关街南有一座私家美丽园林，雅称“街南书屋”。这是祖辈和父辈经营盐业，到马曰琯、马曰璐时，经过三代人的经营，家资巨万，成为扬州著名盐商。“街南书屋”是祖辈遗留下来的产物，是扬州历史上著名的私家园林，加上马氏兄弟经营有方，是徽商在扬州的骄傲。富裕之后马氏兄弟发扬徽商“贾而好儒”的优良传统，拿出一部分资金投入文化事业建设上。在“街南书屋”基础上，布置了十二个景点，其中以小玲珑山馆丛书楼的藏书楼最为著名，藏书数量之多，质量之高，且极为丰富，举世无双。时苏州藏书名家姚世钰《孱守斋遗稿·丛书楼铭》称赞曰：“广陵二马君秋玉、佩兮筑别墅街南，有丛书楼焉。楼若干楹，书若千万卷，其著录之富，丹铅点勘之勤，规唐宋藏书家如邺候李氏、宣献宋氏、庐山李氏、石林叶氏，未知孰为后先？若近代所称天一阁、旷园、绛云楼、千顷斋以及倦圃、传是楼、曝书亭，正恐无所不及也。”[①]视马氏藏书比肩唐宋名家、超迈明清前贤，姚氏此言不虚。另一位苏州藏书家吴翌凤称赞说：“秋玉（马曰琯）尤富藏书，有稀见者，不惜千金购之。玲珑山馆中四部略备，与天一阁、传是楼相埒。”[②]而天一阁、传是楼分别为明代和清代最大藏书楼之一。天一阁是明代

① 姚世钰：《孱守斋遗稿·丛书楼铭》，清刊本。

② 吴翌凤：《逊志堂杂钞·丙集》，中华书局1994年版。

中期退隐的兵部右侍郎范钦主持建造的。它是我国现存最古老的私人藏书楼，也是世界上现存历史最悠久的私人藏书楼之一，被誉为"江南书城"。天一阁藏书主要来源两个方面：一是当时城西丰氏万卷楼；同时与著名学者王世贞相约互抄书籍，这是天一阁藏书的基础部分。二是范钦自己搜求和努力的结果。范钦曾历任江西、广西、福建、云南、陕西等地，就留意各地的书籍，只要有空闲时间，都在任职之地收购。主要是宋元以来刊本、稿本、钞本，而以明刻本为主。而最大的特色是明代地方志书、政书、诗文集等。天一阁最后藏书达七万余卷。传是楼是清代徐乾学在家乡江苏昆山建造的藏书楼。徐氏康熙九年(1670)进士，历任内阁学士、刑部尚书等职。曾被任命编纂《大清一统志》《清会典》及《明史》等。而自幼酷爱读书、抄书和藏书的徐乾学，博览群书和爱书手不释卷。由于徐乾学富于资财，又善于多方搜求典籍，花费半生心血搜集、抄录的书有数万卷之多。据清代散文家汪琬描述：传是楼这座藏书楼，"部居类汇，各以其次，素标缃帙，启钥烂然"，善本书、稀见书颇多，蔚为壮观。江浙的许多珍贵图书，尽归其所有。而马曰琯、马曰璐丛书楼，曾以藏书十万卷极负美名，验证苏州藏书家吴翌凤关于丛书楼与"天一阁、传是楼相埒"之说。

马氏兄弟有一种嗜书藏书之癖，为了搜罗书籍，马曰琯喜欢交结朋友，在寒暄经营商业活动情况之后，也一定问及对方手中是否有图书或听说有某种书籍，只要有一点线索，他都要认真记录书目，有空暇时，不管是借来抄，还是托人购买，但千方百计想方设法也要弄到手，就是凭着这种坚忍不拔的精神和意志，周而复始，乐此不疲地收藏图书。其弟马曰璐在藏书方面也不比其兄示弱，当他得知好友著名的学者、翰林院庶吉士全祖望在京城能见到明《永乐大典》万册时，求书的欲望更加迫切，急需聘请人代抄，并嘱咐全祖望派人抄天一阁遗稿。无论是抄写还是购置图书，只要能得到，并常和书商交往密切，不惜一切代价，不计成本，花重金收购。因此马氏兄弟家有藏书盈百橱柜。乾隆三十七年(1772)《四库全书》编纂时，朝廷征求海内秘本，马曰璐之子马裕进献而被采用的书籍达776种之多，为当时全国私人藏书之最。其中收入《四库全书》就有144部，另有225部被列入《四库全书存目》。据《四库全书总目》著录，马氏藏书有373种子529卷，其中经部57种670卷，史部123种1658卷，子部43种731卷，集部150种2470卷。马裕因进献图书卷帙浩繁，邀功受赏，奉到乾隆帝恩赐内务府所刻《古今图书集成》一部，共五千二百卷，分类三十二典。随即装成五百二十匣，藏贮十柜，供奉正厅。继而又获赐《平定伊犁御制诗三十二韵》《平定金川御制诗十六韵》，并《得胜图》三十二幅。尤使马裕受宠若惊的是，其家藏本《鹖冠子》三卷，得御览后，乾隆帝因喜读此稀珍之书，有感而发，为之题《鹖冠子》诗云："鈇器原归厚德将，杂刑匪独老和黄。朱评陆注同因显，柳谤韩誉两不妨。完帙幸存书著楚，失篇却胜代称唐。帝常师处王友处，戒合书绅识弗忘。"荣幸万分，为时人称羡，扬州人乐道。有关小巧玲珑山馆藏书和进献四库馆藏书情况，李斗的《扬州画舫录》卷4记载非常详细：

佩兮于所居对门筑别墅曰街南书屋，又曰小玲珑山馆，有看山楼、红药阶、透风透月两明轩、七峰草堂、清响阁、藤花书屋、丛书楼、觅句廊、浇药井、梅寮诸胜。玲珑山馆后丛书前后二楼，藏书百厨。乾隆三十八年奉旨采访遗书，经盐政李质颖谕借、其时主政已故，子振伯恭进藏书，可备采择者七百七十六种。三十九年奉上谕："国家当文治休明之会，所有古今载籍，宜及时搜罗大备，以光策府，而禅艺林，因降旨命各督抚加意采访，汇之于朝。旋据各省陆续奏送，而江、浙两省藏书家呈献者种数尤多，廷臣中亦有纷纷奏进者。因命词臣分别校勘，应刊、应录，以广流传。其进书百种以上者，并命择其中精醇之本进呈一览。朕几余亲为评咏，题识简编。……今阅进到各家书目，其最多者如浙江之鲍士恭、范懋柱、汪启淑、两淮之马裕四家，为数至五六七百种，皆其累世弆藏，子孙克守其业，甚可嘉尚。因思内府所有《古今图书集成》，为书城巨观，人间罕覯。此等世守陈编之家，宜俾专藏勿失，以永留贻。鲍士恭、范懋柱、汪启淑、马裕四家，着赏《古今图书集成》各一部，以为好古之劝。……钦此。"《古今图书集成》共五千二百卷，分类三十二典，振伯敬谨珍藏，装成五百二十匣，藏贮十柜，共奉正厅。继又赐平定伊犁御制诗三十二韵、平定金川御制诗十六咏，并得胜图三十二幅。又御题《鹖冠子》诗云："鈇器原归厚德将，杂别匪独老和黄。朱评陆注同因显，柳谤韩誉两不妨。完帙幸存书著楚，失篇却胜代称唐。帝常师处王友处，戒合书绅识弗忘。"现皆装成册页，供奉其家。

《扬州画舫录》对小玲珑山馆景色的描述和藏书情况都如实记载，把小玲珑山馆刻画得淋漓尽致。据全祖望《鲒埼亭集》道:“乾隆戊午,予为韩江马氏兄弟作《丛书楼记》,于今盖六年矣。书目告成,属予更为之序。……马氏兄弟服习高曾之旧德,沉酣深造,屏绝世俗剽贼之陋,而又旁搜远绍,萃荟儒林文苑之部居,参之百家九流,如观王会之图,以求其斗杓之所向,进进不已,以文则为雄文,以学则为正学,是岂特闭阁不观之藏书者所可比,抑亦非玩物丧志之读书者所可伦也。韩江先正实式凭之,而砺砺与葛氏争雄长乎哉?”[①]原来小玲珑山馆藏书富甲东南,与深深吸引着一批饱读诗书的文人墨客有关,如全祖望、金农、姚世钰、厉鹗、郑板桥、闵华、王藻、杭世骏、陈章等的加盟,对硕学通儒人士,不限时间、年龄和地域,只要愿意来都行,如王念孙、段玉裁、洪亮吉、孙星衍、汪中都是从小玲珑山馆成长和滋润走出来的学者。因此,小玲珑山馆成为文人雅士文化交流活动的一个重要场所。

全祖望就是和马氏兄弟交往密切,而且也是小玲珑山馆的常客。他是清代著名的史学家、文学家,是浙东学派的重要代表人物之一。勤奋刻苦,博学多才。乾隆元年(1736)会试中进士,入翰林院庶吉士,因不附权贵,受朝廷要官张廷玉排斥,辞官归里,不复出任,专心致力于学术,相继讲学,足迹遍布大江南北。在学术上,其推崇黄宗羲,自称为梨洲私淑弟子,他为黄宗羲辑补《宋元学案》,堪称是贯彻其学术宗旨的典范。又受万斯同影响,专研宋和南明史事,留意乡邦文献。特别反对一味拾人牙慧、步人后尘,或墨守一家、囿于成说,从而失去自己独立思考的品性和学术创新空间的做法。更难能可贵的是全祖望学贵自得、融会百家的思想所追求的一种最高的境界,堪称其一生的学术总结。全祖望曾一度主馆马氏小玲珑山馆,并为“二马”作《丛书楼记》,这是他们友谊和交往的最好的见证。当马氏兄弟得知全祖望眼睛有毛病时,特投书邀请全祖望赴扬州,并延医抓药疗其目疾。全祖望对一段往事是这样说:“春尽,维扬故人以书招往养疴,且云有善医者,乃赴之,仍居畬经堂,病亦未有增减也。仍治《水经》、兼补《学案》。”全祖望在临终前嘱咐弟子董纯秉将所抄文集交马氏藏书楼。且说:“又十日,呼纯之榻前,命尽检所著述,总为一大簍,顾纯曰‘好藏之。’而所抄文集五十卷,命移交维扬马氏藏书楼。”[②]可见,全祖望对马氏兄弟小玲珑山馆的信任和

① 全祖望:《鲒埼亭集》卷32《丛书楼书目序》,中华书局2014年版。

② 全祖望:《鲒埼亭集内编》卷首《全谢山年谱》之《十九年甲戌先生五十岁居扬州》,商务印书馆1912年版。

寄托。

另外一个文人雅士厉鹗，与小玲珑山馆也有着深厚之情。当厉鹗衣衫褴褛、穷困潦倒的时候，正是马氏兄弟不仅在生活上给予他关照，而且还为他提供研学场所，潜心研究，最终成为大学问家。厉鹗(1692—1752)，字太鸿，又字雄飞，号樊榭、南湖花隐等，钱塘人，康熙五十九年举人，屡试进士不第。家境贫寒，性情孤峭不苟合，毕生嗜学。据《杭州府志·文苑集》载："少孤贫，僦居杭城东园，敝屋数椽，读书不辍，声隽一时。"其求知欲却很强，刻苦用功，并与很多的文人交结朋友，如周京、金志章、符曾、金农关系十分密切，常和这些文人在一起作文字之会，赋诗为乐。由于马氏兄弟贾而好儒，"以古书、朋友、山水为癖"，再加上家中藏书极富，吸引文人名士纷至沓来研讨和交友，最引人注目的是厉鹗从四岁时就长期寓住小玲珑山馆，直到去世的前一年，也就是乾隆十六年(1751)，还同全祖望、马曰璐在小玲珑山馆以散曲相酬答。厉鹗与"扬州二马"的关系非同一般，没有马氏兄弟可以说也就没有厉鹗在文坛上的成就。当年迈体衰的厉鹗辞别小玲珑山馆还归故里时，马曰琯在《齐天乐·送樊榭归湖上》写道："廉纤细雨侵衣袂，梅天最难调摄。苦笋过墙，青苔上砌，客里光阴飘忽。怀归念切，拟暂沦茶铛，少留吟箧。只恐红衣，待君香散半湖月。吹箫何处濯发？浸空明一片，消尽炎热。唤艇邀凉，凭栏觅句，沙际白鸥凝雪。哪堪闲阔。定幕忆山斋，几般萦结。莫负秋窗，满林蝉乱咽。"马曰璐也在《南斋词》中写道："片帆约共云阴远，相看已萦愁绪。淡景邀诗，遥情入画，绿暗前时来路。汀荷苑树，有花底鱼经，柳边萧谱。水梦山魂，朗吟飞向镜奁去。湖头应忆旧侣。正疏篁露滴，如对幽语。病渴文园，耽佳饭颗，算是襟分几度，离杯漫举。待潮落江天，片时延伫。直到凉秋，翦灯同听雨。"两首词将凄凉、悲伤的离别之情描写得淋漓尽致。而厉鹗也以《齐天乐·庚午夏五将归湖上留别韩江吟社诸公》作答："平生惯向芜城客，吴丝暗斑双鬓。雪岭才高，青楼句好，那比前人俊，吟朋胜引。爱款竹寻题，占花分韵。忽觉归心，一灯摇梦野鸥近。湖山此时旧隐。玉壶凉万斛，红腻莲晕。江雨鸣篷，林风解缆，离绪满于潮信。流连未尽。谢送我多情，熟梅芳酝。弹指秋清，重逢期定准。"离别的忧伤，但总忘不了对小玲珑山馆的眷恋之情。厉鹗去世后，"扬州二马"集张世进、方士倢、陈章、闵华、陆钟辉、楼绮、程梦星、汪玉珂共10人，为其设灵位于"行庵"，并集体哭泣。著名的诗人袁枚为马氏兄弟作诗："横陈图史常千架，供养文人过一生”，这是“扬州二马”与厉鹗之间友谊的真实写照。据《清史列传》云：“鹗搜奇嗜博，馆于扬州马曰小玲珑山馆数年，肆意探讨，所见宋人集最多，而又求之诗话、说部、山经、地志，为《宋诗纪事》一百卷、《南宋院画录》八卷、又著《辽史拾遗》《东城杂记》《湖船录》诸书，皆博洽详赡。……所著《樊榭山房集》二十卷，幽新隽妙，刻琢研炼。尤工五言，取法陶、谢及王、孟、韦、柳，而别有自得之趣。兼长诗余，擅南宋诸家之胜。”[①]厉鹗的《辽史拾遗》《宋诗纪事》《南宋杂事诗》《东城杂记》《南宋院画录》《湖船录》等著作都是在小玲珑山馆完成的。

小玲珑山馆不光是全祖望、厉鹗经常出没之地，同时也是文人墨客以诗唱和、以文会友的场所。李斗《扬州画舫录》载：“扬州诗文之会，以马氏小玲珑山馆、程氏筱园及郑氏休园为最盛。至会期，于园中各设一案。上置笔二、墨一、端研一、水注一、笺纸四、诗韵一、茶壶一、碗一、果盒茶食各一、诗成即发刻。三日内尚可改易重刻。出日遍送城中矣。”[②]正反映了当时的诗文盛况，而马氏、程氏和郑氏都是徽州籍商人，他们利用这些名园广交天下名流，因此在这里聚集了一大批江南文人学士交流学习、吟诗作画、搜藏古籍、刊刻著述，成为大江南北远近闻名聚集场所。著名的有全祖望、金农、姚世钰、厉鹗、郑板桥、汪士慎、黄慎、闵华、王藻、汪玉枢、方士庶、杭世骏、陈章等都是小玲珑山馆的常客。金农《冬心先生集》这样写道：“少游兄弟性相仍，石屋宜招世外朋。万翠竹深非俗籁，一圭山远见孤棱。酒阑遽作将归雁，月好争如无尽灯。尚与梅花有良约，香黏瑶席嚼春冰，”[③]描写这些文人聚集在小玲珑山馆吃喝玩乐的情景。马曰琯本人也非常喜爱诗词，曾著有《沙河逸老小稿》，其中有一首诗赠汪士慎“交深卅载意绸缪，移居城隅小屋幽。风里寒蛩怜静夜，灯前白苎耐新秋。嗜茶定有茶经都，能画差来画直酬。清骨向人殊落落，懒将岩电闪双眸。”[④]这首诗意味深长，对汪士慎出道前的同情和后半生双目失明的忧伤。“嗜茶顶有茶经读，能画羞来画直酬”。这是说汪士慎在卖画时，不好意思和买画人讨价还价。汪士慎出生康熙二十五年（1686），安徽休宁富溪人。善于作诗，喜弹琴，擅画花卉，随意勾画，

① 《清史列传》卷71《文苑传》，中华书局1987年版。

② 李斗：《扬州画舫录》卷8，中华书局1997年版。

③ 金农：《冬心先生集》卷4《马曰琯兄弟招同王歧余元甲汪埙厉鹗闵华汪华沅陈皋集小玲珑山馆》，上海古籍出版社1979年版。

④ 马曰琯：《沙河逸老小稿》卷2《秋日柬汪近人》，商务印书馆1935年版。

清妙多姿。由于家境贫寒，37岁时，携家带口来到扬州，投奔老乡马曰琯、马曰璐兄弟。其原因主要是扬州是当时经济繁荣的都市，而且文气畅达，字画都有很好的市场。汪士慎受到马氏兄弟的厚待。马氏兄弟把他安排在自家的“七峰亭”。这个亭子，原来是马氏兄弟在家接待文人墨客的一座“沙龙”。汪士慎来后，马氏兄弟请人来将这座亭子整理成住房，让汪士慎一家住在这里。由于这座亭子的四周散布着七块巨石，像七座山峰，因此，汪士慎将这一新居命名为“七峰草堂”，并自名“七峰居士”。汪士慎后来成为“扬州八怪”之一，其书画造诣之深，是举世公认的，郑板桥就评价汪士慎说“清品极高”。这与马氏兄弟在最困难时给予汪士慎慷慨解囊的接济和帮助是分不开的。马氏兄弟在扬州是著名的盐商，其财力人力物力之雄厚是远近闻名的，他们交结文人雅士，还不吝金银，资助贫寒学士。特别是善于资助那些有发展前途、崭露头角的寒门士子。当马氏兄弟初识郑板桥于焦山时，喜出望外，爱才若渴，经过一番交流谈心之后，得知其家贫避债来此，便赠送纹银200两，让郑板桥克服困难，振作精神。

“小玲珑山馆”成为一批文人士子在扬州活动的场所，同时也是为他们雅集唱和、诗文创作交流的一个平台。“小玲珑山馆”主人马曰璐在《小玲珑山馆图记》描述此情此景，诗词唱和，此唱彼和，相互酬答，文人骚客的雅兴和礼节。正如唐代张籍有两句诗将即席唱和的情景写得十分生动传神——“闲来各数经过地，醉后齐吟唱和诗”。图记云：

中有楼二：一为看山远瞩之资，登之则对江诸山，约略可数；一为藏书涉猎之所，登之则历代丛书，勘校自娱。有轩二：一曰透风，披襟纳凉处也；一曰透月，把酒顾影处也。一为红药阶，种芍药一畦，附之以浇药井，资灌溉也。一为梅寮，具朱绿数种，媵之以石屋，表洁清也。阁一，曰清响，周栽修竹以承露；庵一，曰藤花，中有老藤如怪虬。有草亭一，旁列峰石七，各擅其奇，故名之曰七峰草亭。其四隅相通处，绕之以长廊，暇时小步其间，搜索诗肠，从事吟咏者也，因颜之曰觅句廊。将落成时，余方拟榜其门为街南书屋，适得太湖巨石，其美秀与真州之美人石相埒，其奇奥偕海陵之皱云石争雄。虽非娲皇炼补之遗，当亦宣和花纲之品。米老见之，将拜其下；巢民得之，必匿于庐。余不惜赀财，不惮工力，运之而至。甫谋位置其中，借作他山之助，遂定其名小玲珑山馆。适弥伽居士张君过此，挽留绘图。只以石身较岑楼尤高，比邻惑风水之说，颇欲尼之。余兄弟卜邻于此，殊不欲以游目之奇峰，致德邻之缺望，故馆既因石得名，图已绘石之矗立，而石犹偃卧，以待将来。①

马氏小玲珑山馆饮酒吟诗的盛况，参与者甚众，或诗文相交，或意气相投，各自表现为以文会友，以诗下酒。诗人袁枚对这一场景有一个生动的描写：

马氏玲珑山馆，一时名士如厉太鸿、陈授衣、汪玉枢、闵莲峰诸人，争为诗会，分咏一题，裒然成集。陈《田家乐》："儿童下学恼比邻，抛堕池塘几日巡。折得松梢当旗纛，又来呵殿学官人。"闵云："黄叶溪头村路长，挫针负局客郎当。草花插鬓偎篱望，知是谁家新嫁娘。"秋玉云："两两车乘觳觫轻，田家最要一冬晴。秋田晒罢村醪熟，翻爱漕床滴雨声。"汪《养蚕》云："小姑畏人房闼潜，采桑那惜春葱纤。半夜沙沙食叶急，听作雨声愁雨湿。"陈云："蚕娘养蚕如养儿，性知畏寒饥有时。篱根卖炭闻荡桨，屋后邻园桑剪响。"皆可通也。余题甚多，不及备载。至今未三十年，诸诗人零落殆尽，而商人亦无能知风雅者。莲峰年八十三岁，傫然尚存，闻其饥寒垂毙矣！②

袁枚的《咏农家乐》叙述了小玲珑山馆文人雅士欢聚一堂，以诗唱和。所言参加两次聚会的分别有马曰琯、闵华、陈章、程梦星、厉鹗、王藻、方士杰、马曰璐、陆钟辉和汪玉枢、陈章、黄慎、唐建中、方士庶、方士杰、马曰璐、闵华、洪振珂、陆钟辉、张四科。这些文酒之会，都是以小玲珑山馆为活动中心的，凸显了扬州经济空前繁荣昌盛，天下文士慕名而来，正如《桃花扇》的作者孔尚任所说："广陵（扬州）为天下人士之大逆旅，凡怀才抱艺者莫不寓居广陵，盖如百工之居肆焉。"③因此，大批的文人墨客云集扬州，必然要求与之相适应环境提供丰富的精神食粮，而小玲珑山馆就是文人的客栈。

各地文人的到访提高了小玲珑山馆知名度和影响力，反之，没有"小玲珑山馆"藏书和"扬州二马"的相助，许多文人的愿望很难实现。因此，离开

① 丘良任：《扬州二马其〈小玲珑山馆图记〉》，《扬州师院学报》1983年第3期。

② 袁枚：《随园诗话》卷3《咏农家乐》，人民文学出版社1982年版。

③ 孔尚任：《孔尚任诗文集》第三册，中华书局1962年版，第540页。

“扬州二马”的人文情怀关照，离开“小玲珑山馆”诗群的活动，都是难以想象的。清代著名的画家，“扬州八怪”之一郑板桥，晚年曾居住小玲珑山馆，并亲题一联：“咬定几句有用书，不忘饮食；养成数竿新生竹，直似儿孙。”朴实语言，真诚的称赞马氏兄弟对藏书刻书做出贡献，同时也赞扬小玲珑山馆培养了许多人才。

马曰琯、曰璐兄弟执着的藏书精神：嗜书、访书、购书、抄书，不是“闭阁不观”，亦非“玩物丧志”，而是孜孜于藏书、读书、校书，传播中华传统文化。

学者阮元说：“征君昆弟业鹾，赀产逊于他氏，而卒能名闻九重，交满天下，则稽古能文之效也。当时拥重赀过于征君者，奚翅什伯，至今无人能举其姓氏矣！”[①]马氏兄弟虽家资富饶，但从不以盐商自居而奢侈浪费，争奇斗富，而是以崇高优良品格，将大量资财投入藏书文化和乡帮文化建设。如“《经义考》之类，不惜千百金付梓，以故丛楼所藏书、画、碑、版甲于江北。”[②]《经义考》是朱彝尊辞官以后据从前见闻，考察古今经学文献而撰成的，是一部统考历代经议之书。朱彝尊撰《经义考》三百卷。该书原名《经义存亡考》，只列存、亡二例，后分列存、阙、佚、未见四例，因改名《经义考》。由于朱彝尊子孙毫无能力刊刻，延迟将近五十之久，在卢雅雨的提议之下，马氏兄弟出资付梓，深受士林重视。清代初年，随着学风逐渐由空返实，学者不约而同倡导经学，注重考据。《四库全书总目》评论该书，于“上下二千年间，元元本本，使传经原委，一一可稽，亦可以云详赡矣”。

① 阮元：《淮海英灵集》乙集卷3，清嘉庆三年小琅嬛仙馆刻本。

② 张维屏：《国朝诗人征略》卷28，清道光十年刻本。

清代程晋芳与“桂宧”藏书楼

程晋芳(1718—1784),字鱼门,号蕺园,祖籍安徽歙县人。小时依族谱取名志钥,后改名廷簧。因梦天开榜,榜上有晋芳名,故又改名晋芳。束发时读刘念台《人谱》,心慕之,因刘曾讲学于蕺山,而以蕺园为号。祖父因经营盐业贸易而迁居扬州,因而程晋芳出身富商之家。扬州是清代康、雍、乾时期最繁华的都市之一,盐商云集,经济繁荣,文化发达,歙县人在扬州经营盐业贸易者众多,据《歙县志》载:“江村之江,丰溪、澄塘之吴,潭渡之黄,岑山之程,稠墅、潜口之汪,傅溪之徐,郑村之郑,唐模之许,雄村之曹,上丰之宋,棠樾之鲍,蓝田之叶皆是也,彼此盐业集中淮扬,全国金融几可操纵。致富较易,故多以此起家”[①]这些歙县大族盐商,经过几代人的经营努力,积累了巨大财富,史称“富以千万计”,可见徽商在扬州的势力和影响。程晋芳的高祖程量人,始自歙迁扬州业盐。第12世程晋芳的祖父程文阶又由扬迁居淮安,住在河下乾鱼巷西。文阶字羽格,生二子,长梦州,号迁益,即为晋芳之父。晋芳兄弟三人,兄志铨,字元衡,号溉堂,又回迁扬州。这一支在淮安的除程晋芳以外,还有他的堂叔程梦鼐,字巨函,住在绳巷。乾隆十年曾捐修过淮渎庙。他的住宅豪华,是盐商中的翘楚,中有懋敷堂、楠木厅。其余族人都在扬州。至其父程迁益业盐入籍淮安,因娶扬州表妹萧氏,大部分时间也常寓居扬州。有关程晋芳的籍贯问题,各史书记载均有所不同,有新安、淮安、江都、家山阳、歙县等籍贯说,下面就程晋芳的籍贯列有关史料的记载:

专　著	有关籍贯的记载
《闲渔闲闲录》	新安人
《壬寅销夏录》	新安人
《清秘述闻》	江南歙县人

① 民国《歙县志》卷1,民国刊本。

续　表

专　著	有关籍贯的记载
《晚学集》	新安人
《经学博采录》	新安人
光绪《重修安徽通志》	新安人
道光《安徽府志》	祖居新安
《皖志列传稿》	歙县人
《国朝先正事略》	歙县人
《清代七百名人传》	家山阳
《国朝汉学师承记》	江都人，家山阳
《童山集》	新安人
《国朝文录》	歙县人
《历代名人生卒录》	歙县人
《扬州画舫录》	淮安人
《啸亭杂录》	新安人
《潜研堂集》	歙县人
《清史稿》	江都人
《清史列传》	江都人，家山阳
《文献征存录》	江都人
《红豆树馆书画记》	新安人
《蒲褐山房诗话》	歙县人
《国朝诗人征略》	江南歙县人
《晚清簃诗汇》	歙县人
袁枚《翰林院编修程君鱼门墓志铭》	祖居新安
徐书受《翰林院编修程鱼门墓表》	祖籍新安

通过以上的部分史籍记载，可以得出这样的顺序：程晋芳的高祖程量人，始自歙迁扬州业盐。祖父程文阶又由扬迁居江都(今江苏淮安)。其父程迁益有三子。晋芳兄弟三人，兄志铨，字元衡，号溉堂，又回迁扬州。由于程晋芳喜爱与朋友和文人交往，常往返于淮安、扬州、金陵等地。程晋芳虽出生于淮安，但未入山阳籍，淮安的秀才、举人名单中没有他的名字。有很多史书都说他是江都人，也是不对的。实际上他仍是歙县籍。《明清进士题名碑录》记载他系“江南歙县”人。而他的堂伯父程梦星则入了扬州籍，碑录中即记为“江南江都”人。袁枚撰的《翰林院编修程君鱼门墓志铭》仅说他

“祖居新安，治盐于淮。”翁方纲撰的《蕺园程君墓志铭》径说他为“新安程君”。程晋芳为自己长兄志铨撰的《兄溉堂墓志铭》，说他兄“世为歙之岑山渡人”。我们从程晋芳的诗文和文集中看到，作者都自题是“古歙程晋芳鱼门”。所以就籍贯而言，程晋芳的籍贯当是歙县人。

乾隆帝在二十八年(1763)南巡，程晋芳献赋得褒奖，召试第一，赐中书舍人。乾隆三十六年进士，授吏部主事。两年之后，乾隆皇帝下诏设立《四库全书》馆，开始编纂中国历史上最大的一部丛书。它所收集的书籍，上自先秦，下讫清代乾隆，几乎囊括了从古至清中国历史上的主要典籍，并且涵盖了中国传统学术文化的各个学科门类和各个专门领域，因而历来有“典籍总汇，文化渊薮”之美誉。为落实《四库全书》的编纂，乾隆帝设馆委员，饬派正总裁总揽馆事，配副总裁襄助。下设总阅官，总理阅定各书之事；有总纂官，总理编书之事，并分管任编书的纂修官；有总校官，总理校订之事，下辖职责校订的分校官；有总目协勘官，管理协定全书《总目》之事；有提调官，分管提取各处藏书之事；而缮书处则专掌抄书之事，亦设有总校、分校之官；若此等等。四库馆开后，程晋芳被择优录用，旋充总目协勘官。在馆期间，一些馆员校核讹错，会遭到不同程度的谴责，唯独程晋芳校核之书，毫发无疵，这是程晋芳对编纂《四库全书》工作的宝贵贡献。程晋芳是个纯粹的学者，而且很有风度，史称他秀眉方颐，有一掬漂亮的长胡须。

程晋芳对《四库全书》的贡献另一方面是“进书”，他在扬州人进书中仅次于扬州马氏兄弟。当然，程晋芳所进书的数量与质量均远不能与马氏兄弟相比，但除了马氏兄弟在扬州亦无人比得上程晋芳。与马氏兄弟相比，一是所进之书部头小，二是多被列入存目之中，但他所进之书经、史、子、集四部皆有。经部有10种，史部有52种，子部56种，集部28种，据《四库全书总目》中所注“编修程晋芳家藏本”就有350种。其中有183种书籍共332卷被用作为辑编《四库全书》的底本。另有167种书籍被作为存目编入《四库全书总目提要》中。程晋芳所进的特色书是诗集、诗话、词话一类的书，这些书受到四库馆臣的赞赏。如《松泉诗集》《闺房集》是江都诸生江昱及其妻陈佩二人的诗集，《临汉隐居诗话》一卷、《师友诗传录》一卷续录一卷、《二南密旨》一卷、《容斋四六丛谈》一卷、《东坡文谈录》一卷、《梦蕉诗话》二卷、《碧鸡漫志》一卷、《顾曲杂言》一卷等25种，都是很好的版本图书。

程晋芳家世殷富，独嗜图书，自称13岁开始嗜好异书，家所故藏五千六百余卷，有室在东偏，上下楼六间，因庭前桂树数株，藏书楼有"桂宧"藏书之称。因此这个"桂宧"藏书楼也是父辈们传下来基业，到了程晋芳时不断发扬光大，并具备一定的规模。他学识渊博，嗜书若渴，藏书颇丰。据民国《歙县志·文苑传》说程晋芳"家素殷富，举族豪侈。晋芳独购书五万卷，招致缀学之士与共讨论，据案开卷，百务废不理。又好施与，略无吝惜。其学无所不窥，星经、地志、尔雅、方言俱宣究根柢。"《桂宧书目》记载了程晋芳家的藏书。综览百家，于学无所不窥，经史子集，天星地志，虫鱼考据，俱有研究。他出入贯串于汉宋诸儒之说，笃守程朱之学，博学淹雅，于《易》《书》《诗》《礼》俱有撰述。积30年倾资购书5万卷，3万余册，招致喜文好学之士，互相讨论经史。正如程晋芳自己在《桂宧藏书序》中所说"余年十三四岁，即好求异书，家所故藏凡五千六百余卷。有室在东偏，上下楼六间。庭前杂栽桂树，名之曰'桂宧'。四方文士来者，觞咏其中，得一书则置楼中，题识装潢，怡然得意。吾友秀水李情田，知余所好，往往自其乡挟善本来，且购且钞，积三十年而有书三万余卷。其后家益贫，不获已则以书偿宿矣，减三分之一。自来京师十年，坊肆间遇有异书，辄典衣以购，亦知玩物丧志之无益，而弗能革也。壬辰长夏，病卧一室，取旧时书目阅视，为之慨然。回顾江南，家无一椽片瓦，故书之寄在戚友家者，知能完整如旧否？而随身书籍尚有万五千卷，足供循览，因就旧目，详为编次，以志余畴昔之苦心，其存者稍为别识，他日或幸有力，犹将补所未备。要之，视范、马、朱氏所藏，终不逮远矣。欧阳子云：足吾所好终老焉可也，遑计其他乎！"[①]此序也真实地反映程晋芳藏书的经历，同时也道出其藏书的苦与乐。

程晋芳酷爱藏书，视藏书如生命，不惜金钱在收藏书籍上，特别是在京城为官时，利用职务的方便，能够接触官府藏书。另外，经常往返于书市和书坊，能买则买，不能购置则抄录。辞官后经常出没于淮安、扬州、金陵等地收购书籍，甚至将家业都托付给了家奴去操办，成为一个"痴迷"的藏书家。据《四库全书总目》不完全统计，程晋芳私家藏书有：《易象大意存解》1卷、《周易议卦》1卷、《古文尚书考》1卷、《尚书私学》4卷、《诗论》1卷、《礼经奥旨》1卷、《读左漫笔》1卷、《春秋日食质疑》1卷、《乐律举要》1卷、《韵岐》4卷、《订正史记真本凡例》1卷、《青溪寇轨》1卷、《淮西从军记》1卷、《回銮事实》1卷、《采石战胜录》1卷《平濠记》1卷、《东林始末》1卷、《明倭寇始末》1

①程晋芳：《勉行堂文集》卷2《桂宧藏书序》，黄山书社2012年版。

卷、《孔子论语年谱》1卷、《孟子年谱》1卷、《言行拾遗事录》4卷、《杨公政绩记》1卷、《桐阴旧话》1卷、《元祐党人碑考》1卷、《使西域记》1卷、《两宫鼎建记》2卷、《张邦昌事略》1卷、《十六国考镜》1卷、《西夏事略》1卷、《朝鲜国纪》1卷、《岁时广记》4卷、《四时宜忌》1卷、《溪蛮丛笑》1卷、《河源记》1卷、《常熟水论》1卷、《明江南治水记》1卷、《治水要议》1卷、《江防总论》1卷、《海防总论》1卷、《秦录》1卷、《晋录》1卷、《泉南杂志》2卷、《山左笔谈》1卷、《楚书》1卷、《台湾随笔》1卷、《燕台笔录》1卷、《黔志》1卷、《豫志》1卷、《日畿访胜录》2卷、《历代铨政要略》1卷、《历代铨选志》1卷、《捕蝗考》1卷、《贡举叙略》1卷、《历代贡举志》1卷、《学科考略》1卷、《秦玺始末》1卷、《文庙从祀先贤先儒考》1卷、《邦计汇编》1卷、《拯荒事略》1卷、《元海运志》1卷、《盐法考略》1卷、《钱法纂要》1卷、《国赋纪略》1卷、《救荒事宜》1卷、《明漕运志》1卷、《历代山泽征税记》1卷、《浮梁陶政志》1卷、《宝文堂分类书目》3卷、《宝文堂分类书目》3卷、《蔗山笔尘》1卷、《读史漫笔》1卷、《历代甲子考》1卷、《温氏母训》1卷、《薛子道论》1卷、《传习录略》1卷、《后渠庸书》1卷、《甘泉新论》1卷、《海樵子》1卷、《心斋约言》1卷、《廉矩》1卷、《二谷读书记》1卷、《家诫要言》1卷、《常语笔存》1卷、《学术辨》1卷、《教习堂条约》1卷、《业儒臆说》1卷、《备倭记》2卷、《莅戎要略》1卷、《刑法叙略》1卷、《折狱卮言》1卷、《续刑法叙略》1卷、《沈氏农书》1卷、《上池杂说》1卷、《星象考》1卷、《通会》12卷、《乐府杂录》1卷、《饮食须知》8卷、《居常饮馔录》1卷、《花裹活》3卷、《北墅抱瓮录》1卷、《潜邱札记》6卷、《勤有堂随录》1卷、《雪履斋笔记》1卷、《樵谈》1卷、《青岩丛录》1卷、《华川卮辞》1卷、《类博杂言》1卷、《桑子庸言》1卷、《同子纂》1卷、《经世要谈》1卷、《海沂子》5卷、《庭帏杂录》2卷、《肎綮录》1卷、《木笔杂钞》2卷、《碧湖杂记》1卷、《袖中锦》1卷、《月下偶谈》1卷、《学易居笔录》1卷、《篑斋杂着》1卷、《瓶花斋杂录》1卷、《潇湘听雨录》8卷、《格物麤谈》2卷、《游具雅编》1卷、《飞凫语略》1卷、《游具雅编》1卷、《飞凫语略》1卷、《严山外纪》1卷、《胜饮编》1卷、《课业余谈》3卷、《学海类编》无卷数、《野服考》1卷、《男子双名记》1卷、《妇女双名记》1卷、《南窗记谈》1卷、《昨梦录》1卷、《朝野遗记》1卷、《三朝野史》1卷、《东园友闻》1卷、《石田杂记》1卷、《苹野纂闻》1卷、《孝经集灵》1卷、《谐史》1卷、《拊掌录》1卷、《清异续录》3卷、《按节坐功法》1卷、《寿第一绅言》1卷、《炉火鉴戒录》1卷、《摄生消息论》1卷、《修龄要指》1卷、《养生肤语》1卷、《摄生要语》1

卷、《二六功课》1卷、《刘练江集》7卷附录1卷、《澹初诗稿》8卷附见《山堂诗钞》1卷、《今有堂诗集》6卷附《茗柯词》1卷、《质园诗集》32卷、《菱溪遗草》1卷、《松泉诗集》6卷、《闺房集》1卷、《临汉隐居诗话》1卷、《师友诗传录》1卷续录1卷、《二南密旨》1卷、《玉壶诗话》1卷、《容斋诗话》6卷、《容斋四六丛谈》1卷、《吴氏诗话》2卷、《东坡文谈录》1卷、《东坡诗话》3卷、《余冬诗话》3卷、《梦蕉诗话》2卷、《梦蕉诗话》2卷、《全唐诗说》1卷诗评1卷、《诗文原始》1卷、《文脉》3卷、《玉笥诗谈》4卷、《恬志堂诗话》3卷、《余山诗话》3卷、《唐诗谈丛》1卷、《四六金针》1卷、《枣林艺篑》1卷、《漫堂说诗》1卷、《漫堂说诗》1卷、《碧鸡漫志》1卷、《顾曲杂言》1卷、《乐府指迷》1卷、《词旨》1卷、《词品》1卷。

程晋芳不仅是一个藏书家，而且也是清代著名的学者。虽然家里富裕，但他还将大部分时间放在读书和做学问上，同时还常用资金接济家庭困难的读书人，所有购置的图书，不光是供自己占有，而且还提供给那些想读书的人来读，甚至很多家境贫困的人也到这里来读书，而且还提供住宿，与他们切磋学问。清代袁枚称道："独愔愔好儒，罄其资购书五万卷，招致方闻缀学之士与共讨论。海内之略识字、能握笔者，俱走下风，如龙鱼之趋大壑。"①因此，程晋芳也是一个亦贾亦儒"贾而好儒"的徽商代表，他的学术著作有《勉行堂文集》6卷、《勉行堂诗集》25卷、《程氏学论》7卷、《周易知旨编》30卷、《尚书古今文释义》40卷、《尚书古文解略》6卷,《毛郑异同考》10卷、《春秋左传翼疏》32卷、《礼记集释》若干卷、《诸经答问》12卷、《群书题跋》6卷、《桂宧书目》若干卷。

从程晋芳的藏书到其著述，不难发现他的学术主张和倾向。如《周易议卦》《古文尚书考》《尚书私学》《诗论》《礼经奥旨》《学易居笔录》《孝经集灵》《诗文原始》等藏书和著作以及所作的序中可以窥视其经学思想。所谓经学，简单说就是专指儒家经典学术，即《诗》《书》《礼》《易》《春秋》。经学产生于西汉，汉武帝掌权之后，为了适应大一统的政治局面和加强中央集权统治，实行了罢黜百家、独尊儒术，经学成为崇高的法定经典，成为中华文化最重的核心思想之一。他的经学思想和来源主要是师承朱筠、戴震等大家的思想。朱筠是大兴(今属北京市)二朱(朱筠、朱珪)学派创始人之一，学派主治经学，注重文字训诂，而经学本于训诂，读书必先识字，对于古籍整理多有

① 袁枚:《小仓山房文集》卷26《翰林院编修程君鱼门墓志铭》，上海新文化书社1912年版。

贡献。戴震好学善思，博闻强记，于《十三经》占注，也都能全部背诵。他的经学研究，由文字训诂人手以明经义。以研究汉经为宗旨，自然强调汉代经学的家法、师法。并且常言“汉儒训诂有师承，有时亦有附会”。因此，尊奉的实际是汉以来经师研究语言文字的传统。所以，程晋芳在二位大师的影响之下，刻苦好学，治经功力深厚，可以从其经学著作以及自序中窥见经学思想。

程晋芳不仅喜爱藏书、注重学术，而且善于交游天下文士，与当时著名的诗人吴敬梓、袁枚、商盘意、毕沅、翁方纲、赵翼、蒋士铨诸人交厚，关系密切，诗歌来往唱和。程晋芳为人“好周戚友，求者应，不求者或强施之”，翁方纲称程晋芳是“豪气真挚，发于天性，嗜书籍若饥渴，视朋友如性命。救人之患，周人之急，犹不减其家全盛时也”[①]。特别称道的是程晋芳和吴敬梓私下交情非同一般，有莫逆之交。吴敬梓（1701—1754），字敏轩，号粒民，晚年又号文木老人、秦淮寓客，我国伟大的讽刺文学家。在《文木山房集》收有吴敬梓的第一首诗：《观海》：“浩荡天无极，潮声动起来。鹏溟流陇域，蜃市作楼台。齐鲁金泥没，乾坤玉阙开。少年多意气，高阁坐衔杯”。此诗充分表现了少年时代吴敬梓的奋发意气和广阔胸怀。吴敬梓天资颖异，文章过目辄能背诵。他除精读百家经史典籍外，还广泛涉猎稗官野史、诗词曲赋，因之学识渊博，见解过人，诗文援笔立就。雍正十一年（1733年）33岁的吴敬梓怀着“逝将去汝”的满腔激愤，决然离开故乡全椒，移家南京，寓居于秦淮水亭，开始了生活旅途中新的一页。南京，这个六朝故都，当时为两江总督驻地，交通便利，商贾云集，四方才士争来荟萃。吴敬梓一到南京，即以自己的智慧和交往方式结识了一些品学优擅的知识分子，其中有经济学家、考古学家、诗人、画家、数学家、天文学者等；同时，还以平易近人的态度接触了生活在社会底层的伶工、歌妓等市井奇人，唯独对侯门权贵、富商巨贾以及热衷时文八股的士子不屑一顾。随着结交面的广泛，进一步拓宽了他的视野，他历经世态炎凉，看透八股，积十余年之功，终于成书讽刺小说——《儒林外史》。

乾隆六年（1741）程晋芳与吴敬梓开始交往，在程晋芳《严东有诗序》中可以知道：“吾友吴君敏轩……谓余曰：‘始识子时，年二十四。吾尝语子，以

① 翁方纲：《复初斋文集》卷14《翰林院编修蕺园程先生墓志铭》，文海出版社1974年版。

为子才可及，年不可及。今东有亦如是也。’余心识之。”[①]两人相识时，程晋芳才24岁，而吴敬梓已是41岁，也就是在此年年底，程晋芳就热情邀请吴敬梓到淮安家中作客，两人促膝谈心，交流思想，作赋吟诗，互相赠答，以至双方都感到极为“惬意”，度过了一段极其愉快的时光，同时也奠定了二人之间深厚友谊的基础，直到第二年春天吴敬梓离开。后来程晋芳回忆那段生活，便吟诗一首：

寒花无野姿，贫士无欢颜。嗟嗟吴敏轩，短衣不得完。
家世盛华缨，落魄中南迁。偶游淮海间，设帐依空园。
飕飕窗纸响，槭槭庭树喧。山鬼忽调笑，野狐来说禅。
心惊不得寐，归去澄江边。白门三日雨，灶冷囊无钱。
逝将乞食去，亦且赁舂焉。外史纪儒林，刻画何工妍。
吾为斯人悲，竟以稗说传。

几年之后，吴敬梓再度来到淮安程晋芳的住处，而这次来淮安比上次来淮安有所不同，经济状况不佳，生活逐渐陷入困顿，只身前往淮安，行囊如洗，想求程晋芳在经济上给予接济，这一请求，当然会得以满足。

乾隆十七年(1752)，程晋芳至金陵应试，其间与吴敬梓等友人聚会畅游，交流切磋，相互礫砺。经吴敬梓介绍与江宁严长明相会，并与严长明同出太平门游栖霞。长明纪以诗，诗中讲到晋芳曾筹划重修《宋史》。此年，程晋芳还为程茂题《晚甘园风雨晦明图》。对于这一段相聚情景，程晋芳在《严东有诗序》中道：“壬申春，就试金陵，敏轩偕东有来访。(东有)其气凝以深，叩所读书，无不有。索所为诗，则谦让不肯出。独爱余诗，为作骈体序千余言。风晨雨夕，吾三人往来最密也。”[②]他们湖山游览，赋诗取乐，极尽平生之欢。程晋芳《勉行堂诗集》有诗记其交游情况：

敏轩生近世，而抱六代情。风雅慕建安，斋栗怀昭明。
囊无一钱守，腹作乾雷鸣。时时坐书牖，发咏惊鹂庚。
阿郎虽得官，职此贫更增。近闻典衣尽，灶突无烟青。
频蜡雨中屐，晨夕追良朋。孤棹驾烟水，杂花拗芳馨。

① 程晋芳：《勉行堂文集》卷2《严东有诗序》，黄山书社2012年版。
② 程晋芳：《勉行堂文集》卷2《严东有诗序》，黄山书社2012年版。

惟君与独厚，过从欣频仍。酌酒破愁海，觅句镂寒冰。

西窗应念我，余话秋灯青。[①]

其诗回忆与吴敬梓在南京交游的情景，让人怡情的自然山水，感叹六朝文化古都南京的历史积淀，襟江带河，依山傍水，钟山龙蟠，石头虎踞，山川秀美，古迹众多。同时也透露吴敬梓经济生活陷于严重困难"近闻典衣尽，灶突无烟青"的局面。

两年后，程晋芳又从淮安来到扬州，两人又一次相聚。这也是他们最后一次相聚。这时，程晋芳家境也起了很大的变化，已从一个赫赫盐商穷到吴敬梓移家南京时的地步。二人见面以后，吴敬梓招待程晋芳等友人酣饮，便执着程晋芳的手，醉后老泪纵横诵读杜牧诗"人生只合扬州死"之句。他们相会了几天，程晋芳便告别回淮，吴敬梓将他一直送到船上，依依惜别。谁知此别竟是永别，程晋芳回到淮安后没几天，就接到扬州送来的讣告：吴已于10月28日夜逝世了。程闻讯后极为伤心，立即作了《哭吴敏轩》[②]诗一首：

三年别意语缠绵，记得维舟水驿前。转眼讵知成永诀，拊膺直欲问苍天。

生耽白下残烟景，死恋扬州好墓田。涂殡匆匆谁料理，可怜犹剩典衣钱。

回忆二人从认识到离别的情景，讲述吴敬梓"生耽白下残烟景，死恋扬州好墓田"。扬州是东南交通要道，远自隋唐以来，逐渐形成东南沿海地区的经济文化中心，到了清代中叶，由于手工业、商业和交通运输事业的发展，特别是盐业的发展，更加繁盛起来。四方文士学者荟萃于此，园林湖山，诗酒之会，盛于江南，正是对他一生眷爱南京和魂系维扬的真实写照。"涂殡匆匆谁料理，可怜犹剩典衣钱"，极其悲惨地结束了他坎坷磊落的一生。另外，程晋芳并作了《文木先生传》[③]：

先生姓吴氏，讳敬梓，字敏轩，一字文木，全椒人。世望族，科第仕宦多显者，先生生而颖异，读书才过目，辄能背诵。稍长，补学官弟子员。袭父祖业，有二万余金。素不习治生，性复豪上，遇贫即施，偕文士辈往还，饮酒歌呼穷日夜，不数年而产尽矣。

① 程晋芳：《勉行堂诗集》卷5《白门春雨集》，黄山书社2012年版。

② 程晋芳：《勉行堂诗集》卷9《哭吴敏轩》，黄山书社2012年版。

③ 程晋芳：《勉行堂文集》卷6《文木先生传》，黄山书社2012年版。

安徽巡抚赵公国麟闻其名，招之试，才之，以博学鸿词荐，竟不赴廷试，亦自此不应乡举，而家益以贫。乃移居江城东之大中桥，环堵萧然，拥故书数十册，日夕自娱。窘极，则以书易米。或冬日苦寒，无酒食，邀同好汪京门、樊圣谟辈五六人，乘月出城南门，绕城堞行数十里，歌吟啸呼，相与应和。逮明，入水西门，各大笑散去，夜夜如是，谓之"暖足"。余族伯祖丽山先生与有姻连，时周之。方秋，霖潦三四日，族祖告诸子曰："比日城中米奇贵，不知敏轩作何状。可持米三斗，钱二千，往视之。"至，则不食二日矣。然先生得钱，则饮酒歌呶，未尝为来日计。

其学尤精《文选》，诗赋援笔立成，夙构者莫之为胜。辛酉、壬戌间，延至余家，与研诗赋，相赠答，惬意无间。而性不耐久客，不数月，别去。生平见才士，汲引如不及。独嫉时文士如仇，其尤工者，则尤嫉之。余恒以为过，然莫之能禁。缘此，所遇益穷。与余族祖绵庄为至契。绵庄好治经，先生晚年亦好治经，曰："此人生立命处也。"

岁甲戌，与余遇于扬州，知余益贫，执余手以泣曰："子亦到我地位，此境不易处也，奈何？"余返淮，将解缆，先生登船言别，指新月谓余曰："与子别，后会不可期。即景恨恨，欲构句相赠，而涩于思，当俟异日耳。"时十月七日也，又七日而先生殁矣。先数日，裒囊中余钱，召友朋酣饮。醉，辄诵樊川"人生只合扬州死"之句，而竟如所言，异哉！

先是，先生子烺已官内阁中书舍人，其同年王又曾毂原适客扬，告转运使卢公，殓而归其殡于江宁。盖享年五十有四。所著有《文木山房集》《诗说》若干卷。又仿唐人小说为《儒林外史》五十卷，穷极文士情态，人争传写之。子三人，长即烺也，今官宁武府同知。

论曰：余平生交友，莫贫于敏轩。抵淮访余，检其橐，笔砚都无。余曰："此吾辈所倚以生，可暂离耶？"敏轩笑曰："吾胸中自有笔墨，不烦是也。"其流风余韵，足以掩映一时。窒其躬，传其学，天之于敏轩，倘意别有在，未可以流俗好尚测之也。

这是程晋芳为吴敬梓写的传记，生动地描绘了吴敬梓"未可以流俗好尚测之"的相当特殊的性格特点。他"饮酒歌呼穷日夜"，不为来日计。冬日苦寒，无酒食，邀同好绕城堞行数十里，歌吟啸呼，相与应和。独嫉时文士如仇，其尤工者，则尤嫉之。程晋芳的《哭吴敏轩》诗和《文木先生传》文，不仅寄托了作者对吴敬梓的深切怀念之情，而且也为我们了解《儒林外史》的创作提供了相当生动而又珍贵的作者史料。

程晋芳是一个亦贾亦儒的大徽商，腰缠万贯，其亦善诗，有专著《勉行堂诗集》，有情感诗、怀古诗、风景诗等。列举一些诗以见一斑。

移居（三首）

择木孤禽岂易安，每缘风劲虑巢宽。眼明乍指琉璃界，襟净旁瞻薜荔坛。
室小闺人传语竞，巷偏客子出车难。深宵始觉南荣好，处处支窗有月看。
风前小酌别花卮，已是丁香破粉时。知尔依人情不浅，惭予入骨俗难医。
过头竹记携罂灌，空腹榆经倚槛窥。辛苦山僧行脚惯，抚筇循玩去迟迟。
广东西畔结深庐，藏海微身一叶如。听鼓趋衙尘扰扰，打钟吃饭步徐徐。
势家歇马评珍玩，冷客摊钱问故书。倘趁春灯倦游历，煮茶烧笋幸过余。

马陵道怀古

马陵月黑山无路，火照白书看大树。伏骑争驰万弩开，昔日庞涓死此处。
竖子成名一代雄，减灶七万垂奇功。谁言捭阖效鬼谷，十三篇本传家风。
当年共学交何笃，膑也虽贤涓也毒。远召旋将黥刖施，智不如葵难卫足。
忽逢齐使窃载归，上中下驷参兵机。辎车坐计胜已决，强齐乃藉刑余威。
君不见颈原相倚，解印封王还切齿。假头已见购常山，怒魄空怜堕泜水。
石契兰交起战争，古来恩怨系功名。输他鸥鹭忘机甚，汀月溪风共主盟。

采石怀古十首

闻道秦皇帝，从兹达会稽。石根青突兀，不见李斯题。
顾曲周郎逝，全琮又结营。魏人如鼠伏，不独畏川兵。
十万绣旌旗，伐晋谋大举。朝来引师还，仍在横江渚。
莫唱水中龙，声名怖杀侬。寒矶无故垒，霜寺打秋钟。
石激水潺湲，如闻骂苏峻。遥遥望蒋山，草木含清润。
堂堂石季龙，跃马欲南渡。风吹草树声，似列沿江戍。
可怜魏佛狸，饮马澄江水。勾陈望太微，黄星两消委。
小岘勤王去，长沙故自超。深忧家弟在，余恨咽江潮。
白马渡江来，荷荷唯指口。如何南豫州，但遣王郎守。

一战存微宋，虞公信可人。笔来何足惧，堪笑北朝臣。

独游清凉寺

只洹出人境，暇日聊探寻。残雪覆檐瓦，不知春气深。
稍稍水鸣涧，淅淅风生林。澹然冥群想，对此松柏阴。
萝月自延赏，山禽多夕吟。孤亭峙空祭，更指遥峰岑。

放歌

老夫行年五十一，百无一能只捉笔。奏牍连行乌作焉，官书纂义十遗七。
讥姗谴诃杂然至，时复关门引微疾。季冬行及仲冬毕，风紧檐头吹觱篥。
毡帘布幄下层层，宛尔重绵裹虮虱。诗骚子史罗满架，嗜若儿曹慕梨栗。
审音高下勘唐韵，断义精粗申汉律。眼底清明翳障除，胸中磊砢光怪出。
自有萧闲自弗耽，日日从人甘缚桎。不求空山饵芝术，不理荒园种柑橘。
待筑书楼四五间，井深汲用长绳繘。朝光荧荧花散苾，夜深沈沈烛挑聖。
数瓯白粥可扶身，三尺乌皮足容膝。视死生如经旦暮，贫贱知非难人术。
生平茹檗同食蜜，谁信莲枯犹有薏。蹊田正好为饭牛，啖菹行且潜吞蛭。
掉首终惭出世迟，白发盈颠不堪栉。吴门烟水一千顷，何日归舟月涓吉。
吾蛇尚在喜方溢，吾舌犹存语毋失。窗前雪花洒蒙密，欹枕懵腾上初日。

还家梦

宵分梦还家，兄弟对我泣。怜我多苦辛，感我尚羁絷。我时但俯首，无语重呜唈。觉来月昏黄，百感忽交集，忆我北行时。千里负书笈，语别向河干，衣袂泪屡浥。谓言破天飞，翻作入户蛰。生平耽读书，磨砺费墨汁。岂藉博微名，亦将用自立。经年涉长途，劳苦不暇给。有如辟谷人，中复餐粟粒。长辔安可施，短绠未易汲。要当隐计成，鞭牛荷蓑笠。

秋感

秋士易为感，非关秋气悲。月明虫响夕，风急雁来时。
欹枕不成寐，揞颐有所思。自然双泪落，不待怨笳吹。

清代吴骞"千元十驾"的藏书珍本

私家藏书到清代可以说达到一个高潮时期，不仅在数量上而且在质量上都超过历代。就连乾隆皇帝也大秀藏书文化，动员全国的力量编辑《四库全书》，充分体现了中国古典文献传承的科学体系，从此成为整理中国传统文献的标准与圭臬，为中国传统古籍的梳理提供了永久性的范本。所以在这种读书、藏书和尚学的氛围之下，藏书文化风靡全国。著名藏书家吴骞便是当时藏书家、学者之一。

吴骞（1733—1813），字槎客，又字葵里，号兔床。祖籍安徽徽州休宁人，后定居浙江海宁，居于新仓里小桐溪。吴骞一生与官场无缘，最高的身份仅得"明经"头衔。所谓明经，汉朝出现之选举官员的科目，始于汉武帝时期，至宋神宗时期废除。被推举者须明习经学，故以"明经"为名。到唐代科举以诗赋取士谓之进士，以经义取士谓之明经。到明清时代，明经便作为贡生的别称。吴骞官场无门时便把人生全部精力寄予购书、藏书、校刊、刻书、读书撰述等文化传承、传播事业上。

一、屈指可数的拜经楼藏书

吴骞一生酷爱藏书，嗜书如命，每遇得意之书或善本之书，从来不计价格，解囊而购。其求书购书生涯艰难曲折，即所谓"自束发迄乎衰老"，在漫长的几十年人生道路上，兢兢业业、不知疲倦，潜心索求典籍。在收藏图书过程中曾得到乡贤前辈马氏道古楼、查氏得树楼之残帙，而道古楼藏书主人马思赞善诗词，无意仕途，性藏书，修筑藏书楼，号称"道古楼""皆山堂""红药山房"，所藏多宋元善本。清学者、画家浙江海宁人管庭芬在《海昌艺文志》中评论说："所居道古楼，插架悉宋元旧本，为东南藏书之冠。"而得树楼藏书主人查慎行也是海宁人，其藏书甚富，是典型的"读书者之藏书"，藏书多为实用，质量应是上乘。而吴骞《拜经楼藏书记》说道："国初吾邑东南藏书家，首推道古楼马氏、得树楼查氏。盖两家插架，多宋刻元钞，而于甲乙两部，积有异本。其珍守已有数世，不仅为充栋计也。”由此可见，道古楼和得树楼为吴骞的藏书提供了大量的宋元精刊本，其数量在千部以上。这不仅提高吴骞藏书的数量，更重要的是提升其藏书质量和档次，以及在当地藏书事业中的影响。

吴骞收藏图书闻名东南，据《海昌备志》载：“海昌百年来藏书家，若前步桥许氏之惇叙楼，今遗籍荡然，楼亦毁矣。胡陈村胡氏华鄂堂，所藏仅有存者。独拜经楼完好无恙，贤子孙善守之效也。”吴骞的藏书生涯，与当时的著名学者黄荛圃、杭士骏、鲍廷博、陈鳣等人的交往甚密有非常大的关系，尤其是与黄荛圃个人的交往和友谊，堪称莫逆之交。而黄荛圃是江苏苏州“百宋一廛”藏书楼的主人，是著名的藏书家，所收藏宋版图书达到百部之多而雄居江左。因此，经过长期积累，吴骞终于“置得书万本，性复喜厚帙，计不下四五万卷”。

积有名刻善本45000余卷，遂筑拜经楼以庋藏。吴骞的拜经楼建于乾隆四十五年（1780），“拜经楼”藏书楼之名，因沿袭清代学者臧庸之室名。臧庸，名镛堂，字在东，号拜经，“拜经”之义就是尊崇经籍的意思。吴骞与臧庸藏书之志有相同之处，故曰藏书楼为“拜经楼”。其好友鲍廷博得知吴骞藏书楼取名为“拜经楼”，恰巧得到一幅明代画家郑旼绘制《拜经图》名画便送给吴骞。拜经楼与《拜经图》这一寓意深刻的巧合，也象征着两大藏书家互相交融、相互借鉴共谋藏书之道。欣喜之余，吴骞吟诗一首以记之：

学古名楼事偶符，故人携赠出天都。
只缘个里诗书气，不共烟云化绿芜。
三径荒烟带草青，千竿纡竹自娉婷。
主人未必全如我，不解穷经只拜经。

诗并非是吴骞的专长，但从诗中可以感受到对鲍氏的感激之情和对拜经的崇拜。吴骞也经常与江浙一带藏书家互通有无，借抄借校。特别是吴骞与黄丕烈、陈鳣三人之间，彼此互通秘笈，鉴赏析疑，互相抄校，每校一书，必撰题跋，兴奋之余还作诗相互应答。吴骞家藏宋人所撰《临安志》三种100卷，便专门刻一藏书印，即“临安志百卷人家”，然而陈鳣家也藏有此书。《临安志》是卢文弨转录于吴氏，卢氏散出后归于陈鳣。然而嘉庆十四年

(1809),陈鳣从吴中书商手中购买一部《淳祐临安志》6卷,而此书被吴骞、黄丕烈二人所抄录。陈鳣获得这部善本秘籍之后诗兴大发,并赋诗一首:

输钱吴市得书夸,道是西施入馆娃。
宋室江山存梗概,乡邦风物见繁华。
关心志乘忘全帙,屈指收藏又一家。
况有会稽嘉泰本,赏奇差足慰生涯。

吴骞在陈鳣家抄得副本,并读到陈氏的诗,感慨万千,藏书家的苦与乐,其辛苦往往只有自己知道,吴骞在《愚谷文存·桐阴日省编》中说道:"吾家先世颇乏藏书,余生平酷嗜典籍,几寝馈以之。自束发迄乎衰老,置得书万本,性复喜厚帙,计不下四五万卷。分归大、二两房者,不在此数。……竭平生之精力而致之者也。"把藏书上升到一个崇高的境界:"寒可无衣,饥可无食,至于书,不可一日失。"于是为陈鳣赋诗一首:

凤舞龙飞讵足夸,钱塘遗事失宫娃。
天教南流支残局,人想东京续梦华。
朱鸟歌成空有泪,冬青种后已无家。
与君鼎足藏三志,天水犹悬碧海涯。

作为好友,黄丕烈看到他们二人互相赋诗,也不甘落后,也作诗附和:

甄别奇书却自夸,秦娥未许混吴娃。
阙疑向已无年号,微显今还识物华。
半壁河山留六卷,累朝兴废得三家。
东南进取忘前鉴,空使宗臣泣海涯。

后来黄丕烈感觉没有给吴骞赋诗有点欠缺,于是又补上一首诗给吴骞道:

千元百宋竞相夸,引得吴人道是娃。
我为嗜奇荒产业,君因勤学耗年华。
良朋隔世亡双璧,异地同心有几家?
真个苏杭闻见广,艺林佳话遍天涯。

从以上三人的诗中可以看出，他们之间的关系密切、友谊之深，为了藏书事业，耗尽了精力和钱财。然而一旦获得稀世珍品和秘籍，各自又兴奋不已！他们终生以购书、抄书、赏书、藏书和读书为乐，为传承中华文化的发展、积累文化财富等方面作出了重要的贡献。

吴骞曾得宋本《咸淳临安志》91卷、《乾道临安志》3卷、《淳祐临安志》6卷，刻一印曰“临安百卷人家”。在收藏古书的同时，也收藏了不少文物古董。陈鳣《愚谷文存·序》中说：“吴骞筑拜经楼，聚书数十万卷。丹黄甲乙，排列几筵，又有图绘、碑铭、鼎彝、剑戟、币布、圭璧、印章之属，丹漆、象犀、竹木之器充牣其中，皆辨其名物制度，稽其时代款识，著作谱录。”

二、“千元十驾”善本秘籍

拜经楼藏书得到马思赞“道古楼”、查慎行“得树楼”两家遗书的充实，而且两家藏书皆以宋元珍本著称于书林，再加上先世遗留下来的藏书，图书144部共381册，还有各类书画法帖21种，这也是一笔藏书财富。正如吴骞在《观复堂藏书总目》中说道：“吾家先世藏书颇鲜，逮予佰氏性喜书籍，购置浸广。”在此基础之上，再加上吴骞用毕生精力倾于藏书、校书和刻书，尤其是搜罗宋元刻本，而且精品至多，其中还有诸多宋本宋抄，吴骞还为其中多数典籍校勘加以题跋，如陶渊明、谢玄晖诸家专集，并加以刊刻。在购得宋刻本《咸淳临安志》《乾道临安志》《淳祐临安志》后，异常高兴，加盖印章后妥善保存。在得到宋刊《百家注坡先生》时，并以苏诗名义取名藏书处为“苏阁”。这些都被称为典籍中稀世瑰宝。吴骞其子吴寿旸汇编的《拜经楼藏书题跋记》披露了吴骞为收藏大约300余种善本书写的题跋321篇。我们从中可以窥视到吴氏藏书、撰写题跋的有关情况。这其中有45种宋元刻本，150种宋元旧抄本、抄本和影宋抄本，50至60种名人校本、自校本，16种稿本。另外，《拜经楼书目》还著录吴骞珍藏1000余种书目，如果按四部来划分类，则经部大约200种，史部150种，子部250种，集部550种。

吴骞所藏宋元珍本，受到好友乾嘉时期藏书家黄丕烈的挑战，黄氏曾为自家藏宋元旧本命名“百宋一廛”，且在《席上辅谈跋》说：“余藏书所曰‘百宋一廛’，海昌吴槎客闻之，即自题其居曰‘千元十驾’，谓千部元板，遂及百部之宋板，如驽马十驾耳。潜研老人《十驾斋养新录》即此十驾之义。”所谓“百宋一廛”，廛，是古代一房屋的意思，面积约为2.5亩，即百种宋版书集于一室之意。吴骞心醉于购书、藏书，才使得其拜经楼富甲一方。据郑伟章《文献通考》载："吴氏拜经楼藏书精品极多，仅据《拜经楼藏书题跋记》即有宋本二十一种；元本二十四种，有蒙古中统本《史记》、元抄本《方叔渊稿》；稿本朱彝尊、查慎余等十六人手稿，旧抄及自抄一百五十余种，名人校本五十余种。"

吴骞的藏书和刻本并不逊色于黄丕烈，为了与"百宋一廛"一比高下，不甘落后，吴骞将自己的藏书楼命名为"千元十驾"，谓之千部元版，遂及百部宋版，一驾即一马车，意为我一马车元代千卷，抵得上你一屋子宋版书籍。"千元十驾"的"驾"，有不少人误以为是书"架"，其实不然，实质是为"驽马十驾"之"驾"。吴骞"千元十驾"是取《劝学》篇中有言"骐骥一跃，不能十步；驽马十驾，功在不舍"，比喻吴氏千部元本可抵黄家百种宋版，不仅有相敌，有竞争，而且有锲而不舍，后来赶上超越之意。后来蒋光煦在《东湖丛记》中说："黄荛圃主政百宋一廛，吴兔床明经以千元十架相敌，故老风流，犹令闻者色飞眉舞。"吴氏、黄氏这两位藏书家围绕"百宋一廛""千元十驾"在藏书界和学林传为佳话。清末著名藏书家和金石学家叶昌炽一生着力辑古佚书、校理群籍、搜集碑版、抄书作文。他在《藏书纪事诗》中用诗歌赞美"百宋一廛""千元十驾"收藏盛事，诗曰：

为慕一廛藏百宋，更移十驾度千元。
生儿即以周官字，俾守楹书比孝辕。

诗中"生儿即以周官字"，还有一个不为人所知晓的秘密，那就是吴骞每购一部心爱的古籍之后，就专刻一印章，如"临安志百卷人家"；当得到宋椠本百家注《东坡先生集》，并以苏诗为其藏书处取名"苏阁"；或以书名作为自己儿子的字号，将其二儿子吴寿旸，字周官，号苏阁，周官和苏阁都是以所得书而命名的。可见，吴骞对藏书的痴迷。

吴骞一生沉醉于搜书、校书、刻书、读书，所以虽仕途无成，但在藏书史上颇受人称赞，好友陈鳣的一首诗这样写道："人生不用觅封侯，但问奇书且校雠。却羡溪南吴季子，百城高拥拜经楼。"高度称赞了他全心藏书不问名利之举。

吴骞的藏书完全靠个人嗜书而努力收藏致富。而拜经楼之所以名倾一方，则是靠他本人以一介穷书生之身辛勤搜讨的结果。吴骞的藏书楼得到同乡马氏“道古楼”和查氏“得树楼”这两家藏书，大大充实了自家的藏书楼。此后，吴骞还搜讨益勤，并经常与江浙一带藏书家互通有无，借抄借校。在藏书的过程中，吴骞也感慨颇多，他曾经在64岁时说道：“吾家先世颇鲜藏书，予兄拙巢先生始稍稍购置，然尚不多。予乃有独嗜，盖由束发及壮，无日不以此为事。奈所居僻左，邻里又乏同志者，每出游过通都大道，恒遍阅于市肆，日夕忘返，比归必载数簏以还，置之瓦屋东西，以借对床之乐。乾隆岁在庚辰（二十五年，1760），先君子以食指殷繁，为予兄弟析箸，凡资产器物三股分授，而书籍、字画、碑帖亦均作三股阄分，大房得□字号，二房得□字号，三房得仁字号。予既受而藏之，念门类未广，乃益多方搜觅，又常苦力有不足，往往摒挡称贷，仅而获酬。阒闻人有异书，则必展转借录，露钞雪购，具费苦心。盖自少迄老，孜孜矻矻，数十年如一日，一亦不自知其所以然。昔人方诸衔姜之鼠、穴纸之蝇，殆不为虚语矣。每自顾姿禀凡平，不能沉研精讨，为淹通博贯之儒，良用内愧。忽忽年逾耳顺，精力日衰，学殖益落，一切世味皆淡漠视之，惟嗜书之癖如故。今年（乾隆六十年，1795）春，与儿辈逐加点检，先成《草目》，以备寻觅，约可三四万卷，九千余册，虽不为多，亦一生心力之所萃也。”①所述藏书“自少迄老，孜孜矻矻，数十年如一日，亦大自知其所以然。……一切世味淡漠视之，惟嗜书之癖如故。”可见，吴骞喜爱藏书到了一种痴迷的程度，同时也反映了他在藏书的过程中用情于书、执着专注的情感。

吴骞在藏书生涯中，有一件令他终生难忘的事，那就是拜经楼藏书遭受一次窃贼，虽然平时也采取了一些防灾防窃的措施，但还是遭受偷窃，此事记载于徐康《前尘梦影录》：“槎客拜经楼丛书中，有《国山碑考》等书，皆客宜兴时所作，碑则亲至张渚手携毡蜡剔藓于荒郊寂寞之处，穷数日之力，乃缩抚其文，丝毫不苟，可谓极诣矣。《砂壶考》则与老于砖埴之工，讲求其事，兼采辑先辈及同时名人之题咏成书，一帙真非易易楼中所藏碑帖、书籍、字画，因居住幽僻，未遭兵火劫。有飞凫人结伴至其家，捆载至申，约直三千余金。盖与槎客酬酢者，皆乾嘉名士，不但卷册等可得厚值，即往复诗笺尺牍，无不争先购去。唐蕉翁得南宋巾箱本《老子》《文子》二种，又钞本记明末国

① 吴骞：《拜经楼书目》自序，清抄本。转出引陈心蓉《嘉兴藏书史》，国家图书馆出版社2010年版，第125页。

初事野史数册。”[①]藏书遭窃虽未受到一定程度的影响，但吴骞感到痛苦至极。

吴骞藏书不仅数量多，而且藏书质量很高，不仅在浙江，而且在全国亦有很高地位。其一生酷爱读书，同时也将毕生精力倾其藏书，值得关注的是其藏书具有特色：首先，藏书范围很广，以收藏宋元旧本益稀、旧抄、精本等，曾有“千元十驾”的珍本秘籍称号。其次，拜经楼藏书的特点是荟萃许多名家题跋。特别是名家学者如杭世骏、卢掩经、钱辛楣、周松霭、查慎行、陆贴典、吴伟业、朱彝尊诸先生，鲍豫饮、周耕崖、朱巢钦、张苗堂、钱绿窗、陈簠痒、陈鳣、吴翌凤、丁杰、顾之逵、顾广圻、黄荛恩诸良友对吴骞藏书均有题跋，这一现象在中国藏书史中上很少见到。如宋本《前汉书》载录“仁和朱朗斋明经跋”“吴趋黄荛圃主事跋”“东里卢抱经学士跋”；明本《逸周书》载录顾广圻、陈鳣跋；宋本《咸淳临安志》载朱彝尊、吴焯、杭世骏、鲍廷博等跋。题跋的内容如《春秋属辞》下题：“旧刻本。每页二十六行，行二十七字。后列校刻氏名。为曝书亭、道古楼二家藏书，有其图记，俱极精雅。”《大广益会玉篇》下题：“右三十卷，元刻本。每页二十四行，行二十一字。前有‘朱氏与耕书堂’长墨印，又有‘永乐丙申至嘉靖改元107年重装’墨笔一条及锡山施金、贡先诸图记。”《宋史全文》下题：“此书三十卷，目录题‘续资治通鉴长编’，三十卷后每页题‘增入名儒讲义续资治通鉴长编’，三十卷末又编度宗、少帝事，称‘宋季朝事实’，不著撰人名氏，惟列‘丰城游明大升校正’一行，盖荟萃诸家纪传而成者。纸墨精好。每页二十二行，行二十五字。”《本草衍义》下题：“《本草衍义》二十卷。每页二十四行，行二十一字。首行题‘本草衍义卷之一’，次题‘通直郎添差充收买药材所辩验材寇宗奭编辑’。首张缺前半页，后半页第一行‘圣旨寇宗奭特与转壹官依条施行添差充收买药材所辩验药材’，二行‘右札付寇宗奭’，三行‘政和六年十二月二十八日’，五行‘宣和元年月本宅镂版印造’，六行‘姤宣教郎知解州解县丞寇约校勘’。纸墨古雅，有‘汪文柏’、‘柯庭’、‘休宁季青家藏书籍’图记。面页题‘摛藻堂藏’。”《栾城集》下题：“抄本，前集五十卷，插花山马氏藏本。首页有‘玉音孝友著于家庭信隆于乡党’朱文印，卷内有‘古盐官州马思赞之印’、‘马寒中印’、‘华山马仲安家藏善本’及‘秀水朱氏潜采堂图书’诸印记，抄写及书侧题识俱精整。”另外还有黄丕烈题跋《周礼纂图互注重言重意》道：“宋刻《周

① 徐康：《前尘梦影录》卷上，清光绪二十三年江标刻本。

礼》所见有三本：一为余仁仲本，藏于小读书堆，系中版。独阙《秋官》。倚树吟轩有蜀本，止《秋官》二卷，则大板也，见为余有。陶筠椒有纂图互注本，却无阙卷，有阙页，板子适中。惟此又系巾箱中本。余所见有《左传》题曰婺本，此《周礼》题曰京本，盖同一例矣。惜少《春夏官》，安得汇而叙之如百衲《史记》乎，为古书发一叹云。抱冲作古，书籍不轻假人。筠椒以待贾而沽，未能借校。致今槎翁之书留余百宋一廛中，仅得与蜀残本一校，未尽其善，又可惜也。还书之日，书数语于尾，以质诸槎翁。槎翁想亦同慨已。时嘉庆丙寅谷雨后二月，黄丕烈识。”陈鳣题跋《图绘宝鉴》道：“《图绘宝鉴》五卷，元吴兴夏文彦撰。是本量墨色漫坏，然犹是元版而明印者，远胜今本之窜乱混淆矣。卷首抱遗老人叙草书极佳，盖系铁厓手书付梓。叙称云间义门夏氏，则文彦又为云间人。是书每册有庐江王图记，王藏书甚富，就余所见凡数种，皆善本云。”丁杰题跋《尚书全解多方》道：“乾隆丁酉，予在京师，从琉璃厂五柳居书肆借抄此卷，乃《永乐大典》本也。”又题跋《淳祐临安志》道：“吾杭在南宋建都为临安府，其志凡三修：一为乾道时周淙撰，一为淳祐时施谔撰，一为咸淳时潜说友撰。《乾道志》十五卷，久佚。同郡孙晴厓从都下得宋椠本，止三卷，余曾录副本。《咸淳志》一百卷，秀水朱竹垞从海盐胡氏、常熟毛氏先后购得宋刻八十卷，又借抄十三卷，尚缺七卷。后归吾乡马氏道古楼收藏，钱唐吴绣谷购抄其半，继而垞孙稼翁又以宋椠十七册售于同郡赵氏小山堂，赵氏复从吴本补录其余，未及装整，即归王氏宝日轩，又转归于吴氏存雅堂。乾隆三十八年，歙鲍绿饮从平湖高氏得宋椠本二十二册，中间节次缺失，而尽于八十一卷。每册有季沧苇图记，……因斥去季氏补抄施《志》六卷，就赵本补录，通得九十五卷。未几归于吾乡吴氏拜经楼。”吴骞题跋《元丰九域志》道：“家枚庵侨居吴下，性喜藏书。每遇秘本，辄手为传录，盖今之方山也。王正仲《九域志》流传绝少，而有‘古迹’者尤为难得。癸卯夏，从枚庵借得，因亟抄而藏诸拜经楼。”又云：“壬子仲春，复以钱遵王影宋抄本及嘉兴冯氏新刊本重校一过。”吴骞题跋《毛诗阐秘》道：“宋牧仲尝欲购此书刻之，斧季靳而弗与。后归休宁程某，休宁令虞山丁斌又为之跋。丁未夏日，予于吴门书肆得之，犹是汲古精抄，装潢题识皆无损真可宝也。”又题跋《春秋尊王发微》道：“予收得旧抄本《春秋尊王发微》，书体颇端楷。玩其图记，盖虞山钱遵王先生藏本，尝载诸《读书敏求记》者殆即此也。述古堂之书后尽归于季沧苇侍御，沧苇既没，又复散去。此虽昆山片玉，犹足以想见当时之盛也。"

中国传统藏书名人题跋,由于受体载和条件的限制,题跋往往文字简洁,在版本形态记述方面多有专门术语,然后叙说中,亦时能见动心的妙笔。因此,藏书题跋的可读性要略逊于读书随笔,这就凸显题跋的学术价值。据《拜经楼藏书题跋记》不完全统计,收有宋版21种、元版24种、蒙古中统本《史记》、元抄《方叔渊稿》及16人稿本,抄本150余种,名人校本50余种及大量题跋及其校勘的古籍。可见"拜经楼"藏书的品位之高。

吴骞不仅是一位著名的藏书家,而且也是一位学术造诣很深的学者。《清史列传》则说吴骞"生负异禀,过目成诵",说明读书的天赋很好,不但工诗善文,而且绘画山水,实为多才多艺的大儒。浙江海宁藏书家陈鳣在《愚谷文存·序》中是这样描写道:"吾乡以儒林著者,晋则有干令升,梁则有戚公文,陈则有顾允,南唐则有褚宏度,宋则有张子韶,明则有董硕甫、朱康流、谈孺木、祝开美诸先生,及先五世从祖乾初府君,后百余年而有吴槎客先生焉。先生品甚高,谊甚古,而学甚富,著述等身,顾不屑为流俗之文,夙共当世贤士大夫相往还,与之上下其议论。晚年益深造自得,远近学者宗之。筑拜经楼聚书数十万卷,丹黄甲乙排列几筵,又有图绘、碑铭、鼎彝、剑戟、币布、圭璧、印章之属,丹漆、陶旊、象犀、竹木之器,充牣其中,皆辨其名物制度,稽其时代款识、著之谱录,暇则驾扁舟泛江湖,历山谷探奇吊古,吮墨含毫于遗文,坠简广为搜访,遇孝忠节烈之大端,尤必竭力阐扬,殆得于古者,深积于中者,厚而粹然为儒林之望也乎。鳣幸得从先生游有年矣,渊渊乎如临秋水,而心鉴其清焉。蔼蔼乎如披春风,而身受其和焉。观其家雍睦一堂,竞尚儒雅,令子若从子相继,登贤书欣欣向荣。先生夷然视之,惟沈酣典籍,谈艺论文,年七十余,耳目聪明,行不须杖,咸称为寿者。相云先生既刻《拜经楼诗集》十二卷,钱辛楣詹事叙之。今又刻《愚谷文存》十四卷,属鳣为弁言,以鳣之固陋,何敢叙先生之文。然数十年交情之笃,则莫如鳣。故不自掩其短,而识其生平大略如此。若夫文笔之高,坚词旨之敦厚,固世之有目共赏者,无庸鄙人插齿牙于其间也,嘉庆十有二年冬十一月既望。"[①]而"学甚富,著述等身"则是对吴氏一生的学术高度评价。

吴骞的著述非常丰富,据《善本书室藏书志》《八千卷楼书目》《清通史》《清文献通考》《(光绪)重修安徽通志》《清续文献通考》《(民国)杭州府志》

① 陈鳣:《简庄诗文钞》续编卷1,清光绪刻本。

《清史稿》《海宁州志》《中国古籍善本书目》等不完全统计，吴骞著有：

《唐石经考异》2卷、《蜀石经毛诗残本考异》1卷、《典裘购书歌》1卷、《遗训笺释》1卷、《涉园修禊集》1卷、《皇氏论语义疏参订》10卷、《拜经楼诗话》4卷、《沈蘧翁寿怀歌》1卷、《桐阴小牍》1卷、《休宁吴氏济美集》1卷、《海宁经籍志》1卷、《海宁经籍备考》2卷、《海宁倭事始末》2卷、《惠阳山水纪胜》4卷、《蜀石经毛诗考异》2卷、《耕厓先生传》1卷、其子编《题辞》1卷、《海宁州志校勘记》1卷、《壶口辨》1卷、《西湖纪胜》2卷、《拜经楼书目》不分卷、《小桐溪录》1卷、《随笔》2卷、《尖阳丛笔》10卷、《尖阳载笔》1卷、《槎客日谱》6卷、《尺苑》2卷、《阳羡名陶录》2卷、《续录》1卷、《国山碑考》1卷、《阳羡摩崖纪略》无卷数、《子夏易传义疏》2卷、《子夏易传释存》2卷、《孟子外书附订》4卷、《拜经楼诗草》不分卷、《拜经楼诗稿续集》1卷、《兔床清玩录》、《粤东怀古诗》2卷、《拜经楼研录》1卷、《愚谷文稿》不分卷、《愚谷文存》不分卷、《诗谱补亡后订》1卷、《孙氏诗评摭遗》1卷、《吴氏仪则》1卷、《烟云供养录》1卷、《尺苑》不分卷、《拜经楼杂钞》1卷，《商卣唱和诗》1卷、《拜经楼诗话》4卷、《拜经楼诗话续编》2卷、《万花渔唱》1卷、《观复堂藏书总目》1卷、《分目》1卷、《拜经楼分拨总记》1卷、《拜经楼碑帖目录》1卷、《陈乾初先生年谱》2卷、撰《兔床日记》不分卷、《桐阴日省编》不分卷、《白虎通义校稿》1卷，辑《扶风传信录》1卷、《南宋方炉诗》1卷、《四朝经籍志补》、《东江遗事始末》2卷、《蠡塘渔乃》1卷、《拜经楼》正续17卷、《愚谷文存》正续16卷、《桃溪客语》5卷、《明诗综姓氏表》不分卷、与清黄虞稷同辑《千顷堂书目》32卷附《四朝经籍志补》、《集俎》1卷、《汪义妇辞》1卷、《论印绝句》2卷、《小桐溪吴氏家乘》8卷、《许氏诗谱钞》、《孙氏尔雅正义拾遗》、《唐开成石经考》2卷，校订《明党祸始末记》2卷，校注《疑年录》4卷，还辑《董令升遗事》不分卷、《哀兰集些》1卷并辑《挽篇》1卷、《愚谷诗稿》5种6卷、《禺园悼往录》不分卷、《金楼子附校》6卷、《古今乐府声律源流考》1卷、《孙氏尔雅正义钞》1卷、《蛟桥折柳图题咏》1卷、《輶轩续录》1卷，辑宋潜说友纂修《(咸淳)临安志钞》不分卷、编《海昌丽则》5种10卷，纂修《休宁厚田吴氏宗谱》6卷等著作辑注等近百种。

从以上的吴骞的著作看，大部分作品都流传于世，而且大多被列为全国古籍善本，为后世的研究提供了宝贵的资料，也彰显吴骞著作的质量之高、版本价值之大。正因如此，一生专于学问的吴骞，终于成为杰出版本目录学家。

在博的基础上，吴骞力求藏书之精，他的藏书楼富有宋元旧椠、旧抄，且校勘精审。他将其中的精品藏书出资刊刻，编为《拜经楼丛书》，传播天下，为人称道。多年来，吴骞的主要活动就是购书、藏书、校书、刻书，但他浸淫其中，乐此不疲。吴骞一生笃嗜典籍，兼好金石，遇善本书，不惜倾囊购之，所得不下五万卷，筑拜经楼为藏书室，他自定的藏书铭是"寒可无衣，饥可无食，至于书，不可一日失"，道出了其中的甘甜。吴之淳在《尖阳丛笔跋》道："昔先生大父聚书万卷，手不停披，潜志探讨，兼好网罗遗事轶闻，搜剔名迹古器，多所表著。"[①]拜经楼藏书由吴骞勤奋、刻苦、艰辛创业，并具一定的规模，到其子吴寿旸、孙吴之淳、吴之澄等藏书传承，历经三世，鼎甲浙江近百年，对中华文化典籍的保存建有大功。

① 叶昌炽：《藏书纪事诗》卷5《吴骞》条王欣夫补正，燕山出版社2008年版。

张钧衡及其“适园”藏书

张钧衡(1873—1927),字石铭,号适园主人,他的先祖是安徽休宁人,于康熙年间迁到浙江南浔,世代经商并以盐业致富。祖父名张颂贤,字竹斋。同治初年平定太平国之后,颂贤受浙江巡抚委办恢复浙西盐场的户销,使得“商利益滋,官课以充,而公之家亦日丰。”[①]颂贤长子名张宝庆,字质甫,即钧衡的父亲,光绪元年入县学,以后又捐花翎候选郎中,以孝友行义著名乡里,可惜年仅42岁而卒。张钧衡幼年失怙,由母亲桂太夫人抚育,幼授经学,笃嗜典籍,对本邑先辈藏书大家鲍廷博、刘桐、严可均等仰止神往不已。光绪十六年(1890)入县学,二十年中甲午科乡试举人,会试不第后捐主事分兵部车驾司候补,并在上海经营商业。一年后张钧衡将他的祖父在江苏常熟所置田产一千余亩,捐建“张氏义庄”以济助族人。张钧衡一生中的大量时间用于藏书和刻书。

一、张钧衡“适园”藏书楼

张钧衡在光绪二十年(1894)稍前即已着手进行藏书工作,以后在南北各地搜购,光绪三十三年(1907),他在南浔的南栅补船村筑成一座园林,取《史记》中季膺适志的典故称为“适园”。园在浔溪支流鹧鸪溪畔,与刘承干家的小莲庄毗近,为明末遗民董说“丰草庵”的故址,占地二十余亩,有池馆亭台之胜,其中的“六宜阁”是张钧衡藏书所在,宣统元年郑孝胥曾为他撰写一篇《适园记》。

以后张钧衡移住上海,在辛亥革命之际收得不少善本,加上和缪荃孙、沈会植、费景韩等人的交往,民初几年中适园已经藉藉其名。到他的儿子张乃熊时,搜书之兴不下其父。于是适园所藏更加美富,与密韵楼及嘉业楼一时并称于上海,适园藏书的特点如下:

① 周庆云:《南浔志》,清刊本。

第一,收藏大量善本和宋元古本。民国五年张钧衡编印《适园藏书志》时,已拥有宋本45部、元本50部;到民国三十年张乃熊编《芷圃善本书目》的时候,他所藏的宋本增为88部、元本是74部,巧合的是宋本恰与"传书堂"相同,元本则和"嘉业堂"一样。如蒋父子两人的目录两相对照,可发现适园藏书志中的宋元本,并未全部包括在芷圃善本书目中,只是半数稍多而已,推测是因为张钧衡死后诸子分产的缘故。

在适园父子相继传藏的宋本中,较特殊的如《东都事略》130卷,在目录后有"眉山程舍人宅刊行,已申上司不许覆板"两行版记,可知我国对于著作权的保护,起源甚早,至迟在公元12世纪的宋代,这部《东都事略》曾经清代怡贤亲王所藏,因此书上钤有"怡府世宝""明善堂""安乐堂"等印记,后来流落到东瀛,民初为董康所得,携回国内以千元价转让给适园。

适园中还有两部珍藏《北山小集》和《李贺歌诗编》,都是宋代利用废旧的公文纸背面印刷的,甚至还留有不少的关防朱印,这两部书用的是宋孝宗乾道年间(1165—1173)手写的官府帐簿册纸,其中官衔和人名、年月都历历可辩,800年前古人的爱惜物力留下难得的"史料",颇足令人深思。

第二,抄稿本是适园藏书的一大特色。由于印刷成书的数量远在手抄之上,因此一般人的藏书中,必然绝大多数是刊印本,可是适园中的抄本,却与众不同地达到和刊本相埒的地步。在张钧衡藏书时期,这是适园藏书最大的特点,920部左右的善本中,抄本和刊本都在460部间,各占半数;到张乃熊手中,适园善本增加到1200部,虽然他藏书的方向有所转移,但抄本仍维持有他父亲时候的数目,只是占全部藏书的比例,降到约40%左右。

适园抄本中,不乏名家精抄之作,张钧衡曾大批收购朱学勤"结一庐"、张蓉镜"小琅环福地"、吴骞"拜经楼"、顾沅"艺海楼"等家旧藏,这几家原都是以收藏或从事抄写著名的;张乃熊陆续收入的韩应陛"读有用斋"、张元济"涉园"中,又有不少的抄本,杨守敬在日晒所抄所得,也有13部让售给适园,如就适园全部抄本而言,则影宋抄的44部最具版本学上的价值,足供校勘订正明清刊本之用。

第三,收集黄丕烈校跋本。这是适园藏书在张乃熊时期最突出的一个特色,江苏吴县的黄丕烈(1762—1825),是清朝乾嘉以来最著名的一位藏书家,他的"士礼居"收藏本200部以上,而且他对藏书校订题跋的繁多和精审,也最为人钦服乐道,他在目录、版本和校勘三方面的创获,对百余年来的影响极大。当道光初年黄丕烈过世以后，士礼居散出的藏书成为大家争相搜购甚至悬价以求的目标，特别是经他校跋品题过的所谓“黄跋本”，其价更倍增不止，到民国初年，只要拥有20来部的黄跋本，便足以在藏书界傲视群侪，蒋汝藻的44部、韩应陛的65部，已是凤毛麟角，可是他们都还远不如杨氏海源阁的99部，更不能与独占鳌头的适园101部相比了！张钧衡时的黄跋本已近30部，张乃熊继承大部分外，他又自行搜求了82部，可以说是他最专注的一项藏书了。目前所知世上收藏黄跋本最多的是北京图书馆。

民国2年底，张钧衡先后请叶昌炽、缪荃孙为其编撰藏书志，于1916年完成《适园藏书志》16卷，以钧衡名义付刊，分四部著录善本960多部；还刻印《张氏适园丛书初集》《适园丛书》《择是居丛书》，以及宋本47种、元本64种、明本302种。

二、注重刻印丛书

张钧衡刻过3部丛书，最早是宣统三年排印的《张氏适园丛书初集》7种、10册。民国初年他向缪荃孙请教刻书之道，正巧刘承干不约而同地也向缪荃孙请教，有趣的是缪荃孙一函两复，除就采书、办书等分项说明外，曾颇为张、刘同时大举并刻担心，恐将使上海一带的工匠有不足之虞。

张钧衡依缪氏的指点，又刊刻了两部丛书：《适园丛书》和《择是居丛书》。《适园丛书》系民国二年到六年所刻，仿鲍廷博的《知不足斋丛书》体例，以得书之先后，随辑随刊，不分门类，共12集，收书78种，192册，委托缪荃孙校勘监刻。其中如明孙能传、张萱的《内阁藏书目录》，清黄虞稷的《千顷堂书目》、元吴师道的《敬乡录》、清查继佐的《鲁春秋》、钱谦益的《国初群雄事略》自来无有刻来；唐许敬宗的《文馆词林》则是从各处辑出汇成23卷付刻；清黄丕烈的《百宋一廛书录》、瞿中溶的《汉石经考异补正》，则据原稿本付梓。是书付刻两次，而且不断提高底本质量，如综记宋至明末著述的黄氏《千顷堂书目》，1913年初次刻印，是据陆心源的十万卷楼藏旧抄刊刻，后来又据卢文弨、吴骞抄校本改刻，虽然今天看来两本仍很疏略，错误和遗漏也很多，但还是反映了辑者不断求精求善的精神。

张钧衡汇聚和刊刻《适园丛书》总共12集，其内容为：第1辑，《百宋一廛书录》1卷，清黄丕烈撰，劳季言钞本，民国四年刊。《魏书地形志校录》3卷，清温曰鉴撰，拾香草堂稿本，民国四年刊。《汉石经考异补正》2卷，清瞿中溶撰，稿本，民国四年刊。《敬乡录》14卷，元吴师道撰，文澜阁传抄本，民国四年刊。《内阁藏书目录》8卷，明孙能传等撰，明张萱等撰，人月双清馆本，民国四年刊。《大唐郊祀录》10卷，唐王泾撰，旧钞本，民国四年刊。《月隐先生遗集》4卷，外编2卷，明祝渊撰，拜经楼藏本，民国四年刊。《古泉山馆金石文编残稿》4卷，清瞿中溶撰，适园编本，民国四年刊。《烬宫遗录》2卷，明阙名撰，小琅福地校稽瑞楼本，民国四年刊。《对客燕谈》1卷，明邵宝撰，茶梦主人手抄本，民国四年刊。《鲁春秋》1卷，明查继佐撰，查东山稿本，民国四年刊。第2集，《千顷堂书目》32卷，清黄虞稷撰，十万卷楼钞本，民国二年刊。第3集，《后村先生题跋》13卷，宋刘克庄撰，大全集本。《后村诗话前集》2卷后集2卷续集4卷新集6卷，宋刘克庄撰，大全集本。《攻媿题跋》10卷，宋楼钥撰，旧钞本。《国初群雄事略》12卷，清钱谦益撰，汉唐斋藏钞本。《文馆词林残》23卷，唐许敬宗等奉敕编，杨氏佚存古逸及新出钞本。第4集，《唐大诏令集》130卷，宋宋敏求辑，明钞本。第5集，《广川书跋》10卷，宋董逌撰，何义门校本。《广川画跋》6卷，宋董逌撰，何义门校本。《建炎以来朝野杂记》甲集20卷乙集20卷逸文1卷，宋李心传撰，明钞校聚珍本。《东都事略校记》1卷，清缪荃孙撰。《东都事略校勘记》1卷，清钱绮撰。《历代职源撮要》1卷，宋王益之撰，日本旧钞本，民国三年刊。《续吴郡志》2卷，明李诩撰，旧钞本，民国五年刊。《蒋子万机论》1卷，魏蒋济撰，四录堂辑本。《桓氏世要论》1卷，魏桓范撰，四录堂辑本。《典语》1卷，吴陆景撰，四录堂辑本。《杜氏笃论》1卷，魏杜恕撰，四录堂辑本。第6集，《西吴里语》4卷，明，宋雷撰，旧钞本。《五代史记补考》24卷，清徐炯撰，稿本。《滋溪文稿》30卷，元苏天爵撰，旧钞本。第7集，《得树楼杂钞》15卷，清查慎行撰，民国三年刊。《山谷先生年谱》30卷，宋黄罃撰，明嘉靖本。《围炉诗话》6卷，《西昆发微》3卷，清吴乔撰，旧钞本，民国四年刊。《谈龙录》1卷，清赵执信撰，旧钞本，民国四年刊。《沧浪严先生吟卷》3卷，宋严羽撰，旧钞本。《新编醉翁谈录》8卷，宋金盈之撰，拜经楼抄足本。《湖西遗事》1卷《虔台节略》1卷，《彭节愍公家书》1卷，清彭孙贻撰，旧抄本民国四年刊。《左传杜解集正》8卷，清丁晏撰，颐志斋稿本，民国三年刊。《出塞图画山川记》1卷，清温睿临撰。《闽行随笔》1卷，清范光文撰，天一阁稿本。《逸经补正》3卷，清朱彝尊辑，清冯登府补，小石经阁稿本。《岭海焚余》3卷，明金堡撰，传钞本。第8集，《汪氏珊瑚网法书题跋》24卷，明汪砢玉撰，梦华藏钞本。《汪氏珊湖网名画题跋》24卷，明汪砢玉撰，梦华藏钞本。第9集,《后山先生集》30卷,宋陈师道撰,民国三年刊。《还山遗稿》2卷补遗1卷附录1卷,元杨奂撰,明嘉靖中刊本。《贞一斋杂著》1卷,诗稿1卷,元朱思本撰,旧钞本。《珊瑚木难》8卷,明朱存理撰,旧钞本。《春秋传礼征》10卷,清朱大韶撰,稿本,民国四年刊。第10集,《求是斋碑跋》4卷,清丁绍基撰,稿本。《太平治迹统类》30卷,宋彭百川撰,校玉玲珑阁钞本。第11集,《孟子师说》7卷,清黄宗羲撰,文澜阁本。《简庄疏记》17卷,清陈鳣撰,稿本,民国四年刊。《花村谈往》2卷补遗1卷,清花村看行侍者撰,持静斋旧藏足本。《藏一话腴》甲集2卷乙集2卷,宋陈郁撰。《广元遗山年谱》2卷,清李光廷撰,稿本。《祇欠庵集》8卷,明吴蕃昌撰,传钞本。《后汉艺文志》4卷,清姚振宗撰,稿本。第12集,《三国艺文志》4卷,清姚振宗撰,稿本。《重刊湖海新闻夷坚续志》前集2卷、后集2卷、补遗1卷,元阙名撰,旧钞本。《镫下闲谈》2卷,宋阙名撰,江郑堂手钞本。《成都氏族谱》1卷,元费著撰,罟里瞿氏本。《桐谱》2卷,宋陈翥撰,罟里瞿氏本,民国六年刊。《新纂香谱》2卷,宋陈敬撰,旧钞本。《吹景集》14卷,明董斯张撰,崇祯二年刊本。《深柳堂文集》1卷,清沈登瀛撰,稿本。《叠翠居文集》1卷,清纪庆曾撰,稿本。《勘书巢未定稿》1卷,清温曰鉴撰,稿本。《秋水文丛》外集3卷,张鉴撰,清桂荣注,稿本。《鱼计轩诗话》1卷,清计发撰,桂琴甫钞本。

《择是居丛书》,"择是居"原是张钧衡的又一个书室名称,大凡适园中校珍贵的古书,每卷第一页上端都有这个朱文椭圆的印记,他在民国15年前后刊刻的《择是居丛书》,也是以宋元本为主,全部19种中便占了16种。张钧衡刻的3部丛书,共含书100种,这许多板片后来由张乃熊捐赠给浙江省立图书馆。

张钧衡《择是居丛书》主要内容为:《尚书注疏》20卷附校勘记1卷,汉孔安国传唐陆德明音义,唐孔颢达等疏,校勘记,民国张钧衡撰。《乐书正误》1卷,宋楼钥撰。《相台书塾刊正九经三传沿革例》1卷,宋岳珂撰。《唐书艺文志》4卷,宋欧阳修撰。《孙谏议唐史记论》3卷,宋孙甫撰。《唐书直笔新例》4卷,《新例须知》1卷附校记1卷,宋吕夏卿撰,校记民国张钧衡撰。《南朝史精语》10卷,附札记1卷,宋洪迈撰,札记民国谬荃孙撰。《经子法语》24卷,宋洪迈辑。《吴郡志》50卷附校勘记1卷,宋范成大撰,校勘记民国张钧衡撰。《荀子考异》1卷,宋钱佃撰。《改正湘山野录》3卷,续1卷,宋释文莹撰。《却扫编》10卷,宋徐度撰。《宾退录》10卷,宋赵与时撰。《茅亭客话》10卷,宋黄休复撰。《反离骚》1卷，汉扬雄撰。《寒山诗集》1卷附《丰干拾得诗》1卷，唐释寒山撰，附录，唐释丰干撰，唐释拾得撰。《范文正公政府奏议》2卷，宋范仲淹撰。《此山先生诗集》10卷，元周权撰。《诗品》3卷，梁钟嵘撰。

三、徽州文化对“适园”的影响

张钧衡成为藏书家和刻书家固然原因很多，但概括起来不外乎三个方面：

首先，张氏家族深受徽州文化的影响。徽州地区，古称新安。据史书记载“新安自昔礼义之国”“文献之邦”。从宋朝开始，徽州文化发展起来，衣冠之族注重谈吐、风仪、识鉴，“以诗书训子弟”。于是，科举登第者日昂然。读书风气较浓厚，“十家之村，不废诵读”。所以徽州人大多自幼就“习儒业”。这里值得提到的是，南宋时期在徽州出了一位大儒朱熹，自从出了朱熹，学风更炽，所以徽州人多是“读朱子书，取朱子之教，秉朱子之礼”。明清两代置徽州府，下设歙、休宁、祁门、黟、绩溪、婺源6县，根据6县统计，中举者，明代298名，清代698名，中进士人数也相当多，歙县在清代就有“连科三殿，十里四翰林”之誉。仅乾隆一朝就有黄轩、金榜、吴锡龄三名状元。其人才之盛，可见上斑。徽州读书、著述之风盛行。要读书必须有书，要有书必须藏书。宋以后，徽州藏书家代不乏人。张氏家族虽然迁出徽州，但有着深厚浓郁的徽州人素有“沾着乡土的心理”对桑梓乡土的眷恋，以及社会风俗习惯的影响，这对张钧衡的藏书和刻书都产生一定的影响。

其次，张氏家族的影响。张钧衡的祖辈是经商之家，家世以盐业为主，祖父张颂贤并在盐业经营中，积累了雄厚的资本和利润。明人汪伟曾说“天下之民寄命于农，徽商寄命于商”所以藏书和刻书，是“贾而好儒”的徽商特色之一。为张家的藏书活动提供了经济基础。在通常情况下，藏书、刻书既可射利又可射名，自然成为“贾而好儒”的徽商所热衷的活动。张家是挟资雄的徽州商人，便将其部分资金转向藏书、刻书业，并且随着他们经商活动，由徽州本土移向江浙等地，使藏书、刻书业更加商业化，加入整个商品流通领域。这样的家世为张钧衡后来藏书和刻书起了铺垫的作用，功不可没。

再次，张钧衡个人的爱好和追求。由于张氏家族是经商、读书之家，培养了张钧衡的兴趣的爱好。张钧衡嗜好藏书，尤好宋元刊本，曾请缪荃孙校订所藏，共得宋版45部、元版57部、著名的黄丕烈跋本近30部，这已是很难得的佳藏。张钧衡死后，其子乃熊又比乃父精于鉴别、搜求更勤，以致所藏更为美富。一般藏书家总是普通本多于善本，只有张氏相反，所藏的《适圃藏书目录》中，除普通本约600种以外，善本竟加倍达1200种之多，内有宋朝本88部、元本74部、明本407部、黄丕烈跋本101部，这些珍贵的版本是适园藏书最大的特点，因此在数量上虽远不及嘉业堂，其价值则毫无逊色，各有千秋。

清代徽州藏书家对《四库全书》的贡献

中国是一个文献积累丰富、传播历史悠久的国家。清代乾隆时期编纂的《四库全书》，就是中国文化史上空前杰作，被学术界誉为“千古巨制”“文化渊薮”的东方文化金字塔。《四库全书》纂修是一项巨大的文化工程，当时的徽州人在许多方面都做出了突出的贡献，尤其是徽州藏书家进献的书籍在《四库全书》中占有一定的比例，而且具有很高的学术价值。

四库全书馆是负责纂修《四库全书》的组织机构，在这个机构中，也简要介绍一下徽州人占有一席之地。副总裁官曹文埴是歙县人，乾隆二十五年进士，时为经筵讲官、户部侍郎、户部尚书。总阅官汪廷玙、汪永锡为歙县人。汪廷玙乾隆十三年进士，时署工部侍郎。汪永锡乾隆十九年进士，时为内阁学士兼礼部侍郎。翰林院提调官是负责提取翰林院书籍，有曹城、戴衢亨。曹城是歙县人，乾隆三十六年进士，时为翰林院编修，官终吏部侍郎。戴衢亨，休宁人，乾隆四十三年进士，时为军机处行走、翰林院修撰，官终体仁阁大学士。总目协勘官汪如藻、程晋芳分别为休宁人和歙县人。汪如藻时为文渊阁校理、翰林院编修。程晋芳入馆前为吏部主事，非翰林官，为总裁等人推荐入馆，特旨改授翰林院编修、文渊阁校理。校勘《永乐大典》纂修兼分校官有黄轩、戴震、汪如洋等，都是休宁人，黄轩是乾隆三十六年进士，时为翰林院修撰、上书房行走。戴震受乾隆特召入馆，赐同进士出身、授翰林院庶吉士。汪如洋，乾隆四十五年进士，时为翰林院修撰，官云南学政。缮书处分校官又兼纂修有徽州人：金榜、汪学金、戴心亨、戴均元、凌廷堪、程昌期、吴蔚光、吴绍浣、金光悌、鲍之钟、洪梧、汪锡魁等，这些官员和学者在国内都享有很高名望，他们的入选，无疑是对纂修工作的大力支持，同时也是确保在学术上、质量上把握好这一浩大工程。尤其像戴震、程晋芳、金榜、洪梧等，是当时学术界顶级人物，其学术成果历历可考，通熟经史，精于训诂、考据，为清代学术昌盛发展之砥柱，称一代人才之盛。

清代官员和藏书家为了响应乾隆下诏征集图书，在京徽州籍官员主要有六位献书，他们是黄登贤、汪如藻、程晋芳、程景伊、戴震、汪承霈。黄登贤，歙县人，乾隆元年进士，官至山东学政，登贤与其父皆喜藏书，精于校勘，藏书名为万卷楼、养素堂，献书299种。汪如藻，休宁人，乾隆四十年进士。其家累世藏书，有裘杼楼、小方壶等藏书楼，修《四库全书》时，汪如藻献家藏书271种，著录152种，2154卷，入存目55种。乾隆三十九年(1774)五月十四上谕点名表彰："又进书一百种以上之江苏周厚堉、蒋曾罃，浙江吴玉墀、孙仰曾、汪汝瑮，及朝绅中黄登贤、纪昀、励守谦、汪如藻等，亦俱藏书旧家，并著每人赏给内部初印之《佩文韵府》各一部，俾亦珍为世宝，以示嘉奖。"①

附：《四库全书总目》著录汪如藻家藏本152种

经部：《尚书详解》50卷、《周秦刻石释音》1卷、《尚书谱》5卷、《周礼集说》10卷、《诗韵辨略》2卷、《类音》8卷。

史部：《补后汉书年表》10卷、《班马异同评》35卷、《孤臣泣血录》1卷、《南流录》2卷、《窃愤录》1卷、《使金录》1卷、《草庐年谱》2卷《附录》2卷、《岳庙集》4卷、《历朝珰鉴》4卷、《宋季三朝政要》6卷、《乌台诗案》1卷、《断碑集》1卷、《吴越世家疑辨》1卷、《庚申外史》2卷、《高丽史》2卷、《韩柳年谱》8卷、《东京梦华录》10卷、《游城南记》1卷、《艮岳记》1卷、《杂志》1卷、《秘书监志》11卷、《籀史》1卷、《经厂书目》1卷、《碑目》3卷、《金石表》1卷、《宋纪受终考》3卷。

子部：《印薮》6卷、《荔枝通谱》16卷、《读书随记》1卷《续记》1卷、《剩语》1卷、《琳琅代醉编》40卷、《艺圃蒐奇》18卷《补缺》2卷、《敏求机要》16卷、《经世编》12卷、《杜韩集韵》3卷、《夷坚支志》50卷、《谈薮》1卷、《养疴漫笔》1卷、《过庭纪念》3卷、《释氏稽古略》4卷。

集部：《浣花集》10卷《补遗》1卷、《春卿遗稿》1卷、《祖英集2卷、《钱塘集》14卷、《乐全集》40卷《附录》1卷、《演山集》60卷、《姑溪居士前集》50卷《后集》20卷、《乐静集》30卷、《竹友集》10卷、《沈下贤集》12卷、《咏史诗》2卷、《梁溪集》180卷《附录》6卷、《筠溪集》24卷、《欧阳修撰集》7卷、《缙云文集》4卷、《夹漈遗稿》3卷、《海陵集》23卷《外集》1卷、《野处类编》2卷、《诚斋集》133卷、《北溪大全集》50卷《外集》1卷、《方泉集》4卷、《白石诗集》1卷附《诗说》1卷、《平斋文集》32卷、《清献集20卷、《翠微南征录》11卷、《安晚堂

① 永瑢、纪昀等编修：《四库全书总目》卷首，中华书局1965年版。

诗集》7卷、《方壶存稿》8卷、《后村集》50卷、《芸隐横舟稿》1卷、《芸隐仙游稿》1卷、《西塍集》1卷、《梅屋集》5卷、《勿斋集》2卷、《文信公集杜诗》4卷、《蠹斋铅刀编》32卷、《慈湖遗书》18卷《续集》2卷、《叠山集》5卷、《须溪四景诗集》4卷、《云泉诗》1卷、《覆瓿集》6卷、《秋堂集》3卷、《古梅吟稿》6卷、《柴岩诗选》3卷、《陵川集》39卷《附录》1卷、《屏岩汪稿》1卷、《谷响集》3卷、《竹素山房诗集》3卷、《牧潜集》7卷、《宁极离稿》1卷附《慎叟遗稿》1卷、《芳谷集》2卷、《申斋集》15卷、《文安集》14卷、《所安遗集》1卷、《鲸背吟集》1卷、《五峰集》6卷、《午溪集》10卷、《清江诗集》10卷《文集》31卷、《刘彦昺集》9卷、《草泽狂歌》5卷、《春草斋集》10卷《附录》1卷、《希淡园诗》3卷、《吕次儒集》1卷、《山谷刀笔》20卷、《林泉结契》5卷、《友石山人遗稿》1卷、《龟巢集》17卷、《复古诗集》6卷、《延平文集》3卷《附录》2卷、《别本卢川归来集》6卷、《剪绡集》2卷、《水云村泯稿》2卷、《别本松雪斋集》2卷、《花溪集》2卷、《元释集》1卷、《林公辅集》3卷、《樂庵集》2卷、《石西集》8卷附《崇礼堂诗》1卷、《梧江杂咏》1卷、《农务集》3卷、《王鲁公诗抄》1卷、《松陵集》10集、《唐四僧诗》6卷、《薛涛李冶诗集》2卷、《西昆酬唱集》2卷、《南岳酬唱集》2卷附录1卷、《诗家鼎脔》2卷、《两宋名贤小集》1卷、《后村诗话前集》2卷《后集》2卷《续集》4卷《新集》6卷、《修辞鉴衡》2卷、《回文类聚》4卷《补遗》1卷、《月泉吟社》1卷、《天籁集》2集、《风雅遗音》2卷、《蕉窗葸隐词》1卷、《方壶词》3卷、《水云词》1卷。

程晋芳，歙县人。他在纂修《四库全书》期间，他专程回乡挑出大量世所罕见的珍本秘籍献出“桂臣”藏书多达350种，其中有183种书籍共332卷被用作辑编《四库全书》的底本。另有167种书籍被作为存目编入《四库全书总目提要》中。

徽籍祁门人马曰琯、马曰璐用在扬州经营盐业所得巨资广泛购求典籍，达十万卷之多，其藏书楼为“小玲珑山馆”“丛书楼”。乾隆皇帝征集《四库全书》时，马曰琯令其子献书776种，为全国私人献书之冠，受乾隆皇帝褒奖，赐《古今图书集成》一部，共5020册，马曰琯装成520匣，贮藏10柜，供奉正厅，后继赐《平定伊犁诗三十二韵》《平定金川制诗六十韵》《得胜图》32幅等。马家“皆装成册，供奉其家”。

汪启淑献书524种（一说600余种），《四库全书》著录265种，3412卷，存目199种，著录数量仅次于范懋柱、鲍士恭、马裕等家，也得朝廷御赐《古今图书集成》一部。另外，乾隆帝还亲笔在其中的元刘一清撰《钱塘遗事》和唐许嵩撰《建康实录》两书上题诗归还。乾隆四十五年(1780)，第五次南巡后，为奖勤其藏书、献书之功，又赐送《平定伊犁战图》和《小金川战图》各一部，以资鼓励。为此，汪启淑在家特建御书楼加以宝藏。

藏书家鲍廷博为响应乾隆皇帝征天下遗书，命子士恭献家藏书626种送交浙江学政王杰进呈于四库全书馆，成为全国献书最多的四家之一。由于鲍廷博所献多为宋元善本，质量精好，故为《四库全书总目》著录鲍廷博家藏本382种，3631卷，5种无卷数，其中经部10种，96卷；史部62种，571卷；子部140种，905卷；集部170种，2059卷。列入存目131种，达到《四库全书》著录总数的34%，鲍廷博献书大多属善本。乾隆在三十九年(1774)五月十四日上谕云："今阅进到各家书目，其最多者如浙江鲍士恭、范懋柱、汪启淑、两淮之马裕四家，位数至560种，皆其累世弆藏，子孙恪守其业，甚可嘉尚。"可见，当时全国私人献书500种以上四家，徽州占三家，其中马家献书最多，鲍家献书数量少于马氏，屈居第二，而质量则为翘首，且大多属善本，汪家最专，均俱特色。由于鲍廷博献书有功，赢得朝廷褒奖，乾隆三十九赐予内府编纂的一部类书《古今图书集成》、内府初印本《佩文韵府》各一部。第二年，在发还所进书籍，内有《唐阙史》《武经总要》二书，乾隆皇帝分别题诗一首，其中一首云：

知不足斋奚不足，渴于书籍是贤乎？
长编大部都庋阁，小说卮言亦入厨。
阙史两编传摭拾，晚唐遗迹见规模。
彦休自号参寥子，参得寥天一也无。

皇帝亲笔题诗，可谓是崇尚之荣，传为书林佳话。乾隆四十五年，第五次南巡，鲍廷博"迎銮献颂"，获赏大缎两匹。后又获赐《伊犁得胜图》《金川得胜图》等。乾隆帝还仿鲍氏藏书楼建内府藏书处亦称为知不足斋。不久，鲍廷博又收到御赐的具有中西绘画风格的铜版名画《平定回部得胜图》和《平定两金川战图》各一套，每帧画上均留有乾隆皇帝的诗文墨迹，是收藏艺术珍品。

据粗略统计，《四库全书》收编历代著作3461种，录入存目书名便多达6793种，总目合计著录10254种。而徽州人的著作编入《四库全书》195种，录入存目256种。从《四库总目提要》查出署名徽州人著作，而在其他资料中查出为《四库总目提要》漏署、错署及寓外的徽州人著作共计451种。徽州人著作占《四库全书》著录总量的1/23（4.4%）、占收编著作的1/18（5.6%），这个比例对一个徽州地区来说是相当大的数字了。当时清代内地18个行省240多个州府，徽州内地著作收入《四库全书》的比例与一个行省的平均数相当，超出州府平均的10倍。徽州人著作在整体上有很高的质量，如朱熹、程大昌、朱升、赵汸、程曈等的理学，罗愿、程敏政的方志学，都是代表当时最高学术权威，最有影响力，至今仍闪耀着光辉。

《岩镇志草》史料价值探讨

徽州，位于安徽省南部，地处皖浙赣三省交界处，境内山多岭密，素有“七山一水一分田”之称。徽州自唐代宗大历四年(769)形成一州辖六县(绩溪、歙县、休宁、黟县、祁门和婺源)的格局，直至清代基本未变。因此，徽州是一个具有稳定性、完整性和相对封闭的文化地理单元。再加上本地区遭受战争创伤少，有利于文化和经济的发展。它也成了历来动乱年代中原避乱移民所趋向的绿洲。徽州历史悠久，文化底蕴深厚，在各个层面、各个领域都形成了独特的流派和风格。徽州方志是徽州文化的重要组成部分，也是地域文化一大特色。

岩镇即岩寺，今为黄山市徽州区府所在地。其地理位置优越、交通便捷、经济富饶、人文鼎盛，历来为皖南重镇。儒士佘华瑞为后人留下了一部《岩镇志草》，作为清代徽州地区镇志，它是一部较全面地记载山水、贤良、节孝和徽商等方志文献书，在方志史上具有鲜明的特色，同时还具有多种重要的史料价值。

一、《岩镇志草》作者及其内容

佘华瑞，歙县岩镇人。清康熙诸生，后选授桐城训导，为桐城派大师方苞挚友。方苞为桐城派创始人，雍正十一年(1733)迁内阁学士、礼部侍郎，充《一统志》总裁。故举荐佘华瑞为“博学鸿词”，并被推荐为太学六馆师，兼修《一统志》，都以年老“辞归”“不赴”应之。著有《绿萝山人集》《岩镇志草》诸书。所著诗文，悉以《桯斋集》名之。生平端肃自范，行矩言规，故其为文亦整严有则。

《岩镇志草》共4集近12万字，分别以八卦中乾卦之卦辞“元、亨、利、贞”命名。“元、亨、利、贞”就是用来解释、概括、代表乾卦要义的。乾象天、象君、象阳，有广大包容、生生不息之意。元者，善之长也。泛指一切事物的开始。亨者，嘉之会也。有畅通的意思。利者，义之和也。谓适宜和谐，利益从生。贞者，事之干也。要求凡事必须品格端正、处之有道。作者以此四字熟语标举其书，不光是为了明其次第，更重要的是寄寓了自己的审美理想和价值取向[①]。

佘华瑞的《岩镇志草》内容广泛，材料丰富，其叙述有序，结构严谨，所记叙时间内容主要是明清两朝，叙述简括，考证精细，物产详细记载，提高了镇志经世致用的价值。《岩镇志草》无论是内容和史料价值都被后人研究、引用。其结构如下：

元集

原始　形势　山水　建置　古迹　桥梁　祠社坛宇

亨集

道院　梵宇　名园　贤良坊题名　节孝坊题名

利集

宦业续传　武功补传　儒行续传　孝友续传　义行续传　节孝续传　女贞传　文苑别传　艺文上目录

贞集

艺文下目录　补遗　贡元坊题名　汇编　逸事　迂谈

从上述内容看，《岩镇志草》全书分为四大部分。正如佘华瑞所说“岩镇自嘉、隆以来，巨室云集，百堵皆兴，比屋鳞次，无尺土之隙，谚所谓寸金地也。安得闲田以为苑囿？故闤阓虽称胜境，而园亭不及邻乡。惟虬山之婆罗园、南山之莱园、檀山之樗园，妙有天然之趣。旁搜旧迹，不无沧桑之感矣！”[②]《岩镇志草》体例灵活，所涉及范围较小，也减少了采访的难度。最关键的是志草的作者为当地文人，具备对本地的风土人情特别熟悉，容易把握地方特点等优势，因此，志草与其他史籍之比较，体现地域特色非常明显，客观记录和保存了许多重要的地方历史文献。

① 吴之兴：《岩镇志草·考略》，佘华瑞：《岩镇志草》，徽州区地方志编纂委员会办公室，铅印本，2004年版，第4页。

② 佘华瑞：《岩镇志草·志草发凡》，徽州区地方志编纂委员会办公室，铅印本，2004年版，第10页。

二、《岩镇志草》描述了岩镇的地理环境

《岩镇志草》具有浓郁的地域特色，反映了人们对地理环境意识和地方感知。例如，“歙在万山之中，西乡特开平阳。周环百里，直接休宁。名乡巨室，棋布星罗。岩镇适当其中。”[①]不仅描写歙县的地理环境的优美，而且也勾划出岩镇在歙县当中。在介绍山水时，“荫山”[②]，影入浔潭，光明在镜，山葩水藻，交映成文。与荫山夹峙有“狮山”，中有孔道，弘敞明达，镇之天门，两山如苍龙豹阙矣。还有“潜虬山”，平冈一线，卧丰溪之南浒，实为民居之北障也。踞凤山之上游，潜而不跃，宛有泥蟠蝼屈之势。“株山”在凤山之阳，平衍坟起。昔人称其峰迴水迎，黄罗奔趋岩镇之脉，生气复会于兹山云。在河流方面，如“丰乐溪”，出黄山云门峰下。云门两峰对峙，溪水从其中流出，盘旋石罅，迂折而转东南，始会浮、曹、阮、容诸溪，入于丰乐，犹仅滥觞。在写“七星泉”时，七泉分布，如斗杓之状。前民取元武七宿之象，于中星建宇，面北位玉虚君于上。余六泉，或在道旁，或在民居之内，莫不清芳甘冽。凡水不见星日雨露者必腐，兹泉覆神座下，历有年所，而不改其度，不可谓奇哉。在古迹上特别介绍了“古松一株”，高四十余尺，在逍遥堤北。身围二寻。其顶虬结盘挐，劲如屈铁。无干不曲，无枝不古。坐荫其下，如夏屋珠帘，俯仰灵奇，莫名其妙。还有“佘翁桥”，在文几山之侧，北抵逍遥堤。凡为洞者七，长四十余丈，高四十尺，每洞距桥根四十尺，周以石栏，两端双植华表，高耸秀逸，为溪流之关键，束合镇之门户。明嘉靖丙申年，里人佘文义建，阅三年而成。

三、《岩镇志草》记录了妇女贞节资料

徽州方志中记载大量的妇女贞节资料，而《岩镇志草》也是如此，这也是该镇志的一大特色。徽州是一个封闭性的区域，又是程朱桑梓之邦，深受后儒学思想影响，妇女“素崇礼教，又坚守程朱学说，闺阁渐被砥砺，廉贞婣淑，扬馨殆成特俗”[③]，明清徽州两代贞节之风炽盛，而与其他地区相比，贞节之风尤甚，正如歙人赵吉士所说：“新安节烈最多，一邑当他省之半。”[④]无数妇

① 佘华瑞：《岩镇志草·元集》，徽州区地方志编纂委员会办公室，铅印本，2004年版，第16页。

② 佘华瑞：《岩镇志草·元集》，徽州区地方志编纂委员会办公室，铅印本，2004年版，第17页。

③《民国歙县志·列女序》，民国铅印本。

④ 赵吉士：《寄园寄所寄》卷2，黄山书社2008年版。

女不惜用自己的青春与生命换来一座座贞节牌坊，使古徽州又有了“牌坊之乡”的美誉。

例如，《岩镇志草》载：蒋氏，谢继缙妻。年十八时缙死，蒋即自经以殉。姑持救之。绝食五日，以斧自击，伤其额。邻妇守护甚众，蒋因坠楼自殒，石阶为断。至今以断石识其墓门。徐氏，郑时妻，母程抚之成立。徐年十六，归于时。四年，举二子，时故习儒，至是以家贫弃而贾于皖越，二年而客死。讣至，徐隐忍节哀，以慰其姑，拮据以归夫丧。既而姑卒，竭力治丧，家益贫。勤女红以教育二子。冬夜尝以灰拥其足，达旦不倦。卒年八十二岁。叶氏，庠生佘祀妻。祀游学河洛之间，家甚窘。叶勤力作以养姑。年二十六，祀客死。以蚕绩所蓄归祀丧。抚子卿云，教以克家，富而好义，名于时。叶年六十五而卒。程氏，名迎弟，槐塘程氏女。为方大法妻。婚甫五月，大法客游，死于真州。程怀孕，隐忍不敢殉。孝事舅姑如平时。及娩身，则女也，始大恸。期年，将届大法忌辰，先绝食数日，家人百端解之。及期，竟仰药而卒。人士哀之。抚按旌之，为题其墓。汪门双节妇，进士汪侃入京道卒。继妻胡氏，年二十四。妾刘氏，年十九，归汪未百日。二氏毁衣饰，治丧具，扶柩归葬。一子早夭。胡语刘曰：“汝年少，且与我俱无子，恐不能终志也，”刘涕泣，剪发自誓。家故窘，又遭回禄，无以自存。叔氏痒生汪任岁分廪资给之。胡五十余卒。刘八十余卒。唐修撰皋题其墓。邱门双节，王氏，邱永积妻。年二十八而寡，抚孤惠良。既长，娶孙氏。惠良又早亡。时孙氏年二十四，与姑守志，终始不渝。罗氏，潘廷谏妻，呈坎罗念祖女。十二岁割臂以活母程。十六归廷谏。谏远趁于外，舅开先疽发于背，暑秽不可近，罗侍汤药，亲涤濯，始终不怠。执丧尽礼。谏病瘵而归，医治岁余。姑严叔幼，薪水药饵皆取给于十指。谏死，哭不尽哀，竭力治棺衾。殓毕，即入室自经。母救，不得死。群环守之，乘间急登层楼，母追蹑之，遂从檐端飞身堕地，又不得死。姑与母扶卧故床，勺水不御，缄口不言，饿九日而卒①。有关记载这方面的史料还有很多，这里就不再一一赘述。

四、《岩镇志草》记载了很多徽商活动资料

徽州地处皖南腹地，境内多山，耕地极少，为求生存，很多人只好远离家乡，外出经商，故有谚语说徽商“几遍禹内”。徽商在兴盛几百年中，他们不

---

① 佘华瑞：《岩镇志草·元集》，徽州区地方志编纂委员会办公室，铅印本，2004年版，第116—123页。

仅自己创造了大量的财富，所谓“下贾”二三十万，“中贾”四五十万，“上贾”有“藏镪百万”者，而且也给家乡带来了巨大的变化和发展。在我国封建社会后期的经济发展史上，占有一定的历史地位。

如程其贤，字思齐。四岁而孤。节母汪抚四子，贤行三。时家道中落，又值明季兵荒，节母拮据万状，贤髫年，左右之，及能如意指。年十六，远服贾，往来闽越荆豫间，诚信自矢，不罔利而业日振。节母顾而乐之。伯兄蚤世，以孤属贤。贤视如己子，孤亦以父事叔，数十年利泽同之，相依无间。仲兄得子晚，年六十而殁，两子方在提抱。贤尽诚抚育，经营以成其家，爰养及诸孙焉。节母疾而病，贤在扬之邵埭，心忽动，驰归，废寝食，侍汤药者月余。居丧哀毁。终身体节母之训，动静不敢违。至若尊祖敬宗而推恩族属，笃于故旧而厚及孙曾，义举无穷，仁声洋溢，不可胜纪，详各志传中，此特书其养志抚孤之大节也。康熙癸丑、辛酉、壬申，郡邑四举饮宾，远近佥曰无忝。方三应，字伯贞。疏财好义，济患扶灾，人心悦服。尝贾建昌，于逆旅中晨起，见有遗金数百，急访其人，不得。托他故，留邸中待之，阅月无寻觅者，乃携之返。每出贾，必挈以行，庶几遇原主以归之。阅数年，偶于抚州渡河，舟中有贩鸡者，众恶其不洁，群诟之。其人曰：“诸君勿予欺也。予故有资斧，某年贾建昌，不慎而遗失，以致此极耳！”三应乃细询其岁月志其银数，皆合，遂告之曰：“君资故在，我为君守之久矣！”登岸，急取以授之。其人不敢受，既而请均之，又请具谢。三应曰：“君橐全在，我藏之数年，不敢丝毫有失，岂望谢乎！”其人叩问姓名，不以告；问诸从者，乃得之。阮杰，德性浑厚，度量宽洪。承父业光大之，富甲一乡，名重宣歙。遵父遗命，于宣州下桥渡建造石梁，又输数百金修砌本镇大路。郡造河西桥，捐助五百金。当道授以冠带，表其门曰尚义。宣州水灾大饥，输粟以赈饥民。汪通保，字处全，号思云。少贾上海，负贤豪声。以质剂起，翕而复张。诸凡义举，其大者若济饥，则易粟以金，不移粟而自无闭粜。太守用其策，而全活甚多。中外有构，居间立解。上海令苦朱氏讦奏，彼中贤豪皆从通保倡，聚千金以求解。寻令徙官，而诸人败约以去。通保独任之。一时义声倾上海矣。九十卒。孙仕铨，字有衡，号毅庵。自少英迈，识度老成。贾宛陵时，有县丞被赃罪，鬻女以偿。女已字人，不得已谋纳于铨。铨怜丞枉，为偿其金而还其女。丞罢官贫甚，复资其归计。近居有溪，旧架木桥以通南北。水涨木坏，人以舟济，多覆溺。捐四千缗独成石梁，列屋其上，行者息者皆便之，称为孙公桥。都宪安成彭公移檄郡守金城彭公大书“尚义之家”四字表其门。又尝输粟赈饥，荣膺冠带[①]。

五、《岩镇志草》记叙了“黄山大狱”案珍贵史料

《岩镇志草》收集了广西道御史倪元珙一本奏疏：《黄山大案奏疏》。疏中详细记录了“黄山大狱”案始末，也是最早记载“黄山大狱”案的史料。“黄山大狱”案震撼着徽州大地，同时震撼着徽州商人，这让徽州商人更加明确了结交官府是商业经营之道这一信念。明代天启六年(1626)，奸臣魏忠贤一手制造的“黄山大狱”冤案，将徽商吴养春害得“资尽命亦尽，人亡家愈破”的结局。

吴养春是歙县西溪南人。这是一个著名的徽商故里，明清两代涌现了大批的徽商。吴养春一家，既是闻名乡间的书香门第，刻书、藏书不计其数。万历、天启年间，吴养春的商业北到京津，南达两浙，许多商埠都有他的店号，称雄两淮的大贾。经营项目有“盐、典、钱庄、珠宝、绸缎、木材”等，家世豪富，甲于江南，寓堪敌国。

吴养春财富引起了魏忠贤一伙的注意。天启五年，明廷“皇极、中极、建极”三殿工程之需为名，力行敛财肥私之实，制造冤案。原来，养春父时佐拥有黄山山场2400亩，长养木材。时佐死后，吴氏兄弟为这片山场拆产一事构讼，当时曾有一半入官之议，但留中未下，不成现实。这时，魏忠贤一伙便唆使吴家仆人吴荣罗织罪名，控告吴养春的“罪状”有二：一是所谓“家资巨万，为富不仁，一向结交缙绅，霸占黄山，砍伐树木货卖，年久获利何止数十万两……近因大工肇兴，采取黄山木植应用，养春胆敢遣家丁文节，到京打点，停寝采木意旨”[②]；二是所谓“养春不遵明旨，巧立名色，创崇文书院，招朋聚党”。第二年八月，北镇抚司奉旨：“吴养春赃银60余万两，著行抚按照数追解。其山场木植银30余万两，工部即差官会同抚按估价解进，以助大工。山场地2400余亩，并隐匿山地，拖荒地土未收册者查出升科，尽归朝廷，不得仍前隐瞒。”吴养春原以为自己不曾犯法，朝廷无非是榨他的银子，于是便出手大量银两去打点。不料，十二月，魏忠贤即派其爪牙工部主事吕下问来徽州府“办案”，下令通邑富户科派，勒逼承买山木、山地，限期缴纳银两。不

① 佘华瑞：《岩镇志草·元集》，徽州区地方志编纂委员会办公室，铅印本，2004年版，第104页。

② 程演生：《天启黄山大狱记》，《明清史料汇编》第七集第二册，文海出版社，第17页。

仅如此，吴养春及其儿子、亲族共8人，还被作为“钦犯”，由锦衣卫拿送镇抚司，下了大狱。

吴养春“富甲一县”[1]，其下狱之初，妻汪氏为了救他，四处托人说情，不惜钱财，自此吴养春兄弟不仅万贯家财丧尽，而且被关狱中的亲族8人，仅剩3人生还。殊不知这样做，犹如挑雪填井，到头来还是“赀尽而命亦尽，人亡而家家愈破”。吴养春及其儿子在狱中被拷掠身死，其妻汪氏最后被迫自尽，两个女儿也相缢而死，老母气绝身亡。

综上所述，《岩镇志草》所记录的山川地理、建置沿革、建筑、教育、艺文、人物等进行了详细的记载，保留了大量珍贵地方史料。如还有天启六年(1626)高竖“杀部安民”旗帜的“徽州民变”；记载了阮杰、阮弼、汪通保等40名岩镇商人艰辛创业事迹。录有贡生99人，举人81人，进士37人。该志书是佘华瑞积平生所学于晚年归隐故乡所作，是系统全面地展示了清乾隆以前岩镇及其周边的人文历史和社会风貌，具有很高的史料价值和学术价值。该书成于雍正末年，是我国区域史上的一部重要的乡邦文献。

① 许承尧：《歙事闲谭》，李明回等点校，黄山书社2001年版，第432页。

清代徽州藏书家与徽州文化传播

中国的藏书事业，就其历史、规模和发达程度而言，在世界上是独一无二的。其整体由官府藏书、私家藏书、寺观藏书、书院藏书四个系统组成。清朝就私家藏书的数量而论，当推各代首位；就质量而言，更是集中国古代典籍之大成。徽州地区的刻书和藏书在全国都享有很高的知名度。徽州地处皖南山区，史称一府六县（歙、休宁、祁门、黟、绩溪、婺源）。有悠久的历史、灿烂的文化，又是商贾之乡，在全国都出类拔萃，世称“程朱桑梓”“东南邹鲁”。由于清代经济、文化的进一步发展，徽州藏书家们一方面继承前代遗志，逐步加以扩充，建立有特色的藏书体系；另一方面经明末清初的社会变迁，部分藏书散落民间，并又不遗余力地加以寻觅搜集，不仅在数量上保全藏书的领先地位，而且在收藏质量上也保持优势，同时，对传播博大精深的徽州文化作出重要贡献。

一、清代徽州藏书家的藏书状况

徽州的藏书有着得天独厚的条件，一是徽州刻书业繁荣昌盛，是全国四大刻书中心之一。官刻、家刻两个系统继续保持和发展，徽州刻书事业突飞猛进，私家坊刻众若繁星，刻铺比比皆是，为徽州刻书带来了蓬勃生机。二是徽州历史上，曾有过三次大的中原衣冠南迁，即西晋末的“永嘉之乱”、唐末的“安史之乱”和北宋“靖康之乱”，三次大规模北方居民南迁徽州，成为徽州75个姓氏的主要来源。这些中原士民的迁入，不仅使汉越文化进行了三次大融合，而且，将中原文化科技带入徽州，有力地促进了该地区生产力的发展，并逐渐在徽州社会生活中起着支配作用。三是浓厚的文化底蕴也是徽州藏书业发达的一个主要原因。徽州文风极盛，形成良好的社会氛围，文人墨客，吟诗作对，著书立说，留下了宝贵的文化遗产，这些为徽州藏书业的发展提供了对象。

清代徽州府有着丰富的藏书、精善的古籍版本和饱览群书的博学之士，从而大大丰富了出版业中的刻书资源，为藏书提供了保障。清代徽州藏书名家辈出，境外著名藏书家有不少都是徽州旅外名宦、发迹的儒商，他们当中许多人注重收藏古籍，不少人成为中国藏书史上的名家、著名藏书楼主人。东南许多著名藏书家追本溯源，是从徽州迁徙出去的学者、名宦或其后裔。乾隆三十八年(1773)四库开馆，私人进献古籍藏书超过500种的全国共有4家，除宁波范氏天一阁外，全是徽州寓外的藏书家。

休宁人汪文桂、汪森、汪文柏兄弟三人，寓居浙江桐乡，而桐乡以藏书而名盛，世称“汪氏三子”。汪文桂、汪森同建有“裘杼楼”，藏书万卷，每日校勘不辍。汪森另建有“碧巢”，汪文柏有“古香楼”“摛藻之堂”，收藏秘籍珍本及名人字画。

歙县人鲍廷博，少年因父鲍思翊经营盐业之故，随父迁浙江桐乡。鲍廷博收藏古籍以“海内宋元旧椠暨善写本”为主，因此，每见宋之善本书，必千方百计索取之，不愧为一个“搜罗之富，实罕其比”的古籍藏书家。其藏书处名为“知不足斋”，取《大戴礼记》“然学后知不足”之意。清乾隆三十七年(1772)，成立四库全书馆，诏求天下遗书，开始编纂《四库全书》。为了完成这一浩大工程，清政府向全国私家藏书者征书，鲍廷博对此极为赞赏，献上将私家善本600余种。为了尽其所收珍本、善本，刻印《知不足斋丛书》共30集，每集8册，共207种、781卷，是一部以精善著称的综合性丛书。鲍廷博“积数十年，家累万卷。丹铅校勘，日手一编，人从假借，未尝逆意。”[①]可见，他把毕生的精力都用在藏书的事业上，成为清代一位卓著的藏书家。

歙县人汪启淑，寓居浙江杭州，以盐业为商，家道富厚，世受封赏，官工部都水司郎中。汪启淑性不谐俗，嗜好藏书，好古成癖，蓄藏古今文籍书画，美不胜纪。而且是广征旁搜，广罗众本，务求达于至精。凡是遇到善本或是珍藏本，必花巨资购买，收集古今书籍数万卷。其藏书楼名为“飞鸿堂”。清乾隆三十七年(1772)，成立四库全书馆，诏求天下遗书，开始编纂《四库全书》。汪启淑向朝廷献书542种，皆家藏精醇秘本，采用了59种，存目201种。汪启淑为此获得清廷御赐的《古今图书集成》一部，在发还的《钱塘遗事》及《建康实录》上还有乾隆亲笔题诗，这在当时是“士林之荣”的事情。

祁门人马曰琯、马曰璐寄居扬州，马氏家族在扬州业盐经商，酷爱典籍，

① 赵怀元:《知不足斋丛书》(序)，民国铅印本。

不惜高价收购。成为扬州藏书家中重要人物，享有“扬州二马”之称。马曰琯有丛书楼，藏书甲在江南北。马曰璐有小玲珑山馆藏书。四库全书开馆时，献其藏书776种，居全国献书数量首位。马氏兄弟藏书的目的，一是供自己阅读研究之需，二是为了招徕各方名士。他们每搜集到一部典籍，都要认真研究，精心考订、校雠，在当时书界有“马版”之誉。

歙县人程晋芳，字鱼门，出生于徽商大贾之家，侨居江苏扬州，从小就热爱收藏文献典籍，许承尧说：“乾隆初两淮殷富，程氏尤豪侈，君(程晋芳)独愔愔好儒，罄其资，购书出版的《中国人名大辞典》所载，称吴翊凤“手抄书数千百卷，多藏书家所未见”。许多抄本书上有吴翊凤的跋语，并盖有藏书印。如《宋遗民录》，有“吴枚庵校定本”“翊凤抄藏秘本”印。《真腊风土记》跨有“翊凤抄书”印。在家建立名为“古欢堂”“古香楼”“与稽斋”的藏书室，成为我国清代中期著名的藏书家。

休宁人吴骞，寄籍浙江海宁，一生酷爱藏书，每逢善书，常不计其值，倾囊而购。吴骞不但好藏书、校书，且好交游，他与当时的文人学者，如陈鳣、周广业、黄丕烈、吴翌凤等交往密切。程晋芳也和明清时期的江南文人学士一样，其“少以文名江南”，将自己的毕生精力都运用于藏书事业。据史记载：“罄其资以购书，庋阁之富，至五六万卷，论一时藏书者莫不首屈一指”[①]。是当时扬州久负盛名的藏书家，其藏书处名为“桂宧”。程晋芳桂宧藏书曾于乾隆三十七年(1722)编有《桂宧书目》二卷，后被汪如藻《振绮堂书目》所收录，这是了解程晋芳藏书的重要资料。

休宁人吴翊凤，号枚庵，寓居江苏吴县。他勤奋好学，才华横溢，能诗、善书，精通金石，藏书万卷，著述甚富。以抄书、藏书、刻书、治学而著称于世。其藏书最突出的特点是大量抄写图书。据商务印书馆鲍廷博等人交往很密切。吴骞之所以成为一个著名藏书家，完全是他自己努力的结果，因为他的先人并没有留下藏书。历史上许多藏书家一旦有了名气，总是喜欢夸耀自己的祖先如何，其目的有二：一是标榜自己出身书香门第，学有渊源；一是借以张扬先祖之名字，以示孝心。而吴骞则实事求是，直言不讳地说：“吾家先世颇乏藏书”。其中多宋元精刊本，遂筑“拜经楼”以藏，总数在五万卷以上。自称“千元十架”，意思是千部元版，遂及百部宋版。吴骞是清代中期与黄丕烈齐名的大藏书家。

① 清徐珂：《清稗类钞·义侠类》，商务印书馆1917年版。

休宁人张钧衡，号适园主人，在康熙年间迁到浙江南浔，世代经商并以盐业致富。张钧衡一生的大量时间用于藏书和刻书。在南浔的南栅补船村筑成一座园林，取《史记》中季膺适志的典故称为“适园”。园在浔溪支流鹧鸪溪畔，与刘承干家的小莲庄毗近，占地二十余亩，有池馆亭台之胜，其中的“六宜阁”是张钧衡藏书所在。藏书最大的特点是920部左右的善本中，抄本和刊本都在460部间各点半数，因此，在数量上虽远不及刘承干的嘉业堂藏书，其价值则毫无逊色，各有千秋。张钧衡不惜重金收购善本、古本和孤本。珍贵的适园藏书版本，给后人留下宝贵精神财富。

徽州藏书家除上述介绍之外，还有很多，如张潮、潘祖荫、吴焯、金士瑜、汪梧凤、江春、鲍志道、程梦星、胡树声等，这里就不一一赘述。这些大大小小的藏书楼成为中国文人士大夫的精神寄托，在传统社会中，读书人最好的命运莫过于读书、中榜、进士，但仕途险恶，能进士者甚少，而大多读书人是白首穷经，榜上无名，只得以布衣了其一生。于是无论官宦、布衣，常视私家藏书为个人心灵深处的一个安宁的寄托。

二、保存和传播了中国文献典籍

徽州藏书家不仅表现为家庭之传承，即父继祖业、子承父业之遗产；而且因藏书集散，过去大多先在本地运作，收罗文献、编辑图书、整理典籍、抄印图书、利用图书的职能，在文化、学术、教育发挥着积极作用。到了清代，因经商的缘故，这种藏书传统表现特别突出的是，开始由本地发展到徽州以外的区域，这些徽州藏书家，不仅为藏书事业做出重要贡献，而且也向外传播了徽州文化。徽州人的藏书是徽州文化的一个组成部分，藏书是众多文化发展的结晶，同时又是众多文化发展之母。清代徽州私人藏书家经过多年的藏书积累，确为我国留下了宝贵的精神财富。

1.保存了大量有价值的文献

中国是一个历史悠久的文明古国，历史源远流长，留下来的典籍，数量之多，门类之繁，涵盖的时空之广，是世界上任何一个国家和民族都无法比拟的。但是，我国古代典籍经过了长期战乱频繁的破坏，丢失现象也是比较严重的。因此，徽州许多藏书家总是沤尽心血、刻意觅访、特别注意留心搜集、考求佚文、掇拾补录、冀期以自己的诚意与努力使尽可能多的残书在自己手里破镜重圆、完美再现、重新辑出。如汪启淑收藏印章不惜重金，不择手段,如痴入迷。凡好古之家,鬻古之市,都是他常涉足的处所。他因不精于鉴别,也有被商贾糊弄欺骗过。据传钱梅溪有汉“杨恽”二字铜印,汪启淑不顾场合,竟要强行索取,钱梅溪不肯相送,启淑遂长跪不起,钱不得已,笑而赠之。其风趣如此,足见其嗜印之痴情。

各家所藏动辄几万卷,甚至几十万卷,而且多为宋元秘本、抄本等善本书。他们惜书如命,得后精心保管,并建有专门的藏书楼和相应的设施,一定的管理经验如图书的三防,使图书延长了寿命,得以保存。私家藏书散布区域广,遭到自然和战争的危害较小,即使遇到有不测,也易于疏散保存,偶尔有些藏书家的图书在战乱中遗失的话,另一些藏书家也会注意继续收集。它像一根链条,紧紧地维系着一代代藏书家的心身,通过不断的辗转递藏,使得许多珍藏在十分困难的条件下流传至今。

如鲍廷博的《知不足斋丛书》、汪启淑的《飞鸿堂印谱》、张钧衡的《适园丛书》、张潮的《昭代丛书》和《檀几丛书》等,藏书成果显著。都是保存了大量有价值的集成文献,极具学术性研究。清代编修《四库全书》这一划时代的鸿编,徽州藏书家献书数、采录数及登数为:马裕献书776种,采用144种,存目225种。鲍廷博献书624种,采用250种,存目129种。汪启淑献书524种,采用59种,存目201种。汪如藻献书271种,采用90种,存目56种。程晋芳献书350种,采用15种,存目169种。四库选用精品之多,堪列献书之众,这也反映徽州藏书家在搜辑和保存中国文化典籍方面做出了很大贡献。

2.提供具有学术价值的资料

学术之兴,首先涉及的就是书。要读书必须有书,要有书必须藏书。藏书家保存了很多有价值的著作,奠定了后世学术研究的资料基础,使学术研究有据可依。徽州为学术渊薮,婺源乃朱熹桑梓,休宁是戴震故里。程朱理学和皖派朴学是中国古代学术的两面旗帜。学术来源于著作,徽州大部分藏书家利用所藏图书的便利条件进行学术研究和交流。清乾隆歙人程晋芳“家素殷富,举族豪侈,晋芳独购书五万卷,招致缀学之士与共讨论,据案开卷,百务废不理”。私人藏书作为一种社会文化的组成部分,成为积累文化财富、辅助学术研究、进行文化教育的重要作用。有眼光的藏书家,特别注意图书的利用,因为他们深深懂得,藏书的最终目的,是在于致用。

藏书家们在选择图书过程中,不仅精挑细选版本,并且互相参校,花费无数心力,最终校勘出一最好的本子。藏书家鲍廷博在这方面有深刻体会:

"旧本转写承讹袭谬,是编每刻一书,必广借诸藏书家善本参互校雠,遇有互异之处,择其善者从之,义皆可通者两存之,显然可疑而未有依据者仍之,而附注按语于下。从未尝以己见妄改一字,盖恐古人使事措辞,后人不习见,误以致疑,反失作者本来也。详慎于写样之时,精审于刻竣之后,更番铅椠,不厌再三,以期不负古人。间有未尽,则几尘风叶之喻,前人已难矣。"①对图书进行精心校勘和考证时引用了大量资料,这对后世学术研究很有启发作用和参考价值。

三、清代藏书家传播徽州文化

清代徽州藏书家对于藏书文化方面的贡献,不仅局限于本土文化,而且还将这种藏书文化发扬光大,传播异乡,从而弘扬徽州文化。徽州文化几百年不衰,首先是因为它的经济基础。明朝以后,徽商的足迹遍及全国,影响相当大,素有"无徽不成镇"之说。"贾而好儒"是徽商推助徽州文化发展的主观动因。徽商在发展的过程中,注重贾儒结合、贾仕结合、恪守贾道,故然赢利甚多。"好儒"体现出"程朱阙里""东南邹鲁"的徽州人长期崇儒的心理积淀,标志着两宋以来享有"文献之邦"的徽州文化传统,历久不衰。在苏州、杭州、南京、扬州等地区,徽州籍藏书家作为媒介,实已形成一个文化交流网络,与外籍学人沟通、切磋、竞驰,无疑对传播徽州文化作出贡献,其意义是十分深远的。

徽州藏书家在外的豪华宅第、书楼画室、园林别墅,这些徽派建筑实际上是徽州文化的发展和延伸,同时也是本籍和外籍学者文士进行学术交流的最佳媒介。他们广交学者名流,冲破传统陋见,其意义是积极的。如马氏兄弟还收集了一些书籍版本,对其考订、校雠、收藏与鉴赏兼于一身的藏书家,不仅"藏书",还将自己辛苦收购或抄来的书籍无偿提供给各方学者。厉鹗、全祖望、杭世骏、陈章、姚世钰等常常利用"小玲珑山馆"藏书楼作研究之用。清人李斗由此在《扬州画舫录》中说道:"扬州诗文之会,以马氏小玲珑山馆、程氏筱园及郑氏休园为最盛"。正反映了当时的诗文盛况。马曰琯主持诗坛数十年,有"南马北查"之称。汪森的"裘杼楼"藏书楼,就是朱彝尊常来聊天、切磋、学术交流之所。张钧衡的"适园"藏书楼,就是缪荃孙、沈会植、费景韩等人交往的场所。另外,还记载了徽商江春为迎接乾隆皇帝南

① 鲍廷博.《知不足斋丛书》(凡例),民国铅印本。

巡，组织春台班，以供乾隆皇帝欣赏。后来徽班也相继进京演出，并且逐渐取代了昆曲和京腔在北京舞台上的位置。其中最著名的是“三庆”“四喜”“春台”“和春”四大徽班，这对徽州戏曲文化传播起到积极作用。

坐落在扬州瘦西湖畔的白塔，整体造型优美，雄伟古朴，酷似北京北海公园的喇嘛塔，相传，此塔是一名叫江春的徽州盐商所建，由此可见，当时徽商财力的丰厚，徽商，在扬州留下了很多家乡的痕迹，许多保存下来的盐商故居，都有明显徽派建筑的特色，著名的康山草堂和小玲珑山馆，也是藏书楼，虽然觅不到踪迹了，但平山堂“新安汪应庚”的石刻大字仍然在那里昭示着，曾经有过的历史。小玲珑山馆因玲珑石而得名，而这块石头，如今仍被完好地保存着，扬州的古巷就像是悠久的历史，曲曲折折，幽密深邃，隐藏着无数苍茫而寂寞的故事，这里都有徽州商人和藏书家们的足迹。

明清时期徽州地区经济的发展、文化的发达，是产生藏收家的土壤，也成为一代藏书家的士人，以自己的行动证实了他们为这一事业的发展所作出的孜孜不倦的努力。由于徽州传统文化的影响，读书风气的浓厚，各阶层人士都竞相聚书，他们为了搜集图书，不辞辛苦，甚至倾家荡产也在所不惜。藏书家有代代相传，历经百年沧桑；有兄弟同藏、叔侄相接，其气势可谓壮观。子承父业，孙承子业，历经战乱、迁移，为保存祖国文化遗产立下大功。

清代徽商吴鹏翔经商的启示

据嘉庆《休宁县志》载："吴鹏翔（清休宁人）……侨寓汉阳，指困解囊，好行其德。汉阳荐饥，鹏翔适运川米数万石至，计之可获利数倍，悉减值平粜，民赖以安，自大吏至郡县咸与嘉奖。又尝市椒八百斛，或辨其有毒，售者请毁议，鹏翔卒与以直而焚之，盖惧其售而害人也。"从徽商吴鹏翔两件商业行为来看，我们从中得到一点启示：

第一，以诚待人，以信接物。素称"鱼米之乡"的苏浙由于城市发展人口增加，粮食反而不能自给。恰巧在清朝初年，苏州发生灾荒，粮价大涨，引起上万人闹衙事件。而四川又是中国一个重要的商品粮供给地，作为吴楚之间从事粮食贸易的主要是徽商，在这种形势下，徽州粮商看到了商机。徽商吴鹏翔贩运川米沿江东下，准备运往苏州，适逢汉阳发生灾荒，为缓灾情，他就在该地抛售川米数万石，不是在大灾之年乘人之危，唯利是图，牟取暴利，加价出售，而且是坚持"悉减值平粜"，使"民赖以安"的原则平价出售。因此，他获得了人们的广泛赞誉，"自大吏至郡县咸与嘉奖"。诚信经商在徽商中十分普遍，他们认为"惟诚待人，人自怀服；任术御物，物终不亲"。平价售粮的举动，使徽商"诚信"风格赢得彰显。歙县商人吴南坡总结自己成功经商经验时所说的那样"人宁贸诈，吾宁贸信，终不以五尺童子而饰价为欺"。而正是凭借良好的商业信誉，吴南坡赢得了顾客的广泛信任与合作，生意极为兴隆，四方民众争购其货，从不挑剔货物的"精恶长短"。远近顾客争往挂着吴南坡招牌的店铺购物，从而使吴南坡获取了丰厚的利润。徽商不仅"以诚待人"，而且"以信接物"。诚信是不仅是为人之本，而且是为商之本，更是徽商获利之源。"信"也是儒家思想体系中的一个基本范畴。儒家所倡导的"立信""笃信""言而有信""讲信修睦"等学说对徽商影响至深。徽商在经营活动中十分重视自身的商誉或信誉。另外一个休宁徽商程锁在溧水经商，某年丰收谷贱，程锁仍按往年价格收购存储。第二年遇饥荒，物价上涨，但他“出谷市诸下户，价与往年平”。程锁平价售粮是个案，但像程锁这样的徽商绝对不止一个，如此大仁大义的徽商，在商业史上也是少见的，正是因为这种舍利取义舍小我求大我的行为，他们是以“信义服人”，为徽商树立起廉贾的形象。

第二，宁可失利，不可失义。这是徽州商人在商业道德诚信价值观的具体表现，即遵守商业规则，注重商品质量，讲求商业道德。当然这种商业思想价值观并非与生俱来，而是徽商受到儒家思想的影响，即朱子理学，尤其是新安理学的影响和熏陶。徽商“贾而好儒”促进了徽州的儒学兴盛，而儒学也对于徽州人经商产生了积极影响。正是徽商与儒家思想和文化之间的不解之缘，使得他们成为儒商的代表，所以在处理义利关系上，能够做到“先义后利”“以义制利”“以义为上”成为徽商人生价值观的核心。徽商吴鹏翔曾经营胡椒生意，与人签约后购进800斛胡椒，后经人辨别，发现这批胡椒有毒。原卖主唯恐奸情败露，央求吴鹏翔退回原货，终止双方契约。然而吴鹏翔竟不惜成本，将这批有毒胡椒付之一炬，以免卖主售与他人以损害消费者。为了保证商品质量，提高信誉，宁可自己利益受损，也不愿以劣质坑害他人。另外，休宁商人汪平山在安庆、潜山和桐城之间经营粮食生意，某年江南大荒，粮价暴涨，当其时，汪平山非但不借机哄抬市价，反把平日囤积的大批稻谷低价出售，帮助众人度过粮荒。如婺源商人毕周通曾受邻村故旧王某之托收存银60余两，并专门立有一个账本，记其存银的年月、利息，王某病死后数年，周氏拿出账本，将王某的存款连同利息一并奉还给了王某长大成人的儿子，闻者无不叹服。又如原籍绩溪人后寄居浙江杭州的“红顶商人”胡雪岩，在创办经营药号“胡庆余堂”之初，曾立下“戒欺”匾：凡贸易均不得欺字，药业关系性命，尤为万万不可欺。余存心济世，誓不以劣品弋取厚利，惟愿诸君心余之心，采办务真，修制务精，不至欺予以欺世人，是则造福冥冥，谓诸君之善为余谋也可，谓诸君之善自为谋也亦可。这则“戒欺”的店训，实际上是告诫经营者不得欺谩顾客，更不能以伪劣商品牟取暴利。休宁徽商汪一龙在芜湖“创立正田药店，垂二百余年”，该店“慎选药材，虔制丸散”，“对症取服，应效神速”。深得老百姓的信任，不仅“四方争购之”，就是“每外藩入贡者，多取道于芜湖，市药而归”。徽商在义利难以两全的情况下，甚至舍利取义。市场竞争，说到底是商业信誉、商业道德的竞争，由于徽商坚持了商业道德，提高了商业信誉，也就在竞争中立于不败之地，最终使自己成为明清之际中国经济中举足轻重的大商帮。

第三，诚实经商，童叟无欺。也是徽商取得好声誉，生意日见兴隆的法宝。从徽商吴鹏翔这两则商业道德事例来看，为了保证商品质量，提高信誉，宁可自己利益受损，也不愿以劣质坑害他人。明清时期的徽商在商业贸易活动中，注重声誉、讲求商品质量、守法经营，绝不以次充好和拒售假冒伪劣商品的行为，使其在激烈的市场竞争中，赢得广泛的赞誉，树立了良好的形象。休宁商人刘淮，在嘉兴、湖州购买囤积了大批粮食，有一年当地遇上灾荒，有人为刘淮庆幸，劝他乘机狠狠赚上一笔。但刘淮却说：应该让老百姓度过灾年，重新复苏，才是大利。于是将囤积的粮食全部减价出售。同时还命人煮粥免费提供给灾民。加价售粮，应该还是有利可图的，但刘淮却把利益的获得同“义举”联系在一起，是徽商“利缘义取”的典型例子。婺源茶商朱文炽因贩运茶叶至珠江逾期，新茶已成陈茶。照理他可以私下以新茶名义售出，但为了遵守商业规范，显示良好的商业信誉，他在交易文契中，必书“陈茶”二字，以示“不欺”。有人劝他更换，他也不为所动，“坚执不移”。在南京典当铺，福建商人的典息为三分四分，徽州商人的典息只有一分二分，所以人们喜欢到徽商当铺典当。康熙《休宁县志》记载，徽商“居贾则息微”。证明薄利经营在徽商中不是个别现象，而是一种普遍经营方式。薄利促进多销，利润自然滚滚而来。徽商坚持“薄利生财，甘为廉贾”的商业道德，不仅有助于个人发财致富，而且对商帮在激烈的市场竞争中立于不败之地，也大有裨益。

总之，徽商经营之道，有许多方面值得今人效仿，作为商人，他们的最终目的是要赢利，否则就不去经商了。但徽商绝大部分人是不赚黑心钱，不赚有损害自己荣誉的钱。而是善于趋利逐时，即根据市场特点，采取最好的经营方式；也善于观时变，即在把握市场信息的基础上，调整自己的经营项目。还能审时度势，根据不同的经济情况，因地制宜，做出决策，往往能够出奇制胜。歙县商人程澧（理）出吴会、达松江、走淮阳、抵幽蓟（寄），“万货之情可得而观”，他虽“坐而策之”，四十年后却“加故业数倍”最终取得成功，就是一个典型智慧商人事例。所以《江南通志》称赞徽州商人道：“善识底昂时取予”，“以故贾之所人，视旁郡信厚”。坚持“诚信”的信条，讲究商业信誉，遵守诺言，经营时货真价实，不缺尺少寸，克扣斤两，以取信消费者。投机取巧只能获取眼前利益，讲“诚信”是长久之计。道光年间，黟县商人舒遵刚说：

“生财有大道，以义为利，不以利为利”，对靠欺诈手段获取商业利润的行为十分鄙夷。还说：“因义而用财，岂徒不竭其流而已，抑且有以裕其源，即所谓大道也。”因义而发财，不仅使财富之“流”不会枯竭，反而能够丰裕自己的财富之“源”，所以这才是生财之“大道”。他又说：“钱，泉也。如流泉然。有源斯有流。今之以狡诈求生财者，自塞其源也。今之吝惜而不肯用财富者，与夫奢侈而滥于用财者，皆自竭其流也……圣人言，以义为利，又言见义不为无勇。”精辟阐明了重利不忘义、因义而用财的经商哲学。

含冤千古的戴名世

桐城派是清代文坛影响比较深广的一个文学流派。戴名世是这个文派的奠基者、创始人之一。由于《南山集》案，戴名世遭到清廷残酷的腰斩，造成清朝前期文字狱中的一大冤案。

一、游学四方　一代狂士

戴名世，字田有，一字褐夫，号药身，又号忧庵。出身于安徽桐城一个小地主的家庭。名世少有大志，自负才华，睥睨一世，人称“狂士”。他在《南山集·与弟书》中说：“余生抱难成之志，负不羁之才。”他的先辈，家本中产，到父辈时，家境已趋衰落。其父又以“盛德壮年”辞世，以致“困穷转甚”。名世一生勤奋好学，他曾说，社会上的东西都被人取走了，“独读书一事留遗我辈”。他的成就也端由此出。由于“家无数顷之田，一亩之宫”，为生活计，便从20岁开始，就“课徒养亲”，28岁入县学为诸生。康熙二十三年(1684)，他33岁上得选贡生，二十六年补正蓝旗教习，授知县未就，由贡生入国子监，此后历时17年，流离奔波于燕、赵、齐、鲁、河洛之间，以卖文授徒维持生计。后常归桐城南山故里，有隐逸之志。但终因家计艰难，戴名世不能像陶渊明那样躬耕自食，只得出门谋生，常客游京师、金陵、浙江、姑苏间。53岁那年，应顺天乡试，考中举人。57岁中进士，授翰林院编修。在这以前，他就写了不少文章，人以文名。康熙四十年，他的门人尤云鄂收集先生古文百余篇，刊行于世，名曰《南山集》或《南山集偶钞》。

戴名世不仅是一位才华出众的文学家，更是一位气节的爱国文人。他的强烈的爱国主义思想和崇高的民族气节，即他自己所说的“抱难成之志”的“志”是值得称道的。

名世所生活的时代，正值清廷所谓“天下承平”的“盛世”，这是清王朝的封建政权比较巩固的时代，也是一个残酷的时代。因为满洲贵族入主中原后，民族间的隔膜并不能一下子消失掉。康熙执政时，虽已进入全盛时代，但人们的反清思想特别是在汉族的一部分文人中还是存在的。为了消除反清情绪和言行，清初统治者便大施专制淫威，于是制造了一桩又一桩文字狱案，对具有民族气节和民主思想的人加以打击和摧残。

戴名世不满现实与家庭环境的影响不无关系。他的曾祖，就是一位有气节的明末遗老，明亡后，跑到龙眠山里当和尚。死时，名世已经是17岁血气方刚的青年了。在这以前，他曾不止一次进山拜见曾祖，听取教诲，曾祖也十分钟爱和器重他。这在他幼小的心灵里，就播下了不满现实的种子。另外，他的父亲戴霜崖也是一位穷书生，一生佣书授徒，还难以维持全家人的生活，因之“尝借饮酒以解其愤懑”。前辈们这种消极的不满情绪对他的熏陶，以及他对社会现实的观察，于是形成了他的反清思想和“好骂人”的性格。

戴名世平时，最喜欢读太史公的著作，慕司马子长的为人，尝考求前代名人奇节伟行，时时著文，来抒发自己的抑郁的爱国情感。经常访求明末遗老，网罗明季逸事，准备写一部明史。清初文人通过写明史以悼念前期之亡国，浇胸中之块垒者不止一人，如谈迁写《国榷》，查继佐写《罪惟录》都是如此。戴名世要写明史恐亦如此。

二、罗织罪名 《南山集》案

戴名世在桐城南山闲居的时候，他的门人尤云鹗刊刻他平时所做的古文，命名为《南山集》。这是一部流行广，影响深，集中表现了作者爱国主义思想，具有深刻时代的书。全集共14卷，收集了250多篇短文。其中有论说、传序、书信、日记、墓志铭，以及杂记等。内容多愤世嫉俗之作，他运用了多种艺术手法，巧妙、深刻地揭露丑恶的现实。这些作品中，有对光明的歌颂，有对黑暗的咒骂，有对人民的同情，也有对统治者的憎恨，极尽嬉笑怒骂皆成文章之能事。

由于他厌恶现实，性喜山水，也写了不描写祖国壮丽山川的文字，但他寓意并不在山水的本身，所以从他的山水游记里，可以看到作者的“行吟泽畔”的憔悴身影，蕴藏着作者“清凄幽绝”的疾世情怀。其文章，大胆泼辣，言无忌惮，激情多于理智，狂放多于冷静。

都御史赵申乔一向不满戴名世的“狂妄”，《南山集》问世后，遂假以罪名进行奏劾。指出："翰林院编修戴名世，妄窃文名，恃才放荡。前为诸生时，私刻文集，肆口游谈，倒置是非，语多狂悖，逞一时之私见，为不经之乱道。徒使市井书坊翻刻贸鬻，射利营生。识者嗤为妄人，士林责其乖谬。圣明无微不察，谅俱在洞鉴之中。今名世身膺异数，叨列巍科，犹不追悔前非，焚削书板，似此狂诞之徒，岂容滥厕清华！臣与世名素无嫌怨，但法纪所关，何敢徇隐不言。"赵申乔的这篇奏疏，没有什么实际内容，但劾戴名世最重要的话，是《南山集》中提到桐城方孝标的《滇黔纪闻》。方氏的《滇黔纪闻》记载了南明永历帝在滇黔称帝的事。戴名世为了写明史，遂注意搜求南明史实。他在《与余生书》中提出，写明史，南明的弘光、隆武、永历都要写。在这里，他提出了三个皇帝的年号，本为清廷所不容，而且还要像"昭烈之在蜀，帝昺之在崖州"一样，列为正统，那更是清廷之大忌。

据学者考证，《与余生书》作于康熙二十二年，戴时年31岁。赵申乔攻击戴名世的罪状是说他为诸生时，"私刻文集，肆口游谈，倒置是非，语多狂悖，逞一时之私见，为不经之乱道"，已属有罪在身；入朝为官之后，又"不追悔前非，焚削书板"，这更是"法纪"所不能容了。这就是说，为诸生时发发牢骚犹可，而步入仕途之后，还不改前非，那就是大逆不道了。其实，赵申乔欲置戴名世于死地，还有一件鲜为人知的事。原来戴名世会试考中第一名，殿试时得的是第二名，第一名状元被赵申乔的儿子赵熊诏得去。赵熊诏的名气远在名世之下，当时便有传说，这是由于赵申乔在幕后活动的结果。赵恐黑幕被揭破，便假借口实陷害戴名世。他在奏疏中特别表明"臣与名世素无嫌怨"，这正是"此地无银三百两"的拙劣表演。

另外，《南山集》案，对于康熙帝来说，还有一个误会。那就是《与余生书》中引用了方孝标的《滇黔纪闻》。恰好方孝标曾为翰林学士，戴氏文中称之为方学士，而别有方学诗者，曾附吴三桂反清，失败后隐匿起来，在满文中"方学士"与"方学诗"为同音字，康熙帝误以为是在逃的方学诗，特别重视，指明要从严查办。有此皇上"圣旨"，《南山集》案变得更加复杂化了。这无异在戴名世的罪状上又涂了一层说不清的阴影。于是，凡有牵连都被捕入狱，而方族受迫害尤重。其实方学诗是歙县人，方孝标是桐城人，当时同属于江南省。而一在大江之南，一在大江之北，同姓而不同宗。这一偶然的因素，使案情更为扩大了。康熙帝后来才知道这是出于误会，但事情已经闹大而不可收拾了。《南山集》案的案情加重，还有另一个原因。原来，吏部侍郎赵士麟，为了附庸风雅，拼凑了一部文集，求戴氏作序，戴氏因离京迁延未作，赵便使人代作一篇，戴知道后，即作《答赵少宰书》进行责难。他说："今以不诚之人而事阁下，以不诚之文而序阁下之文，宜为阁下之所斥勿收，而阁下顾使人为之，则非阁下始所取于名世之心矣。区区之诚尚欲自达，而代作之文惟阁下削而去之。"对于一位理任的吏部侍郎，戴名世直接指出其不对，并且要求将这篇序言"削而去之"，能不引起这位少宰的怨恨吗?《与赵少宰书》原是一封私人信件，后来却又收入《南山集》中，将此事公之于世。这样做的结果，戴名世虽然可以吐出一口恶气，而在当权者方面自然就更觉面子难看了。此外，戴名世敢于揭露社会的丑恶现象，也得罪了不少人。如《送蒋玉度还毗陵序》云："今之所谓才士者，吾知之矣，习剽窃之文，工侧媚之貌，奔走形势之途，周旋仆隶之际，以低首柔声乞哀于公卿之门，而世之论才士者必归焉。今之所谓好士者，吾知之矣，雷同也而喜其合时，便佞也而喜其适己，狼戾阴贼也而以为有用。士有不出于是者，为傲，为迂，为诞妄，为倨侮，而不可复近。盖今之士与士大夫之好士者，其相得如此。呜呼！亦一异矣。"他不仅这样尽情揭露，而且对于好士的当权者公开顶撞，这又是打击了一大片。于是朝廷大部分官员对戴名世多无好感，甚至视为"狂士""恃才放荡""语多狂悖"之徒。恰巧这时赵申乔的劾疏出笼，如同点燃了一根导火线，必欲惩之而后快，戴名世的粉骨碎身是不可避免的。其实，《南山集》案实质上是清王朝的民族压迫政策和官场矛盾所导致的一种结果。

二、身蹈大戮　千古奇冤

中国封建社会里的文字狱，由来已久，但以明初和清代为最烈。戴名世是直接死于文字狱的。戴氏擅长古文，但亦爱好史学，并对史学理论和治史方法都有自己的见解。他想撰修一部《明史》，多方搜集材料，即所谓"留意先朝文献"，然后静下来，"发凡起例，次而命笔"。所谓《南山集》案，也是《明史》案。在这之前，因修明史而遭文字狱迫害就有庄廷鑨案。

戴名世的《明史》虽未写，但《南山集》里同样引了方孝标《滇黔纪闻》中所书用隆武、永历年号，以至《清史稿·戴名世传》云："都御史赵申乔奏劾《南山集》语悖逆，遂逮下狱。"《赵申乔传》说得更具体："劾编修戴名世所著《南山集》，《孑遗录》有大逆语，下刑部狱，鞫实坐斩。"康熙五十年(1711)59岁的戴名世被投入监狱。所谓"悖逆"或"大逆"，不过是因用了南明年号而由此炮制出来的罪名，决定将戴名世凌迟处死，并将祖父以内的亲族男性年纪在16岁以上的处斩，16岁以下男性及所有妇女配给功臣之家为奴。刻书、作序的尤云鹗、方正玉、方苞、汪灏等人拟处以绞刑。与戴名世讲学论文关系密切的朝官三十余人也拟予贬谪，以上共拟处罪的有三百余人。

戴名世真是一介书生，在狱中两年余，仍修订昔所编《四书朱子大全》。康熙五十二年，名世已61岁。据《方望溪集·杨千墓志铭》云："有司以大逆当名世极刑，圣祖仁皇帝宽法改大辟。"即由初定为凌迟处死经改为腰斩。据传在临刑途中，戴名世犹口占一诗：

鼍鼓咚咚响，西山日已斜。
黄泉无酒店，今夜宿谁家？

其实，戴名世这首诗是仿照明刘蕡《临刑诗》而有感而发的。"鼍鼓三声响，西山日以斜。黄泉无客店，今夜宿谁家？"如为事实，其伤感之情可以想见。戴名世是否作了这首诗，现在难于稽考，但他的死却是冤案。戴名世被腰斩后，友人杨千木"捧其首是棺敛焉"。其弟辅世自京师扶榇归葬于所居南山砚庄之南。家属流放黑龙江，尤云鹗、方苞等人编入旗籍，其余朝官免议。这还是康熙"宽大"的结果，否则，株连被杀的更多。特别是方苞，他是"桐城派"的开山祖。由于李光弟等人的多方营救，康熙皇帝才"宽宥免治"，并于戴名世被斩后的一个月，亲自朱批："戴名世案内方苞学问，天下莫不闻。"[1]后特地召他入值南书房，又命他辅导诸皇子读书，颇加敬重。这当然又是最高统治者的另一副面孔了。

[1] 方苞：《方苞集·附方苞年谱》，刘季高校点，上海古籍出版社2008年版。

明清徽州地方建筑的和谐理念

徽州地方建筑之所以影响之大，就是因为它包含极其丰富的文化内涵和别具一格的建筑风貌，无论是建筑布局、空间构图，还是村落规划、环境利用等方面，都有着十分浓郁的徽州地方特色，它们不愧是建筑历史和理论研究的珍贵资料。明清徽州地区的民居建筑，以其科学的环境意识，精湛的建筑工艺，精巧的构思设计，在世界艺术和建筑文化史上独树一帜，熠熠生辉。2000年，徽州的西递、宏村被联合国世界遗产委员会列入世界历史文化遗产，一时间，中外游客纷至沓来、赞不绝口、叹为观止。徽州文化以其鲜明的地方特色和辉煌的成就成为地方文化的典范，徽州民居建筑，作为徽州人生存文化最直观的载体，深受各界人士的关注。

细细品味徽州地方建筑，最突出的特点是徽州文化极具典型性、辉煌性和丰富性。古徽州享有“礼仪之邦”之美誉，封建礼教对徽州社会的影响特别深远，因此，古代徽州大地上建起的民居、牌坊、古桥、古塔、古宗祠等数以千计，虽经沧桑巨变，至今留存的仍有很多，犹如一座天然的历史博物馆，彰显出明清徽州建筑追求人与人和人与自然环境和谐发展的理念。

一、追求人与人之间的和谐理念

中国先哲老子首先提出了“天人合一”的思想，是中国传统文化的理论核心，是中国人思维的一个基本模式。“天人合一”思想立足于自然，强调“与天为一”，“天人合一”。其内涵十分丰富，包含着深厚的人与自然和谐相处的生态伦理思想和管理思想。这种“天人合一”的生存智慧还体现在徽州建筑内部结构的设计上的巧妙运用上。徽州建筑大多设有“天井”，“天井”是徽州建筑的重要特征之一。天井的设计使得屋内有充足的光线和良好的通风效果，同时与徽州的经商传统也有很大关系。按风水理论，水为财之源，经商忌讳财源外流，天井能聚集屋面雨水，名曰：“四水归堂”，以图财不外流的吉利。天井下铺有可渗水的石板,石板下设有排水设施,又巧妙地将流水引出,丝毫不影响厅堂里的生活。这种设计的理念为:首先,中国文化讲究礼仪,讲究“己所不欲,勿施于人”,注重人与人的和谐相处。其次,这种设计考虑是维系良好的邻里关系,不要因雨水外泄影响了邻居的生活,造成他人生活的不便。我们从中可以感悟到设计者的独具匠心,雨天坐在厅堂里,一面听着雨声,享受着自然情景;一面想象着“四水归堂”,“肥水内流”,老天降的财源滚滚而来;同时,维持着一种互相谦让的邻里关系;这种天降之水又在不经意中顺着水圳流入设计好的月沼。可见这是一种与人互惠、与天地交融、自得其乐、又竟在礼仪之中的设计,它使人们生活和平、诗意、满足而有序。

在历史的沧桑巨变中,徽州完好地保存了大片的明清建筑,被世人认为是一大奇迹。这些建筑,动辄上千户人家,更有所谓“烟火万家”者,一旦着火,后果不堪设想。所以防火成为建筑设计中一件重要的事情。为了应急救火,徽州居民“宁可三餐无食,火不可一日不防”,在徽州,人们仍可见到村民土制的水龙、水枪、水篓之类原始防火器具,在民众聚集场所,最容易发生火灾。徽州古祠堂是族人祭祀祖先的神圣场所,为了人的安全,古祠堂都开设了许多道疏散门,这里无不透露出浓浓的人情味。徽州人家,房屋与房屋之间都设有防火墙,以紧急时割断火路,防止火势的蔓延到邻里,造成邻里财产的损失,后人便称为“封火墙”。随着对封火墙防火优越性认识的深入和社会生产力的提高,人们已不满足于“一伍一墙”,逐渐发展为每家每户都独立建造起封火墙。这些防火墙很高,远远地高出了屋顶,它们也就同时兼有了防盗和防风的作用,不失为富足人家的一道心理屏障。最初,它们可能只是一些简单的山墙,后来,随着徽商在财力上的日趋雄厚,防火墙的造型日渐丰富多彩,有阶梯形、云形、弓形等,这样的形线,在山区明净的蓝天下,显示出特别的舒展和明澈。墙头又都作了艺术处理,饰以卷草如意一类的图案,这使得它们看上去,就仿佛翘首长空的骏马,因此这些防火墙又有了一个极富诗意的名字,叫作“马头墙”。登高眺望,高高低低的马头墙,在一片屋宇中错落参差,与众多的蝴蝶青瓦小山脊交相辉映,显示出徽州建筑所特有的和谐与韵律。

远远看去,徽州建筑总体布局与封建城池模式如出一辙:以祠堂为中心放射状散开的民居群类似于拱卫内城的外廓;地势险要,易守难攻的水口类似于护城河，具有抵御外族入侵的防卫功能；被民居众星拱月般团团簇拥着的祠堂，则以其优越的地理位置，表明了宗法势力的至高无上，不容侵犯，也便于在此召集宗族成员议事、祠祭，公布村规民约，行使族权。祠堂在徽州建筑中的地位，也体现在其建筑规模上。祠堂的外观形象、内部设施直接反映了一个宗族的社会地位、文化素质、经济实力，是宗族间相互攀比争雄的首要内容。各族各姓对祠堂建设毫不含糊，尽力而为，从族产收入，挨家摊派到主动捐赠，族人有钱出钱，没钱交粮卖力，修得高大雄伟，壮观亮堂。更体现出宗族之间相互帮助、相互理解、相互协作的和谐理念。

儒家文化讲"格物、诚意、正心、修身、齐家、治国"，从推究事物的原理，达到认识的明确，再到内心的端正、人格的完善，家庭的完美、社会的均衡，直到天人合一、物我共益的最高境界。徽州建筑设计的整个过程，就好像是一步一景的儒家文化熏陶下，人的心理路程的外化，活脱脱地把儒家文化的精髓渗透到了每一个角落，大的生存环境、自然的巧妙利用、邻里关系的相互照顾、自己的心理需求，都浸透着一种和谐的理念。

二、追求人与自然环境的和谐理念

明清徽州建筑从传统的风水观念出发，在选址、布局上讲究风水效果，追求人居建筑与自然环境的和谐融合。徽州建筑多是依水势而建，山环水绕，依山傍水是徽州建筑与自然环境相融合的基本特征，而且徽州建筑的色泽、体量、架构、形式、空间，都与自然环境保持一致的格调。徽州建筑隐映在青山古树之间，有山泉溪水之便利，以青山绿树为屏障，青瓦白墙高低错落，野鸟家禽交相鸣啼。窗外远眺，天然画图尽收眼底，天井内洒落阳光雨露，小院中植置花木假山。在这里，建筑充满了人情味和乡土气息，建筑与环境相互渗透，人类与自然融为一体。

西递和宏村是目前保留最完整的徽州建筑的代表，被称为是"古民居建筑艺术的宝库"，其建筑巧妙的整体布局、极富韵律的空间层次都有典型的徽州地方特色。西递四面环山，两条溪流穿入而过，自古就有"桃花源里人家"的美誉。西递建筑在选址时就看中那里的溪水逆东西行，认为非等之地，整个建筑仿船形而建，以一条纵向的街道和两条沿溪的道路为主要骨架，构成东西向为主，南北向延伸的街巷系统，且溪水穿越家家户户，联络着邻里世代相依相存的情怀街巷两旁建筑淡雅朴素，错落有致，具有很高的审美情趣，是徽州建筑中的一颗明珠。这说明他们重视人的居住要素与自然的结合，将自然元素归结于人的意志，赋予人的情感与追求，从而体现了"天人合一"的哲学思想。

宏村的整体布局为牛型设计，整个建筑犹如一头斜卧山前溪边的青牛。它背靠的雷岗山为牛首，路口的一对参天古木为牛犄角，建筑群宛如庞大的牛躯，顺势而下的邕溪为牛肠，溪水经九曲十弯，穿流于家庭院落，再汇入牛胃形的月塘和南湖，绕村的虞山溪山上架起的四座木桥为牛脚。"牛形建筑"别出心裁的水系设计，不仅解决了消防用水，调节了气温，为居民生产、生活用水提供了方便，而且极大地美化了环境，给古朴的自然环境平添了几分清丽、自然的美感，充分体现了以人为本的环境理念。建筑设计师善于巧妙地利用地形的变化，顺应地势建造村落，利用山势的坡度，造成水系的落差，使水始终处于流动、飞溅状态，具有动态美和生命性。在建筑整体前面，有南湖碧波荡漾，楼院鳞次栉比，四周山色与粉墙青瓦倒映湖中，建筑与天水一色，被称为是"中国画里的乡村"①。处理好建筑艺术与人、建筑与其周围环境的关系，是建筑艺术美的重要原则。徽州建筑追求人与自然环境的融合，体现了人类对大自然的依恋和向往，也是中国传统哲学中"天人合一"思想的具体表现。

在建筑用料上，就地取材，节能环保，防火防盗，体现出可持续发展的和谐理念。徽州建筑多采用砖石外墙，木构内部，外墙坚固防盗，内部生活舒适；三合院中的天井，自然抽风，冬暖夏凉；马头墙高出屋顶利于防火，檐沟落水采用陶质水管，可接雨水养鱼；石料铺筑水道和台阶，坚固耐用，自然防水；庭院不拘于地形，或置鱼池、叠山石、砌花坛等，点拨意境，别有情趣等，无不体现了可持续发展的和谐理念。

三、追求和谐理念的文化渊源

徽州地方建筑充分地体现了和谐发展的理念。置身其中，恍若隔世，我们在惊叹于构思精巧、装饰精美的同时，也在极力探究它的和谐发展理念文化渊源。

其一，徽州的移民带来了中原的宗族文化。从社会史的角度考察，昔日的徽州大体是一个移民的社会，其移民多是来自中原地区。古代的中原是

① 余治维：《桃花源里人家》，黄山书社2000年版，第63—66页。

华夏文明的发祥地，也是全国政治、文化中心。历代迁移到徽州的名族，他们虽然失去了原有的特权，但找到了强化凝聚力的东西，那就是他们的宗族精神。在徽州所看到的宗祠、牌坊，就是这种宗族伦理的物化。这些聚族而居宗族正如清代徽州著名学者赵吉士在《寄园寄所寄》中说的那样："新安各姓聚族而居，绝无一杂姓搀入者，其风最为近古。出入齿让，姓各有宗祠统之，岁时伏腊，一姓村中，千丁皆集，祭用朱文公家礼，彬彬合度。父老尝谓新安有数种风俗，胜于他邑：千年之冢，不动一抔；千丁之族，未尝散处；千载谱系，丝毫不紊。主仆之严，数十世不改，而宵小不敢肆焉。"①从这一史料中可以看出，徽州宗族是按同姓同族而居，体现了徽州作为宗族社会的一个典型的特征。徽州宗族制是从中原移植而来的，系正宗传承。其聚族而居，组织严密，尊祖敬宗，崇尚孝道，讲究门第，皆有系统的谱牒，经过长期融合和发展，宗族组织成为徽州当地社会结构的基础。

明代嘉靖《徽州府志》记载："家乡故旧，自唐宋来数百年世系比比皆是。重宗义，讲世好，上下六亲之施，无不秩然有序。所在村落，家构祠宇，岁时俎豆。其间小民，亦安土怀生。即贫者不至卖鬻子女。婚配论门第，治褂裳装具，量家以为厚薄。其主仆名分尤极严肃而分别之。"②这些徽州的世家大族，又称之为大族或名族等，他们或是外地迁入或为本地，相居世代繁衍，有很清楚的家族脉络。因此，有家谱、宗谱、世谱，程尚宽等修纂的《新安名族志》主要是在当时徽州六邑（歙、黟、休宁、祁门、绩溪、婺源）各大族所修的族谱基础上编纂而成的，在考察徽州族谱文献中，徽州氏族主要来源于北方，明代以前可考的大族有57个，主要大族有程、汪、吴、黄、胡、王、李、方八姓，洪、余、鲍、曹、江、孙、毕、朱、巴等次之。再从修纂《新安名族志》到明代中叶，新安"名族"合计有84个，其中可以确认是从中原等外地迁入徽州的就达60多个，因此，徽州名族有80%以上都是由外地迁来的，可见徽州大体上是一个移民的区域。"读书""礼教""文章""五伦""六经""勤俭""天人合一"本为中原"旧物"，唐宋以后，则在徽州生根、开花、结果了。中原迁到徽州的移民，有世家大族，有缙绅冠带，有硕学鸿儒，也有黎民百姓。他们将比较进步的中原文化思想、中原儒风带进这个区域，并逐渐在社会生活中起着支配作用。

① 赵吉士：《寄园寄所寄》卷11，康熙三十五年刊本。

② 嘉靖《徽州府志·风俗》，嘉靖四十五年刊本。

其二,程朱理学在徽州的流传和发展。程朱理学的奠基人程颢、程颐及理学集大成者朱熹,祖籍均系徽州。因此,北宋二程的“河洛之学”和南宋朱熹的“朱子之学”与徽州渊源极深。所谓“朱子得河洛之心传,以居敬穷理启迪乡人,由是学士争自濯磨以冀闻道,风之所至,田野小民亦皆知耻畏义”[①]。徽州是“朱子的父母之邦”,从南宋前期至清乾隆年间,新安理学在徽州维系了600多年,对徽州社会文化的发展产生了很大影响。朱子提倡读书,认为穷理之要,必在读书,这极大地促进了徽州读书好学风气,缙绅之家往往自编教材,由父兄率子弟诵读。朱熹不仅在理论上把恪守“纲常名教”提到“天理”的高度,而且在《家礼》中提出建祠堂、明世系、墓祭先祖以及置祭田等加强宗族凝聚力的方案。朱熹重视继承孔孟的儒学传统,但不囿于传统说法,注释经典也不迷信“权威”之说。其最大的革新,就是基本上以《四书》代替《五经》的传统,并且用毕生的精力写了许多注释和说明,并以此作为儒家学说的核心。徽州的人伦教化,不仅与中原儒风一脉相承,并又有所发展。

其三,徽商经济是构成徽州地方建筑文化和谐理念的重要因素。徽州建筑结构的形成、发展、成熟是与徽商经济的崛起分不开的。徽商的思想便是明清以来徽州民居的灵魂,正如康熙《休宁县志》所说的那样:“天下之民寄命于农,徽民寄命于商。”这既是明清时东南地区资本主义萌芽对徽州人意识领域的刺激,亦是“七分山水一分田,一分道路一庄园”的无奈的选择。当徽商们操纵着长江中下游的金融,创下聚财的奇迹后,衣锦还乡购置土地、助修祠堂书院、造建筑园林、筑路桥、兴水利,以及助饷助赈等“义举”,便成了那个时代最荣耀的事情。富裕着的腰缠万贯的儒商们,本着“休念故乡生处好,受恩深处便为家”的思想,封建制度与传统观念的束缚导致了商人们不敢把辛苦积累的资本投入到扩大再生产的经营,而是消耗在一幢幢精美的建筑当中。最为典型的是宏村的承志堂。承志堂为前后两进的三开间建筑,两侧配有东西两厢,前后有外院、内院和花园,不有书房厅,娱乐有搓麻将的排山阁,吸鸦片的吐云轩,还有保镖住室、女佣住室了、小姐楼阁了。全建筑有九个天井,大小房60间,占地面积2100平方米,建筑面积3000平方米,而且保存完整。天井四周的瓦面向内倾斜,雨水沿瓦面流入水枧内,不会流到邻居,也避免了邻里之间不必要的纠葛。徽商是儒商,贾而好儒、亦贾亦儒、贾儒结合是徽商一大特点。

① 光绪《婺源县志》卷3,光绪九年刊本。

因此,徽商讲究仁、义、礼、智、信三纲五常。程朱理学中行为谨慎、自我封闭的思想也为徽商们接受,建筑中的"高墙"便是最好的证明。商人们在"资大丰裕"之后,或是为了享受,或是为了旌功,或是为了留名,或是为了光宗耀祖,于是不惜拿出巨资,在建造各种建筑物中,雕梁画栋,穷极技巧,以期气派恢宏,形式新颖。相因既久,遂成风格。现在仍保存完整的西递、宏村最完美的建筑,棠樾牌坊群,歙县老街,鲍氏祠堂,不仅成为今天旅游览胜的景点,同时,又是研究建筑学者们难得的珍贵"标本"。徽商不仅创造了物质财富,而且也给徽州乡村面貌带来了巨大居住变化。由于"贾而好儒"的特点,具有很高文化素质的徽商们在建筑中注入了自己对住宅布局、结构、内部装饰、厅堂布置的设计,促使徽州建筑逐渐形成风格独特的建筑体系,使徽州建筑不仅具有实用性,还蕴含有丰富的文化内涵。可以说,没有徽商就没有徽州地方建筑的存在。

总之,徽州地方建筑在构造上,力求建筑与自然界融合,在意境上追求诗情画意,并力求与人相和谐,使之符合使用者心理要求。徽州地方建筑追求的《桃花源记》中所描述的理想生活境界,正寄托着栖居者的生活态度以及和谐思想理念。

明清徽州地域文化的人文精神

徽州地域文化是徽州人在长期的社会实践中所创造的物质财富和精神财富的总和,并有着特定的内涵和深厚的底蕴,具有独特的魅力和博大精深的人文精神。它植根于本土,伸展于各地,即是由“小徽州”和“大徽州”之称。徽州文化研究为何经久不衰,吸引着国内外专家、学者潜心研究,同时也招来国内外游客到徽州参观、访问,这就是它有一种巨大的魅力所在,更能引人注目的是它有一种人文精神,是构成一个民族、一个地区文化个性“真、善、美”的重要尺度。徽州自唐代大历四年(769)形成一府辖六县(绩溪、歙县、休宁、黟县、祁门和婺源)的格局,直至清代基本未变。因此,徽州是明清以来一个具有稳定性、完整性和相对封闭的文化地理单元。在历史上,它遭受战争创伤少,有利于经济和文化的发展。徽州文化表现在地域的变迁、民族的融合和不同的思想流派相互交融、相互促进。形成一个兼容并包、影响深远的区域文化,在中华文明多元体格局构成中处于重要地位。

一、历史悠久的地缘格局演变

徽州地处皖浙赣三省交界处,北靠长江,南联赣粤,下通苏杭,距离长江三角洲地区并不遥远。境内山多岭密,素有“七山一水一分田”之称,北有云烟缭绕的黄山,南有峰峦起伏的天目山绵延伸展。徽州四周峰峦叠嶂,道路崎岖,自古以来水道就成为当地与外界交往贸易的主要途径。新安江是徽州最大的水系,也被称为徽州母亲河,它发源于祁门县境内,汇合横江、率水、扬子水注入钱塘江,沿着新安江东下可直达杭州。青弋江发源于黄山北坡,流经绩溪、旌德、黟县、祁门和石台境内,由西南向东北汇入长江。在徽州西部,还有一条河道与外界沟通,那就是祁门的阊江,流经江西鄱阳湖。这条水道水流湍急,沿途溪滩险阻达八十多处。它与新安江这样两条险象环生的水道,维系着数百年徽州人的治生命脉。徽州的粮食供应,就是通过这两条水道输入。据县志载："徽州介万山之中，地狭人稠，耕获三不赡一，即丰年亦仰食江、楚，十居六、七，勿论岁饥也。天下之民，寄命于农，徽民寄命于商。而商之通于徽者取道有二：一从饶州鄱、浮，一从浙省杭、严，皆壤地相邻，溪流一线，小舟如叶，鱼贯尾衔，昼夜不息。一日米船不至，民有饥色，三日不至有饿莩，五日不至有昼夺"①这两条黄金水道对徽州人来说如此的重要。徽州是一块神秘而美丽的土地，明代著名戏剧家、诗人汤显祖曾在一首诗中这样写道："欲识金银气，多从黄白游；一生痴绝处，无梦到徽州"。无论人们怎样理解这首诗的含义，诗人对灿烂辉煌的徽州文化的向往却是毋庸置疑的。

徽州历史地理格局变迁。早在新石器时代，这里就有人类活动的足迹。西周时期，这里曾产生过灿烂的青铜文化。春秋属吴国，周元王三年（前473）吴灭属越国。战国前期属越国。周显王十四年（前355）楚灭越，又成为楚国的领地，直至秦王政二十二年（前223）秦灭楚。秦汉时期，东越人已在徽州栖息繁殖。从战国中后期至三国的时代是徽州历史文化发展的山越文化时代。秦朝在徽州设黟歙二县，以加强对越人的统治。越人因不堪秦朝暴政和难以承受的赋税和徭役，凭借徽州山水的奇险多峻，纷纷入山为民，过着一种与世隔绝的生活，"依山阻险，不纳王租"②，形成山越族。三国时，称徽属之民为"山越"。所谓"山越"，实际上包括东越人的后裔及移居于此的汉人。孙吴平定山越后，专门设立新都郡，对其进行统治。征服山越，使徽州历史上的封闭之门开始被打开。

汉献帝建安十三年（208）十二月，孙权派部将贺齐出兵消灭歙地所谓"山贼"（实际是对抗孙权的山越、水越和汉人混居而成）金奇、毛甘和黟地陈仆等，将原歙地一分为五，即：歙、休阳（划原歙以西之地新立）、黎阳（划原歙以西另一地新立）、新定（划原歙以南之地新立，今浙江遂安）和始新（划原歙以东一地新立，今浙江淳安），加上黟共六县一并从丹阳郡分出，建立新都郡，治始新（今浙江淳安）。梁武帝承圣二年（553），将原新安郡一分为二，遂安、始新、寿昌三县仍属新安郡；将原并于海宁的黎阳重新划出，复为二县，加上歙、黟共四县，由新建之新宁郡管辖（即今本区的基本区域），治海宁，与原新安郡并属扬州，此时之新安郡非今之"徽州"。隋文帝开皇九年（589），

① 康熙《休宁县志》卷7《艺文·汪伟奏疏》，康熙二十九年刊本。
② 司马光：《资治通鉴》卷56，中华书局2007年版。

改郡为州，以州统县，将歙、黟二县并入海宁为歙州，州治设海宁；又将始新县改为新安县，原遂安、寿昌并入新安县，划归婺州（今浙江金华）管辖。歙州辖地仅有原新安郡的一半，即今徽州的基本地域。唐代宗永泰二年（766），划歙、休宁二县各一部分设归德县；划原黟县的赤山镇和饶州浮梁县一地设祁门县；划原黟县一部分设石埭县（即石台），并将石埭县划归池州管辖；又析歙县华阳镇设绩溪县。歙州领八县：歙、黟、休宁、婺源、北野、绩溪、归德、祁门。歙州改属宣、歙、池观察使。唐大历四年（769），废归德县，其地并入休宁，歙州领六县，奠定了此后一千余年的“一府六县”建制基础。

徽州的地理位置和历史沿革，历经数千年的沧桑巨变，在这里，有青铜文化、吴越文化、楚文化以及山越文化交相辉映，徽州文化逐渐清晰，愈益厚重。因此，无论徽州地缘格局如何演变，徽州人作为中华民族的一个有机组成部分，勤劳勇敢，聪明智慧，中华民族的各种美好品德和文化特性，在徽州人身上都有生动的、富有特色的体现。

二、俭朴尚学吃苦耐劳的拼搏精神

徽州素有一首家喻户晓的歌谣：“前世不修，生在徽州，十二三岁，往外一丢。”徽州的男人生活的压力是非常巨大的，为了生存，或读书入仕，或经商为贾，走出大山，敢为天下先，吃苦耐劳，向外扩展生存空间成了唯一选择。所以那时的徽州男子小小年纪就要出去做童工，或是做学徒，直到经营有成才可荣归故里。如果有哪家的孩子受不了打工的辛劳和思乡的苦，半路跑了回来，不仅要被村人嘲笑为“茴香”（回乡）豆腐干，就连父母也认为这是有辱门庭的事，要将其赶出门去。据史载：“环新安皆山也，居人肩相摩衽相接而膏腴之地鲜，故什一力田，什九服贾。”[①]徽州人如此出现这样的境遇，正是因为：徽州境内多山，沟壑纵横，耕地极少，旧时一年打下来的粮食，也就够一家人吃二、三个月。为求生存，只好背井离乡，外出经商，以“徽骆驼”精神进行磨练，从勤与俭中培养出奋发进取精神和善于积财的能力。这也正是“徽商遍天下”的原因。但是，明清时期的徽州商人，由贫变富，由富变强，但其本色没有改变，仍然具有勤俭甲天下的美誉，故富亦甲天下。徽州人如果没有吃苦耐劳的精神，没有精打细算的本事，便不能成为一个成功的商人。徽商世世代代相传的俭朴尚学之风，实则是世世代代相传的致富

① 鲍应鳌：《瑞芝山房集》卷11，明崇祯刻本。

"秘诀"。

致富之后仍然保持勤俭传统，是因为在恶劣的自然环境中养成的勤俭的作风，可以理解为饮水思源。明嘉靖年间，婺源商人李祖玘贩木发财，回到家乡。他常年穿一件布衣，历十余年如新，他把这件布衣当宝贝似的爱惜着，每次一上身，就要与人保持一段距离，若有人不小心碰了他一下，就赶紧擦了又擦，唯恐弄脏。他有一双鞋子，平时不穿，只有见客的时候才拿出来套一下，客人一走，立即脱下来放进橱里。平时吃的当然是粗茶淡饭。家中人口越来越多，眼看着破旧的老屋要住不下了，却始终也舍不得造新居。但为了修道路，造亭桥，则不惜捐献重金。歙县商人汪前峰也是以一件穿了十多年不换的布袍而著称乡里，但当乡间修宗祠时，汪前峰一出手便是万两白银。明代歙县商人江遂志，"幼即雅意读书，知两母苦，默负奇志，将大其家以报。独于其中遇所为忍苦发奋事，即身体力行，不敢履错。于是于涯羁旅，有还金妇诸美绩，江湖间人争传颂之。随遭诬税珰，尽没其囊，又舟覆，一无所有，赤手来里中，绝口不言其所行。然年已五十矣，颠倒崎岖不知复有复有生人之趣。而先生则益信两母之苦不能终抑也，乃作焚舟计，尽弃其产往来金陵淮扬诸盐策地，用是起家。"[①]这方面的史料在徽州文献中可以俯拾即是。徽州盐商中有一位声名显赫、叱咤风云的人物，他就是深得乾隆赏识、"以布衣上交天子"的大盐商江春、曾孕育了红顶商人胡雪岩、国学巨匠胡适、"湖畔"诗人汪静之等一代巨贾、名儒的徽州大地，他们曾经富可敌国。据考证，早在明代万历年间，徽商的资本总量就已有3000万两白银，到了清中叶，更是达到8000万两，令人瞠目结舌，几乎等同于那时天子乾隆皇帝的"年收入"。而创造这些神话的徽商正是靠着俭朴尚学吃苦耐劳的拼搏精神，创造了人间奇迹。

扬州是全国商界聚集最多的地方，客籍商人几占九五成，其中徽人居大多数，故此民国时人陈去病在《五石脂》里断论云："徽人在扬州最早，考其时代，当在明中叶，故扬州之盛，实徽商开之，扬盖徽商殖民地也。故徽郡大姓，如汪、程、江、洪、潘、郑、黄、许诸氏，扬州莫不有之，大略皆因流寓而著籍者也。而徽扬学派，亦因以大通。"[②]在苏州的米布茶木及丝绸与颜料等行业中，徽商也都举足轻重，特别是有色布，徽商所产青蓝布运销全国。徽商

---

① 歙县《济阳江氏族谱》卷9《明光禄丞乡饮大宾应全公原传》，民国二十二年石印本。

② 陈去病：《五石脂》，江苏古籍出版社1985年版。

在获得丰厚的利润之后，在当地经商设店，建屋置地，促进了城镇的繁荣发展。徽商的存在与否关乎某个地方或市镇的兴衰荣萎。江苏灌南县地濒盐河，徽商程鹏等出重金买下该地，“立街立市，取名新安镇”，沿用至今，还有江苏的外岗镇“因徽商僦居钱鸣塘收买(棉布)，遂名钱鸣塘市”，足见徽商势力的影响之甚。徽商的成功之道，其创业精神表现在徽商的拼搏精神、勤俭道德、谦逊态度和诚信理念。徽州商人克服艰难险阻，奋力拼搏，重勤俭重自强自立，行谦让之德以营造融洽的各种关系，为自身发展增强凝聚力，并且以“诚信”二字作为徽商创基立业的根本。

“贾而好儒”是徽商的特色。徽州人重文兴教，甚至不惜为此倾家荡产。“一家不读书，等于一窝猪”，是徽州乡间最流行的俗语。徽州人日常皆好读书习文，大户大族人家如此，小户小姓人家亦这样。此风歙县和休宁最甚，弘治《徽州府志》“风俗”记载：“旧志六县，山壤限隔，俗或不同，歙附郭其俗与休宁近，读书力田，间事商贾。”读书总是第一位的；居而皆多礼仪，至少是在明代，徽州就有“礼仪之邦”之誉。这里书院私塾遍布城乡，读书应试蔚然成风。理学大家朱熹读书的理论“起家之道，莫先教子，教子莫先诗书”“家之贤显增光先世者，皆由子孙读书”等道理。徽州人读书以务实为本，淡泊名利而以道义为重。徽商作为儒商，有较高的文化水平，历史上著名的学者数不胜数，明万历年间休宁人曾在县治东门外建造一座“九贤坊”，以旌表历史上的“休宁理学九贤”，他们是：宋代程大昌、吴儆、程若庸，元代陈栎、倪士毅，明代朱升、赵汸、范准、汪循。徽商不是一个单纯的以经商营利为惟一目的的商业集团，他们与文化有着不解之缘，从而形成了这个商业集团的独特风格，赢得了“儒商”的美名。徽商中不乏饱学之士，如绩溪商章传仁，“太学士”；婺源商王宜桂，“太学生”；祁门商陈大道，“太学士”；婺源木商潘光余，“国学生”；歙县商鲍立然，“歙县贡生”；黟县商汪振铎，“县学生”；绩溪商王泰邦，“国子监生”等。贾而好儒，亦贾亦儒，这是徽州商人的传统。历史上徽商中精通儒学、擅长诗词文学者不乏其人。他们中间有些是早年习儒，以后走上经商道路的；有些则是亦贾亦儒，在经商的同时，爱好文化和儒术，形成了他们“贾而好儒”的特点。

三、善于接纳不同文化的包容精神

徽州自然风光旖旎，历史文化璀璨。在徽州的历史长河中，可以说是名人荟萃，群星聚集，无数的徽州人在全国各地都留下了浓墨重彩的一笔。一方水土养育一方人，徽州深厚的文化底蕴、文化渊源、文化传统、文化积累养育了世世代代淳朴的徽州人，他们推崇文化、尊重知识、弘扬程朱理学、恪守诚信。崇尚科学、尊师重教、兼容开放是徽州文化的核心思想。

徽州特色文化的形成、发展和传承，主要得益于它汇纳百川，兼容并包的文化传统和强烈的渴求开放的意识。不同的文化、不同的文明都可以在这里相互兼容。而这种特色文化的形成，很大程度上与移民有关。古代徽州“介万山丛中”，本为古山越人的聚居之地，虽被中原人视作蛮荒之隅，世代过着平静的与世隔绝的生活，但这种与世隔绝的生活却未能得到延续。古代的中原是华夏文明的发祥地，也是全国政治、文化中心。与此同时，她又是战乱频率最高的地带。历史上改朝换代的战争，统治阶级内部争权夺利的战争，军阀割据之间的战争，民族矛盾引发的战争，农民革命的战争，经常发生于这一地域。每一次较大的战乱，都迫使中原人口南逃。其流徙的走向，大多是越过黄淮平原，渡过长江，而徽州这个“川谷崎岖，峰峦掩映”的“四塞之地”，恰似“世外桃源”，这正是南迁人口避难的理想之境。徽州历史上，曾有过三次大的中原衣冠南迁，一次是西晋末的“永嘉之乱”，中原有九氏入徙；一次为唐末的黄巢起义和安史之乱；一次是北宋“靖康之乱”所导致的。三次大规模北方居民南迁徽州，成为徽州75个姓氏的主要来源。这些中原士民的迁入，不仅使汉越文化进行了三次大的交融，而且，将中原文化科技带入徽州，有力地促进了该地区生产力的发展，并逐渐在徽州社会生活中起着支配作用。

中原的“世家大族”迁入徽州后，一方面带来了发达的中原农业生产和手工业技术，从而整合、改造了原徽州本土的丛林经济；另一方面，是带来了发达的中原文化，以教化乡里，礼授社会，“起学校、习礼容”，习俗由此渐变，“尚武之风显于梁陈，右文之习振于唐宋”。

据文献谓：“新安自昔礼义之国，习于人伦，即布衣编氓，途巷相遇，无论期功强近、尊卑少长以齿。此其遗俗醇厚，而揖让之风行，故以久特闻，贤于四方。”[①]“醇厚”的“遗风”，正是“遗”自古代的中原，而且还延及后世。我们只要读几副黟县西递村的旧楹联，曩时这里的社会风尚犹恍如在目：“几百年人家无非积善，第一等好事只是读书”“传家礼教惇三物，华国文章本六

① 汪道昆：《太函集》卷1《黄氏建友于堂序》，黄山书社2004年版。

经”“事业从五伦做起，文章自六经得来”“凛遗绪于前人克勤克俭，善贻谋于后世学礼学诗”。“读书”“礼教”“文章”“五伦”“六经”“勤俭”本为中原“旧物”，唐宋以后，则在徽州生根、开花、结果了。中原文化的迁入，不仅与山越文化的融合，而且发展成为独特的徽州文化，渐至导致了徽州的人文鼎昌，为新安赢得了“东南邹鲁”的美誉。考察徽州的社会历史文化，处处可见儒家文化的影响所在，几乎可以断言，儒家文化已渗入徽州社会的生活各个方面，这一点从徽州古村落的命名上也可见其端倪。

在徽州维系人们思想领域的精神支柱主要是新安理学，其奠基人程颢、程颐及集大成者朱熹，祖籍均在徽州歙县篁墩，故其为“程朱阙里”，历代封建统治者，为维护和巩固自己的统治地位，都借程朱理学来巩固礼教，因礼教而提倡理学，理学的地位被越抬越高，随着时间的推移，特别是理学成了“官学”，是中国思想史上起重大影响的学派。明嘉靖、万历年间，社会政治、经济各方面的变化相应地引发了思想界的变革，市民阶层要求冲破封建桎梏、争取人格独立，主张从现实生活中寻求真理，从日常生活中贯彻封建伦理道德，反对笃信谨守封建礼教，肯定人的情欲的合理性，反映了当时市民阶级要求个性解放的思想。理学一家独大的局面渐渐受到其他学派的挑战，尤其是陆九渊的心学理论在徽州的传播。曾经在徽州引起一场“朱陆异同”学术观点辩论，实际上也是一场理学和心学的在思想上的碰撞，而这种论战的核心内容，明代徽州学者程敏政将其内容收集为《道一编》，并“朱陆异同”观点分为三个阶段：始焉如冰炭之相反，中焉则疑信之相半，终焉若辅车之相依。似乎成为明代学术定论，这种“和会朱、陆”观点对后世产生了深远和影响。可见陆九渊的“心即理”的思想观与程朱理学在思想认识上的突出矛盾和摩擦，反映了统治徽州人的程朱理学受到严重挑战，并力图矫治程朱理学的弊端。

陆九渊融合孟子“万物皆备于我”和“良知”“良能”的观点以及佛教禅宗“心生”“心灭”等论点，提出“心即理”的哲学命题，形成一个新的学派——“心学”。陆九渊是宋明两代主观唯心主义“心学”的开山祖，明代王阳明继承和发展其学说，成为中国哲学史上著名的“陆王学派”。

王阳明倡导的心学在徽州的崛起，并一时间获得广泛传播和认同，同时也在意识形态领域有广泛影响。心学是明代儒学革新的产物，它在形式上打破了程朱理学的理论框架，其学说的精髓或说基本理论框架在于重新建立了以“心即理”“知行合一”“致良知”等为基本范畴的心学思想体系。所以，王阳明的学说在明中晚期士人心目中有着崇高的地位和影响。因为程朱理学发展到后期已经明显出现了很多弊端：凡事都要以圣人言语为准则，墨守成规，呆板迂腐，束缚了人的思想。造成这种思想上僵化的主要原因是：明王朝崇儒兴学，强化程朱理学在意识形态领域的统治地位，严禁非议。同这个学说相对立的学术思想便被斥为“异端邪说”，遭禁查封。而王阳明首度提出“心学”，而与朱熹的理学分庭抗礼，则被视为程朱理学大敌。王阳明在批评程朱理学的基础上建立了自己的阳明学派，他的“致良知”使人摆脱世俗的束缚，自由自在地生活。王阳明广收门徒，宣传王学，世称“阳明学派”。王学提出“四民异业而同道”“百姓日用即道”，徽州就有“士商异术而同志”“以营商为第一生业”“良贾何负闳儒”的风俗和说法。王学崇商的观念被渗透到家法、族规、乡约中去。其经济伦理因而被广泛地推向社会，并使其经济伦理变成规范人们的自觉行动。

阳明心学素有“门徒遍天下，流传逾百年”的影响。在徽州历来都是以程朱理学而一统思想领域，推崇朱熹，就连科举考试都有要规定以朱熹亲订的《四书集注》为标准答案。紫阳书院被视为朱子道学之所在，是传播理学之“圣坛”。阳明“心学”的传入，对徽州文化也有一定的冲击，特别是方瓘、潘士藻、汪道昆等也加入心学阵营，起到推波助澜和宣传作用，一时间，徽州地区不少书院成为阳明学说的讲坛。

在明代中期以后，阳明心学在徽州的影响，徽州学术文化成为一时之“理学”“陆学”和“心学”相互争鸣的特色。陆王心学强调人的自觉精神，否定古代经典的绝对权威，因而在客观上对冲破理学的思想禁锢，起了某些促进作用，对后世有一定的影响。徽州地域文化的人文精神注重不同思想，兼收并蓄，“海纳百川，有容乃大”，广泛吸纳其他地域文化优点，善于接纳不同文化的包容精神，形成自己的特色，是难能可贵的。

徽州文化作为一个地域文化概念，源远流长、传承至今、独具特色的区域文化。徽州地域文化是一种品牌，它向世人展示了博大精深、气势恢宏的一面；有人认为徽州文化就是：徽州土地制度、徽商、徽州宗族、徽州历史名人、徽州教育、徽州科技、新安理学、新安医学、新安画派、徽州刻书、徽州文献、徽州文书、徽派建筑、徽州村落、徽州民俗、徽州宗教等。这只说对了一半，另外一面，它向世人传递了一种人文精神，而这种精神往往是看不见摸不着的，只有去感悟和体验它的伟大胸襟，去领会徽州人“忠、孝、节、义”的行为气节。徽州人以经商谋生、谋求发展的不屈不挠的民族精神，他们保持着传统“温、良、恭、俭、让”的德行情操，他们恪守和遵循着个人荣辱观、家庭荣辱观和社会荣辱观，这一点也被世人所公认。更让人敬佩的是，明嘉靖年间，祁门人徐正行商于淮泗，“时东南倭寇未靖，兵役往来，淮当冲要”，“正捐金八百以佐徭费”，又独建广惠桥，以便军队通行。这些事迹表现了徽州人强烈的爱国精神和生死无惧的坚强意志。徽州文化是一种极具典型性、辉煌性、丰富性而又具有地方特色的人文精神。

明清徽州商人在武汉的经营活动[①]

明清徽州商人，在东至海，西至川黔这条长江流域的商线上，有几个聚集点，那便是上海、苏州、扬州、南京、芜湖、九江、武汉、重庆。明清时期，这些沿江都市大多商贾辐辏，经济繁荣。徽商聚集于这些都市，实际上也是控制了这条黄金水道两岸的商业贸易。其中的武汉，是徽商较早贸迁有无的都市之一。他们驻足往来于这个商业要枢，与其他商帮竞相争利。从徽州商帮的兴衰史来看，武汉帮退出商界也比较晚。因此，徽商在武汉的商业活动，更值得我们大家研究。

一、徽商把武汉作为“射利”的聚集点

武汉三镇，在历史上是先后形成和发展起来的。三镇中的武昌，早在汉末就为兵家争夺之地。当吴、蜀时对峙之时，孙权于黄初二年（221）“自公安（今北公安县）都鄂，改名武昌”，同年建武昌城（旧城在今鄂州市）。汉阳，在唐武德年间，即为江津县治所。元代，武昌和汉阳，分别都是路、府治所所在地。而汉口，在明初还是一块无人居住的茅洲，水涨一片汪洋，水落芦获遍野，隶属汉阳。到天顺、成化间，才开始有居民。由于它是长江和汉水的汇合处，再加上东南边的武昌、西南边的汉阳早已是府治的治所，在明代武昌又是湖广布政司的衙门所在地，因此，“一水中流分武汉”的汉口，自然由一个民户不多的小集镇很快发展起来。据乾隆《汉阳府志》载：嘉靖二十四年（1545），汉口居民计1395户，如按每户5口，大约近7000人。这在当时，也算规模可观的小镇了。到了明末，已形成初具规模的商业都市，那便是“汉镇士民，不事田业，惟贸易视事，商船四集，货物纷华，风景颇称繁庶”[②]。崇祯四年（1631），蒲度之以其亲身经历并用形象的比喻，描写当时汉口的情

① 本文曾载《徽商研究》，安徽人民出版社1995年版。

② 乾隆《汉阳府志》卷12，武汉出版社2015年版。

景是："郡城之东为汉口，……两岸居民不啻若九牛一毛，而万舰千艘，有如鞁者，如革履者，如箕斗者，啣尾络绎，被岸几里许，……时余舟逆流排挤而上，尽费撑持。"[①]可见，汉口这座水上都市已经相当繁盛了。到了清代，汉口已为长江中上游的一座商业重镇，被誉为全国四大镇（佛山镇、景德镇、朱仙镇、汉口镇）之一，又被称之为"四聚"（北京、苏州、佛山、汉口）之一。这都说明汉口已居全国商业都市中，居于举足轻重的地位了。

汉口这座商镇兴起之日，也是徽州商帮的崛起之时。明代中叶，徽州"出贾"人数众多，"足迹几遍宇内"。而长江沿线更是他们往来驰骋最活跃的贸易区域。他们或者是经浮梁，出湖口，溯江而上；或沿青弋江，出芜湖，溯江而上，便可直上荆、襄、川、黔。而武汉便是徽商到长江上游的必经和必然驻足之地。我们根据一些史实考察可知道，武汉的商业发展又似乎和徽州帮的发展是同时的。

早在明弘治、嘉靖间，就有休宁商人查道大"尝客吴楚间"[②]，万历间，有"新安商人自楚贩米至吴"[③]。徽商往来吴楚间，武汉乃是楚地的重要商镇，也必有徽商的足迹。入清以后，武汉更加繁华，据记载，这里已是"五方杂处，商贾辐辏，俱以贸易为业，不事耕种"。而在清代，徽商之"客汉皋"者，人数更多。如乾隆间，黟商汪廷榜"少业贾至汉口"[④]。歙商江承东"少服贾汉阳"，歙商方佺"尝贾楚汉间"。这类史实，在徽州方志、家谱中俯拾可得。

徽州商人之所以把远离家乡的武汉，作为"射利"的聚集点，乃是因为武汉处于东西的水上商业路线和南北陆上商业路线的交叉点上，是全国东西南北贸易的枢纽，地位极为重要。所谓："汉口不特为楚省咽喉，而云、贵、四川、湖南、广西、陕西、河南、江西之货，皆于此焉转输，虽不欲雄天下不可得也。"[⑤]其实，徽州的一些土特产品也有运至汉口"转输"的。明末以后，汉口不仅是商业都市，而且是西北、西南、东南、东北的货物转输之地。徽州商人多以长途贩运为其经营的主要方式，所以，他们也自然看重武汉三镇这座有利可图的都市，并在此建立全国性的商业网络。

武汉既然是长江中上游的商业中心，又是商品转输之地，不仅徽商聚集

---

① 蒲度之：《硕迈园集》，转引自《再续汉口丛谈》卷1，湖北教育出版社2002年版。

②《休宁西门查氏祠记·域西善士世宏查君墓志铭》，明万历刻本。

③《坚瓠集》卷1《火焚米商》，上海古籍出版社2012年版。

④ 嘉庆《黟县志》卷6，同治九年刊本。

⑤ 刘献廷：《广阳杂记》卷4，中华书局1997年版。

于此，而且从明代中后期各地商帮兴起以来，他们也多看重这个商业都城。因此，从明末到清代，这里又是一些商帮角逐的大市场。如两湖帮在这里是“近水楼台”，他们人多势众自不待言。而江右帮之到武汉，也不需多少时日，故曾有人说，江西商人到武汉，犹如跨过门庭。在清代，宁波帮在武汉也极为活跃，他们经营典当、银楼、粮食、药材等行业，生意颇为兴旺。此外，山东商人、洞庭商人亦有涉足于此者。但是，在武汉这座都市里，徽商角逐的劲“敌”，恐怕还是山、陕商帮。从其经营的行业来看，山西帮在汉口经营的有：茶叶、布匹、药材、皮货、典当、纸张、果品等行业，陕西帮经营的主要是牛皮、羊毛、生漆、水烟、药材、茶叶、布匹等。在武汉这个市场上，徽商所经营的有不少与山、陕商帮的货物相同，有的商品是买方和卖方的关系，有的是经营同一个行业，因此，竞争性就更大。由于商业竞争的需要，徽州帮和山陕帮几乎在同一个时期在汉口建立了会馆。据载，清康熙间，山陕商人在武汉建立会馆，又名关帝庙，极为壮丽。与此同时，徽商也在武汉建立会馆，初名徽宁会馆，后改徽州会馆。山陕商人崇祀同乡关羽，徽州商人崇祀同乡朱熹，故在各自的会馆里对这两位“乡贤”分别加以供奉。

综上所述，可知徽商于明中叶崛起之后，在长江这条商线上，终于把武汉作为聚集点之一；在这里他们可以西通川黔，北达山、陕，南下两广，东接三吴两淮，于是，其商业网撒下了大半个中国。

二、徽州商人在武汉商业经营的特点

自明代中期以迄于清末，随着武汉三镇商业经济的发展和在全国范围内贸易地位的日益重要，四方商贾来此者，日益增多，其中徽州帮自是一支较强的势力。综览有关材料，可以发现，徽商在武汉从事商业活动，有如下几个特点：

经营行业较多，这是徽商在武汉贸迁有无的特点之一。徽商是“其货无所不居”。然而，他们在一个城市，或一个地区，往往以集中从事某一个行业为主而兼及其他。如在扬州以经营盐业为主；在杭州，以经营盐、木为主；在苏州和江南地区以经营丝绸、棉布为主；在金陵则以经营典当为主。而徽商在武汉，所经营的行业有盐、粮、木、茶、棉布、丝织、墨、典当、药业、杂货、酒楼、银楼，乃至珠宝买卖。王世贞在《弇州山人四部稿》中就曾提道：“程君者，新安人也。……年甫髫而从其舅江淮间为下贾，已进为中贾，……则转赀湘楚，……珠玑犀象香药果布之凑，盖不数年而成大贾。”王世贞是明代嘉、万时人，他记述新安程君“转赀湘楚”，则其足迹自会到达武汉三镇。他一人就经营这么多商品，足见徽商经营的行业之广。徽商在武汉之所以贸迁如此之多的行业，乃是因为：明清时期的武汉，还是一个新兴的商业都市，无论哪个行业，都未能为一个地域或商帮的势力所把持，因而，在这里各地商人均可“平等争利”；同时，在这个“四聚”之地，各地商人多蝟集于此，于是能够货畅其流，尤其是各地的土、特、名产品更易在这里交换、转运。这不仅有利于把生意做活，而且易于赚得利润且风险较少。

徽州商人在武汉从事商业经营的特点之二，是行商坐贾兼而有之。例如，茶叶经营，他们既将徽州的茶叶运至武汉，然后售给山陕商人，贩运至西北各地；与此同时，他们又在武汉开设店铺经营茶叶生意。如婺源茶商王元化“壮贾汉阳，家渐裕，偕其侄业茶于汉”。鲍元义与兄羲“贩茶”于湖北武惠镇。前者为坐贾，后者为行商。[1]再如，经营药材业，他们一方面从有关产地贩运药材至武汉，或在武汉从其他商帮手里购来药材贩至畅销地出售；另一方面，他们又在武汉经营药店。号称中国四大药店之一的叶开泰，其创始人叶文机就是徽商。他在明末自溧水迁来汉口，经过几代人的经营，叶开泰便成了集批发药材和零售药品于一家的大药店。[2]另外，有的徽商之家在其他各地列肆经营，而在汉口从事长途贩运，那是集行商坐贾于一家。清代康、乾时的歙商程廷柱，“自幼豁达，少随父侧奔驰江广，佐理经营。父殁后，克绍箕裘，友爱诸弟。（自己）总理（江西）玉山栈事，增至（殖）田产；兰邑油业命二弟廷柏公督任之；命三弟廷梓公坐守杭州，分销售货；命四弟廷桓公往来江汉，贸迁有无。（又）创立龙游典业、田庄，金华、兰溪两处盐务，游埠店业，吾乡丰口盐业……”[3]程廷柱兄弟所经营的油业、典业、盐业、田庄、店铺，这都是坐贾，而四弟程廷桓往来江汉间，则是行商。徽人在武口的会馆，便是按坐贾行商的需要而设计建造的。据《重修古歙东门许氏宗谱·观察蘧园公事实》载：“歙人许蘧园，出守邵陵（今湖南邵阳市），……湖北汉口市镇旧有新安会馆，专祀徽国文公，栋宇宏敞。昔时同乡人士欲扩充径路，额曰：‘新安巷’，开辟马头，以便坐贾行商之出入。……公倡首捐输，得一万五千

① 嘉庆《两淮盐法志》卷11，康熙三十二年刊本

②《武汉文史资料》第1辑，武汉市政协文史学习委员会编，1984年版。

③ 歙县《程氏孟孙公支谱·程廷柱传》，清道光抄本。

金，置买店房，扩充径路，石镌‘新安街’额，开辟新马头，兼建‘奎星楼’一座为汉镇巨观。……更收买附近会馆房屋基地，造屋数十栋，以为同乡往来居止；并设经学延师儒以为同乡子弟旅邸肆业之所。”汉口的“新安会馆”与其他各地的会馆不完全一样，它既按行商“往来居止”的需要，又按坐贾“延师儒”以便“同乡子弟”学习的需要，设计不同规格的房屋，修建了各设施。这既的映了清康熙、乾隆年间，徽商在武汉的人数之众，同时，也说明了徽商在武汉经营商业的这一特点。

徽州商人在武汉以转输贸易为大宗，这是徽商在武汉从事商业经营的特点之三。其所以如此，是由武汉的地理位置决定的。武汉为“九省通衢”之地，明清时期，它是长江中上游的货物转运中心。因此，徽州商人在武汉从事大宗买卖，便以转输贸易为主。其所经营的商品主要是盐、木、粮等转输贩运。

盐业是徽商所经营的“龙头”行业。他们从事盐业贸易的主要力量是在两淮，而淮卤行销总岸在汉口，两湖食盐都由汉口转运。据光绪《两淮盐法志》载：“两湖户口繁殖甲天下，承平时，淮盐引岸，楚省称最。”[①]因此，汉口总岸年销两淮额盐最多。在汉口承办淮盐分销的徽州商人、总商也不少。在两淮的徽州吴姓、江姓、鲍姓大盐商，在汉口几乎均有他们的同宗代理人；有的担任了匣商，一方面应酬官府，一方面办理淮盐转运。像婺源江缵绪还“入湖北盐道幕二十余年”，成了盐道里的一位小幕僚。汉口的水商中也有徽人，像婺源的戴公选，“运盐湘汉间”。戴公选便是一位水商。有的盐商凭借自己的聪明才智，在汉口颇孚众望。如歙人巴树蕃，“理盐禺，客汉久，广交游。自缙绅以及闾巷，无不知其名者，尤能急人之急，故有‘小孟尝’之目[②]。汉口是淮盐畅岸，固然是由于“利赖既广”，但与一部分徽州商人转输贩运之得力，恐怕也有一定的关系。

木业是徽商在武汉经营的又一重要行业，其主要经营方式也是转输贸易。明中叶以后，武汉便上湘、鄂、川、黔的木材集散地。有一部分徽州木商深入到深山密林地区采购。湘黔地区的木材大多经沅江至常德转运至汉口，鄂西地区的木材可经汉水运达汉阳，四川的木材则可由长江的一些支流

① 光绪《两淮盐法志》卷70《督销门》，扬州广陵书社2015年版。

②《汉口丛谈》卷5，湖北人民出版社1999年版。

入江运抵汉口。像婺源木商汪蓉东、王杰、汪任祖等都是“货木三楚”[1]。歙县王士汲，在康熙间，“侍父华顺往四川贩木”。明代嘉、万时期和清代乾、嘉时期，大兴宫殿，徽州亦有皇木商人在西南地区采购皇木者。徽商在上述地区采购的木材，运至武汉后，武昌新淤白沙洲、汉阳新淤鹦鹉洲及汉口江岸，便是木材的存放地。乾隆时的桐城派大家姚鼐，曾在武汉目睹木材堆放的情景，写了两首竹枝词：

扬州锦绣越州醅，巨木如山写蜀材。
黄鹤楼头望灯火，夜深江北估船来。
蜀江水长汉江低，江水东流也向西。
霜后西风江尽落，可怜离别汉阳堤。

第一首是描写武汉三镇木材堆放的情景；第二首是叙述木商“离别汉阳”之后，在西风萧瑟之中还要从事贩运活动。这是汉口木业兴盛的写照。

徽商在长江流域从事粮食贸易，也主要以武汉为转输地。明清时期，苏南、浙江以及徽州等地都是缺粮区，而湖广、四川则是产粮区。徽州商人从事粮食贸易，大多由四川湖广购粮食运至汉口；或者是由四川、湖广的粮商将粮食运至武汉，脱手给徽州商人，经汉口转运后，再顺江而下苏浙。粮食大多是资本雄厚的商人，如休宁商人吴鹏翔在四川和湖广进行粮食贸易，一次从四川运米至汉阳就达“数万石”[2]两淮的徽州盐商，往往也兼营粮食贸易。他们将盐由仪征至汉口，返程时，则以盐船载米而回，大大节省了运费，获利更多。《桐下听然》的作者，曾经编了一个故事，讥刺一位贪心的徽州粮商：“万历己丑，新安商人自楚贩米至吴，值岁大旱，斗米百五十钱，计利已四倍，而意犹未惬。请道士降乩问米价，南极上帝附乩判云：‘丰年积谷为凶年，一升米粜十升钱，天心若与人心合，头上苍苍不是天。’又判：‘着火部施行。’道士未门，庾火发，商人之米无遗粒。连栋百余仓，分毫不毁。”这则故事当然是编造的，但新安商人“自楚贩米至吴”能获大利，这又是合乎事实的。徽商在武汉从事转输贩运的还有茶叶等商品。

徽州商人在武汉从事商业活动的特点之四，是商儒结合。亦贾亦儒本是徽商的特色，在武汉的徽州帮，仍然保持着这个特色而有异于在这里的其

① 光绪《婺源县志》卷34，光绪三十四年活字本。

② 康熙《休宁县志》卷15，康熙二十九年刊本。

他商帮。他们驻足于武汉以后,便建书院、延师以课子弟;在新安会馆里奉祀"徽国文公"朱熹,这不仅是为了纪念这位"乡贤",而且也是"崇儒"的表现。汉口新安码头附近的魁星楼(奎星阁),建造壮丽,里面有一篇《奎星阁记》,其中云:"新安为人材渊薮,占客籍擢巍科者代不乏人。"并且提到建"奎星阁"是"正欲使吾乡之侨寓汉滨者,父兄训其子弟,朋友勉其同侪,相与砥砺切磋,浸淫于诗书礼乐之中"。[①]因此,寓居武汉的徽商后代,亦是代有闻人。如"孙汉,字倬云,号楚池,世家休宁草市,入籍汉阳。乾隆乙丑进士,选庶吉士,官至御史"。此外,乾、嘉间还有吴仕潮,方尧克、吴澹止等均以诗文名于汉皋。在汉口的徽商后代比较出名的是清初吴正治和道光年间的叶名琛。吴正怡的曾祖吴文仲,新安商人,依外氏而落籍汉阳。吴正治曾任工部、刑部侍郎、工部尚书、武英殿大学士、太子太傅。他以"清廉执法著称",受到康熙帝的信任。[②]叶名琛便是前述叶开泰药店创始人叶文机的后代,他的曾祖叶廷芳和祖、父几代一直是走贾儒结合的道路。至叶名琛终于官两广总督,兼通商大臣,拜体仁阁大学士。吴正治和叶名琛因为先后拜武英和体仁阁大学士,故后人称他们为武汉"两相国"。

三、明清徽商在武汉长久不衰的原因

明清时期,武汉的商业繁荣,经济活跃,徽州商帮自是"与有力焉"。但反过来,武汉三镇又以其优越的地理位置和新兴商业都市的条件,使徽商能够得以长足发展。就整个徽州商帮的衰落情况来看,可以说是武汉的徽州商帮纵横于商界的时间最长,退出贸易大舞台最晚。下面仅就这方面的情况略作分析。

首先,徽州商帮开始衰落后,而武汉徽帮的大宗贸易还在继续。徽州商帮的衰落,是从盐商开始的,而盐商的衰落又主要是因道光间"改纲为票"。这种盐制的改革,不利于运商。从此以后,两淮的运商纷纷破产歇业。但是,这次盐法改革,除改变过去凭引支盐为凭票支盐以外,其他诸如口岸、引地、转输等仍一如畴昔。汉口作为淮盐总岸的地位,随着两湖人口的浩繁,显得尤为重要。因此,原来"总鹾汉皋"的总商以及"匣商""水商"中的徽州商人,还是继续在汉口承办淮盐的分销,他们并未因两淮徽商的衰落而一同

① 民国《夏口县志》卷18《艺文志》,武汉出版社2010年版。

② 《清史稿·吴正治传》,中华书局1998年版。

撤业。只是到了咸丰年间，太平天国革命爆发，其后定都南京，长江中下游交通中断，淮盐无法西运，于是两湖改食川盐和粤盐，汉口口岸由此大不景气。在太平天国失败后，清政府在汉口设督销局以维护“岸价”和缉私，在汉口的盐商因之蹶而复振。这种情况一直持续到清末。

徽州茶商，原来在汉口也很活跃，他们将本地的红茶、绿茶运至汉口，除开设茶庄以外，便是转销西北和广东。后来，由于徽州离武汉路途较远，运输不便，再加上鄂南、鄂西、湘北、湘西的茶叶大批进入武汉，徽商被迫退却。但徽州茶商见识超人，从此他们便不从徽州贩茶，而是就在两湖产茶地采购运至武汉销售。于是，徽州的红、绿茶在武汉虽没有市场，而徽州在武汉的茶商仍很活跃。[①]据《夏口县志》载：清末尚有婺源茶商程丽南任隆泰茶号经理，汪春荣任同元茶行行东。

徽商在武汉的大宗贸易，还有木材、粮食等，因为这都是长江下游地区经营短缺的生活必需品。所以，关于徽商“往来吴楚间”、或“尝贾楚汉间”从事粮、木贸易的记载，在清末民初的谱志中，均可觅得。

其次，徽商在武汉经营的具有徽郡特色的小商品和服务性行业，大多经久不衰，有的竟持续到新中国成立前。徽州商人经营具有本地特色的小商品，较为出名的便是文房四宝。这除宣纸是出自泾县的以外，墨、砚、笔均出自徽州，其中以徽墨的生产历史最久，饮誉海内。清康熙以后，徽州胡开文墨店名噪一时。大约在同治年间，胡开文的后代胡源阶在芜湖开设“源记”胡开文墨店；光绪中叶，“源记”胡开文在汉口设立分店。其时，武汉鄂省举人应试之地，再加上读书应试者日多，以致徽墨在这里畅销。同时，胡开文在汉口设立分店以后，便直接从汉口到万县采购制墨原料桐烟，又可减少中间环节的剥削，因此，源记胡开文墨的年产量由原来十几担猛增至近百担。一直到清末废除科举以后，胡开文墨店在武汉的分店生意才逐渐萧条直到歇业。[②]

在服务性的行业中，徽州菜馆在武汉颇有盛名。尤其是到了清代，徽商在武汉的人数增多，随之而去的徽菜馆、酒楼也遍布武汉三镇。其中最著名者，有光绪间开设于黄鹤楼对面的同庆楼，并有分店10余处。其胡氏店主是武汉商界的大贾。继之而起者有“大中华酒楼”“海洞春酒楼”等。

① 程极平：《徽商随时代而发展》，载《徽学丛刊》第2辑。

② 关于胡开文墨店的部分资料抄件，现藏安徽师范大学皖南研究中心资料室。

最后，徽州商帮善于审时度势，故在武汉能够长时期地站稳脚跟，以致较晚退出商界。众所周知，徽州商帮的衰落，其中有一个原因是外国资本主义的入侵，导致徽商不能适应近代商品市场的形势而最终走向末路。而在武汉的徽州帮，一方面由于五口通商以后，这里还是腹地，外来资本的入侵较迟；另一方面，当他们已经了解市场行情之后，又能适应形势主动“转业”。如光绪年间，歙县的一位世代茶商江耀华，由于茶叶生意不景气，便与他的儿子江元浈、江元溶合股在汉口帝王宫开设了“怡丰裕”洋货店，专卖“舶来品”。清末民初，类似江耀华这样“识时务”的徽商，并不是个别的。如黟县孙理和在汉口开钱庄，谭芝屏为庆余厚洋货号主人，休宁余德馨为恒和钱庄经理等。[①]他们在“转业”的过程中，有一个为其他商帮所没有的条件，那就是在经营的行业折阅之后，若欲另换招牌，转操新业，则有会馆作后盾，在资金方面予以扶持，有的因之蹶而复振。“徽州会馆”后改为“新安六邑同乡会”，一直活动于抗战时期。而武汉的徽州帮，也一直到20世纪30年代才最后衰落。

① 民国《夏口县志》卷5，武汉出版社2010年版。

明清徽商创造巨大财富投资文化产业

明清时期的徽州商人，不仅创造了物质财富，而且也创造了精神财富。明清徽州商人称雄商界数百年，成为全国十大商帮翘首之一，这与他们“贾而好儒”特色是分不开的。他们或是“先儒后贾”，或是“先贾后需”，或是“亦贾亦儒”，这种“贾”与“儒”结合，便是徽商的“儒商”的内在根据。如在徽州黟县古民居村落西递村有这样一副楹联：“读书好，营商好，效好便好；创业难，守成难，知难不难”，“几百年人家无非积善，第一等好事只是读书”等透出深刻的哲理，反映了徽商贾而好儒、崇文重学的思想。然而，徽商致富之后非常重视文化建设，特别热衷捐资兴学、藏书刻书、修建祠堂、修桥修路，邀请名人讲学，培养子弟读书入仕，谋求政治地位的提高，同时也促进了地方经济的繁荣，孕育了一大批国家的杰出人才。如清代徽商江春，为清乾隆时期“两淮八大总商”之首，身任盐业总商长达40年，然“老而归儒”“雅好诗书”，好藏书。在扬州客居地建起“秋声馆”，广交天下儒士名流，并成为乾隆皇帝的文友，留下了“布衣交天子”的佳话，成为“天下最牛徽商”。最典型的是徽商程晋芳，程氏是新安大族，在瞬息万变的商品市场上程晋芳能审时度势，精于策划，具有洞察力和判断力，当致富之后，就弃贾服儒，将绝大多数财富投入到藏书刻书、编书著述等文化产业。罄其资购书五万卷，不是自己占有，而是供那些想读书的人来读，有很多贫穷的读书人到他这里读书，还享受食宿待遇，还能与他交流学问。自撰《桂宧藏书序》，记其藏书源流和经历，自称13岁开始嗜好异书，“家所故藏五千六百余卷，有室在东偏，上下楼六间，庭前栽杂桂树，名之曰‘桂宧’。”由于他弃商从文，罄资购书，疏财交友，家道逐渐衰落，袁枚称他“胜喜泛施，有求必应。已囊已竭，乞诸其邻，久之，道负山积”。程晋芳虽然生于盐典富商之家，但他为人豪气真挚，出于天性，嗜书籍若饥渴，视朋友如性命，各地学人乐与之结识交游，就连素来厌恶盐典商人的吴敬梓也能与他结为忘年之交。

鲍廷博家世代经商，祖父鲍贵、父亲鲍思诩，均“服贾寓于浙”，家饶财资，所以藏书、刻书、编书均有足够的经济实力，投入文化产业。例如：乾隆十六年（1751）购得明张时昇刻宋谢翱《晞发集》；三十六年十月购得杭世骏古道堂藏本清虞稷《千顷堂书目》，三十七年四月以重金购得元许有壬《至正集》。四十四从吴江沈氏购得宋本宋钱文子《补汉兵志》。五十四年于苏州购得汲古阁刻本宋龚明之《中吴记闻》。嘉庆十六年购得嘉庆七年抄本佚名《汴都遗闻》等。如果遇到珍贵的又不曾见过的书籍，手头拮据，鲍廷博就会毫不犹豫地把值钱的衣服拿去变卖，也要把书买下来，“见秘籍必典衣购之”。鲍廷博不惜重金，不吝啬钱财，数十年如一日，访书不懈，对于书的痴迷使其名声斐然，故当时近则嘉兴、吴，远自大江南北有旧藏抄刻异本到杭州求售者，必先到鲍家让其先挑选。有时鲍廷博闻知外地有人售书，还会千方百计通过信函求购，如此所得珍秘善本甚多。购书是鲍廷博聚书的主要方式，于是节衣缩食，告贷不惜，只要能获得自己喜爱的图书，在所不惜。鲍廷博又与赵氏小山堂、汪氏振绮堂、孙氏寿松堂等藏书名家参合有无，互为借抄。对那些家有先哲遗稿的，鲍廷博也总是设法抄录，每得一书，如获至宝，欢喜若狂。

扬州徽州盐商马曰琯、马曰璐兄弟藏书名扬海内，如有珍稀古籍善本，不惜千金购之。

正如冯尔康先生在《明清时期扬州的徽商及其后裔述略》一文中所说：“办学之外，盐商还以其资力从事学术活动，延揽学者，进行学术研讨，搜集图书和编辑出版”，“所谓诗文之会，实际是讲一些绅商招募宾客，研究学术和文艺”。可以说，扬州的盐商尤其是徽商举行的诗文之会是徽商在江南地区的学术文化活动中比较具有典型意义的。清代李斗认为：“扬州诗文之会，以马氏小玲珑山馆、程氏篠园及郑氏休园为最盛。”[①]仅从扬州一地的情况，我们便可以看出扬州学术文化的繁荣与徽商的积极参与和推动是密不可分的。尤其是徽商所举行的诗文之会这项学术文化活动，更是促进了扬州及其附近地区学术文化活动的繁荣，扬州学派的形成与此不无一定的关系。梅花书院，明嘉靖年间在扬州建，初名甘泉书院，又名崇雅书院，明末废。雍正十二年（1734）马曰琯出资重建，所谓“独任其事，减衣节食，鸠材命

① 冯尔康：《明清时期扬州的徽商及其后裔述略》，载《徽学》2000年卷，安徽大学出版社2001年版。

工，……不期月而落成”[①]，定名梅花书院。徽商兴建的书院不但为其子弟读书应试服务，也为文人士子提供了就学机会。马曰琯、马曰璐的藏书楼是清代学者全祖望经常光顾的地方，曾这样描写：“予南北往还，道出此间，苟有宿留，未尝不借其书。而嶰谷（马曰琯）相见，寒暄之外，必问近来得未见之书几何，其有闻而未得者几何，随予所答，辄记其目，或借钞，或转购，穷年兀兀，不以为疲。其得异书，则必出以示予，席上满勘碧山朱氏银槎，侑以佳果，得予论定一语，即浮白相向。方予官于京师，从馆中得见《永乐大典》万册，惊喜贻书告之，半查（马曰璐）即来问写人当得多少，其值若干，从臾予甚锐。予甫为钞宋人周礼诸种而遽罢官，归途过之，则属予钞天一阁所藏遗籍，盖其嗜书之笃如此。”[②]以上是全祖望真实地描写了马氏兄弟嗜书、访书、钞书等详细情况，其执着的藏书精神令人钦佩。清代著名学者阮元有一段精彩的评价马氏兄弟佳话：“征君昆弟业鹾，赀产逊于他氏，而卒能名闻九重，交满天下，则稽古能文之效也。当时拥重赀过于征君者，奚翅什佰，至今无人能举其姓氏矣。”[③]从上可知，马曰琯、马曰璐兄弟所收藏图书达十万余卷，投入了大量资金，为文化的繁荣做出重要贡献。

“寒可无衣，饥可无食，至于书，不可一日失”是徽州藏书家吴骞的藏书铭，也是他藏书生涯的真实写照。据清人钱泰吉著《海昌备志》载：“（吴骞）笃嗜典籍，遇善本倾囊购之弗惜。所得不下五万卷，筑拜经楼藏之。晨夕坐楼中，展诵摩挲，非同志不得登也”。为了收藏图书，不惜钱财，倾囊购之，建“拜经楼”收藏，聚书数十万卷，丹黄甲乙，排列几筵。据吴骞《海宁经籍志备考·序》中说：“予于海昌先贤著述，搜访垂数十年，露抄雪购，颇费苦心。”吴骞对藏书事业的情趣和志向，成为书林界的佳话，流传甚广。吴骞一生与仕途无缘，仅得“明经”而已。然而他的志向不在“觅封侯”，而是专心于“问奇书且校雠”。其藏书中南宋版《乾道临安志》《淳祐临安志》《咸淳临安志》是我国古方志中的珍品，并藏有元刊本逾千部。与黄丕烈、陈鳣为密交，陈鳣还专门备船一条，名“津逮舫”，三人经常一起乘坐“津逮舫”外出访书和读书论学。三人互相访书、借书、校书，感情深厚。

徽州商人投资文化产业，除了一些大商人之外，还有一些小商人也热衷

① 光绪《增修甘泉县志》卷16《学校》，成文出版社“中国地方志丛书”本，第三册，第1074页。

② 全祖望：《鲒埼亭集外编》卷17，清嘉庆十六年刻本。

③ 阮元：《淮海英灵集》乙集卷3，清嘉庆三年小琅嬛仙馆刻本。

藏书和刻书，将财富投资文化产业。例如：徽州祁门人倪望重，字仲荣，号愚山，一生酷爱书籍，家有求我斋书室，藏书150余柜，中多宋元旧本，于光绪十年（1884）耗银万两，在家乡渚口村兴建藏书楼，其子倪启佑又增购大量近代图书收藏，人称“万卷楼”。郑侠如，字士介，号俟庵，歙县长龄桥人，祖父和父亲均业盐于扬州，凭借家庭富饶，在扬州建造“休园”，占地50亩。郑侠如有个人生箴言：“粗茶淡饭饱即休，补破遮寒暖即休，三平两满过即休，不贪不妒老即休”。“休园”的命名饱含了郑侠如的人生哲学，即淡泊名利，知足常乐。在休园中有楼阁亭台之胜，又有丛桂堂，藏书极富。经常邀请天下文人墨客到园林作客，为天下文人提供活动场所、资金，提供丛桂堂藏书。清代学者黄宗羲晚年好聚书，搜抄稀有书籍，于鄞县范氏天一阁之外，特别是多从郑氏丛桂堂借抄，可见，郑侠如私家藏书丰富。鲍志道，字诚一，号肯园，歙县棠樾人。早年因家道中落弃学去鄱阳学会计。数年之后辗转浙江、江苏经营盐业，后独自经营盐业，家富饶，推为两淮总商20年。志道虽巨富，但生活勤俭，重礼好义，为世人称道。处事明敏，乐善好施，在扬州铺设康山以西至抄关抵小东门砖石路面；建12门义学，供贫家子弟就读。在故乡歙县，同曹文埴等乡士大夫一起倡议复建古紫阳书院，还独自捐银3000两作为该院生员的生活费用；捐银8000两，用以修复山间书院。黄履晟，字东曙，号晓峰，歙县人。与其弟履暹、履灵、履昂皆扬州盐商巨富，有“四元宝”之称。黄氏兄弟贾而好儒，爱藏书、刻书，且尝以千金购得秘书一卷。刻《水经注》《太平广记》《三才图会》等书。胡珽，字心耘，原籍休宁人，居于吴中，官至太常博士。父胡树声，字震之，又字雨棠。喜藏书，家有琳琅秘书，所购多宋、元旧本，不吝值，或用手自缮写誊录，积至千百卷。胡珽喜收宋元旧本，手自校雠，手自抄录古籍，达千百卷，建“琳琅秘室”，专藏宋元善本。专收宋元旧刻及流散的书籍，并遍加校勘。收有宋本《石林奏议》、元本《草堂雅》、明刻《东观余论》等。道光中辑印有《琳琅秘室丛书》4集30种，以木活字排印。所收偏重于掌故、说部、释道等方面的书，均据宋元旧本、影抄本、旧抄本用活字翻印，有谬误之处撰《校勘记》加以订正，由宋于庭、徐山民为作序。家藏抄本有宋释道潜《参寥子集》12卷、元顾瑛《草堂雅集》30卷等。

徽州商人投资文化产业，体现了徽商“贾而好儒”的特色之一。徽州地区本是一个“虽十家村落，亦有讽诵之声”的“习尚知书”之地。被誉为“文献之邦”的徽州人，从小就师承名门，耳濡目染、潜移默化地接受良好的教育和学习。长大之后，不少人或因“家道中落”，被迫辍学，所以弃儒从商，便是“先儒而后贾”者。然而富裕之后，还是“贾而好儒”，在人们的思想中存在“藏金不如藏书”的观念，在家境宽裕和条件比较好的情况之下，家家户户都爱藏书，而且讲究“精而博”，都以“家藏万卷”为荣。徽商的藏书活动促进了自身的文化修养，加深了徽商的“儒商”的气质，推动了该地区文化事业的进一步发展，形成了商业发展与文化发展相互促进的态势，带动了徽州地区经济文化的整体进步和繁荣。

明清“徽商”诠释

明清“徽商”是安徽历史上的“特产”之一，目前，国内外研究中国商业史、经济史和文化史的学者们对它都很感兴趣，在近二十年中兴起的“徽学热”中，研究徽商的热度是最高的。

“徽商”的“徽”不是指安徽，而是指明清时期的徽州府。当时徽州府下辖六个县：歙、黟、休宁、黟县、绩溪、婺源（今属江西）。“徽商”即是这六个县从商的人。我们研究“徽商”就时间而言，主要是明清两朝五百多年，就地域范围而言，则是上述六个县。

那么，“徽商”还有什么要“诠释”的呢？因为搞清楚“徽商”一词，既可以使我们正确地明了研究的对象，又可以帮助我们解决学术上一个争议的问题。

学术界在徽商研究中，有一个争议的问题，那便是徽商形成于何时？对此学术界大约有以下四种看法：一东晋说；二南宋说；三元末明初说；四明代中叶说。为什么会如此众说纷纭？一个重要的原因，是对“徽商”一词的含义没有清楚的了解。

“徽商”不是泛指徽州商人，它有特定的含义。须知：“徽”与“商”连在一起成词，最早出现在明代。万历《嘉定县志》记载南翔镇“往多徽商侨寓”的事实。明人笔记《云间杂识》记载成化末，松江一带有不少徽州商人在那里做生意，故记曰：“松民之财，多被徽商搬去。”“徽商”成词，是反映徽州以地域为中心的商人群体，也即是指徽州商帮，而不是指个别的零散的徽州籍商人。在明清时期，把地域名称和“商”结在一起的如“晋商”“陕商”“闽商”“潮（州）商”“江右商”“宁（波）绍（兴）商等，都是指的商帮，而不是单个的商人。如果说把“徽商”看作是徽州籍的商人，那么，第三次社会大分工以后，各地都先后出现了使生产者的产品“销路一直扩展到遥远的地方”的“中间人”，这就是商人。那为什么未能出现地域名称和商连在一起的词呢？就以天津来说，为什么没有出现“津商”？芜湖也没有出现“芜商”，这就说明，这些地区虽有商人，但没有一个商人群体，亦即有商无帮，“徽商”之所以是一个商帮，是由于在明代，这里的从商人数就非常多了，所谓“十三在邑，十七在天下”。据徽州方志、谱牒记载，在嘉靖以后，徽人“出贾成风”，也足以说明徽州从商之众了。此时的徽州，不仅从商的人数多，而且资本雄厚，“藏镪百万者”不乏其人。便以“乡谊”“族谊”为纽带，“以众帮众”为宗旨，以会馆、公所为其在异乡联络、计议的场所，于是结成了既“亲密”而又松散的自发形成的商人群体，这便是商帮。早在明代，徽州的歙县、休宁、黟县、绩溪、婺源的商人，就先后在北京、苏州各地建立了会馆。在京会馆，一是为同乡士子参加科举考试时的住宿场所，一是同乡和同业商人聚会的场所，还有就是“公车下榻之所”。商人会馆的建立，是商帮形成的一个重要标志。

我们在说明“徽商”一词的含义之后，迎刃而解的便是：首先，“徽商”不是指单个的徽州商人，而是徽州商帮；其次，“徽商”是形成于明中叶，这与我国封建社会后期商品经济的发展、商人队伍的扩大、各地商帮的兴起都是相吻合的。

附录一

“程朱阙里”诠释

“程朱阙里”是徽州理学发祥地，源于理学奠基人程颢、程颐及集大成者朱熹之祖籍徽州歙县篁墩故里。目前，国内外“徽学”研究者对“程朱阙里”都很感兴趣，因而名闻遐迩，其地位也就越来越显赫，也成为国内学术界关注和研究热点问题。

一、“程朱阙里”的由来

“程朱阙里”是指北宋哲学家、教育家程颢、程颐和南宋哲学家、教育家朱熹，其祖籍追本溯源是来自徽州歙县篁墩村。程颢、程颐出生于河南洛阳，但他们却是程灵洗的后裔。程灵洗(514—568)，字玄涤，新安海宁(今安徽休宁)人，后迁徙篁墩，生当南北朝乱世，平生皆在军旅，戎马倥偬，战功赫赫。后被朝廷任命为谯州刺史，兼领新安太守。以后便卒于州任中，葬于旧宅旁，墓在黄墩(后改称为篁墩)。朝廷追赠他为镇西将军、开府仪同三司，谥号“忠壮”，为此，程颢常给朋友写信时，并以“忠壮后裔”为荣。程颢、程颐兄弟祖先历代仕宦，曾祖父程希振任尚书虞部员外郎迁居开封府，祖父程遹迁居河南府，父亲程垧官至太中大夫。二程自幼在思想上深受家庭的熏陶。朱熹出生于南宋南剑州尤溪(今属福建尤溪县)，其父朱松，宋绍圣四年(1097)生于徽州婺源(今属婺源)，然而，追本溯源，婺源朱氏乃是从篁墩迁徙的朱氏一支，据朱熹自己云：“熹闻之先君子太史吏部府君曰，吾家先世居歙州歙县之黄(篁)墩，相传望出吴郡，秋祭率用鱼鳖。唐天佑中，陶雅为歙州刺史，初克婺源，乃命吾祖领兵三千戍之。是为制置寺院。府君卒葬，连同子孙因家焉。”①后朱松在福建为官，便定居于此。朱熹自然就诞生福建，但他并没有忘记故乡徽州篁墩，父亲常告诉他：“吾家世居歙县之篁墩”。为此，朱熹在很多场合亦自称“世居歙州歙县篁墩”。这就是“程朱阙里”的

① 朱熹：《婺源茶院朱氏世谱后序》，清刊本。

由来。

"篁墩"是徽州新安士族的发源地，也是其宗族圣地和徽州文化的发祥地，历史地位和文化价值极其重要。篁墩历史久远，早在宋代欧阳修道："黄墩地广，衍黄巢之乱，中原衣冠避地者相与保于此。"[①]而朱熹则曰："吾家先世居歙州歙县之黄墩，相传望出吴郡，秋祭率用鱼鳖。"此"黄墩"与彼"篁墩"虽一字之差，也引起学术界争论。明代学者、文献学家程敏政有关于"黄墩"的精辟论述："程之先望北方至讳元谭者，从晋南渡守新安，赐第郡之黄墩，子孙因留居焉。其十二叶云麾将军忠壮公灵洗以布衣起义兵，亦祀于黄墩。故凡新安之程皆祖太守宗忠壮，且号黄墩程氏。予家亦出黄墩，而考诸谱及郡志，莫知墩之所以名者，近得一说，云黄墩之'黄'本'篁'字，以其地多产竹，故名。予独慨夫循吏忠臣赐第庙食之所，而污于僭乱之姓七百余年，卒无觉其非者，因大书'篁墩'二字，揭诸故庐，且借重于作者一言，使后世知此地之获复旧名自予始云。"[②]另外，明代文坛领袖李东阳又进一步深入解释："新安之篁墩以竹名。黄巢之乱，凡地名黄者辄不加兵，墩之人更'篁'为黄，以求免祸。其后因习称为黄墩。墩之程氏有晋赐太守元谭故第，梁将军忠壮公灵洗亦以功祀于墩，其裔孙春坊谕德克勤愤其先世赐第庙食之地，污于七百年之伪姓，乃按据谱册，复其名曰'篁墩'。予谓考古之学，反正之功，于斯为大，乃赋其事，以教其宗及其乡之人，使知兹墩之克复旧名者自谕德君始。"程敏政和李东阳两则论述，清楚说明"篁墩"地名的由来，原来因唐末黄巢之乱，起义之军黄巢所到之处，遇黄姓不杀，所有中原世家大族逃到歙县避难，则改"篁"为"黄"。以致后来学者认为"篁墩"误写作"黄墩"，其实不然。

篁墩这是徽州的一个宗族"圣地"，由于封建社会北方中原地区民族矛盾和频繁的战争，迫使一些中原大族为逃避战乱，南迁到徽州这个"川谷崎岖，峰峦掩映"的"四塞之地"的理想境地。历史上中原大族向徽州迁徙的曾经有两晋的"永嘉之乱"，唐末的"黄巢之乱"和北宋的"靖康之乱"。三次大规模世族南迁，将近有75个姓氏进入徽州，仅"黄巢之乱"就有二十个世族迁徙徽州，而这二十姓氏中，直接迁入篁墩的就达十六七个，这些举族而来，又聚族而居，而篁墩多以自己的始祖或始迁祖为中心，集居繁衍，形成宗族，

① 宋欧阳修：《五代实记注》卷60，清刊本。

② 程敏政：《篁墩文集》卷413，上海古籍出版社1991年版。

并以族姓命名居住地。因此,篁墩在徽州文化史上具有十分显赫的地位。

二、"程朱阙里"为新安理学发源地

"程朱阙里"通常被学术界称之为新安理学发源地,二程出生于河南洛阳,朱熹出生福建尤溪,因此,在学术上有"洛学"和"闽学"之称。然而其祖籍都在徽州,他们的理学思想在徽州产生了深远的影响。"理学"在中国古代称义理之学或道学,也是理学各派中对后世影响最大的学派之一。其创始人为北宋的周敦颐、邵雍及张载。继后有程颢和程颐兄弟等人继续发展,其间经过弟子杨时,再传罗从彦,三传李侗的传承,最终由南宋朱熹集其大成。因程颢、程颐及朱熹祖籍均在徽州,又徽州的前期称新安郡,故这一学派在徽州也被称为"新安理学"。所以,从这个意义来说,"程朱阙里"也被称为"新安理学"

程颢、程颐曾同学于北宋理学开山大师周敦颐,著作被后人合编为《程氏遗书》。由于程颢、程颐长期在洛阳讲学,故他们的学说亦被称为"洛学"。他们把"理"或"天理"视作哲学的最高范畴,认为理无所不在,不生不灭,不仅是世界的本原,也是社会生活的最高准则。他们认为治国之本,在于使君主及庶民均能"明道","明道"就是"复天理"。程颢把"复天理"归结为"识仁",认为仁是一种天地万物与我"浑然一体""无物我"之分的"大公"的精神境界。"识仁"就是对这种精神境界的自我意识和自我体现,实即要求人放弃一己之私利,具有以地主阶级根本利益为自己行为准则的胸怀与情操。程颢哲学的主要内容是关于道德修养的学说。他追求所谓浑然一体的精神境界,在方法上是通过直觉冥会,达到所谓物我合一。程颐认为"性即理",人性是"天理"的体现,先天地含有仁、义、礼、智、信等封建道德意识,是善的。并认为,理是创造万事万物的根源,它在事物之中,又在事物之上。同时还认为"天理"是事物的所以然,事物的准则,主要指封建道德标准。主张通过教育去人性之恶而使之善,以恢复天理。程颐承认事事物物都有其规律,天之所以高,地之所以深,万事万物之所以然,都有其理。他进一步认为,"一物之理即万物之理",天地间只有一个理,这理是永恒长存的。程颐主张以知为本,先知后行,能知即能行,行是知的结果。程颐的哲学,提出一些新的概念、命题,对宋明哲学发展有了很大影响。在穷理方法上,程颢"主静",强调"正心诚意";程颐"主敬",强调"格物致知"。在人性论上,二程主张“去人欲,存天理”,并深入阐释这一观点使之更加系统化。他们共同认为:“饥食渴饮冬裘夏葛”是人的不可缺少的基本生活需要,他们称之为“天职”。如果人们的需求超越了人的社会等级身份的规定,则“天职”便转化为“人欲”。“人欲”的实质是私利,乃是天下纷争的根源。二程不承认有不可变的“上智与下愚”,指出天赋禀性是可以改变的,唯在后天是否肯学和受教育。二程学说的出现,标志着宋代理学思想体系的正式形成。

朱熹祖籍婺源人,随父朱松侨寓福建建阳,早年崇拜佛学和道学,31岁时正式拜程颐的三传弟子李侗为师,潜心研读儒家经典,在福建武夷山创办学院、聚徒讲学、读书著述长达50余年,培养和教育出理学者达40余人,孕育、形成、发展了朱熹的理学思想体系。朱熹理学在中国思想史上是以“致广大,尽精微,综罗百代”著称,也成为中国历史上最完整的客观唯心主义体系。它统治思想界长达数百年,其影响深远,而武夷山成为名副其实的“三朝(宋、元、明)理学驻足之薮”。朱熹成为程颢、程颐之后儒学的重要人物。朱熹继承程颢、程颐理学思想和体系,但又在此基础上加以独立发挥和创新,形成了自己的一套完整体系,被后人称之为“程朱理学”。

朱熹理学的主体就是“存天理,灭人欲”,是将现实社会中公与私的矛盾归结为天理与人欲的对立。何谓天理?朱熹认为,“浑然天理便是仁”,概而言之,仁、义、礼、智、信均是天理。这种天理是“至善”的道德本性,也是人的本性。何谓“人欲”?朱熹对其有独特的解释。“人欲”又叫“私欲”,专指不正当“欲”,而与一般的“欲”有区别。朱熹把“天理”和“人欲”的对立,等同于“公”与“私”的对立,并且认为,“欲”是由“情”所引发的,正如“情”有“正”与“不正”之分那样,“欲”也有好坏之分,这使他的理论与佛家“无欲”区别开来。并认为天地之间,万物的生成,都要有理,也要有气。理是第一性的,是创造万物的根本,是看不见的道;气是第二性的,是生成万物的材料,是有形象的器。朱熹的理学思想,即“理”,或称“道”“太极”均属相同意义的范畴。主张人心必须绝对地服从于道心,强调道德理性的主导作用。朱熹用太极论述理生万物的过程,认为万物各有其理,而万物之理终归一,这就是“太极”。认为太极“一动一静,循环无端”,动极复静,静极复动,动而生阳气,静而生阴气,但很难说太极最早的状态是动还是静。朱熹深入细致地研讨了心、性、情、意、志、理、命各种哲学范畴及其中的关系,将之概括为“一以贯之,理一分殊”。以天理贯穿始终而借“理一分殊”来具体分析万物演化，这包含了辩证因素。

总之，朱熹以儒家思想为基础，相容佛学思想，构造了一个庞大的理学体系。他归纳和改造周敦颐、邵雍、程颢、程颐、张载即"北宋五子"的思想理论，从他们的体系中吸吮了大量的思想养料，又用佛教与道教的思辨哲学充实自己的体系，成为宋明理学的集大成者。

程朱理学是中国思想史上曾起过重大影响的学派，而在新安的传播和影响尤为深入，也就构成了"新安理学"的开山之学，世称"新安理学"。朱熹曾先后三度回徽州讲学，宣扬理学思想，每次逗留长达数月之多，而聚众聆听学者甚众，著名的弟子有歙县祝穆、吴昶，休宁程光、程永奇、汪莘、许文蔚，祁门谢琏等。这些门徒对朱子理学都顶礼膜拜，讲学遍布城乡，因此，程朱理学成为徽州正统的学术思想，其对徽州社会生活的影响是巨大和深远的。

三、《程朱阙里志》为"程朱阙里"树碑立传

明万历四十年(1612)刻印赵滂编辑《程朱阙里志》，这是第一部系统介绍程朱籍贯源流的乡土地理志。清雍正三年(1725)重刻，据《程朱阙里志·序》载："程朱之学大明于天下，天下之学宫莫不崇祀程朱三夫子矣。乃若三夫子肇祥之地又举而合祀之，则独吾歙。歙之合祀三夫子，则自邑大夫刘始其称阙里。盖宋理宗皇帝所表文公宅里，若日文公朱子绍明孔子之道者也，宜阙里也。而朱学原本二程，二程与朱之所自出，其先世皆由歙黄墩徙，故称程朱阙里。"《程朱阙里志》载："程朱三夫子出自吾乡，朱氏之去乡也，近故称新安。程氏之去乡也，远故称伊洛郡中，故有程朱阙里坊，而程氏之源流人多未知也。"[①]同时又说："程朱三夫子，一自婺入闽，一自中山徙洛，其先世出歙之黄墩。"再次佐证"程朱三夫子世系篁墩之一脉也"，也向世人确认程朱阙里就是在歙之黄墩。

《程朱阙里志》的史料价值在于：一是为我们提供重要的历史资料和数据，对程朱世族源流有一个清醒明了的记载，更加有力佐证程朱为篁墩的依据。二是从《程朱阙里志》中可比较系统、全面、完整地找到程朱祖籍的脉络，这就是志书的价值所在。三是《程朱阙里志》在学术研究中提供宝贵的典籍和资料，而学术研究不能空洞泛谈，必须要有详实的资料，以便研究论

① 赵滂编辑：《程朱阙里志》卷2，明万历刻本。

证。四是《程朱阙里志》也是一部很好的乡土教材。它详细记载着本地的天文地理、山川地貌、风土人情、经济社会等各方情况。

在《程朱阙里志》中，最引人睹目的是程颐和朱熹两张画像（如下图），这并非是作者凭空捏造的事实，而是后来乡贤根据大师的形象而绘制出来的历史真实容貌。程颐幼时承家学熏陶，其政治思想颇受父亲的影响，与其胞兄程颢共创“洛学”为理学奠基定了基础。二人不但学术思想相同，而且教育思想基本一致，后人尊称“二程”。通过画像展示大师的人格力量和儒雅风采，从而激发后人对大师的仰慕和推崇。据《钦定四库全书总目》曰：“《程朱阙里志》八卷，明赵滂编，滂歙县人，是序前有高攀龙序，则成于万历中也，大旨谓朱子系出新安，二程祖墓亦在焉，故合志之，分为七门。案阙里乃孔子里名，非推尊之号，宋咸淳五年诏婺源祠所称文公阙里已为失实，今程子亦称阙里则尤承讹踵谬，习焉而不察者也。”[①]可见，“咸淳五年诏赐文公阙里于婺源”已不复存在，而今“程朱阙里”之称，也是程朱后学者及徽州文人贤士提出来的，表示对其崇拜和景仰。

伊川正公像（程颐）

晦庵文公像（朱熹）

万历原刻《程朱阙里志·世考志》中还辑录欧阳修所作《宋宜春县令追封冀国程公元白神道碑》曰：

① 纪昀：《钦定四库全书总目》卷60《程朱阙里志》，文渊武英殿本。

远矣程侯，颛顼之苗。始自重黎，历夏商周。惟伯休父，声诗孔昭。世不绝闻，盛于有唐。程分为七，三祖安乡、广平、中山，以暨济阳。中山之程，出自灵洗。实昱裔孙，仕于陈季。陈灭散亡，播而北迁。公世中山，为博野人。道德家潜，孝悌邦闻。不耀自躬，以贻后昆。惟后有人，将相文武。有国宠章，覆其考祖。定冀之封，实开土宇。程世其隆，公多孙子。有畜其源，发而孰御。刻铭高原，以示来者。

这里的“中山之程，出自灵洗”的“灵洗”，就是指程灵洗。而程灵洗就是程氏世系中程颢、程颐的祖先。据明程孟纂修《新安程氏诸谱会通》14卷，首次建立起徽州程氏始祖程元谭至二的明确世系：元谭→超→冯→丰→景秀→元政→宝云→法晓→隐隽→道乐→次茂→察→宝惠→灵洗→文季→子向→诩→公颢→南金→元谏→季随→绎→昔范→行褒→纂→瑺→峄→秀→俶→羽→希振→遹→珦→颢、颐[①]。从这个世系中，清晰得知，程颢、程颐就是程灵洗的后裔，也验证欧阳修之说“中山之程，出自灵洗”的论断。此外，《程朱阙里志》卷3还有赵时勉、程大宾、鲍观光、洪世俊、程寰、毕懋良、毕懋康等都撰写了《程朱三夫子源流考跋》，都详细记载二程兄弟先祖出自歙之黄墩。其中，胡麟的《梁将军程忠壮公灵洗碑》则说：“元谭者持节为新安，太守有善政诏赐宅于歙黄墩，子孙遂以为桑梓。”[②]这些都是有力的证明二程祖籍出自歙之黄墩，毋庸置疑。徽州人非常看重家谱、世系宗族关系，谱系是维持家族血脉的根源，从个人的自述到谱系的追溯二程和朱熹世祖都是源于歙之黄墩。

“程朱阙里”是徽州文化的一张名片，也徽州人的骄傲。为了确立程朱阙里的地位和影响，清代乾隆二十六年(1761)十二月三日，歙人光禄寺少卿吴炜上疏，请求乾隆皇帝为篁墩祠堂赐以御书：

上书房行走、光禄寺少卿臣吴炜谨奏：臣恭呈《程朱阙里志》一书，详载三贤祖父产于一方，渊源出自一线，恳求宸翰，褒崇贤里以光千古道脉事。臣伏查程朱世系，由两姓博士开载，程颢、程颐虽产于河南之嵩县，而始祖元谭东晋为新安太守，遂居徽郡邑之篁墩地方，传十四世梁开府，谥忠壮，名灵洗，忠烈尤著，迄今篁墩庙祀不绝。越二十七世皆在篁墩，并葬

① 明程孟纂修：《新安程氏诸谱会通》，明景泰三年刻本。

② 程敏政：《新安文献志》卷61，何庆善、于石点校，黄山书社2004年版，第1452页。

于其里。后由歙迁中山博野，由博野迁河南，三传而二程生，图印必佩“忠壮后裔”四字，此程颢、程颐祖居篁墩世系之源流也。朱虽产于闽之崇安，而始祖师古实亦居于篁墩，其里巷至今犹传，葬亦不出其里导。继世古傢镇戍婺源，因家焉，至十世迁而熹乃生。故朱子犹不忘其所自出，自叙茶院谱后云：“吾家先世居歙邑之篁墩。”故注《大学》《中庸》必曰“新安朱熹”。又尝随父松读书于徽郡城外之紫阳书院，故到处讲学，仍以紫阳名其居，此朱熹祖居篁墩世系之源流也。窃思自古以来，功德之流传，诗书必推其所自始；而贤圣之诞降，道唱片必追溯其所自先。况程朱道统，我朝尊崇，赐封赐额赐荫，亘古所未有。而歙之篁墩地方，两贤祖居址相去若此其未远也，两贤祖墓相依若此其近也。山川钟秀，弹丸片壤产此三贤，萃于一方，后先相望，实千古盛事。虽经前明改浮屠为儒祠，毁淫梵为贤宇，而建非其地，三贤之灵未必凭依，故虽载入春秋祀典，而不久颓废，后之名儒过篁墩者，俱于此切高山仰止。现有《程朱阙里志》一书，今并呈御览，可以考其源流。恭值当代道统，圣德日跻，如日中天，万方共知向化。今于篁墩三贤祖居地方建立祠宇，并祀三贤自出之祖父，三年前起工，至今年完竣。但朱熹于宋咸淳五年虽已褒封，敕赐阙里，而二程为朱子学问所自出，宋元三朝向未赐有阙里名目，未免阙典。且前宋之褒崇朱子里居者，乃隔代之尊崇，倘得我朝光显程朱里居，乃为当代之盛典，况恭值我皇上以作君而兼作师，以治统而承道德，俯念程朱理学之宗仰，而篁墩又为程朱祖父之渊源，且篁墩为六邑要冲，其间两旁设有书舍，又置有学田，为士子造就人才之地，可否仰邀皇恩，敕赐四字，发安徽巡臣悬于篁墩坊表，则较之有宋褒崇更为千古道脉之光，而地以贤传，贤又以宸翰传达室矣。伏恳圣裁，曷胜虚祝寿祷，惶恐之至，谨奏。[①]

乾隆皇帝作为一代标榜“文德”好大喜功的君主，吴炜奏疏盛赞他“以作君而兼作师，以治统而承道德”，可以说是猜中了皇帝的心思。并于十二月六日，乾隆皇帝御笔书写，“赐安徽篁墩二程子、朱子祖居祠御书匾曰‘洛闽溯本’”[②]。圣旨传到徽州，可谓崇尚之荣，地方官员和士绅五十三人联署上奏，感谢皇恩御书。

① 徐光文：《篁墩程朱阙里词志》卷8，广陵书社2004年版。

② 庆桂、曹振镛：《清高宗实录》卷650，中华书局1986年版。

乾隆皇帝御笔赐篁墩程朱阙里词“洛闽溯本”

“洛闽溯本”体现乾隆皇帝高超的智慧和渊博的知识。其含义为:“洛”是指程颢、程颐兄弟都生活于洛阳,创办的学术称“洛学”。“闽”是指朱熹,因长期居住福建,创办的学术称“闽学”。“溯本”是指二程与朱熹祖地皆在徽州篁墩。最高统治者再次确认“程朱阙里”篁墩,溯本追源为二程和朱熹故里。程颢、程颐诞生在北宋,朱熹生活在南宋;洛阳二程,福建朱熹,远隔千山万水,然而其学术思想和理念都是一脉相承,互为表里,既是“程朱理学”的创造者又是奠基人。明代文学家、政治家,东林党派代表人物高攀龙在明刊《程朱阙里志》序中写道:“程夫子生洛,朱夫子居闽,人知三夫子洛闽相去之遥,不知两姓之祖同出歙,又出于黄墩之撮土也。天地之气,山川之灵,钟为圣贤,或发于一时一地,或培其先世而发于异时异地,盖上下千古不能几见。[①]因此,坐落在篁墩的两座高大宏伟“程朱阙里”和“洛闽溯本”的牌坊,表明篁墩在徽州文化史上乃至中国思想文化史上曾经让人崇拜的一段辉煌历史,它具有丰富的内容,拥有如此深厚的底蕴。篁墩与“程朱理学”随着学术界研究的不断深入,它们有着历史的根脉和深厚的情感。

---

① 明赵滂:《程朱阙里志·原序》,清雍正三年刻本。

徽州方志考

地方志是中国传统文化的一个重要组成部分。它荟萃了地方文化的精髓，丰富翔实的地情资料直接作用于地方政治、经济、文化的发展，是当地主政者"治理一地，造福一方"的资治辅政之书，其作用不容忽视。

徽州有着非常辉煌灿烂的文化，中国的三大地方学，指的就是徽学、藏学、敦煌学。徽州以传世文化典籍极为丰富而吸引着国内外学者，形成了一股国际性的"徽学"热。历代编纂徽州方志今有据可考者记录如下：

（南朝梁）《新安山水记》

新安太守萧几撰（注：萧几，字德元，齐宗室，性温和，与物无竞，清贫卓立，位中书侍郎、尚书左丞，为新安太守，郡多山水，特其所好，适性游履，遂为之记）。

（南朝梁）《新安记》

［考据］(1)《太平寰宇记》一百四《江南西道·歙州》"歙县·灵山"条引："灵山，〈新安记〉云：灵村有山，生香草名曰灵香，又有黄精木，上有灵坛，道士祈请，不烧香自然芬馥。村人射猎践径此土，犯山神终无所获，或失火烧冈其人必有疾病，故曰灵山。"(2)《舆地纪胜》卷二十《徽州·景物下》"三姑山"条引："新安记》云：天将雨此山，先有鼓角之声。"(3)淳熙《新安志》卷三《歙县·山阜》"飞布山"条引："《新安记》云：昔因寇乱，县主簿率百姓保此山获全，天宝六年十七日，敕改名飞布山。旧有庙甚灵，建中末，旱祷不雨，刺史刘公撤其庙，有人夜闻暴风西去如人马声，继梦神告之曰：吾将寄于灵山。"

（隋）《新安图经》

［考据］《新安志》卷五《黟县·石墨井》引："《新安图经》云：岁贡柿心墨木，黟之字县职此之由。"

（隋）《新安图》

［考据］《太平寰宇记》一百四《江南西道二·歙州·黟县》引："《新安图》注云：岁贡柿心木，黟字从黑旁，县由得名。"

［考异］对于《新安图经》《新安图》所作的朝代，隋开皇十一年（591）改新安为歙州，而大业三年（607）又复为新安。歙州在隋朝只有16年。唐朝武德四年（621）改新安为歙州，天宝元年（742）又改新安，乾元年（758）又复为歙州。而新安在唐朝也只有16年。由此可见，《新安图经》和《新安图》可能是隋朝人之作。《新安图经》和《新安志》从内容上看都是记载黟县的事，有可能是实属一书。

（唐）《歙州图经》

［考据］《中国古方志考》《太平御览》《新安志》均录。《太平广记》引书有《歙州图经》。卷四百二十五"龙八"篇云"歙州祁门县蛟潭。俗传武陵乡有洪氏女，许嫁与鄱阳黎氏。将娶，吉日未定，蛟化为男子。貌如其婿，具礼而娶去。后月余，黎氏始到，知为蛟所娶，遂就蛟穴求之。于路逢其蛟化为人，容貌殊丽，其婿心疑为蛟。视，见蛟窃笑，遂杀之。果复蛟形。又前到蛟穴，见其妻，并一犬在妻之旁。乃取妻及犬以归。始登船，而风雨暴至，木石飞腾，其妻及犬，皆化为蛟而去。其婿为恶风飘到余姚，后数年归焉。其后道人许旌阳又斩蛟于此，仍以板窒其穴。今天清日朗，尚有仿佛见之。"淳熙《新安志·序》："唐有《歙州图经》"，可能是指此图经。

（宋）《歙州图经》

［考据］《舆地纪胜》《永乐大典》《新安志》均录。宋大中祥符（1008—1016）李宗谔奉诏撰州郡图经，颁之天下，祥符《歙州图经》当属此时的产物。有蒲圻张氏《祥符（歙）州图经大典辑本》。《舆地纪胜》卷二十《徽州·景物上·赤岭》引："《祥符经》云：昔人于岭下溪梁取鱼，鱼不得下，遂飞越岭。人复于岭上设网，全化为石，遇雨则赤，故名。"罗愿在《新安志·序》中说："后得《祥符图经》于民间，则纲目粗设。"可见该经对《新安志》的编写影响很大。

［说明］北宋歙州编修的图经，现在有名可查者有4部。除祥符《歙州图经》外，有《歙州旧经》已佚。但罗愿《新安志》卷二，"物产"引了"水族""兽类"；卷四，休宁，"山阜"引了"岐山"；《大明一统志》卷十六：徽州府，"古迹"引了"断石村"。祥符图经后，还有两图经，即《歙州图经》和《歙州新经》。

《歙州图经》,《舆地纪胜》二十,引了6条;朱弁《曲洧旧闻》引了1条;《歙州新经》,罗愿《新安志》引了9条。另外《永乐大典》从《新安志》中转引了1条。

(宋)《新安广记》

［考据］宋太平兴国(976—983)中奉诏编纂。《新安志·序》罗愿云:“国朝太平国中,诏编《广记》。”《道光府志·修志源流》卷十六,著录

(宋)《新安郡志》

［考据］《舆地纪胜》卷二十《徽州·县沿革·歙县》条引:“《郡志》云:梁承圣中,公置新宁郡,县亦隶焉。陈省新宁郡复并入新安郡。”

(宋)《新安志》十卷 罗愿纂 赵不悔序 淳熙二年(公元1172年)修(注:罗愿,字端良,号存斋,歙县呈坎人,乾道二年(公元1166年)进士,官至鄂州知州)。

［考据］《四库全书》、《中国古方志考》、《宋史·艺文志》均录。《遂初堂书目·地理类》:“《新安志》,《直斋书录·解题八》,《新安志》十卷,通判赣州郡人罗愿撰,时淳熙二年,太守则赵不悔也。”《舆地纪胜》卷二十《徽州·碑记》条引“《新安志》罗愿编。”

［说明］《新安志》是安徽最早的唯一存传的宋代志书。它开拓了“隐恶扬善”的先河。诚如钱大昕所说:“盖郡县志与国史不同,国史美恶兼书,志则有褒无贬,所以存忠厚也。公论所在,固不可变黑为白,而桑梓之敬,自不能已。”[①]“自《新安志》始,方志记人有褒有贬,似乎已成定例,很少有人突破。”[②]

(宋)《新安广录》十八卷 倪常祖修、姚源纂 南宋嘉定十五年(公元1222年)修(注:倪常祖,字子武,吴兴人,嘉定壬午年(1222年)来徽州。姚源事迹不详)。

［考据］弘治《徽州府志》卷12《拾遗》辑录该书:“《新安广录》云:君西北黄山有三十六峰,与宣池接境,严岫秀丽可爱,仙翁释子多隐其中。”又“《新安广录》云:何次翁生瘤于鼻,日以益大,遇道人于襄阳,授以药如栗粒,使是夜轻,用针剔小穴置药焉。俄顷,觉药于内旋转若游行,然迨晓瘤已失去。”

(宋)《新安续志》李以申纂 南宋端平乙未年(1235年)修(注:李以申,

① 钱大昕:《跋〈新安志〉》,《潜研堂文集》,商务印书馆1935年版。

② 翟屯建:《论〈新安志〉,《古籍研究》1987年第1期。

四明人，州学教授)。

[考据]《中国古方志考》《永乐大典》、弘治《徽州府志》均录。《永乐大典》三千五百七十九：九真(陶村)引："《新安续志》陶村在黟县南山丁峰下，多陶姓，里曰靖节，社曰五柳，意渊明之后"。《永乐大典》七千五百十六：十八阳(际留仓)引："《新安续志》际留仓在州治东。(休宁)际留仓在县衙内，与薛少保祠相向。"《文渊阁书目》十九：称"《新安续志》二册。"

[说明]弘治《徽州府志》卷十一，有李以申序曰："新安据浙江游，山水奇秀，称于天下，唐人号为水云深处。前代以去京邑差远，地狭瘠而俗质素，语地望者不以为优，然物产之黟，流布四方，或曰富州，韩吏部送陆歙州文曰，歙大州也，自建炎南渡，驻跸吴京，视三百诸侯之邦，被声名文物之盛，送推三辅重地。初晋太康元年改新都曰新安郡，隋开皇元年州始以歙为名，至宋宣和三年改歙为徽州，盖郡境有徽岭徽溪，扬之水出焉，说者以为取诸此，此见之前志者也。前志成于淳熙乙未之春，迨今阅一甲子。四明刘侯炳郡二年，约已裕民，百废具兴，独念是邦，比岁以来，生聚日蕃，事物日新，人杰地灵，相望辈出，照映当世，至若朝廷蠲减之特恩，郡邑惠养之善政，所以培邦本而宽民力，前言往行，明谟钜业，所以范乡闾而光竹帛者，不相继而书之，诚为阙典，兹续志之所由作也，殆若有数存焉。今纲目大体，多循其旧，凡无所增损废置者，前志既已备矣，今皆不书，谨序。李以申。"

(元)《新安后续志》十卷 朱霁修 洪焱祖纂(注：朱霁，字景周，号自斋，北谯人，延祐间知徽州。洪焱祖，字潜夫，号杏庭，歙人，天历中官遂昌主簿，以休宁县尹致仕)。

[考据]《中国古方志考》《永乐大典》《元史·艺文志》均录。《永乐大典》卷三千五百二十七"九真(徽州六门)"引："延祐《新安后续志》，徽州禁门旧有六，东曰新安，西曰庆丰，南曰表城，北曰通济，东北曰太平，西南曰紫阳。"又卷七千二百四十二"十八阳(明善堂)"引："《新安后继志》，张雄飞，字宏甫，歙县人，晚扁书堂曰明善。"

[说明]《新安后续志》洪焱祖序提出一个值得思考的问题：官员们如何对待志书质量和编纂时间的关系问题。认为朱霁"为经久无穷之思，以及于此，迹其用心大抵耻于趣办目前，不肯苟同流俗。"在洪认为"趣办目前"是"苟同流俗"。应当说时间服从质量，为了"旨令"不顾质量而速办，这却实是

“流俗”[①]。

（明）《新安志》 十卷 朱同（注：朱同，字大同，号朱陈村民，又号紫阳山樵，休宁人，朱升子。洪武庚申（公元1380年）举人，官至礼部侍郎坐事死）。

［考据］《皖人书录》《安徽艺文考》《徽州地区简志》均录。

［考异］ 宋朝罗愿的《新安志》与明朝朱升的《新安志》虽然书名相同，但作者和时代都不相同。据《徽州地区简志》称朱同纂《新安府志》，景泰和成化年间，两度被续修。《朱枫林集》称，朱升纂《重编新安志》。《新安府志》和《重编新安志》可能是后人为区别宋朝罗愿的《新安志》而特起的书名。

［说明］ 朱同纂的《新安志》，这是徽州府紧接元延祐后的第一部府志；孙遇，山东福山县人，宣德进士，正德间知徽州府事“几二十年，民感德甚深，去郡，共立生祠礼之”[②]，于景泰间纂成《新安府志增编》；周正于成化四年（公元1468年）任知府，后纂成《（成化）新安府志续编》，以上三志皆为佚志。

（弘治）《徽州府志》 十二卷 汪舜民纂 明弘治十五年（公元1502年）修（注：汪舜民，字从仁，号静轩，婺源人。成化进士，授行人，擢御史，官至右副都御史，巡抚郧阳，改南京都察院，道卒）。

［考据］《天一阁藏明代地方志考录》录。

［说明］ 此志是第一部以“徽州”命名的府志，从此以后徽州府志才名实相符。徽州历史沿革：秦始皇建郡县制，在徽州地区置黟、歙二县；三国时，孙吴改建新都郡；晋太康元年（公元280年），改新都郡为新安郡；隋开皇九年（公元589年），改新安郡为歙州；宋宣和三年（公元1121年），改歙州为徽州；1988年，改徽州为黄山市。傅振伦先生在《〈（弘治）徽州府志〉书后》[③]中批评王士祯说：明代志书只关中十余种可称赞者，其余皆微不足道。“其实明修之志佳著不少，弘治《徽州府志》即是其中之一。”

（嘉靖）《徽州府志》 二十二卷 汪尚宁纂 明嘉靖四十三年（公元1564年）修（注：汪尚宁，字廷德，歙县人，嘉靖己丑（公元1529年）进士，累官都察院右副都御史，以不阿权贵左迁，归时年甫四十七）。此志存国立北平图书馆，为残卷残页，故全书卷数待考。现存者，计卷一共三页，卷二共九页，卷七共二十三页，卷十二共七页，卷十三共十三页，卷十四共六页，卷二十一共

---

① 宫为之：《皖志史稿》，安徽人民出版社1997年版，第205页。

② （道光）《徽州府志》卷8《职官志·名宦》，道光七年刊本。

③ 傅振伦：《〈（弘治）徽州府志〉书后》，《安徽史志通讯》，1985年第1期。

八页，卷二十二共六页。

［说明］《续修四库全书提要》，第1218页。是志刻于明嘉靖四十三年，而现存的全本刻于四十五年丙寅，据该提要称是志藏“国立北平图书馆”，查“北京图书馆”地方志目录无此志[①]。

（康熙）《徽州府志通志》二十六卷 高暐纂 康熙十二年（公元1663年）修（注：高暐，字苍岩，山西襄陵人，进士，康熙七年（公元1668年）任徽州同知）。

［考据］《中国地方志综录》录。

（康熙）《徽州府通志续编》八卷 林国柱纂 康熙二十二年（1673年）修。

［考据］《中国地方志综录》录。

（康熙）《徽州府志》十八卷 赵吉士纂 康熙三十八年（1689年）修（注：赵吉士，字天羽，一字恒夫，号渐岸，又号寄园，休宁人。顺治辛卯（公元1651年）举人，康熙间知山西交城县，累官户科给事中，终国子监正，卒官）。现存（见，中国地方志联合目录））。

（道光）《徽州府志》十六卷 马步蟾纂 道光七年（公元1827年）修（注：马步蟾，会稽人，进士，是志主纂）。此志虽卷数不多，卷帙浩大，粗略统计有152万言，正门9门，子目60，可谓是集徽州志书之大成：体例完备，资料翔实，考证亦精。

［考据］《中国地方志综录》录。

（嘉庆）《徽志补正》一卷 邵棠纂 嘉庆十九年（公元1814年）修（注：邵棠 字绮园，绩溪人，官奎文阁典籍）。

［考异］《徽州地区简志》称《徽志补正》，蒋元卿《皖人书录》称《徽志补遗》，宫为之《皖志史稿》称《徽志补正》。不管是补正还是补遗都是同一种书志。

（同治）《徽州府志辨证》一卷 黄崇惺纂 清同治间木活字本（注：黄崇惺，字次荪，歙县人。同治乙丑（公元1865年）进士，由翰林出宰归化）。此志是专门评述道光《徽州府志》的。对道光志山水地名等辨正了10条，资料较丰富，比如顾亭林说渐水有4条，经黄考证为5源。对道光志编纂体例及方法的评介，比如对道光艺文志写道：“体例极善”。《徽州府志辨正》资料翔

① 宫为之：《皖志史稿》，安徽人民出版社1997年版，第247页。

实,可补道光志之不足。

《徽州地区简志》十四章 徽州地区地方志编纂委员会 黄山书社出版 1989年修。全志分为地理、农业水利、工交邮电、财贸金融、政党团体、政权司法、军事、教育科技、文化艺术、文献文物、体育卫生、旅游、社会、人物简介。

附录二

《四库全书》与徽州人著述

清代乾隆年间纂修的《四库全书》，共收入图书3461种，79309卷，存目图书6793种，93551卷，是一项巨大的文化工程。清政府投入了巨大的财力，组织了当时各学科领域最有成就的学者数百人，以纪晓岚等任总纂官，历时10年，编纂成了堪称中国历史上规模最大的一部丛书。它是后世学人了解和研究先秦至清朝前期2000多年中国学术、思想、历史、文化的最重要的文献宝库。在《四库全书》中，也汇聚了历史上徽州学者的大量著述，这是研究徽州历史文化的宝贵史料。为了深入推进徽学研究，特爬梳、整理出本文，以供学术界参考。

（一）经部

1.易类

《易原》8卷

宋程大昌（1123—1195）撰。大昌字泰之，休宁人。绍兴辛未（1151）进士，历官秘书省正字、国子司业兼礼部侍郎、直学士院、浙东提点刑狱、国子祭酒、官至吏部尚书，出知泉州、建宁府明州，以龙图阁直学士致仕，卒谥外文简。博学长于考究，著述甚富。

《周易本义》12卷附《重刻周易本义》4卷

宋朱熹（1130—1200）撰。朱熹字元晦，号晦庵，亦号云谷老人，徽州婺源人。绍兴戊辰（1148）进士，历官宝文阁待制，落职奉祠卒。累赠宝谟阁直学士，谥文，宝庆中赠太师，封徽国公。其学出于延平李侗、罗从彦，尽得程氏之传。大抵穷理以致其知，反躬以践其实，故以居敬为主。考亭为其讲学之所，故人称考亭学派。一生著述甚丰。

《易学启蒙通释》2卷

宋胡方平撰。字师鲁，号玉斋，婺源人。精于《易》，学书于董梦程，梦程学出于黄榦干，干系朱熹婿，故方平与子一桂，皆笃守朱子之说。精研《易》旨，皆潜反复二十余年而后著述，发明朱子之意。

《易本义附录纂疏》15卷

宋胡一桂撰。一桂字庭芳，号双湖，婺源人，方平子。理宗景定甲子(1264)领乡荐，礼部不第，退而教授乡里以终。生而颖悟，好读书，尤精于《易》，受《易》于董梦程。同郡赵汸、朱升皆师之。

《易学启蒙翼传》4卷

元胡一桂撰。一桂有《易本义附录纂疏》，已著录。

《周易本义通释》12卷

元胡炳文撰。炳文字仲虎，号云峰，婺源人，斗元子。少承庭训，笃志朱子之学。仁宗延祐中，以荐署信州道一书院山长，再调兰溪学正，不赴。

《周易文诠》4卷

元赵汸(1319—1369)撰。汸字子常，休宁人。师事黄泽，受易象春秋之学。隐居著述，筑东山精舍以奉母，学者称东山先生。明洪武二年(1369)召修《元史》，不愿仕乞归卒。

《洗心斋读易述》17卷

明潘士藻撰。士藻字去华，号雪松，婺源人。万历癸未(1583)进士，官至尚宝司少卿。

《周易图书质疑》24卷

清赵继序撰。继序字芝生，号易门，休宁人。乾隆辛酉(1741)举人。肆力经学，以朱熹为宗。

附：易类存目

《周易旁注图说》2卷

明朱升(1299—1370)撰。升字允升，休宁人，学者称枫林先生。元至正乙酉举于乡，授池州路学正。后弃官隐居石门。朱元璋下徽州，召问时务，答以“高筑墙、广积粮、缓称王”。遂留参密议。吴元年(1367)授侍讲学士，知制诰，同修国史。洪武元年(1368)进翰林学士，定宗庙时享斋戒等礼，预修《女诫》。时大封功臣，制词多出其手。以老请归。著有《枫林集》等。

《学易象数举隅》2卷

明汪敬撰。敬字思敬，一字益谦，婺源人。宣德癸丑(1432)进士，官至户部主事，以廉能称。所著有《易传通释》及此书。《明史·艺文志》不著录。

《六爻原意》1卷

明金瑶撰。瑶字德温，号栗斋，休宁人。嘉靖辛卯选贡生。授会稽县丞，再补庐陵县丞。迁桂林中卫经历，以母老不赴。教授乡里，年九十七乃卒。

《易引》9卷

明方时化撰。时化字伯雨，歙县人。万历甲午（1594）举人。官至叙州府同知。时化传其高祖社昌之《易》学，著书六种，其子庞汇辑合刊。

《周易颂》2卷

明方时化撰。时化有《易引》等，已著录。

《学易述谈》4卷

明方时化撰。时化有《易引》等，已著录。

《易指要绎》3卷

明方时化撰。时化有《易引》等，已著录。

《易疑》4卷

明方时化撰。时化有《易引》等，已著录。

《易通》1卷

明方时化撰。时化有《易引》等，已著录。

《周易去疑》11卷

明舒宏谔撰。宏谔字士一，旌德人。老于授徒。

《四易通义六》无卷数

明程观生撰。观生字仲孚，歙县人。流寓嘉兴。崇祯中知天下将乱，即弃去诸生，以相地之术自给。朱彝尊《静志居诗话》载其事迹颇详。

《周易时义注》无卷数

明章佐圣撰。佐圣字右臣，崇祯时祁门人，《四库总目》作歙县人，误也。

《易经补义》4卷

清方芬撰。芬字舒林，歙县人。康熙岁贡。乾隆时以诗集中有“征衣泪积燕云恨”等句，指为狂妄，悉毁其集，并治其孙国泰以藏匿罪，杖一百，徙三年。

《易赘》2卷

清王艮撰。初名王炜。艮字无闷，号不庵，歙县人。与顾炎武游，为文颇有法度。

《易或》10卷

清徐在汉撰。在汉初名之裔，在汉字天章，晚年乃易今名，又字寒泉。歙县人。

《读易质质疑》20卷

清汪璲撰。璲字文仪，号默庵，学者称默庵先生，休宁人。九岁善属文，从无锡高世泰游，又友吴曰慎。为学一遵朱熹，尝讲学东林，尤精于《易》。

2. 书类

《禹贡论》5卷

宋程大昌撰。大昌有《易原》，已著录。

《尚书集传纂疏》6卷

元陈栎撰。栎字寿翁，号定宇，晚年号东皋老人，休宁人。宋亡之后隐居三十八年。至延祐甲寅(1314)，年六十三，复出应试，中浙江乡试。以病不赴礼部会试。三岁诵《论语》《孝经》，五岁即涉猎经史，尤力崇朱熹之学。方回、曹泾，皆文场老手，栎与切磋，甚为二人敬服。所居曰定宇堂，学者称定宇先生，年八十卒于家。

附：书类存目

《尚传旁注》6卷

明朱升撰。朱升有《周易旁注图说》，已著录。

3. 诗类

《诗集集传》8卷

宋朱子撰。子有《周易本义》等，已著录。

附：诗类存目

《诗论》2卷

宋程大昌撰。大昌有《易原》，已著录。

《诗经正义》27卷

明许天赠撰。天赠字德天，黟县人。嘉靖乙丑(1565)进士，知浙江海宁县，升户部主事，榷北关，以廉惠称，官终山东布政使参政。

《诗志》20卷

明范王孙撰。王孙字士文，休宁人，寄籍钱塘。

4.礼类

《周礼疑义举要》7卷

清江永撰。永字慎修，一字春斋，婺源人，乾隆岁贡生。博通古今，专心十三经注疏，于三礼功尤深。康熙间游京师，方苞、李绂与论礼经，大为折服。读书好深思，长于比勘，每有心得，随笔撰记，自壮至老，丹黄不去手。精通步算、地舆、钟律、声韵之学。休宁戴震之学，得力于永为多，世称江戴，康乾间徽州朴学大师。乾隆二十年(1762)卒，年八十二，学者称慎修先生。著述甚富。

《经礼补逸》9卷

元汪克宽(1304—1373)撰。克宽字德辅，一字仲裕，祁门人。泰定丙寅(1326)乡举，会试以答策切直见黜，遂弃举业，尽力于经学，教授宣歙间，学者称环谷先生。洪武二年(1369)征修《元史》，不受官，归卒。师吴仲迂，而友郑玉、汪泽民。学以朱熹为宗，为文略不经意，浑融典雅，诗在李贺、苏轼间。

《仪礼释宫增注》1卷

清江永撰。永有《周礼疑义举要》，已著录。

《礼记训义择言》8卷

清江永撰。永有《周礼疑义举要》，已著录。

《深衣考误一郑》无卷数

清江永撰。永有《周礼疑义举要》，已著录。

《参读礼志疑》2卷

清汪绂撰。绂一名烜，字烜人，号双池，婺源人，乾隆初诸生。家贫，在景德镇为画工以自给。后去福建，馆于浦城，从游者众。为学尊信朱熹，虽博极两汉、六代诸儒疏义，而以宋五子之学为归。旁通律吕，与江永齐名，为东南大儒之一。著作极富，汇为《江双池遗书》。

《仪礼经传通解》37卷、续29卷

宋朱子撰。子有《周易本义》等，已著录。

《礼书纲目》85卷

清江永撰。永有《周礼疑义举要》等，已著录。

附：礼类存目

《周礼述注》6卷

明金瑶撰。瑶有《六爻原意》等，已著录。

《考工记纂注》2卷

明程明哲撰。明哲字如晦，歙县人。

《仪礼释例》1卷

清江永撰。永有《周礼疑义举要》，已著录。

《檀弓原》2卷

明姚应仁撰。应仁字安之，徽州人。

《三礼约编》19卷

清汪基撰。基字警斋，休宁人。

5.春秋类

《春秋提纲》10卷

元俞皋撰。皋字心远，婺源人。宋末进士及第，授修职郎，官广德军教授。从乡人赵良钧受《春秋》之学。宋亡不仕，以《春秋》教授乡里。

《春秋经传阙疑》45卷

元郑玉(1298—1362)撰。玉字子美，歙县人。博通《六经》，尤其精通《春秋》。曾在乡开办师山书院，授业讲学，门生很多，人称师山先生。至正十四年(1354)，朝廷授之以翰林待制、奏议大夫职务，他称病不就，日以著书为事。龙凤三年(1357)遭明兵陷害，次年他自缢而死。所作文章流传较广，元代文学家、史学家揭傒斯和欧阳玄对他的文章曾大加称赏。

《春秋集传》15卷

元赵汸撰。汸有《周易文诠》，已著录。

《春秋师说》3卷

元赵汸撰。汸有《周易文诠》，已著录。

《春秋属辞》15卷

元赵汸撰。汸有《周易文诠》，已著录。

《春秋左氏传补注》10卷

元赵汸撰。汸有《周易文诠》，已著录。

《春秋金锁匙》11卷

元赵汸撰。汸有《周易文诠》,已著录。

《春秋胡传附录纂疏》30卷

元汪克宽撰。克宽有《礼经补逸》,已著录。

《春秋地理考实》4卷

清江永撰。永有《周礼疑义举要》,已著录。

附:春秋类存目

《春秋日质疑》1卷

清吴守一撰。守一字万先,歙县人。

《春秋集解读本》12卷

清吴应申撰。应申字文在,歙县人。

6.孝经类

《孝经刊误》1卷

宋朱子撰。子有《周易本义》,已著录。

附:孝经存目

《孝经类解》18卷

清吴之騄撰。之騄字耳公,歙县人。康熙壬子(1672)举人。官绩溪县教谕,迁镇江府教授。

7.五经总义类

《群经补义》5卷

清江永撰。永有《周礼疑义举要》,已著录。

附:五经总义类存目

《七经图》7卷

明吴继仕撰。继仕字公信,休宁人。以贡授耀州判官。

8.四书类

《大学章句》1卷、《论语集注》10卷、《孟子集注》7卷、《中庸章句》1卷

宋朱子撰。子有《周易本义》,已著录。

《四书或问》39卷

宋朱子撰。子有《周易本义》,已著录。

《论孟精义》34卷

宋朱子撰。子有《周易本义》,已著录。

《四书通证》6卷

元张存中撰。存中字德庸，婺源人。学者称兰石先生。

《乡党图考》10卷

清江永撰。永有《周礼疑义举要》，已著录。

附：四书类存目

《重订四书辑释》20卷

元倪士毅撰。士毅字仲宏，休宁人。曾祖机、祖文虎、父良弼，皆以经学教乡里，士毅世其学，又学于陈栎。隐居祁门山，潜心讲学，学者称道川先生。《四库总目》作歙县人，误也。

《四书通义》20卷

明刘剡撰。剡字用章，休宁人。

9. 乐类

《律吕新论》2卷

清江永撰。永有《周礼疑义举要》，已著录。

《律吕阐微》10卷

清江永撰。永有《周礼疑义举要》，已著录。

附：乐类存目

《音律节略考》1卷

清潘继善撰。继善字取大，号本庵，婺源人。

10. 小学类

《尔雅翼》32卷

宋罗愿(1135—1184)撰。愿字端良，号存斋，歙县人。罗汝楫子。道二年(1166)进士。历知南剑州、鄂州，有治绩，很受当地百姓爱戴和景仰。博学好古，他的诗词文章效法秦汉，高雅精练，为朱熹所称重。主要著作有：《新安志》10卷。清代著名史学家章学诚认为《新安志》编修相当完善。它打破了宋以前方志大而空、不定体等弊端，增设了物产、人物、艺文、风俗等，既具有地方性，又具有实用性，在方志史上是一大进步。

《字诂》1卷

清黄生(1622—?)撰。生字扶孟，号白山。歙县人。明末诸生。入清隐居不仕。一生致力于汉学，潜心研究六书训诂，专主以声音通训诂。其读书欲破明儒之空疏，惟求通大义经世之用。因痛国事之变，好研究古今事迹成败，地理山川险塞，以为匡复之图。

《古韵标准》4卷

清江永撰。永有《周礼疑义举要》，已著录。

附：小学类存目

《六书正义》12卷

明吴元满撰。元满字敬甫，歙县人。万历布衣。精字学，著述颇富。

《六书总要》5卷

明吴元满撰。元满有《六书正义》，已著录。

《六书溯原直音》2卷

明吴元满撰。元满有《六书正义》，已著录。

《谐声指南》1卷

明吴元满撰。元满有《六书正义》，已著录。

《钟鼎字源》5卷

清汪立名编。立名字西亭，婺源人（一作歙县人）。由内阁中书升郎中，出知顺宁、辰州府、摄兵备道，官至工部主事。工诗文，通六书。

《律古词曲赋叶韵》12卷

明程元初撰。元初字全之，歙县人。家累千金弃而不顾，带着包袱、棉被四方奔走游学，殚心著述，精韵学。

《四声切韵表》1卷

清江永撰。永有《周礼疑义举要》，已著录。

（二）史部

1.正史类

《史诠》五卷

明程一枝撰。一枝字巢父，休宁人。府学生。博极群书，一意追古作者。构表藜阁，读书其中，王世贞、汪道昆，咸推重之。

2.别史类

附：别史类存目

明谢陛撰。陛字少连，歙县人。少攻举子业，长弃弃去，精史学。尝宗朱熹帝蜀之意作《季汉书》，以蜀承正统，列魏为世家，甚为王士祯所称。

3.杂史类

附：杂史类存目

《使金录》1卷

宋程卓撰。卓字从元，休宁人大昌从子，淳熙十一年进士。历官同知枢密院事，封新安郡侯。赠特进资源共享政殿大学士，谥正惠。嘉定四年，卓以刑部员外郎同赵师岩充贺金国正旦国信使。

4.诏令奏议类

宋吕午撰。午字伯可，歙县人。嘉定四年进士，官至居郎、右文殿修撰、知漳州、中奉大夫，赠文华阁学士，通奉大夫。

《名臣经济录》53卷

明黄训编。训字学古，歙县人。嘉靖八年(1529)进士。历任嘉兴知县、副都御史等职。

5.传记类

《伊雒渊源录》14卷

宋朱子撰。子有《周易本义》，已著录。

《名臣言行录》前集10卷、后集14卷

宋朱子撰。子有《周易本义》，已著录。

附：传记类存目

《孔子论语年谱》1卷

元程复心撰。复心字子见，婺源人。皇庆癸丑，江浙行省以所撰《四书纂释》进于朝，授徽州路教授。致仕，给半俸终其身。

《孟子年谱》1卷

元程复心撰。复心有《孔子论语年谱》，已著录。

《朱子实纪》12卷

明戴铣编。铣字宝之，婺源人。弘治丙辰进士，官至给事中，以疏弹太监高凤，下诏狱，廷杖创甚而卒。

《程朱阙里志》8卷

明赵滂编。滂，歙县人。

《宋遗民录》15卷

明程敏政(1445—1500)撰。敏政字克勤，号篁墩，休宁人。成化二年(1466)进士。授编修。历任少詹事、太常卿兼侍读学士、礼部右侍郎。弘治十二年(1499)与李东阳主持会试，徐经、唐寅预作文与试题合，给事中华昶弹劾其卖题舞弊，被捕下狱，出狱后忧愤而死。有文才，十岁以神童荐，诏读书翰林院。学问赅博，为一时冠，著述甚富，与李东阳齐名。

《新安学系录》16卷

明程曈撰。曈号峨山，休宁人。闭户著述，不求仕进。

《济美录》4卷

明郑烛编。烛字景明，歙县人。郡庠生，贡入太学，历官直河间、湖南辰州府判。年六十，父丧奔归，逾年卒。

《续列女传》9卷

明邵正魁撰。正魁字长孺，休宁人。国子监生。早孤贫，佣书以读，及长，以诗文书法，游缙绅藩府间，所至多折节。

《续表忠记》8卷

清赵吉士(1628—1706)撰。吉士字恒夫，号渐岸，又号寄园，休宁人。顺治八年(1651)举人，康熙七年(1668)进士。授山西交城县知县，后迁户部主事，监扬州钞关，擢户科给事中，因“异籍”降补国子监学正。

6. 史钞类

附：史钞类存目

《古今彝语》12卷

明汪应蛟撰。应蛟字潜夫，婺源人。万历庚辰进士，官至兵部职方司主事。

《史裁》26卷

明吴士奇撰。士奇字无奇，歙县人。万历壬辰进士，官至太常寺卿。

《史书》10卷

明姚允明撰。允明字汝服，休宁人。

7. 载记类

附：载记类存目

《十六国年表》1卷

清张愉曾撰。愉曾字庭硕，歙县人。

《中山沿革志》2卷

清汪楫撰。楫字舟次，休宁人。康熙己未召试博学鸿词，授检讨。

8.地理类

《新安志》10卷

宋罗愿撰。愿有《尔雅翼》，已著录。

《六朝事迹编类》2卷

宋张敦颐撰。敦颐字养正，婺源人。绍兴八年进士，由南剑州教授历官知舒、衡二州，致仕。

附：地理类存目

《徽州府志》12卷

明汪舜民撰。舜民字从仁，号静轩，婺源人。成化戊戌(1478)进士，授行人，擢御史，官至右副都御史，巡抚郧阳，改南京都察院，道卒。读书博学，一守朱熹之说，矫矫持风节，尤负时望。

《北边备对》1卷

宋程大昌撰写。大昌有《易原》，已著录。

《两浙海防类考续编》10卷

明范涞撰。涞字原易，休宁人。万历甲戌进士，官至福建右布政使。自嘉靖中倭寇犯两浙，沿海郡县，被害最深，故守土者以海防为首务。

《黄海》60卷

明潘之恒撰。之恒字景升，号山史，歙县人。侨寓金陵，太学生，嘉靖间官中书舍人。汪道昆举白榆社，之恒与焉。又受知王世贞，后从袁宏道兄弟游。

《海阳山水志》4卷

明丁惟曜撰。惟曜字贞白，休宁人。

《黄山志》7卷

清闵麟嗣撰。麟嗣字宾连，歙县人。

《破山兴福寺志》4卷

明程嘉燧撰。嘉燧字孟阳，休宁人。

《粤述》1卷

清闵叙撰。叙号鹤瞿，歙县人。

《西粤对问》无卷数

清江德中撰。德中字汉若,歙县人。官至广西布政司参议。

《名山注》无卷数

明潘之恒撰。之恒有《黄海》,已著录。

《天下名山记钞》无卷数论

清吴秋士编。秋士字西湄,歙县人。

9.职官类

《百官箴》6卷

宋许月卿撰。月卿字太空,后更字宋士,婺源人。始以军功补校尉。理宗时换文资就举,以《易》魁江东,廷对赐进士及第,官至浙江西运干。贾似道当国,召试馆职,语不合,罢去。闭门著书,自号泉田子。宋亡不仕,遁迹十年乃卒,亦志节之士也。

10.政书类

《绍熙州县释奠仪图》1卷

宋朱子撰。子有《周易本义》,已著录。

11.史评类

《历朝通略》4卷

元陈栎撰。栎有《尚书集传纂疏》,已著录。

《十七史纂古今通要》17卷

元胡一桂撰。一桂有《易本义附录纂疏》,已著录。

附:史评类存目

《宋纪受终考》3卷

明程敏政撰。敏政有《宋遗民录》,已著录。

《觉山史说》2卷

明洪垣撰。垣字峻之,号觉山,婺源人。嘉靖壬辰(1532)进士,由永康令征授御史,出为温州知府,落职归。少受业湛若水之门,落职后,复与同里方瓘往从若水,若水为建二妙楼,居三年,九十卒。

《史砭》2卷

明程至善撰。至善字于止,休宁人。

(三)子部

1.儒家类

《延平答问》1卷、附录1卷

宋朱子撰。子有《周易本义》,已著录。

《近思录》14卷

宋朱子撰。子有《周易本义》,已著录。

《近思录集注》14卷

清江永撰。永有《周礼疑义举要》,已著录。

《杂学辨》1卷、附记疑1卷

宋朱子撰。子有《周易本义》,已著录。

《小学集注》6卷

宋朱子撰。子有《周易本义》,已著录。

《朱子语类》140卷

宋朱子撰。子有《周易本义》,已著录。

《曾子》1卷

宋汪晫编。晫字处微,绩溪人。三领乡荐,授文学,开禧三年(1207)待举阙下,以兵事归,遂不求仕。真德秀拟荐未果,绍定间,表甫将荐于朝,复力止之,年七十六卒,县令李遇私谥康范先生,咸淳末赠通直郎。自少仪椠凝重,不类凡儿,始从休宁汪文振学,又与苏辙游,闳览无所不窥,尝结庐环谷中,颜居曰"善养",堂曰"静观"。其学以孔孟为宗,诗词似其余事,而典雅和平,无晚宋气习。

《子思子》1卷

宋汪晫编。晫有《曾子》,已著录。

附:儒家类存目

《心经附注》4卷

明程敏政撰。敏政有《宋遗民录》,已著录。

《道一编》6卷

明程敏政撰。敏政有《宋遗民录》,已著录。

《闲辟录》10卷

明程曈撰。曈有《新安学系录》，已著录。

2. 农家类

《野菜博录》4卷

明鲍山撰。山字元则，号在斋，婺源人。尝入黄山，筑室白龙潭上七年，备尝野蔬菜诸味，因次其品类，别其性味，详其调制。

3. 医家类

《圣济总录纂要》26卷

宋政和中奉敕编，清程林删定。林字云来，号静观居士。休宁人。年轻时从其叔祖、名医程敬通习医十余年。后又从学于同族名士程松崖。博及群书，尤好医学。精于《内》、《难》，对仲景之学研究颇深，擅长医道。业余之暇，专心著述。其生平医疗收入大多用于编辑、刊印医著。

《医说》10卷

宋张杲撰。杲字季明，歙县人。伯祖扩，尝受业于庞安时，以医名京、洛间。父彦仁，传家学，杲尤诚确精粹。

《扁鹊神应针灸玉龙经》1卷

元王国端撰。国端，婺源人。镜泽子，精于医，得其家传。

《针灸问对》3卷

明汪机(1463—1539)撰。机字省之，号石山，祁门人。其父渭，为当地名医。机幼习举子业，诵经读史，不遗余力。潜心学医，刻苦钻研，行医数十年，活人数数计。《明史·方伎传》云："吴县张颐、祁门汪机、杞县李可大、常熟缪希雍，皆精通医术，治病多奇中"。奇疾异症，发无不中。

《外科理例》7卷、附方1卷

明汪机撰。机有《针灸问对》，已著录。

《石山医案》3卷、附案1卷

明陈桷编。桷字惟宜，祁门人。学医于同邑汪机，因取机诸弟子所记机治疗效验。

《名医类案》12卷

明江瓘编。瓘字民莹，歙县人，诸生。因病弃而学医，应宿遂世其业。

《赤水玄珠》30卷

明孙一奎(1538—1600)撰。一奎字文垣，号东宿，又号生生子，休宁人。

年轻时经商，后从汪机弟子、黟县黄古潭学医。又游历于江浙一带，向所遇明哲求教。遂以医术著闻于公卿间。为人治病决生多验，医名闻达远近。

《医旨绪余》2卷

明孙一奎撰。一奎有《赤水玄珠》，已著录。

《伤寒论条辨》8卷

明方有执撰。有执字仲行，歙县人。因家人多病发愤学医。尤对东汉大医学家张仲景的《伤寒论》研究最深。

附：医家类存目

《续素问钞》9卷

明汪机撰。机有《针灸问对》，已著录。

《运气易览》3卷

明汪机撰。机有《针灸问对》，已著录。

《痘证理辨》1卷

明汪机撰。机有《针灸问对》，已著录。

《养生类要》2卷

明吴正伦撰。正伦字子叙，自号春岩子，歙县人。精于医学。

《丹溪心法附余》20卷

明方广撰。广字约之，号古斋，休宁人。少年习儒，后专攻医籍。其学术多宗朱丹溪。以医显名后，曾游学河洛，旅寓陈留，常活人于危急之时，一时名著中原。

《孙氏医案》5卷

明孙泰来、孙明来编。二人皆休宁孙一奎之子。一奎有《赤水玄珠》，已著录。

《河间六书》27卷

明吴勉学编。勉学字肖愚，号师古，歙县人。博学多识，家富藏书。万历间曾校刻经史子集及医学书籍数百种，校雠精审，闻名于世。

《李氏医监》10卷、续补2卷

清李文来编。文来字昌期，婺源人。初，休宁汪桓作《医方集解》《本草备要》二书，浅显易明，颇行于世。康熙丙子，文来撮合两书，条分缕析，分类排纂，以成是书。

《伤寒论条辨续注》12卷

清郑重光(1637—约1707)撰。重光字在章,歙县人。早年丧父,身染疾病,遂发奋学医。精心钻研古今医学,虚心向名家讨教。行医三十年,在实践中考查临床效果。

《医津筏》1卷

清江之兰撰。之兰字含微,歙县人。

4. 天文算法类

《算学》8卷

清江永撰。永有《周礼疑义举要》,已著录。

附:天文算法类存目

《天心复要》3卷

明鲍泰撰。泰,歙县人。

《算法统宗》17卷

明程大位(1533—1606)撰。大位字汝思,号宾渠,休宁人。少年时,博及群书,尤爱书法、数学。成年后便在长江中、下游一带经商。因商业计算需要,留心数学、遍访名师,刻苦钻研。40岁时回乡,专心研究各家学说,60岁时完成杰作《直指算法统宗》十七卷,于万历二十年(1592)刻印。它是一部注重实用、通俗的数学教科书,全书595个问题,搜集算法较为完备,为当时珠算著作中较好的一种。明朝末年,还传入朝鲜、日本及东南亚各地,对传播中国珠算起了重要作用。

5. 术数类

《天原发微》5卷

宋鲍云龙(1226—1296)撰。云龙字景翔,号鲁斋,歙县人。宝祐六年(1258)乡贡进士。精于《易》学。入元不仕,隐居以终。

附:术数类存目

《山法全书》19卷

清叶泰撰。泰字九升。婺源人,

《易冒》10卷

清程良玉撰。良玉字元如,歙县人。

《大统皇历经世》3卷

明胡献忠撰。献忠自号六六道人,婺源人。

6. 艺术类

《松风阁琴谱》2卷

清程雄撰。雄字云松，休宁人。

附：艺术类存目

《唐诗画谱》5卷

明黄凤池撰。凤池，徽州人。

《琴谈》2卷

清程允基撰。允基字寓山，徽州人。

7. 谱录类

附：谱录类存目

《歙砚志》3卷

明江贞撰。贞字吉夫，婺源人。官绍兴府教授。

《程氏黟墨苑》12卷

明程君房撰。君房，歙县人。

《曹氏墨林》2卷

清曹素功编。素功字圣臣，歙县人。岁贡生。工于制墨。所制紫玉光、天琛、苍龙珠、夫瑞、豹囊、丛赏、表麟髓、千秋光、笔花、岱云、寥天一、薇露、浣香玉、五珏文、露紫英、漱金、大国香、兰烟诸品，仅18种。不似方、程诸家以夸多断巧为事，而大抵适于实用，故士大夫颇重之。

《笺卉》1卷

清吴菘撰。菘字绮园，歙县人。

《画眉笔谈》1卷

清陈均撰。均字康畴，歙县人。

8. 杂家类

《考古编》10卷

宋程大昌撰。大昌有《易原》，已著录。

《演繁露》16卷、《续演繁露》6卷

宋程大昌撰。大昌有《易原》，已著录。

《识遗》10卷

宋罗璧撰。璧字子苍，自号默耕，歙县人。

《义符》2卷

清黄生撰。生有《字诂》,已著录。

《曲洧旧闻》10卷

宋朱弁撰。弁字少章,婺源人。弱冠入太学,建炎元年(1127)补修武郎。时议遣使问安两宫,弁奋身自献,诏偕吉州团练使,为通候使,至云中,见金粘罕,使就馆,守之以兵。绍兴十三年(1143)和议成始得归。以宣议郎直秘阁,转奏议郎卒。少颖悟,读书目下数千言,入太学。晁说之见其诗奇之,妻以兄妇女。留金十七年,名王贵人,多遣子弟就学。为文慕陆贽,援据精博,曲尽事理。诗学李商隐,词气雍容,不蹈险怪涩之弊。

《常谈》1卷

宋吴箕撰。箕字嗣之,休宁人。乾道乙丑(1169)登第,主仁和簿,分教临川,与象山诸公讲明义理。宰当涂,剖析民讼,编成《听词类稿》12册,为赵愚所重,召主审察,以疾卒。

《勤有堂随录》1卷

元陈栎撰。栎有《书传纂疏》,已著录。

附:杂家类存目

《爨下语》2卷

明张复撰。复字子远,休宁人。

《圣学逢源录》18卷

清金维嘉撰。维嘉号潜川,休宁人。

《知新录》32卷

清王棠撰。棠字勿翦,歙县人。于书无不读,随读随笔,而不自修饰。

《麟书》1卷

宋汪若海撰。若海号东叟,歙县人。靖康中为太学生。建炎中官至直秘阁,知江州。史称若海豁达高亮,深沉有度。金至汴,若海上书枢密曹辅,请立康王为大元帅。及京城失守,若海复述麟为书以献,即此本也。

《对问编》8卷

明江应晓撰。应晓字觉卿,歙县人。嘉靖末官涪州州判。

《说颐》8卷

明余懋学撰。懋学字行之,婺源人。隆庆戊辰(1568)进士,擢给事中,忤张居正,斥为民。后历户部侍郎,卒赠工部尚书,谥恭穆。

《天都载》6卷

明马大壮撰。大壮字仲复，祁门人。罗汝芳之门人也。当筑天都馆读书，因以名其所著。

《黄元龙小品》6卷

明黄奂撰。奂字元龙，歙县人。

《云谷卧游》20卷

清习张孔字念难，歙县人。顺治己丑进士，官至山东提学佥事。

《庸言录》无卷数

清姚际恒撰。际恒字善夫，歙县人。浙江仁和籍诸生。少折节读书，泛滥百家，既而尽弃词章之学，专力于经，著述颇富。与大名崔述并为清代经学家之怀疑。

《蓉槎蠡说》12卷

清程哲撰。哲字圣跂，歙县人。

《舌华录》9卷

明曹臣撰。臣字盖之，歙县人。

《寄园寄所寄》12卷

清赵吉士撰。吉士有《续表忠记》，已著录。

《山居清赏》28卷

明程荣撰。荣字伯仁，歙县人。

《天都阁藏书》25卷

明程允兆编。允兆字天民，歙县人。

《昭代丛书》150卷

清张潮（1650—？）编。潮字山来，号心斋，歙县人。康熙初岁贡生。捐赀授翰林院孔目。平生好学。喜刊刻丛书，著称于当时。能词，与当时许多著名词家、戏曲家有交往。

《檀几丛书》50卷

清王晫、张潮同编。潮有《昭代丛书》，已著录。

9.类书类

《纯正蒙求》3卷

元胡炳文撰。炳文有《周易本义通释》，已著录。

附:类书类存目

《典籍便览》8卷

明范泓撰。泓字本涵,婺源人。

《亘史钞》无卷数

明潘之恒撰。之恒有《黄海》,已著录。

《含元斋别编》10卷

明赵枢生撰。枢生字彦材,歙县人。

《狮山掌录》28卷

明吴之俊撰。之俊字彦章,号芝房,歙县人。万历癸丑进士。官武强县知县。

《朱翼》无卷数

明江旭奇编。旭奇字舜升,歙县人。万历中官安岳县县丞。《江南通志》列之儒林传,称其在太学日,尝奏上所著《孝经翼》、《孝经疏义》,并请敕儒臣补成《孝经大全》,命题取士,尽亦讲学之家。

《事典考略》6卷

明徐袍编。袍字仲章,婺源人。

《儒函数类》62卷

明汪宗姬撰。宗姬字肇部,歙县人。

10. 小说家类

附:小说家类存目

《暗然堂类纂》6卷

明潘士藻撰。士藻有《洗心斋读易述》,已著录。

《逸史搜奇》无卷数

明汪云程编。云程,歙县人。

《牡丹荣辱志》1卷

宋邱璇撰。邱璇字道源,黟县人。天圣五年进士,官至殿中丞。

11. 道家类

《阴符经考异》1卷

宋朱子撰。子有《周易本义》,已著录。

《周易参契考异》1卷

宋朱子撰。子有《周易本义》,已著录。

附:道家类存目

清胡与高撰。与高字岱瞻,黟县人。

(四)集部

1.楚辞类

《楚辞集注》8卷、辨证2卷、后语6卷

宋朱子撰。子有《周易本义》,已著录。

《楚辞集解》8卷、蒙引1卷、考异1卷

明汪瑗撰。瑗字玉卿,歙县人。博雅工诗,为王世贞、李攀龙所重。

2.别集类

《原本韩文考异》10卷

宋朱子撰。子有《周易本义》,已著录。

《韦斋集》12卷、附玉澜集1卷

宋朱松撰。松字乔年,别字韦斋。婺源人。朱子之父也。政和八年,同上舍出身。官至吏部员外郎。以言事忤秦桧,出知饶州。未上请祠,得主管台州崇道观。满秩再请,命下而卒。

《竹洲集》10卷、附棣传经杂著1卷

宋吴儆撰。儆字益恭。初名偁,避秀邸讳,改名。休宁人。绍兴二十七年进士。历朝散郎、广南西路安抚使,主管台州崇道观。卒谥文肃。

《鄂州小集》6卷、附录2卷

宋罗愿撰。愿有《尔雅翼》,已著录。

《晦庵集》100卷、续集5卷、别集7卷

宋朱子撰。子有《周易本义》,已著录。

《双溪集》27卷

宋王炎撰。炎字晦叔,婺源人。乾道己丑(1169)进士,仕至军器大监,金紫光禄大夫、婺源县开国男,食邑三百户。受学张栻,与朱熹交谊颇笃,其诗为世所称。所居武水之曲,双溪合流,因号双溪。著述甚多,题曰《双溪类稿》,均佚。

《洺水集》30卷

宋程珌撰。珌字怀古，休宁人。以先世居洺州，因自号洺水遗民。绍颐四年进士。理宗朝累官礼部尚书、翰林学士、知制诰。历端明殿学士，致仕。

《康范诗集》1卷、附录3卷

宋汪晫撰。晫所编《曾子》，已著录。

《方壶存稿》8卷

宋汪莘撰。莘字叔耕，休宁人。嘉定间以布衣上封事。不用，退而筑室柳溪之上。圄以方渠，自号方壶居士。与朱子颇相善。然集首《辞晦庵朱侍讲书》，反覆以调和两宫责望朱子。至称建明稍缓，非特不能为天下学道者之地，亦不能为后世学道者之地。其言剀切耿直，相规以善。非依草附木，苟邀奖借者比。朱子答书，今佚不传。

《寒松阁集》3卷

宋詹初撰。初字以元，休宁人。始为县尉，以荐入太学为学录，尝上《乞辨邪正疏》，忤韩侂胄，罢归。所居曰流塘里，故其诗文名《流塘集》

《秋崖集》40卷

宋方岳撰。岳字巨山，号秋崖，歙县人，绍定五年进士。淳祐中为赵葵参议员。移知南康军，以杖舟卒忤荆帅贾似道。后知袁州，又忤丁大全，被劾罢归。

《兰皋集》3卷

宋吴锡畴撰。锡畴字元伦，休宁人。广南西路安抚使儆之从孙，处士垕之子也。锡畴四岁而孤，刻志于学，慕徐稚、茅容之为人。咸淳间，南康守叶阊聘主白鹿洞书院，辞不肯赴。盖笃实潜修之士，不欲以聚徒讲学，嚣竞浮名也。性喜艺兰，自号曰兰皋子，因以名集，殆亦寓无人自芳之意。其人品心术，可谓超然流俗之外矣。

《北游集》1卷

宋汪梦斗撰。梦斗号杏山，绩溪人。景定间以明经发解，江东漕试。授承节郎，江东司制干官。咸淳初，迁史馆编校，与叶李等议，上书劾丞相贾似道。李等坐罪，梦斗亦遁归。宋亡后，尚书谢昌言荐梦斗于元世祖，特召赴京，卒不受官，放归。

《古梅吟稿》6卷

宋吴龙翰撰。龙翰字式贤，歙县人。咸淳中贡于乡。以荐授编校国史院实录院文字。至元丙子，乡校请充教授，寻弃去。家有老梅，因以古梅为号。尝为之赋，并以名集。

《野趣有声画》2卷

元杨公远撰。公远字叔明，歙县人。

《云峰集》10卷

元胡炳文撰。炳文有《周易本义通释》，已著录。

《定宇集》16卷

元陈栎撰。栎有《书传纂疏》，已著录。

《杏亭摘稿》1卷

元洪焱祖撰。焱祖字潜夫，歙县人。是集前有《危素序》，称为徽州路休宁县尹致仕。

《筠轩集》13卷

元唐元撰。元字长孺，歙县人。泰定丁卯，以文学授平江路学录。再任建德路分水县教谕。以徽州路学教授致仕卒。

《师山文集》8卷、遗文5卷、附录1卷

元郑玉撰。玉有《春秋经传阙疑》，已著录。

《贞素斋集》8卷、附录1卷、《北庄遗稿》1卷

元舒頔撰。頔字道原，绩溪人。至元丁丑，江东宪宪辟为贵池教谕。秩满调丹徒。至正庚寅，转台州路儒学正。以道梗不赴，归隐山中。明兴，屡召不出，名所居曰贞素斋，著自守之志也。

《环谷集》8卷

元汪克宽撰。克宽有《礼经补逸》，已著录。

《东山存稿》7卷、附录1卷

元赵汸撰。汸有《周易文诠》，已著录。

《白云集》7卷

明唐桂芳撰。桂芳一名仲，字仲实，号白云，又号三峰，歙县人。教授元之第五子。少从洪焱祖学，弱冠为明道书院司训。元至正中，用荐授建宁路崇安县教谕。再任南雄路学正，以忧归。明太祖定徽州，召对称旨，命之仕，以瞽废辞。寻摄紫阳院山长。卒年七十三。

《覆瓿集》7卷、附录1卷

明朱同撰。同字大同，自号紫阳山樵，休宁人。翰林学士升之子。

《樗庵类稿》2卷

明郑潜撰。潜字彦昭，歙县人。元末由内台掾广东帅府从事，上计京师，遂为监修国史掾。后擢正字。历官监察御史、福建行省员外郎、海北道廉访副使、泉州路总管。入明，起为宝应县主簿，迁潞州同知，至洪武十年乃致仕。

《贞白遗稿》10卷、附显忠录2卷

明程通撰。通字彦亨，贞白其斋名也，绩溪人。洪武乙丑贡入太学，庚午举应天乡试，时方遣诸王将兵，因以封建，策贡士于廷，通所对称旨，擢第一，授辽府纪善，进左长史。燕王叛后，通上书数千言，论战守大计。永乐初，锦衣卫都督纪纲发其事，诏械通诣京师，与二子俱论死。

《梧冈集》8卷

明唐文凤撰。文凤字子仪，号梦鹤，歙县人。与祖元父桂芳俱以文学擅名。永乐中荐授兴国县知县，改赵府纪善，卒年八十有六。

《篁墩集》93卷

明程敏政撰。敏政有《宋遗民录》，已著录。

《松泉文集》20卷、诗集26卷

清汪由敦（1692—1758）撰。由敦字师茗，休宁人。以商籍补浙江学生，故又为钱塘籍。雍正甲辰进士，由编修官至吏部尚书，赠太子太师，谥文端。由敦记诵淹博，文章典重有体。自为诸生，即以才学著声。

附：别集类存目

《陶诗汇注》4卷

清吴瞻泰撰。瞻泰字东岩，歙县人。苑长子，康熙诸生。诗文夷简冲淡，不假修饰，妙合自然。

《枫林集》10卷

明朱升撰。升有《周易旁注》，已著录。

《西山类稿》5卷

明谢复撰。复字一阳，祁门人。少从吴与弼游，与陈献章为同门友，而笃实胜于献章。

《梅岩小稿》30卷

明张旭撰。旭字廷曙，休宁人，成化甲午举人，历官孝丰、伊阳、高明三县知县。

《仁峰文集》24卷、外集1卷

明汪循撰。循字进之，休宁人。弘治丙辰进士，官至顺天府通判。

《霞城集》24卷

明程诰撰。诰字自邑，歙县人。生平好游，所至山川都邑，辄纪以诗。

《十岳山人诗集》4卷

明王寅撰。寅字仲房，一字亮卿，歙县人。尝北走大梁，问诗于李东阳。中年习禅，事古峰和尚。

《让溪甲集》4卷

明游震得撰。震得字汝潜，婺源人。嘉靖进士，授行人，擢监察御史，以疏谏世宗好方士，廷杖谪外。后官至左副都御史，巡抚福建，以兴化失守罢归。

《太函集》120卷

明汪道昆撰。道昆有《五车霏玉》，已著录。

《副墨》5卷

明汪道昆撰。道昆有《五车霏玉》，已著录。

《汪次公集》12集

明汪道贯撰。道贯字仲淹，休宁人，道昆弟也。

《素园存稿》18卷

明方宏静撰。宏静字定之，歙县人。嘉靖进士。官至南京户部右侍郎。

《汪山人集》18卷

明汪少廉撰。少廉字古矜，休宁人，嘉靖中布衣。

《大鄣山人集》53卷

明吴子玉撰。子玉字瑞谷，休宁人。嘉靖中贡生。

《涉江诗选》7卷

明潘之恒撰。之恒有《黄海》，已著录。

《江山人集》7卷

明江瓘撰。瓘有《名医类案》，已著录。

《栗斋文集》11卷

明金瑶撰。瑶有《六爻原意》，已著录。

《檗庵集》2卷

明汪神禔撰。禔字介夫，别号檗庵，祁门人。

《程幼博集》6卷

明程大约撰。大约字幼博,休宁人。慷慨好义,为文不拘格律。

《方初庵集》16卷

明方扬撰。扬字思善,号初庵,歙县人。隆庆辛未进士,官至杭州府知府。

《苍耳斋诗集》17卷

明方问孝撰。问孝字胥成,歙县人。仕履未祥。

《汪禹乂诗集》8卷

明汪淮撰。淮字禹乂,休宁人。

《巢云轩诗集》6卷、续集五卷、诗余一卷

明吴宗儒撰。宗儒字次鲁,号黄麓,晚号止耕,休宁人。

《瑞阳阿集》10卷

明江东之撰。东之字长信,歙县人。万历丁丑进士,官至右佥都御史,巡抚贵州。

《孟云浦集》8卷、年谱1卷、附录1卷

明孟化鲤撰。化鲤字叔龙,号云浦,歙县人。万历庚辰进士,官至吏部文选司郎中。持正不阿,后以奏起给事中张栋先事,削籍归。

《关中集》4卷

明余懋衡撰。懋衡字持国,婺源人。万历壬辰进士,官至南京吏部尚书。

《绿滋馆稿》9卷

明吴士奇撰。士奇有《史裁》,已著录。

《蒉言》6卷

明余懋孳撰。懋孳字舜仲,婺源人。万历甲辰进士,官至给事中。

《复初集》36卷

明方承训撰。承训号郏邺,歙县人。

《性灵稿》2卷

明朱师孔撰。师孔字时行,歙县人。

《汪遗民诗》1卷

明汪逸撰。逸字遗民,歙县人。

《环翠堂坐隐集选》4卷

明汪廷讷撰。廷讷字无知，休宁人。万历时官至盐运使。耽情诗赋，兼爱填词。与汤显祖、王稚登、陈继儒、方于鲁、李贽等交往。

《荪堂集》10卷

明吴文奎撰。文奎字茂文，歙县人。

《潘象安诗集》4卷

明潘纬撰。纬字仲文，一字象安，歙县人。家于白岳之下。万历中，以资官武英殿中书舍人，归田以后，有《养疴》《游淮》《园居》诸集。

《梦草堂稿》12卷

明胡镇撰。镇字子重，歙县人。万历中贾人。

《程仲权诗集》10卷、文集12卷

明程可中撰。可中字仲权，休宁人。

《绮咏》1卷、绮咏续集1卷

明汪汝谦撰。汝谦字然明，歙县人。

《画响》无卷数

明李永昌撰。永昌字周生，自署曰黄海，休宁人。善书画，董其昌甚重之。画仿元人，书宗董氏收藏称富。

《诚斋文集》2卷、附西铭答1卷

明施璜撰。璜字虹玉，休宁人。

《万青阁全集》8卷

清赵吉士撰。吉士有《续表忠记》，已著录。

《林卧遥集》3卷

清赵吉士撰。吉士有《续表忠记》，已著录。

《一溉堂诗集》1卷

清余光耿撰。光耿字介遵，婺源人。

《双溪草堂诗集》1卷、附游西山诗一卷

清汪晋徵撰。晋徵字涵斋，休宁人。康熙己未进士，官至户部侍郎。

《若庵集》5卷

清程庭撰。庭字且硕，号若庵，歙县人。

3. 总集类

《明文衡》98卷

明程敏政编。敏政有《宋遗民录》,已著录。

《新安文献志》100卷

明程敏政撰。敏政有《宋遗民录》,已著录。

附:总集类存目

《风林类选小诗》1卷

明朱升编。升有《周易旁注》,已著录。

《柳黄同声集》2卷

明杜桓编。桓字宗表,歙县人。

《咏史集解》7卷

明程敏政编。敏政有《宋遗民录》,已著录。

《唐氏三先生集》28卷、附录3卷

明程敏政编。敏政有《宋遗民录》,已著录。

《蓬莱观海亭集》10卷

明潘滋编。滋,婺源人,始末未详。

《徽郡诗》8卷

明陈有守、汪淮、李敏仝编。有守字达甫,淮字禹乂,敏仝字功甫,皆休宁人。

《顺则集》8卷

明程文潞编。文潞字希古,歙县人。

《汉魏名家》无卷数

明汪士贤编。士贤,徽州人。

《诗苑天声》21卷

清范良撰。良字眉生,徽州人。

4.词曲类

《十五家家词》37卷

清孙默编。默字无言,休宁人。

附:词曲类存目

《啸余谱》10卷

明程明善撰。明善字若水,歙县人。天启中监生。

中国是一个文献积累丰富、传流历史悠久的国家。清乾隆时期的《四库全书》，是中国文化史上空前杰作，被学术界誉为“千古巨制”“文化渊薮”的东方文化金字塔，是一代又一代中国学人的神圣殿堂。《四库全书》纂修是一项巨大的文化工程，对这一工程，当时的徽州人在许多方面都作出了突出的贡献，这也是徽州文化史上光彩的一页。徽州人著作占《四库全书》著录总量的1/23（4.4%），占收编著作的1/18（5.6%），这个比例对一个徽州地区来说是相当大的数字。当时清代内地18个行省240多个州府，超出州府平均数的10倍。充分说明徽州文化有着特定的内涵和深厚的底蕴，更显示出徽州丰富的文化积累和学术特色。

参考文献

著作（按出版时间顺序排列）

[1] 刘辰:《国初事迹》,上海博古斋 1920 年影印本。
[2] 赵士吉:《建文年谱》,商务印书馆 1935 年版。
[3]《明末农民起义史料》,中华书局 1954 年版。
[4] 胡应麟:《少室山房笔丛》,中华书局 1958 年版。
[5] 永瑢、纪昀等编修:《四库全书总目》,中华书局 1965 年版。
[6]《明太祖实录》,"中央"研究院历史语言研究所影印本 1966 年版。
[7] 朱传誉:《宋代新闻史》,台湾商务印书馆 1967 年版。
[8] 王世贞:《风洲杂编》,广文书局 1969 年版。
[9] 张廷玉等:《明史》,中华书局 1974 年版。
[10] 谷应泰:《明史纪事本末》,中华书局 1977 年版。
[11] 夏燮:《明通鉴》,中华书局 1980 年版。
[12] 钱谦益:《国初群雄事略》,中华书局 1982 年版。
[13]《皇明名臣经济录》,文海出版社 1984 年版。
[14] 黄宗羲:《宋元学案》,中华书局 1984 年版。
[15] 李桓辑:《国朝耆献类征》,台北明文书局 1985 年版。
[16] 朱熹:《朱子语类》,中华书局 1986 年版。
[17] 张潮辑:《虞初新志》,上海书店 1986 年版。
[18] 郑伟章等:《中国著名藏书家传略》,书目文献出版社 1986 年版。
[19]《东江疏揭塘报节抄》,浙江古籍出版社 1986 年版。
[20] 焦竑:《国朝献征录》,上海书店 1986 年影印本。
[21] 赵翼:《廿二史札记》,中华书局 1987 年版。
[22]《四库全书提要》,中华书局 1987 年版。

[23] 张潮辑:《昭代丛书》,上海古籍出版社1990年版。
[24] 张潮、杨复吉辑:《昭代丛书》,上海古籍出版社1990年版。
[25] 尹韵公:《中国明代新闻传播史》,重庆出版社1990年版。
[26] 汪启淑:《飞鸿堂印谱》,上海古籍出版社1992年版。
[27] 王晫、张潮辑:《檀几丛书》,上海古籍出版社1992年版。
[28] 全祖望:《鲒埼亭集》,上海古籍出版社1995年版。
[29] 朱升:《朱枫林集》,齐鲁书社1996年版。
[30] 程敏政:《道一编》,齐鲁书社1996年版
[31] 李斗:《扬州画舫录》,中华书局1997年版。
[32] 汪梧凤:《松溪文集》,北京出版社影印本1998年版。
[33] 纪昀:《四库全书总目提要》,河北人民出版社2000年版。
[34] 许承尧:《歙事闲谭》,黄山书社2001年版。
[35]《古今图书集成》,北京图书馆出版社2001年影印本。
[36] 傅璇琮等:《中国藏书通史》,宁波出版社2001年版。
[37] 任继愈:《中国藏书楼》,辽宁人民出版社2001年版。
[38] 倪延年:《中国古代报刊发展史》,东南大学出版社2001年版。
[39] 方汉奇主编:《中国新闻传播史》,中国人民大学出版社2002年版。
[40] 全祖望:《鲒埼亭集》,上海古籍出版社2002年影印本。
[41] 朱熹:《朱子全书》,上海古籍出版社2002年版。
[42] 黄景昉:《国史唯疑》,上海古籍出版社2002年版。
[43] 吴之兴:《岩镇志草》,徽州区办公室和区方志办点校,内部发行2004年版。
[44] 程敏政:《新安文献志》,黄山书社2004年版。
[45] 汪道昆:《太函集》,胡益民、余国庆点校,黄山书社2004年版。
[46] 黄季耕主编:《安徽文化名人世家》,安徽教育出版社2005年版。
[47] 吴翌凤:《逊志堂杂钞》,中华书局2006年版。
[48] 赵吉士:《寄园寄所寄》,黄山书社2008年版。
[49] 刘尚恒:《鲍廷博年谱》,黄山书社2010年版。
[50] 顾志兴:《杭州藏书史》,中国社会科学出版社2011年版。
[51] 程晋芳:《勉行堂诗文集》,魏世民校点,黄山书社2012年版。
[52] 黄佐:《南雍志》,南京出版社2016年版。

[53] 余继登:《典故纪闻》,中华书局2016年版

刻本(按刊刻时间顺序排列)

[1] 解缙:《解学士文集》,明嘉靖四十一年刻本。
[2] 张居正:《张太岳先生文集》,万历四十年唐国达刻本。
[3] 屠叔方:《建文朝野汇编》,明万历刻本。
[4] 郑晓:《吾学编余》,明抄本。
[5] 康熙《祁门县志》,清康熙二十二年刻本。
[6] 康熙《休宁县志》,清康熙二十九年刻本。
[7] 康熙《徽州府志》,清康熙三十八年万青阁刻本。
[8] 吴骞:《愚谷文存》,清嘉庆十二年刻本。
[9] 郑虎文:《吞松阁集》,清嘉庆十四年刻本。
[10] 薛熙编:《明文在》,清光绪十五年刻本。
[11] 全祖望:《鲒埼亭集外编》,清嘉庆十六年刻本。
[12] 李调元辑:《函海》,清嘉庆刻本。
[13] 道光《徽州府志》,清道光七年刻本。
[14] 张维屏:《国朝诗人征略》,清道光十年刻本。
[15] 嘉庆《黟县志》,清同治九年刻本
[16] 光绪《婺源县志》,清光绪九年刻本。
[17] 光绪《婺源县志》,清光绪九年刻本。
[18] 周庆云:《南浔志》,清刻本。
[19] 许鄂:《青岩诗文集》,清刊本。
[20] 吴骞:《拜经楼书目》,清抄本。
[21] 贝琼:《贝琼先生诗集》,清刊本。
[22] 马曰琯:《沙河逸老小稿》,民国二十四年,商务印书馆出版。
[23] 许承尧:《歙县志》,民国二十四年铅印本。
[24] 鲍廷博辑:《知不足斋丛书》,民国铅印本。
[25] 朱熹:《晦庵先生朱文公文集》,民国《四部丛刊》涵芬楼影印明嘉靖本。

论文（按发表时间顺序排列）

[1] 丘良任:《扬州二马其〈小玲珑山馆图记〉》,《扬州师院学报》1983年第3期。

[2] 文丘:《名流迁客吟广西——读〈粤西诗载〉札记》,《广西师院学报》1986年第1期

[3] 居密、叶显恩:《明清时期徽州的刻书和版画》,《江淮论坛》1995年第2期。

[4] 范逸清:《苏州藏书家吴翌凤》,《江苏图书馆学报》1999年第4期。

[5] 冯尔康:《明清时期扬州的徽商及其后裔述略》,《徽学》,安徽大学出版社2001年版。

[6] 王振忠:《明清时代南京的徽商及其经营文化》,《浙江社会科学》2002年第4期。

[7] 栾成显:《徽州历史文献与中国史研究》,《徽学》,安徽大学出版社2003年版。

[8] 张一民:《桂宧藏书在淮安》,《江苏地方志》2004年第3期。

[9] 方盛良:《扬州徽商藏书刻书与文化传承》,《中国出版》2005年第12期。

后　记

本书中的论文，一部分发表过，一部分是没有发表的研究论文，经过一年多的修改、补充和撰写，现在终于汇编成册，这也是我三十年来勤奋耕耘的成果。这里，我深深感觉到读书之苦，做学问之不易，撰写史学论文则更难。历史研究是一个长期知识积累的过程，不是一朝一夕能成名的，而是要沉下心来，要有十年乃至二十年甘心坐科研"冷板凳"的思想准备，撰写历史论文要从积累材料入手，言之有物，不能讲空话。台湾著名学者严耕望说过："治史的博通可分从两方面谈。第一，史学本身的博通。即对于上下古今都要有相当的了解，尤其对于自己研究的时代的前后时代，要有很深入的认识，而前一个时代更为重要。第二，史学以外的博通，也可说是旁通，主要的是指各种社会科学。"因此，要想成为一个历史研究工作者，必须多读多练、多问多思，历史研究和自然科学、技术科学的研究一样，也有一个科学方法问题。方法得当，事半功倍，反之，事倍功半。

诚然，一部明清史学术著作的问世，不是现在完成的，而是二三十年的知识积累，开始步入史学研究时，撰写的论文比较粗浅，问题研究不够深入，现在回头再看有很多破绽，说明那时撰写的论文不够成熟，需要进一步磨炼，以提高论文的质量。

感谢安徽师范大学出版社胡志恒老师在本书编辑过程中所付出的辛勤劳动！

本书系笔者个人之作，尽了自己的最大努力，但由于本人水平有限，书中难免会有这样那样的不足与缺憾，恳请专家学者、同仁和广大读者不吝赐教。

张　健

二〇一九年四月于图书馆